公共，倫理

2025

実戦攻略
大学入学共通テスト問題集

総論

　大学入学共通テスト「公共,倫理」は2025年度から新設されるが,2022年に発表された「試作問題」では,大問6問の構成であり,第1問～第2問が「公共」,第3問～第6問が「倫理」からの出題であった。多くの大問で,生徒同士の対話や発表といった日々の学習活動を想定した場面が設定されている。詳しくは第3編の「パターン別問題演習」で設問ごとに詳しく解説・分析しているので,そちらを参照してほしい。

	出題内容	配点
第1問	「多様性」と,多様性の中にある共通性について生徒が会話するという場面設定で,生徒の発言と関係の深い考え方の考察,多様な人々と共生するために必要な配慮についての理解や,SDGsの実現に向けた主体的な活動の在り方及び社会制度及びルールの根底にある法について理解しているかを問う。	13点
第2問	人口減少社会の在り方を探究するという場面設定で,人口減少社会が抱える問題を資料から読み取り,その対策として児童手当の支給方法の妥当性を先人の考え方から考察するとともに,人口減少が社会に与える影響と対策について,持続可能な地域,国家,社会及び国際社会づくりに向けた役割を担う自立した主体となることに向けて,考察,構想できるかを問う。	12点
第3問	古今東西の様々な人生観や世界観について理解しているかを問うとともに,それらの知識や,原典の日本語訳,会話文,投稿記事,メモなどから読み取った内容を手掛かりとして,人間としての在り方生き方について多面的・多角的に考察できるかを問う。	28点
第4問	日本の先哲の思想や,日本人に見られる人間観や宗教観等を理解しているかを問うとともに,それらの知識や,原典,会話文,ノートなどから読み取った内容を手掛かりとして,日本人としての在り方生き方について多面的・多角的に考察できるかを問う。	15点
第5問	様々な人間の心の在り方について理解しているかを問うとともに,生命,自然などと人間との関わりについての倫理的課題の解決に向けて,倫理に関する概念や理論などを手掛かりとして多面的・多角的に考察できるかを問う。	16点
第6問	様々な倫理観について理解しているかを問うとともに,様々な他者との協働,共生に向けて,福祉などについての倫理的課題の解決に向けて,倫理に関する概念や理論などを手掛かりとして多面的・多角的に考察,構想できるかを問う。	16点

問題分析

●公共

　試作問題での公共分野からの出題は,計8問のうち,倫理分野の知識を問う問題が2問,政治・経済分野の知識を問う問題が2問,残り4問は資料読解問題,といった構成であった。しかし資料読解問題は政治や経済に関する統計資料の読解が中心だったので,政治・経済分野の用語を理解していないと対応が難しくなるだろう。

問2　生徒Xたちは,日本とヨーロッパのOECD加盟国について,次の図1・図2を示しながら「日本は出産・子育て支援策として,保育サービスなどの『現物給付』の充実を図る必要がある。」という提案を行うことにし,事前に他のグループに説明したところ,後のア～エのような意見が他の生徒からあった。ア～エのうち図1・図2を正しく読み取った上での意見の組合せとして最も適当なものを,後の①～⑥のうちから一つ選べ。　6

図1「現金給付」対GDP比と合計特殊出生率

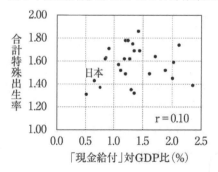

図2「現物給付」対GDP比と合計特殊出生率

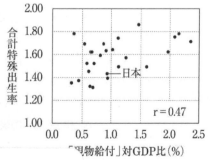

左下の散布図は，試作問題で出題された資料である。資料読解問題では，グラフの種類を確認し，グラフから読み取れること，読み取れないこと，全体の傾向を理解することが重要である。また，それぞれの選択肢がどの資料に関するものかを確認し，選択肢に対応した個所を読み取りたい。

グラフの種類ごとのポイントとしては，以下があげられる。

① 棒グラフ…数値が大きいもの・小さいものは何か，数値はどのように変化しているか
② 折れ線グラフ…数値はどのように変化しているか，数値が変化している背景や原因は何か
③ 円グラフ・帯グラフ…割合が高いもの・低いものは何か，割合はどのように変化しているか
④ 散布図…縦軸と横軸のデータの相関関係の有無はあるか

●倫理

　倫理分野からの出題は，第3問で「源流思想」「西洋近代の思想」「現代の思想」，第4問で「日本の思想」第5問と第6問で，「現代の諸課題と倫理」を中心に「青年期の特質と課題」，「現代の思想」といった構成になっており，教科書の全範囲から出題された。

　個々の問題に目を向けると，基本的な四択の正誤問題もあるが，多様な形式の問題が出題されている。単語の知識を問う問題も，生徒の作成した記事やメモの穴埋め問題になっていたり，原典資料を参照しつつも，その思想家の知識がないと正誤の判断ができなかったり，当てはまるものの組合せを選択しなければならないので消去法では難しかったりと工夫がみられる。会話文や資料を関連させた問題が多いため，時間配分に気をつけたい。

学習法と心がまえ

●公共

　科目「公共」の学習内容をふまえると，これから社会に出ていく生徒たちが「公共的な空間に生き，国民主権を担う公民」として社会と関わって生きていく際に必要な知識と能力を養うことが求められるため，問題のテーマも現代社会を生きる上で関わらざるを得ない課題などが取り上げられることが予想される。

　試作問題では，今の時代に求められる「多様性」とそこにおいて両立されるべき「多様な人間の共通性」や，今後の日本社会が乗り越えていかなければならない少子高齢化という課題がテーマとして取り上げられていた。

　以上を踏まえて学習する際に意識して欲しいことは，よりよい社会を形成し，一人ひとりが幸福に生きていくための前提となる政治・経済に関する基本的な知識を習得し，それらを基に現代の日本社会や国際社会の課題を考察して欲しいということである。そのためには，新聞を読んだりニュースをチェックしたりする癖をつけることだろう。そうして社会のなかで話題になっている事柄を理解できるようになっていれば，それほど恐れることなく問題に取り組めるだろう。

●倫理

　倫理分野に関しては，まずは，人物名と用語，思想内容をきちんと覚えていないと解けない問題が出題されるので，基本的な暗記作業は必須である。したがって，基本的な勉強方法としての，教科書を読み，それぞれの人物の思想内容を用語と共に確認し，問題を解き覚え直すことが重要である。なんとなくではなく，知識に基づいた根拠から正誤の判断ができるように取り組んでほしい。

　また共通テストでは，先生と生徒の会話文，生徒の作成したノートや発表，先哲の原典資料など様々な種類の文章を読ませる問題が出題されており，上記の基本的な学習に加えて，用語集や資料集などでよいので，「読む量」を増やす勉強を意識することをお勧めしたい。試作問題のように第5問，第6問と後半で資料が増えてくると，試験時間内に終わらないのではないかという不安が焦りにつながり，誤答につながってしまいかねない。後でゆっくり考えれば出来た問題を間違えてしまうのはもったいない。

　また，倫理的な観点に関する，さまざまな国や地域，時代の思想を問うテーマ型の問題が出題されているといった点も注目される。特に第3問では，古今東西の世界観・自然観を問う問題が出題されていた。

　つまり，教科書などを読む際になんとなく読み飛ばしてしまいがちなところが重要度を増している，ということだ。個々の思想家の思想内容だけでなく，単元の導入部分やポイントとしてまとめられている箇所，テーマ学習の部分などにもしっかりと目を通して理解を深めてほしい。

第1章　自己形成と自己の生き方　　▶▶ 要 点 整 理

1 青年期の課題と自己形成

(1) 青年期とは何か

① 近代以前…（❶　　　　　）＝**イニシエーション**により大人の一員となる

　　a．**アリエス**（仏　1914 ～ 84）によれば，中世ヨーロッパでは子どもは「小さな大人」とみなされていた

② 近代社会…大人への精神的成熟・準備期間としての青年期の出現

　　a．青年期…14 歳ごろから自立して大人になるまでの時期

　　b．（❷　　　　　）…大人の男女への生理的身体的成熟

　　c．「（❸　　　　　）（猶予期間）」としての青年期…**エリクソン**（米　1902 ～ 94）→役割実験

③ 近年の傾向…青年期が延長していく傾向にある。モラトリアム人間（精神分析医**小此木啓吾** 1930 ～ 2003），
　　　　　　　　　　パラサイト・シングル，ニート，アパシー・シンドロームなどの問題

④ 「青年期」関連用語

　　a．「（❹　　　　　）の目覚め」…ドイツの哲学者・心理学者シュプランガーの分析

　　b．（❺　　　　　）…フランスの思想家**ルソー**が著書『（❻　　　　　）』で青年期の精神的な成長を示す

　　c．（❼　　　　　）…大人への依存から脱却して自立しようとする（アメリカの心理学者**ホリングワース**）

　　d．（❽　　　　　）…ドイツの心理学者**レヴィン**による青年の定義。子どもと大人の中間領域にあり，
　　　　　　　　　　両方に帰属することができない不安定な青年を定義付けた用語

　　e．（❾　　　　　）…イギリスの精神科医**ボウルビィ**は，様々な発達の基盤になる（❾　　　　　）は，青年
　　　　　　　　　　期になるとその対象は友人や恋人へと移行していくと指摘

　　f．「友人はもう一人の自己（第二の自己）」…アリストテレスの言葉

　　g．（❿　　　　　）…いつまでもモラトリアム状態にとどまり，大人になろうとしない青年のこと（小此木
　　　　　　　　　　啓吾の分析）

　　h．**ヤマアラシのジレンマ**…相手を傷つけることを恐れるあまり，親密な友人関係を結べないこと

⑤ 社会性の発達

　　a．**脱中心化**…スイスの心理学者**ピアジェ**によれば，乳幼児期から児童期になるころに自分の視点を離れて
　　　　　　　　抽象的な思考が可能となり，自己中心性を脱する。青年期には他者の考えや気持ちを理解し，
　　　　　　　　他者が自分の思考や感情をどう思っているかを予測できるようになる

　　b．社会的自己…周囲の人々が自分について抱くイメージに基づいて自分の中で形成される自己
　　　　　　　　　　関連用語としては，クーリーの鏡映的自己，**G.H. ミード**の役割取得など

　　c．道徳性の発達段階（3水準6段階）…アメリカの心理学者**コールバーグ**

レベル		そのレベルではじめて獲得される道徳的視点	時期の目安
レベル1 前慣習的 道徳性	第1段階	他者の利害関心を考慮しないで，罰を受けたり物理的な被害を引き起こしたりしないことを正しいと考える	青年期より前
	第2段階	自他の間で利害関心が異なることを認識した上で，それぞれが自分自身の利害関心を満たすように行為することや，自他間で対等な交換を行うことを正しいと考える	
レベル2 慣習的 道徳性	第3段階	共有される合意や期待が個々人の利害関心に優先することを認識して，友人や親，兄弟といった自分自身の役割に対して，身近な人たちが一般的に期待する行動をとることを正しいと考える	青年前期
	第4段階	第3段階における対人間の合意と，社会全体を見通す観点とを分けて捉え，法など現に広く認められている義務をはたすことや，社会や制度に貢献することを正しいと考える	
レベル3 脱習慣的 道徳性	第5段階	多数派の意見にかかわらず，社会契約の観点から生じる義務に従うことや，生命や自由といった，いかなる社会でも支持されるべき非相対的な価値や権利を守ることを正しいと考える	青年後期以降
	第6段階	自らが選択したものとしての普遍的な公正の原理や，人格としての人間を尊重することを正しいと考える	

2 自己形成の課題

① **パーソナリティの形成**
- a．（❶　　　　）…ある人物の行動や能力，気質，性格等々の全体で，その人らしさとして現れる
- b．「遺伝」と「環境」が相互に影響しパーソナリティが形成されるとの考えが一般的
- c．劣等感…オーストリアの心理学者アドラーは，人は誰しも劣等感を持ち，それを克服しようと努力することによって自身の課題を解決し成長するとした

② **パーソナリティを理解するためのアプローチ**
- a．**類型論**…いくつかの典型的パーソナリティ類型（タイプ）を想定し，そこに人のパーソナリティを分類する方法
- b．（❷　　　　）…パーソナリティを構成するいくつかの因子（特性）を割り出し，各因子の強弱の組み合わせでパーソナリティの特徴をとらえようとする方法
  - ※**ビッグファイブ**…五つの特性（性格5因子：神経症傾向・外向性・開放性・調和性・誠実性）によって性格を記述する特性論の代表

③ **パーソナリティの分類（性格類型）**
- a．**ユング**（スイスの精神医学者）…心的エネルギーが，自分の内側に向く傾向の強い（❸　　　　）と他者に向かう傾向の強い（❹　　　　）に分類
- b．**シュプランガー**…生きていく上で重きを置く価値や興味により6タイプに分類
  - （理論型・経済型・審美型・社会型・権力型・宗教型）
- c．（❺　　　　）…体型と気質の関係をとらえ，細長型（分裂気質）・肥満型（躁鬱気質）・闘士型（粘着気質）の三つの性格に分類

④ **さまざまな欲求**
- a．欲求の分類…（❻　　　　）＝**生理的欲求**…食欲，性欲などの生得的欲求
  - （❼　　　　）＝**社会的欲求**…名誉や金銭欲，所有欲など
- b．動機付け…外発的動機づけ＝賞罰に基づいた動機付け
  - 内発的動機づけ＝興味や好奇心に基づいた動機付け
- c．**マズロー**（アメリカの心理学者）
  - （❽　　　　）…人間の欲求を，五つの階層にわけて示した。低次の欲求がある程度満たされていくことで高次の欲求が段階的に出現する

→基本的欲求（欠乏欲求）：他者やものに依存して実現する欲求
- ・生理的欲求…食欲・性欲などの本能的欲求
- ・安全の欲求…安全，安定を求める欲求
- ・所属と愛情の欲求…集団への帰属や仲間を求める欲求
- ・承認の欲求…他者による承認を得ようとする欲求。自尊心などの欲求

→成長欲求：成長そのものが目的になる欲求
- ・（❾　　　　）の欲求…自己の能力・可能性を発揮・追求しようとする欲求

⑤ **欲求不満と適応**
- a．（⓴　　　　）…環境の諸条件に対して，欲求をもつ個人が適合しようと努めること
- b．（㉑　　　　）＝**フラストレーション**…欲求が満たされないときに生じる精神的緊張
- c．（㉒　　　　）＝コンフリクト…個人の心の中で，相反する二つ以上の欲求が衝突・対立して陥る困難状態
- d．レヴィン（ドイツの社会心理学者）による葛藤の三類型

（㉓　　　）の葛藤	（㉔　　　）の葛藤	（㉕　　　）の葛藤
実現したい二つ以上の欲求が対立	避けたい二つ以上の欲求が対立	実現したい欲求と避けたい欲求が対立

解答 ❶通過儀礼　❷第二次性徴　❸心理社会的モラトリアム　❹自我　❺第二の誕生　❻エミール
❼心理的離乳　❽マージナル・マン（周辺人，境界人）　❾愛着（アタッチメント）　❿モラトリアム人間
⓫パーソナリティ　⓬特性論　⓭内向型　⓮外向型　⓯クレッチマー　⓰一次的欲求　⓱二次的欲求
⓲欲求階層説　⓳自己実現　⓴適応　㉑欲求不満　㉒葛藤　㉓接近－接近　㉔回避－回避　㉕接近－回避

⑥　**防衛機制**

a．適応行動のパターン…合理的解決，近道反応，防衛機制

b．（㉖　　　　　）…葛藤や欲求不満に対して自己を守るために無意識的に働く自我の機能

　　　　　オーストリアの精神科医で精神分析の創始者（㉗　　　　　）が理論化

防衛機制の例	内容
（㉘　　　）	苦痛や不快な感情や記憶，実現困難な欲求を無意識層に封じ込め意識化されないようにする。いやな目にあった人が，その記憶をまったく忘れ去ってしまうなど
（㉙　　　）	本当の動機や欲求を抑圧し，都合のよい理由をつけて欲求不満を正当化する。すっぱいブドウの論理
（㉚　　　）	他人の優れた能力や特性を自分のもののように思い込むこと。子どもがヒーローもののドラマを見て，自らヒーローになったように感じるなど
投射（投影）	意識してはまずい自分の欲求や感情を他者が持っているものとする。本当は，自分が相手のことを憎いと思っているのに，相手が自分を憎んでいると思い込むなど
（㉛　　　）	抑圧した欲求や感情と反対の行動をとること。臆病な人が強気な態度をとったりむやみに威張ったりするなど
（㉜　　　）	適応できない状況から逃れようとする。学芸会に出席したくないので学校を休んだり，空想の中で満たされない欲求を解消しようとしたりするなど
（㉝　　　）	欲求が満たされない場合，幼児期など発達の前段階に逆戻りする。不安な夜に，幼児のように枕にしがみつくなど
代償	満たされない欲求を他の物事に置き換えて満足する。失恋をして欲求不満の人が，食欲を満たすことで欲求不満を解消しようとするなど
（㉞　　　）	抑圧された欲求を社会・文化的に価値の高いものの実現に置き換えて欲求実現を果たそうとする。強い攻撃欲を持つ人が，スポーツで頑張るとか，欲求不満を持つ人が小説を書くなど

⑦　**アイデンティティ**の確立

a．アイデンティティ＝（㉟　　　　　）

　…アメリカの心理学者（㊱　　　　　）が，その形成について発達的視点から理論化。生まれてから現在・未来に至るまでの時間的連続性や不変性・独自性をもつ自分という存在に対する確信であり，他者や社会とのつながりの中で，一貫した自己として様々な社会的役割を統合する自己

　エリクソンは，アイデンティティの形成を（㊲　　　　　）の発達課題（人生の発達段階で達成すべき課題）とした

b．ライフサイクル…エリクソンは自我の発達から人生を八つの段階（ライフ・ステージ）にわけ，人は生涯にわたってそれぞれの時期の発達課題を達成し，成長を続けるとした

		達成されるべき発達課題	失敗の状態
Ⅰ	乳児期	**基本的信頼**	不信
Ⅱ	幼児期	自律	恥・疑惑
Ⅲ	児童期	自発性	罪悪感
Ⅳ	学童期	勤勉	劣等感
Ⅴ	青年期	**アイデンティティの確立**	アイデンティティの拡散
Ⅵ	初期成人期（成人前期）	親密	孤立
Ⅶ	成人期（成人中期）	**世代性（次世代を確立させ導くこと）**	停滞
Ⅷ	老年期（成人後期）	自我の統合	絶望

c．（㊳　　　　　）…青年期にアイデンティティの確立に失敗し，自己を見失い主体性や社会的役割を見失うこと。**アイデンティティの危機**ともいう。中高年期にあらためてアイデンティティの確立が求められることもある

d．**スチューデントアパシー**…無関心，無感動，無為にすごす，学生に特有な無気力症

e．**オルポート**（アメリカの心理学者）の「成熟した人格」の条件

　1．広く拡大された自我意識　　　　2．温かい人間関係の構築

　3．情緒の安定と自己の受容　　　　4．現実世界の認知と対処技能

　5．自己の客観視とユーモアの感覚　6．人生観の確立

f．**ハヴィガースト**（アメリカの教育学者）の青年期における発達課題
1．同世代の同性・異性の友人との洗練された人間関係の形成
2．社会的役割の理解
3．両親や他の大人からの情緒的自立
4．経済的自立，職業選択や結婚，家庭生活のための準備
5．社会的責任のある行動を求めかつなしとげること
6．価値や倫理の体系を学習し，適切な科学的世界像を形成すること

❸ よりよい生き方を求めて

① 幸福感とウェルビーイング…ウェルビーイング（well-being）とは，身体・精神・社会面のそれぞれが満たされ良好な状態であること

② 生きる意味
　a．**フランクル**…オーストリアの精神医学者。ユダヤ人であるためナチス・ドイツによってアウシュビッツ強制収容所に収監され極限状況を経験した。どのような過酷な状況であっても主体的に「（㊴　　　　）」を見い出すことの可能性と，それを見い出そうとすることの大切さを説いた。主著：『夜と霧』
　b．（㊵　　　　）…岡山県ハンセン病療養所での体験から，生きる上での充実感は，物質的なものよりも精神的なものの方が大切であり，自分が人生で果たす役割について自覚することが「生きがい」であると指摘した。主著：『生きがいについて』

③ 個性化と社会化
　a．社会化…社会の中で生きるために，社会の文化や規範を学び身につけること
　b．個性化…自分の生きがいを見出し，自分らしさを獲得すること

❹ 人間とは何か

(1)　人間の定義

哲学者・歴史学者	人間の定義	意味
リンネ	（㊶　　　　）	homo　人　＋　sapiens　知恵のある 知恵のある人・叡智人
（㊷　　　　）	（㊸　　　　） ＝工作人	homo　人　＋　faber　巧みにものを作る 工作人→自然に働きかけてものを作り，便利なものを作り出すのが人間の特質
（㊹　　　　）	ホモ・ルーデンス ＝遊戯人	homo　人　＋　ludens　遊びをする 遊戯人→遊びが人間の生み出す文化の基盤
アリストテレス	人間は社会的動物 （ポリス的動物）	人間は，ポリスのような共同体の中で生きる動物である
エリアーデ	（㊺　　　　） ＝宗教人	神や霊のような人智を超えた超越的存在を求める宗教的文化を持つ存在
アダム＝スミス	ホモ・エコノミクス ＝経済人	経済的な利益を求めて行動する
（㊻　　　　）	アニマル・シンボリクム ＝象徴的動物	「（㊼　　　　）を操る動物」 言葉や記号などのシンボル（象徴）を使う。シンボルを介して文化や芸術，宗教を作り出す

解答 ㉖防衛機制　㉗フロイト　㉘抑圧　㉙合理化　㉚同一視（同一化）　㉛反動形成　㉜逃避　㉝退行
㉞昇華　㉟自我同一性　㊱エリクソン　㊲青年期　㊳アイデンティティの拡散　㊴生きる意味　㊵神谷美恵子
㊶ホモ・サピエンス　㊷ベルクソン　㊸ホモ・ファーベル　㊹ホイジンガ　㊺ホモ・レリギオースス
㊻カッシーラー　㊼シンボル

(2) 人間と知性

① 感覚・知覚・認知

a．感覚…感覚器官が体の内外の刺激を受容することで生じるもの

b．知覚…感覚として受容した刺激の性質を知り，意味づけること

c．認知…知覚したものを，概念などと関連付けるなどして，意味的側面をとらえ判断すること

② （㊽　　　）…知覚の対象がおかれた状況（文脈）によって，知覚が影響を受けること

③ 問題解決

a．人間は，論理法則だけでなく，知識を利用した推論により問題解決をしている

b．ヒューリスティックス…問題解決の際に無意識的に利用している，経験に基づく簡略化した法則や方法のこと。経験則。有効的に利用すれば判断するのにかかる時間が短縮され効率的だが，正しくなかったり，偏った判断をしてしまうことにつながる

④ 学習と記憶

a．（㊾　　　）…みたことや聞いたことを一時的に覚えているような記憶

b．（㊿　　　）…比較的長期間，場合によっては一生覚えているような記憶

c．作業記憶…何らかの作業を行う際に一時的に必要な情報を保持し，同時に処理を行うための記憶。作業が終わればすぐに消去される

※社会的学習…人間は社会生活の中で，他者の行動を観察，模倣するなど，周囲との相互作用により多くのことを学習し行動を変容させている

(3) 人間と感情

① **エクマン**（米　1934～）

a．（(51)　　　）感情…怒り，恐れ，悲しみ，喜びなど，人間にうまれつき備わり，普遍的に経験・理解されるような感情

b．（(52)　　　）感情…罪悪感，恥，ねたみなど，他者の存在や他者の自分に対する目を意識することで経験されるようになる感情

② 感情（情動）発生に関する三つの説

a．抹消起源説（ジェームズ・ランゲ説）…「悲しいから泣くのではない，泣くから悲しいのだ」という言葉に表されるように，状況や刺激に対して身体反応が起こり，それが感情を引き起こすとする説

b．中枢起源説（キャノン・バード説）…脳中枢で生じる感情反応が身体反応を引き起こすとする説。ジェームズ・ランゲ説に対しては「悲しいから泣くのだ」と反論することになる

c．感情の二要因説…生理的に起こる反応とそれに対する認知的解釈の二つの要因を情動体験の原因とする説。同じ身体反応から異なる感情が生じることを説明できなかったことから，シャクターとシンガーが唱えた説

解答　㊽文脈効果　㊾短期記憶　㊿長期記憶　(51)基本　(52)自己意識的

問題演習

1 「大人」と「子ども」をめぐる概念についてレヴィンが述べた内容として最も適当なものを，次の①～④のうちから一つ選べ。

① 自らの欲求を満たすことのできない大人が，幼児期の発達段階に逆戻りしたかのような態度をとる現象を見いだし，退行と名付けた。

② 子どもと大人のはざまにおり，どちらの世界に対しても帰属意識をもてずに不安定な状態にある青年を，マージナル・マン（境界人）と呼んだ。

③ 近代以前のヨーロッパでは「子ども」という概念が確立されておらず，中世では7歳頃以降の人間は「小さな大人」とみなされていた，と指摘した。

④ 年齢的には大人になっても心理的には子どものままでいようとする青年の有り様を，ピーターパン・シンドロームと名付けた。 〈2015 年本試〉

2 次のア～エは，自己の確立について考察した人物の説明である。その正誤の組合せとして正しいものを，次の①～⑧のうちから一つ選べ。

ア 小此木啓吾は，一人前の人間として自立することを回避して大人になろうとしない青年期の人間を，「モラトリアム人間」と呼んだ。

イ アリエスは，自立を図ろうとするあまり自己主張が強くなって大人と軋轢を起こすような青年期の人間を，「小さな大人」と呼んだ。

ウ アドラーは，子どもと大人の集団の境目に位置していて心理的に不安定になりがちな青年期の人間を，「マージナル・マン」と呼んだ。

エ ブーバーは，人間を社会的存在として捉え，他者の視点から見た自分（me）と，それに反応する自分（I）との相互作用の過程を通して，自己が形成されていくと考えた。

① ア 正 イ 正 ウ 正 エ 誤　　② ア 正 イ 正 ウ 誤 エ 誤
③ ア 正 イ 誤 ウ 正 エ 誤　　④ ア 正 イ 誤 ウ 誤 エ 誤
⑤ ア 誤 イ 正 ウ 正 エ 正　　⑥ ア 誤 イ 正 ウ 誤 エ 正
⑦ ア 誤 イ 誤 ウ 正 エ 正　　⑧ ア 誤 イ 誤 ウ 誤 エ 正 〈2017 年本試改〉

3 コールバーグは，成長に伴い道徳的判断の理由付けが変化していくことを指摘し，その変化を，次の**表**に示す3つのレベルに区分した。彼によると，各々のレベルに達してはじめて獲得される道徳的視点がある。この**表**に基づくと，「なぜ盗んではいけないのか」という問いに対してどのような回答がなされると想定できるか。レベルと，そのレベルに適合する回答例の組合せとして最も適当なものを，後の①～④のうちから一つ選べ。

表 道徳的判断の理由付けのレベル

レベル	そのレベルではじめて獲得される道徳的視点	時期の目安
レベル1：前慣習的道徳性	単純な快不快に影響される。罰を避けるためや，具体的な見返り（他者からの好意や報酬）を得ようとするために指示や規則に従う。	青年期より前
レベル2：慣習的道徳性	他者の期待を満足させたり，社会的役割を果たしたり，秩序を守ったりすることを重視して，既存の権威や規則に従順に従う。	青年前期
レベル3：脱慣習的道徳性	慣習的な規則や法を改善することも考慮しつつ，幸福増進や個人の尊厳など，皆に受け入れ可能で自らの良心にもかなう原理に従う。	成年後期以降

① レベル2：盗みをすると，相手の幸せを脅かし，誰でも認めるはずの普遍的な道理に逆らうことになるから

② レベル2：盗みをすると，親に厳しく叱られて，自分が嫌な思いをすることになるから

③ レベル3：盗みをすると，警察に逮捕され，刑務所に入れられてしまうかもしれないから

④ レベル3：盗みをすると，所有者を人として尊重していないことになり，自らの内面的な正義の基準に反するから 〈2022 年本試〉

4 個人的特徴であるパーソナリティや能力等の形成についての記述として最も適当なものを，次の ① 〜 ④ のうちから一つ選べ。

① 人の個人的特徴の形成は遺伝のみに影響されるため，例えば，音楽的才能に乏しい親の子が，一流の音楽家になることはまれである。

② 人の個人的特徴の形成は環境のみに影響されるため，例えば，小さな子供と過ごすことが多いと，保育職への適性が備わるようになる。

③ 人の個人的特徴の形成は遺伝と環境の両方に影響されるため，例えば，学力は，生来の資質か学習環境かのどちらかだけでは決まらない。

④ 人の個人的特徴の形成は遺伝と環境には影響されないため，例えば，ある人が社交的であるかどうかには，本人の努力や意識が強く反映される。　　　　　　　　　　　　　　　　　　　　　〈2020 年本試〉

5 性格をめぐる様々な考え方についての説明として最も適当なものを，下の ① 〜 ④ のうちから一つ選べ。

① 類型論は，類型に属さないと思われる対象が現れた場合にも，いずれかの類型に当てはめることで性格を客観的に判断できるという長所を持つ。

② 特性論は，対象とする人の捉え方が性格特性の組合せに応じて異なるので，他者との違いを明確に区別するには向いていない。

③ 類型論の例として，体型と気質との関連に着目し，性格を躁鬱気質（肥満型）などの三つに分類したアイゼンクの理論が挙げられる。

④ 特性論の例として，性格を，誠実性などの五つの因子から把握しようとするビッグファイブ（五因子モデル）の理論が挙げられる。　　　　　　　　　　　　　　　　　　　　　　　　〈2020 年追試〉

6 次の図は，マズローが欲求の階層的構造に着目して提唱した理論の内容を表している。図に示されているマズローの理論では，下位にあたる欲求が満たされて初めて，その上位にある欲求が喚起される。この理論から言えることとして，最も適当なものを，下の ① 〜 ④ のうちから一つ選べ。

図　マズローによる欲求の階層

（上から）
自己実現への欲求
他者からの尊敬への欲求，自尊への欲求
所属・愛情への欲求
安全への欲求
生理的欲求

① 安全が確保されていないような状況であったとしても，自己実現への欲求を高めるということは十分に可能である。

② 愛情に満たされた関係性のなかで生きていたいという欲求は，飢えや渇きを満たしたいという欲求と同じくらい基本的な欲求である。

③ 自尊の感情を高めるように他者に働きかければ，所属・愛情への欲求や，安全への欲求，生理的欲求も同時に満たされる。

④ 周りの人たちから認められたいという気持ちが満たされることは，自己実現への欲求の基礎となっている。　　　　　　　　　　　　　　　　　　　　　　　　　　　　　　　　　　　〈2010 年追試〉

7 レヴィンらによる葛藤の４類型**A**〜**D**と，日常生活での葛藤場面**ア**〜**エ**との組合せとして正しいものを，下の**①**〜**⑥**のうちから一つ選べ。

A 接近−接近の葛藤：叶えたいと思う複数の対象が同時に存在し，すべてを叶えることはできない場合に起こる葛藤

B 回避−回避の葛藤：避けたいと思う複数の対象が同時に存在し，すべてを避けることはできない場合に起こる葛藤

C 接近−回避の葛藤：一つの対象に叶えたい要素と避けたい要素とが併存している場合に起こる葛藤

D 二重接近−回避の葛藤：二つの対象が同時に存在し，そのおのおのに叶えたい要素と避けたい要素とが併存する場合の葛藤

ア 密かに思いを寄せていた人と友人が結婚することになり，スピーチを頼まれて断りたいが，友人に不審がられそうで，断るに断れず悩んでいる。

イ 第一志望の学部はあるが遠隔地のため親が反対するＡ大学と，地元にあるが第一志望の学部のないＢ大学と，どちらを受験しようか悩んでいる。

ウ 雇用条件が良くて安定した会社の入社試験と，もともと入りたかった劇団のオーディションと，どちらを受けるべきか悩んでいる。

エ 憧れの先輩がいるクラブに入部しようと思っていたが，練習がとても厳しく時間も長いと聞き，入部すべきかどうか悩んでいる。

① ア−C   イ−A   ウ−B   エ−D
② ア−B   イ−A   ウ−D   エ−C
③ ア−D   イ−C   ウ−A   エ−B
④ ア−A   イ−C   ウ−B   エ−D
⑤ ア−B   イ−D   ウ−A   エ−C
⑥ ア−A   イ−D   ウ−C   エ−B

〈2011 年本試〉

8 理想が実現できないときに葛藤や不満が生じる。それらから心を守ろうとする無意識的な働きとして防衛機制というものがある。そのうち，合理化と昇華の例として最も適当なものを，次の**①**〜**⑥**のうちからそれぞれ一つずつ選べ。合理化については **A** に，昇華については **B** に答えよ。

① 留学することをあきらめたＡさんは，「グローバル化が進んでいるので，留学なんてどんどん意味がなくなってくるよ」と言っている。

② 自分に対する先輩からの扱いを不満に感じているＢさんは，厳しく後輩を指導する同級生を見て強い怒りを感じる。

③ 人から批判されるのではないかとびくびくしているＣさんは，いつも大きな声で攻撃的なしゃべり方をしている。

④ 就職活動がうまくいっていない大学生のＤさんは，３〜４歳のころに大好きだった絵本を繰り返して眺めている。

⑤ 小さいころに深刻ないじめにあっていたＥさんは，しかし現在そのことをまったく覚えていない。

⑥ 失恋した高校生のＦさんは，広く社会に関心を向けて，ボランティア活動に打ち込んだ。

〈2005 年本試〉

9 エリクソンの半生をたどった次の文章を読み，a～cに入れる記述をア～カから選び，その組合せとして正しいものを，下の①～⑧のうちから一つ選べ。

　エリクソンは1902年に生まれ，父親の顔を知らずに育つ。放浪の旅と芸術活動を続けた青年期を経た後，ウィーンにたどり着き，そこでフロイトとその娘アンナから　a　を学ぶ。児童分析家として成長すると，新天地を求めアメリカへと渡る。文化人類学者のマーガレット・ミードやベネディクトらと交流するなかで『幼児期と社会』を著し，　b　という人生周期（ライフサイクル）の考えを示す。社会と自己の関係についてのエリクソンの考えは，友人だったリースマンの著書『孤独な群衆』にも影響を与え，現代人が　c　他人指向型の性格に変化してきているというリースマンの問題提起へとつながった。

ア　人間の行動を深層心理から解明し，神経症の治療に活かす精神分析
イ　夢や神話を通して，人類に共通の無意識を解明しようとする分析心理学
ウ　人間にはいくつかの発達段階があり，時間をかけて自我が成長する
エ　人間は幼児期から青年期までの各段階において発達課題を達成していく
オ　周囲の意向や社会の評価を感じ取って，それに従い同調しようとする
カ　自由がもたらす孤独や不安に耐え切れず，権威への服従を自ら求める

① a-ア　b-ウ　c-オ　　② a-ア　b-ウ　c-カ
③ a-ア　b-エ　c-オ　　④ a-ア　b-エ　c-カ
⑤ a-イ　b-ウ　c-オ　　⑥ a-イ　b-ウ　c-カ
⑦ a-イ　b-エ　c-オ　　⑧ a-イ　b-エ　c-カ

〈2014年追試〉

10　現代の精神分析学の立場から自己の問題を捉え直した思想家にエリクソンがいる。エリクソンの思想についての記述として最も適当なものを，次の①～④のうちから一つ選べ。
① 自己は単独に存在するのではなく，他人という鏡の中に像として映し出されることによって明確になっていく存在であると考えた。
② 自己の生の意味づけを通して，尊厳のある生き方を追求していくことに，人間として存在することの根源的な価値を見いだした。
③ 人間の心理的発達において，他人や社会との関係の中で自己中心性を脱却していく児童期を重要な段階として位置づけた。
④ 各人が自己の同一性を形成していく青年期を，全生涯にわたって人格的成熟を遂げていく上で重要な段階であると見なした。

〈2003年追試〉

11　青年が自己形成していく過程についての説明として**適当でないもの**を，次の①～④のうちから一つ選べ。
① ハヴィガーストによれば，親との情緒的なつながりを深めつつ，親の価値観を内面化することが，青年期の課題（発達課題）に含まれる。
② ハヴィガーストによれば，職業決定や経済的独立の準備を進め，他者と洗練された人間関係を結ぶことが，青年期の課題（発達課題）に含まれる。
③ オルポートは，自分以外の人間や事物に対する関心を広げ，現実や自己を客観的にみることを，成熟した人格になるための条件（基準）とした。
④ オルポートは，自分独自の人生哲学を獲得し，ユーモアの感覚をもつことを，成熟した人格になるための条件（基準）とした。

〈2018年本試〉

12 ナチスによる迫害を受けた人物にオーストリアの精神医学者フランクルがいる。フランクルについての記述として最も適当なものを，次の ① 〜 ④ のうちから一つ選べ。

① 神経症の治療や夢の研究を進める中で，人間の行動の根底には無意識の衝動が潜んでいると考えた。人間の非合理的側面に注目し，人間の性的な衝動は，宗教や文化，芸術などとも深く関わっているとした。

② 人間には自由を得たいという欲求とともに，孤独への不安感があると考えた。自由を得た大衆は，自分で判断することへの重責に不安を感じて，強力な信念をもった指導者に従うことを求め，かえって自由を喪失するとした。

③ 人間は，どのような力や技術を使っても克服できない状況に陥り，自らの非力を自覚することがある。そこから逃れようとせず，限界状況を積極的に引き受けようとするならば，超越者に出会うことができるとした。

④ あらゆる自由が奪われる状況においても，人間らしい尊厳に満ちた生き方が求められていると考えた。人生に期待できるものは何もないという絶望と戦うためには，人生の意味についての見方を変える必要があるとした。　　　　　　　　　　　　　　　　　　　　〈2005 年追試〉

13 青少年に人生の指針を与えてくれる先人の書物についての記述として**適当でないもの**を，次の ① 〜 ④ のうちから一つ選べ。

① エリクソンは，青年期の課題として自我同一性の確立を提唱し，『幼児期と社会』では，その基礎となる乳幼児期の親子関係の重要性を指摘した。

② ルソーは，『エミール』で，「我々は二度生まれる」と表現し，青年を大人と子どもの中間の存在と位置づけ，青年期の若者を境界人と呼んだ。

③ 神谷美恵子は，『生きがいについて』で，自分の存在が誰かのため，何かのために必要だと自覚することで張り合いをもって生活できると述べた。

④ ガンディーは，非暴力・不服従の抵抗運動によって，インドを独立に導いたが，その実践の記録と生命尊重の思想は，『自叙伝』に示されている。　　　　　　　　　　　　〈2006 年本試〉

14 「ホモ・ファーベル」というベルクソンの人間観の説明として最も適当なものを，下の ① 〜 ④ のうちから一つ選べ。

① 人間は，言語や記号，芸術などのように，様々な意味をあらわす象徴を使って，現実の世界を抽象的な仕方で理解する存在である，ということに着目したものである。

② 人間は，他の動物よりも発達した知性（理性）をもち，それを活かして高度で複雑な思考や推理を行うことができる存在である，ということに着目したものである。

③ 人間は，目的をもって道具を作成し，それを用いて自然に働きかけ，自分たちで環境をつくりかえながら進化してきた存在である，ということに着目したものである。

④ 人間は，自分たちを超越した力をもつ世界にまなざしを向け，神を信じて祈りを捧げつつ，宗教という文化を育んできた存在である，ということに着目したものである。　　　　　　〈2018 年本試〉

15 自己形成に関して考察した心理学者の記述として**適切でないもの**を，次の ① 〜 ④ のうちから一つ選べ。

① ピアジェは，子どもが自己中心的なものの見方から脱却し，他者の視点を獲得する過程を「脱中心化」と呼び，思いやりの発生基盤とした。

② エクマンは，人には生まれつき怒り，嫌悪，恐れ，喜び，悲しみ，驚きといった 6 つの基本感情が備わっているが，それぞれの文化によって顔の表情は異なると主張した。

③ コールバーグは道徳的判断にも発達段階があるとして，他者の利害関心を考慮しない段階から広く他者の視点に立って公平な判断を下せるようになる過程を 3 レベル 6 段階に区分した。

④ ボウルビィは，特定の他者との情緒的結びつきを愛着と呼び，乳幼児期に養育者との間で形成される愛着が重要であるとした。

第2章　ギリシア思想　▶▶ 要 点 整 理

❶ ギリシア思想の誕生―自然哲学

(1) 神話から哲学へ

① ポリス社会の形成…ポリスとは，アクロポリス（小高い丘）を中心に人々が集住して形成された古代ギリシアの都市国家である。市民たちのポリスへの帰属意識は高く，利己心を抑えポリスの秩序と調和を重んじる生き方が善美な生き方であると考えられていた

② （❶　　　　）的世界観…世界の成り立ちや現象などを神話に登場する神々の働きによって説明

　　※ギリシア神話…ゼウスを主神とするオリュンポスの神々や，英雄の物語

　 a．ホメロス…二大叙事詩『（❷　　　　）』，『オデュッセイア』で英雄や神々の活躍を描く

　 b．ヘシオドス…古代ギリシアの叙事詩人。代表作に『仕事と日々』，『神統記』がある

③ （❸　　　　）哲学の誕生

　 a．前6世紀ごろ，イオニア植民地の中心都市ミレトスに生まれる

　 b．万物の根源（❹　　　　）の探究…「神話から哲学へ」

　　　　　　　※クセノファネス…伝統的な擬人的神々の考え方を批判

　神話的世界観の伝統から離れ，（❺　　　　）によって自然現象や物事のあり方を合理的に説明

　　　⬇　　※言葉・論理・理性

　（❻　　　　）…「観想」物事の真の姿を捉えるために観察をする態度

　（❼　　　　）…「愛知」ギリシア語の Philos（愛）と Sophia（知）から成る→「哲学」

(2) 代表的自然哲学者

自然哲学者	アルケー	思想の内容
タレス	（❽　　）	万物の根源は，生命にとって不可欠で，変化し，しかも普遍的な水のようなものである
アナクシマンドロス	無限なるもの	根源は，目に見える特定のものではない（ト・アペイロン）
アナクシメネス	空気	空気の濃淡にもとづいてすべてが生成する
ヘラクレイトス	（❾　　）	「万物は流転する（パンタ・レイ）」
ピュタゴラス	（❿　　）	世界には数的比によるハルモニア（調和）がある。霊魂の不死と輪廻を説く宗教団体を結成
パルメニデス	あるもの	「あるものはある。あらぬものはあらぬ」とし，生成・変化を否定→エレアのゼノン（「アキレスと亀」）が継承
エンペドクレス	（⓫　　）	愛憎が運動原因となり，火・空気・水・土の4元素が集合離散し，万物は生成・消滅するという多元論を展開
デモクリトス	（⓬　　）	無限に広がる空虚の中を運動する無数の原子の集合と離散によってあらゆる事物・事象を説明。唯物論を展開

❷ ソフィストたちとソクラテス

(1) ソフィスト（知者）

① 特色

　 a．アテネの民主政治の進展（ペリクレス時代）

　　→民主政を支える市民たるに必要な政治的知識や（⓭　　　　）を教える職業的教師の登場

　 b．自然（ピュシス）に向かっていた人々の関心を法や慣習（（⓮　　　））に向けた

　 c．詭弁を弄し，あらゆる価値を相対化させたことでポリスの秩序を危うくした

　　※誤った論理を用い，自分の意見を相手に押しつける弁論・議論

② 代表的ソフィスト

　 a．プロタゴラス…「（⓯　　　　）」として，人間中心主義・相対主義を標榜した

　　　相対主義：あらゆる真理や価値判断は，個人の主観にもとづく相対的なものであり，客観的・普遍的・絶対的な真理は存在しないとする立場

　 b．ゴルギアス…「何も存在しない。存在するとしても，知りえない。知りえたとしても，伝えられない」と述べ，懐疑論を展開した

(2) **ソクラテス**（前470〜前399）登場の時代的背景
① ペロポネソス戦争によるアテネの衰退
② 衆愚政治の横行
③ ソフィストによる相対主義の蔓延
↓〈ソクラテス登場の意義〉
ポリス社会の伝統的な価値の崩壊と混乱という状況
で，道徳的実践の問題として普遍的な真理を探究。
「ただ生きるのではなく，（**⑯**　　　）生きる」こ
とを説いて倫理学を確立した

●ソフィストとソクラテス

ソフィスト	ソクラテス
人間尺度論 …ものごとの価値を決めるのは人間の感覚である	哲学の出発点 ＝無知の知 ＝知を愛し求めることが人間の本来のあり方である
人によって感覚や価値観はちがう＝相対主義	人間にとって本質的に重要なことは普遍的に存在する
善・悪や正・不正も絶対的な根拠をもたない	よく生きるという人間のあり方も普遍的である
相手をいい負かすだけの弁論術（詭弁）に堕落	真理に近づくための方法＝問答法

(3) **無知の知**
① （**⑰**　　　）の神託「ソクラテスにまさる賢者なし」の真意究明のため，知者たちと問答
→彼らは生きるうえで最も重要な（**⑱**　　　）であることについては無知であることが判明
→ソクラテス自身は自分の無知を自覚している（この点において神託の正しさを了解）
② （**⑲**　　　）
a．ソクラテスの哲学（＝ philosophia）の出発点
b．自らの無知を自覚するがゆえに，真の知を探究しようとする人間にとっての知の原点
c．「（**⑳**　　　）」…デルフォイのアポロン神殿に刻まれていた言葉で，元来は「身のほどを知れ」という意味。ソクラテスはこの格言の意味を掘り下げ，無知の自覚から人間としての生き方の探究に向かった
③ 自己の使命の確信
a．ソクラテスの使命…人々の独断や思いこみ（ドクサ）を取り除き，無知を自覚させ，よい生き方の探究に向かわせること
b．（**㉑**　　　）…対話を通じて，相手の主張に含まれている矛盾点や不完全さを明らかにし，相手に無知を自覚させ，真の知の探究へと誘う方法。真の知を生むのは本人であって，ソクラテスはその手助けをするに過ぎないので（**㉒**　　　）ともよばれる
※エイロネイア…ギリシア語で「皮肉」のこと。ソクラテスの問答法の特色で，彼は無知を装って相手に近づき，問答の中で相手の矛盾をつき無知を自覚させた

(4) （**㉓**　　　）
① 魂（プシュケー）をできる限りよくするように気遣うこと
② 肉体や財産は自分にとって付属物に過ぎず，それを用いる魂がよくなければ，悪用されて有害なものとなる。したがって，魂をすぐれたものにすることが人間の第一の務めである
③ 人間の徳（アレテー）＝魂のよさ
※優秀性，卓越性のこと。例えば，馬のアレテーは速く走ること
a．「徳は知」…善美についての真の知が，魂をすぐれたものにする＝（**㉔**　　　）
b．（**㉕**　　　）…善についての正しい知があれば，必ず正しい行為に導かれる
※主知主義…意志や感情ではなく，知性や理性を重視する立場
c．（**㉖**　　　）…真の知によって，徳が実現し，よく生きることができるのは幸福に他ならない

(5) ソクラテスの死
① 告訴理由…「青年達に害悪を与え，国家の認める神を認めず新奇な神（ダイモン）を祀っている」
② 法廷で自らの弁明を展開するも，弁明が市民の反発を招き，死刑判決（『ソクラテスの弁明』）
③ 友人や弟子達の脱獄要請を断り，ポリスの法に従い，自ら毒杯をあおいで刑死（『クリトン』）

解答 ❶神話（ミュトス） ❷イリアス ❸自然（ピュシス） ❹アルケー ❺ロゴス ❻テオーリア
❼フィロソフィア ❽水 ❾火 ❿数 ⓫火・空気・水・土 ⓬原子（アトム） ⓭弁論術 ⓮ノモス
⓯万物の尺度は人間である ⓰よく ⓱デルフォイ ⓲善美 ⓳無知の知 ⓴汝自身を知れ
㉑問答法（ディアレクティケー） ㉒助産術（産婆術） ㉓魂への配慮 ㉔知徳合一 ㉕知行合一 ㉖福徳一致

③ プラトン（ギリシア　前427～前347）　主著：『国家』『饗宴』『パイドン』『ソクラテスの弁明』『クリトン』
(1)　イデア論…理想主義の立場に立つプラトンの**二元論的世界観**

イデア界
永遠不変・完全・原型・本質・真実在

分有 ⇓　⇑ 想起・エロース

現実界
生成変化・不完全・模像・現象・影

① （㉗　　　　　）…永遠に存在する不変の真実在。個々の事物の本質，純粋な「原型」。**理性**によってのみとらえ得る
　　　　　　　　※感覚によってとらえられる現実は，イデアを分有することによって成り立つイデアの模像・影
　（㉘　　　　　）…他のイデアを統一し秩序づける最高のイデア。イデアのイデア
　（㉙　　　　　）…イデア界と現実界の関係を説明するためにプラトンが用いた譬え。プラトンは，洞窟の壁に向かって繋がれている囚人が事物の影を実物だと思い込んでいるのと同じように，われわれは感覚されたものを実在だと思い込んでいると説いた

② （㉚　　　　　）…**思慕の情**。完全なイデアをあこがれる魂の情動
　　a．完全なるもの（真善美）を目指して上昇するあこがれの愛 ⇔ キリスト教の**アガペー**
　　b．人間を愛知に向かわせる哲学的衝動
　　c．（㉛　　　　　）…人間の魂は，肉体に囚われる以前，イデア界に住んでいたので，現象界のイデアの影に出会うとエロースにかられ，イデアを想いおこすことで真理を把握できる

(2)　四元徳と理想国家
① 国家論…国家は，**統治者・防衛者・生産者**の三階級からなり，統治者は知恵，防衛者は勇気，三階級が協調することで節制の徳を習得し，国家全体の秩序と調和が保たれるとき，理想の共同体である正義の国家が実現する

国家の三階級 / 四元徳 / 魂の三部分
指導 統治者 （㉝　　　） 理性
防衛者 （㉞　　　） 気概　統御
生産者 （㉟　　　） 欲望
国家全体の秩序と調和 / 正義 / 魂全体の秩序と調和

　　※（㉜　　　）…イデアを認識する哲学者が統治する**理想国家**の政治のあり方
② 魂の三部分…人間の魂には，**理性・気概**（意志）・**欲望**の三つの部分があり，理性は知恵，気概は勇気，三部分が協調することで節制の徳を習得し，全体の秩序と調和が保たれるとき正義の徳が実現する
③ （㊱　　　）…**知恵・勇気・節制・正義**

④ アリストテレス（ギリシア　前384～前322）　主著：『ニコマコス倫理学』『形而上学』
(1)　現実主義…プラトンのイデア論を批判し，真実在は個々の事物に本質として内在するとした
① （㊲　　　）…ある事物を他のものから区別する本質的特徴
　　　　　　※人間の形相＝魂・理性　「動物のうちで人間だけが理性（ロゴス）をもつ」
② （㊳　　　）…事物を構成する素材のこと。質料は形相を実現しようと運動するが，いまだ形相が実現しない状態を可能態（デュナミス），実現した状態を現実態（エネルゲイア）という
③ （㊴　　　）…自然界の事物はすべて自らの形相（本質）を実現するという目的を有している
　　　　　　　　⇔　機械論的自然観

(2)　知性的徳と性格的徳（習性的徳・倫理的徳）
① 人間がよく生きるためには，知性的徳と性格的徳（習性的徳・倫理的徳）の両方が大事である

知性的徳	習性的徳（倫理的徳）
理性の働きのよさに関わる徳。真理を認識する知恵，行動の適正さを判断する思慮，制作にかかわる技術など	行動や態度のよさに関わる徳。よい行為の反復によって習慣づけられるもので，勇気・節制・寛容・正義・友愛など

② （㊵　　　）…性格的徳の本質で，思慮によって過剰と不足の両極端を避けること

不足	中庸	過剰	不足	中庸	過剰
臆病	（㊶　　　）	無謀	ケチ	気前のよさ	浪費
無感覚	（㊷　　　）	放埒	卑屈	高邁	虚栄
腑抜け	温和	短気	やぼ	機知	道化

③ **正義**と**友愛**…ポリスの共同生活を成り立たせる徳
　a. 「（**㊸**　　　　）」…ポリスという共同体を離れて人は人間として生活することができない
　b. （**㊹**　　　　）…相互に好意を抱き，相手の幸福を願いあう親愛の情。アリストテレスは，人々を結び
　　　つける徳として正義以上に重視した
　c. **正義**
　　・**全体的正義**：ポリスの法的秩序を保ち，人間として正しい状態に人々を導くこと
　　・**部分的正義**：人々の間に均等（公平）を実現すること
　　　（**㊺**　　　　）…能力や業績などに応じて，それにふさわしい名誉<small>めいよ</small>や財産を振り当てること
　　　（**㊻**　　　　）…裁判や取引などで，各人の利害や不均衡を公平になるように是正すること

(3) **幸福＝最高善**（善を目的とする人間の営みの究極の目的）
　　＝（**㊼**　　　　）的生活…人間の本質である理性を十分に働かせて純粋に真理を求める生活

(4) **国家論**（国制）

	望ましい政治形態		堕落した政治形態
王　　制	優れた王による共同体のための統治	僭主制<small>せんしゅ</small>	独裁者が自分の利益だけを目指す統治
貴族制	少数の人々による共同体のための統治	寡頭制<small>かとう</small>	少数の富裕者が自己の利益を目指す統治
共和制	多数者が全体の利益をはかる統治	衆愚制<small>しゅうぐ</small>	無定見な大衆による統治

5 **ギリシア思想の展開**

(1) **ヘレニズム**時代（アレクサンドロス大王の治世以後約300年間）
　① ヘレニズム文化の形成…ギリシア文化とオリエント文化の融合
　② ポリス社会の崩壊<small>ほうかい</small>による新たな生き方の模索<small>もさく</small>
　　a. 民族や国家に縛<small>しば</small>られない**世界市民**（**㊽**　　　　）としての生き方を目指す**世界市民主義**
　　b. 政治や社会の動乱に左右されない，個人の魂の平安と救済を求める個人主義

(2) **エピクロス**（前341〜前271）　**エピクロス派**の創始者
　① （**㊾**　　　　）
　　a. 人間は本性上快楽を追求する存在であり，快楽こそ幸福（最高善）である
　　b. 真の快楽は，刹那的<small>せつな</small>・衝動的<small>しょうどう</small>なものでなく，永続的・**精神的なもの**である
　② （**㊿**　　　　）…魂の動揺がない平静不乱の状態
　③ 「（**51**　　　　）」…魂の平静を妨げる公人としての生活からのがれて生活せよという箴言<small>しんげん</small>
　④ デモクリトスの原子論を受け継ぎ，死や迷信の恐怖は理論的に根拠がないと説いた（唯物論）

(3) **ゼノン**（前336〜前264）　**ストア派**の創始者
　① （**52**　　　　）
　　a. 自然は，普遍的な理<small>ことわり</small>（ロゴス）によって秩序づけられており，人間の自然的本性は理性である
　　b. 「（**53**　　　　）」…自然に反した過度の衝動である情念を克服し，自然に従って理性的に生きるべきで
　　　あるということ。ストア派の人生目標
　　c. （**54**　　　　）…情念に動かされない状態・無感動の状態
　② 自然法思想に影響
　　a. 宇宙は自然の理法に支配されており，理性を有するすべての人間は自然の法の下で平等である
　　b. 自然の理法は，ポリスの法に優越する

(4) **懐疑派**　創始者ピュロン
　① 物事の真偽を断定せず，あらゆる判断を保留することで魂の平静（アタラクシア）に至るとする一派

(5) **新プラトン主義**　開祖プロティノス
　① 一者（ト・ヘン）…すべてを超越する万物の根源。世界はこの一者からの流出によって形成された
　② キリスト教思想に影響…魂が一者と合一することを目指す神秘主義的な思想

解答　㉗イデア　㉘善のイデア　㉙洞窟の比喩<small>どうくつ　ひゆ</small>　㉚エロース　㉛想起（アナムネーシス）　㉜哲人政治
㉝知恵　㉞勇気　㉟節制　㊱四元徳<small>しげんとく</small>　㊲形相（エイドス）<small>けいそう</small>　㊳質料（ヒュレー）　㊴目的論的自然観
㊵中庸（メソテース）　㊶勇気　㊷節制　㊸人間は，本性上，ポリス的動物である　㊹友愛（フィリア）
㊺配分的正義　㊻調整的正義　㊼観想（テオーリア）　㊽コスモポリーテース　㊾快楽主義　㊿アタラクシア
51隠れて生きよ　52禁欲主義　53自然に従って（一致して）生きる　54無情念（アパテイア）

❶ 自然哲学者タレスに関する記述として最も適当なものを，次の ①〜④ のうちから一つ選べ。

① 世界は生成変化のうちにあり，静止しているものはないと考えた。

② 世界は根底的原理によって説明ができ，それは水であると考えた。

③ 世界は不死なる魂と美しい数的秩序の調和のうちにあると考えた。

④ 世界は土・水・火・空気の離合集散から成り立っていると考えた。　　　　　〈2006 年追試〉

❷ 初期ギリシアの自然哲学者たちの思想についての記述として最も適当なものを，次の ①〜④ のうちから一つ選べ。

① 事物は神である「一者」を根源として，そこから流出によって派生的に生成したのであり，人間は実在界と感覚世界との中間に位置する。

② 事物は普遍的な理（ロゴス）に基づいて生成し，人間はこの理に従うことで情念に支配されない，理想の生き方を実現することができる。

③ 事物は質料に内在する固有の形相が現実化していくことによって生成するが，この世界それ自体は生成も消滅もせず，永遠に存続する。

④ 事物は多様な仕方で生成するが，その根源には「空気」「水」といった構成元素が，本質において変わることのない原理として存在する。　　　　　〈2003 年追試〉

❸ ソフィストに関する記述として**適当でないもの**を，次の ①〜④ のうちから一つ選べ。

① 謝礼金をとる職業的教師として，青年たちに弁論術や一般教養を教えた。

② 社会制度や法律の由来をノモスとピュシスの対比によって説明した。

③ 相手との論争に打ち勝つことを目的とし，詭弁を用いるようになった。

④ 原子が虚空の中を運動し結合することで万物が形成されると考えた。　　　　　〈2007 年追試〉

❹ ソフィストの一人であるプロタゴラスに関する記述として最も適当なものを，次の ①〜④ のうちから一つ選べ。

① ロゴスを重視し，世界理性に従って，怒りや肉体的欲望などの情念を抑制する禁欲主義の立場にたって生きることを理想とした。

② 民主政治が堕落しつつあるアテネにおいて，自らの無知を自覚すること，すなわち，いわゆる「無知の知」を哲学の出発点とした。

③ あらゆる物事の判断基準は，判断する人間それぞれにあるとし，各人の判断以外に客観的真理が存在することを否定した。

④ 万物の根本原理を「調和」の象徴としての「数」に求め，宗教と学術が一体となった教団を組織したが，当時の為政者に弾圧された。　　　　　〈2004 年追試〉

❺ ソクラテスの人生は，彼の友人から伝え聞いたデルフォイの神託によって決定づけられたと言われている。その神託の内容として最も適当なものを，次の ①〜④ のうちから一つ選べ。

① ただ生きるのではなく善く生きよ。

② 徳は知にほかならない。

③ おのれの無知を自覚せよ。

④ ソクラテス以上の知者はいない。　　　　　〈2008 年本試〉

6 ソクラテスは自分の問答を産婆術（助産術）と呼んだ。それを説明する記述として最も適当なものを，次の ① 〜 ④ のうちから一つ選べ。

① 産婆は妊婦の出産までの過程を熟知しており，妊婦に適切な出産法を教えることができる。対話相手は無知であるが，問答によってソクラテスから真理を教授されることにより，真偽を判断することができる。

② 産婆は高齢のため出産はできないが，妊婦の状態を見極めて，その赤子を取り上げることができる。ソクラテスは無知であるが，問答によって真偽を吟味しながら，対話相手自らの考えを引き出すことができる。

③ 産婆は高齢のため身ごもることはできず，出産を助けることだけができる。ソクラテスは無知であるが，問答によって対話相手の考えを引き出す手助けを学ぶことを通じて，無知から解放されるようになる。

④ 産婆の助けがないと妊婦の出産は困難であり，出産は両者の協同により成功する。ソクラテスも対話相手も無知であるが，問答によってお互いの不足を補いながら探究することにより，真理に到達できる。

〈2005 年本試〉

7 プラトンの対話篇に登場する人物が「無知の自覚」を表明したものとして最も適当なものを，次の ① 〜 ④ のうちから一つ選べ。

① ソクラテスは相手に対して質問するばかりで，自分の方からは何一つ答えようとしない。答えるよりも問うことの方が簡単だということをよく知っているものだから，誰かに質問されると空とぼけて，あれこれ言いつくろっては答えるのを避けるのだ。

② ソクラテスは自ら困難に行き詰まっては，他人も行き詰まらせてしまう。これまで大勢の人々に向かって徳について私が語ってきた話は，自分では立派な内容だと思っていた。ところが，今では徳とは何かということさえ語ることができなくなった。

③ 対話問答を通して議論を進めていくソクラテスの熱意は，称賛に値する。私は悪い人間ではないし，また私ほど嫉妬心から縁遠い人間はいないので，ソクラテスが知恵にかけて有数の人物の一人になったとしても，決して驚かないだろう。

④ ソクラテスという人は，いつもこうなのだ。ほとんど取るに足らないような事柄を問い返しては，相手を反駁しようとする。もし誰かが何事につけてもこの人の言うことに同意してやったなら，この人ときたら，まるで若者のように大喜びするに違いない。

〈2003 年追試〉

8 よき生き方を追求したソクラテスは，自らに下された死刑判決を不当としながらも，脱獄の勧めを拒み，国家の法に従って刑を受け入れた。彼の考えとして最も適当なものを，次の ① 〜 ④ のうちから一つ選べ。

① 国家は，理性に従って人々が相互に結んだ社会契約のうえに成立している。それゆえ，国家の不当な決定にも従うことが市民のよき生き方である。

② たとえ判決が不当であるとしても，脱獄して国家に対し不正を働いてはならない。不正は，それをなす者自身にとって例外なく悪だからである。

③ 脱獄して不正な者と国家にみなされれば，ただ生きても，よく生きることはできない。人々に正しいと思われることが正義であり，善だからである。

④ 悪いことだと知りつつ脱獄するのは，国家に害をなす行為である。だが人間の幸福にとって最も重要なのは，国家に配慮して生きることである。

〈2016 年本試〉

9 プラトンの考え方に合致するものとして最も適当なものを，次の ① 〜 ④ のうちから一つ選べ。

① イデアは個物に内在する真の本質であり，感覚ではなく，知性だけがそれを捉えることができる。

② イデアは生成消滅しない真の存在であり，感覚ではなく，知性だけがそれを捉えることができる。

③ イデアは個物に内在する真の本質であり，感覚は知性の指導のもとにそれを捉えることができる。

④ イデアは生成消滅しない真の存在であり，感覚は知性の指導のもとにそれを捉えることができる。

〈2010 年本試〉

10 プラトンのいう「愛（エロース）」の説明として最も適当なものを，次の ①〜④ のうちから一つ選べ。

① 個々の美しいものや善いものを超えて，善美そのものを追い求めようとする情熱のことである。

② 異性をひたすら精神的にのみ愛し肉体的な結びつきは徹底的に排そうとする，清浄な情熱のことである。

③ 精神的な価値観を共有する者に対して感じる友情のことであり，友のためには死をも辞さない心情のことである。

④ 究極的な一者から人間に与えられた愛のことであり，究極的な一者に全面的に帰依する心情のことである。
〈2005 年追試〉

11 プラトンは洞窟の比喩を用いて彼の思想を説いた。その比喩の説明として最も適当なものを，次の ①〜④ のうちから一つ選べ。

① 多くの人々は，魂が肉体から解放されるまで，快楽や欲望の束縛から脱することができない。それはちょうど，囚人が洞窟の中に死ぬまで縛りつけられて逃げられないのと似ている。

② 多くの人々は，個人的な生活にしか目を向けず，社会的理想を追求しようとはしない。それはちょうど，洞窟の中で生活している人々が，そこでの生活に安住し，洞窟の外に出て理想国家を建設しようとしないのと似ている。

③ 多くの人々は，普遍的な真理など存在せず，相対的にしか真理は語れないとする。それはちょうど，人々がそれぞれの洞窟の中でそれぞれの基準で真偽を判断し，その正否に他人は口を出せないのと似ている。

④ 多くの人々は，感覚されたものを実在だと思い込んでいる。それはちょうど，洞窟の壁に向かって繋がれている囚人が，壁に映った背後の事物の影を実物だと思い込んでしまうのと似ている。〈2006 年本試〉

12 プラトンは，魂の三部分の関係に基づいて国家のあり方を説明した。彼の国家についての思想として最も適当なものを，次の ①〜④ のうちから一つ選べ。

① 一人の王の統治は，知恵を愛する王による統治であっても，つねに独裁制に陥る危険を孕んでいる。それゆえ防衛者階級も生産者階級も知恵・勇気・節制を身につけ，民主的に政治を行う共和制において正義が実現する。

② 統治者階級は，知恵を身につけ，防衛者階級を支配し，防衛者階級は，勇気を身につけ，生産者階級を支配する。さらに生産者階級が防衛者階級に従い節制を身につけたとき，国家の三部分に調和が生まれ，正義が実現する。

③ 知恵を愛するものが王になることも，王が知恵を愛するようになることも，いずれも現実的には難しい。知恵を愛する者が，勇気を身につけた防衛者階級と節制を身につけた生産者階級とを統治するとき，正義が実現する。

④ 知恵を身につけた統治者階級が，防衛者階級に対しては臆病と無謀を避け勇気を身につけるよう習慣づけ，生産者階級に対しては放縦と鈍感を避け節制を身につけるよう習慣づける。このようなときに正義が実現する。
〈2005 年本試〉

13 イデア論を批判したアリストテレスについての説明として最も適当なものを，次の ①〜④ のうちから一つ選べ。

① 善のイデアを追究する生き方を理想としたプラトンを批判して，善は人によって異なるので，各自が自分にとっての善を追究すべきだと説いた。

② 理性で捉えられるイデアを事物の原型としたプラトンを批判して，事物が何であるかを説明する唯一の原理は，事物を構成する質料であるとした。

③ 永遠不変のイデアが存在するとしたプラトンを批判して，すべては現実態から可能態へと発展するのであり，同一であり続けるものはないと述べた。

④ 個々の事物を離れて存在するイデアを真の知の対象としたプラトンを批判して，個々の具体的な事物こそ探究の対象とすべきだと主張した。〈2015 年本試〉

14 アリストテレスの説いた徳についての記述として最も適当なものを，次の ① 〜 ④ のうちから一つ選べ。

① 魂の具えるべき徳についての正しい知識をもてば，その知に導かれて善く生きることができるとした。

② 信仰・希望・愛の三つを基本的な徳であるとして，なかでも，人間の意志を動かすものとしての愛を重視した。

③ 人間の魂が具えるべき徳を，知性の働きに関わるものと習慣づけによって形成される性格に関わるものに分けた。

④ 徳とは，宇宙全体と調和して生きるために理性や意志によって欲を抑制する禁欲的な力であるとした。

〈2010 年追試〉

15 アリストテレスが用いている中庸の例の記述として最も適当なものを，次の ① 〜 ④ のうちから一つ選べ。

① 恐れるべきものとそうでないものを正しく判断できるように知的訓練を積むことで，勇気のある人になる。

② 金銭や財に関して，必要以上に惜しんだり浪費したりしないよう習慣づけることで，おおらかな人になる。

③ 神の知をもっていないと自覚することで，最大の無知から解放され，人間にふさわしい知恵を得ることができる。

④ 極端な快楽と極端な禁欲を避けながら，静かな修道生活を送ることで，心の平安を得ることができる。

〈2007 年本試〉

16 アリストテレスの思想に関する記述として最も適当なものを，次の ① 〜 ④ のうちから一つ選べ。

① 互いに異なる国々の習慣や文化を比較して，自国の諸制度に合わせて取り入れる調整的正義を説いている。

② 共同体的存在である人間が，社会における役割分担を推進するために必要とされる配分的正義を説いている。

③ 取引や裁判などにおいて，各人の利害や得失の不均衡を公平になるように是正する調整的正義を説いている。

④ 理性の徳としての知恵，気概の徳としての勇気，欲望の徳としての節制が均等である配分的正義を説いている。

〈2006 年追試〉

17 アリストテレスの「調整的正義（矯正的正義）」の説明として最も適当なものを，次の ① 〜 ④ のうちから一つ選べ。

① 各人の業績を精査し，それぞれの成果に応じて報酬を配分すること

② 加害者を裁いて罰を与え，被害者に補償を与えて公平にすること

③ 知性的徳を備えた人が習性的徳を備え，完全に正しい人になること

④ 法的秩序を保ち，人間として正しい行為をする状態に市民を導くこと

〈2009 年本試〉

18 アリストテレスの社会思想として正しいものを，次の ① 〜 ④ のうちから一つ選べ。

① ポリス，民族，階級といった社会的な制約を超え，人間は誰もが普遍的な理性を分かちもつ世界市民として活動する必要がある。

② よりよい政治的支配を実現するためには，ポリスにとって何が善く，何が正しいかについて，真の知をもった哲人による政治が必要となる。

③ 人間はポリスを形成するように生まれついた存在であるので，人間本来の善さを実現するためには，共同体の一員として生きる必要がある。

④ 人間は万物の尺度であるので，ポリスの秩序を形成していくためには，個々人の多様な価値観を包括する寛容な社会の実現が必要となる。

〈2013 年追試〉

19 プラトンの立場に対して，アリストテレスは自己実現としての人間の幸福を別の仕方で論じている。アリストテレスの幸福についての記述として最も適当なものを，次の ①〜④ のうちから一つ選べ。

① 人間の幸福とは苦痛によって乱されることのない魂の平安であり，これを実現するには，公的生活から離れ，隠れて生きるべきである。

② 人間の幸福とは肉体という牢獄（ろうごく）から魂が解放されることであり，これを実現するには，魂に調和と秩序をもたらす音楽や数学に専念するべきである。

③ 人間の幸福とは自己自身への内省を通して，宇宙の理と通じ合うことにあり，そのためには自らの運命を心静かに受け入れることが大切である。

④ 人間の幸福とは行為のうちに実現しうる最高の善であり，これを実現するためには，よき習慣づけによる倫理的徳の習得が不可欠である。　　〈2003 年追試〉

20 ヘレニズム時代になって提唱された哲学・思想についての記述として最も適当なものを，次の ①〜④ のうちから一つ選べ。

① 戦乱により崩壊したポリスに縛られることなく，個人の内面に目を向け，人間の幸福は魂の自由と平安にある，とする考え方。

② 知恵の徳を具（そな）えた哲学者が，善のイデアを基準にして国家を正しく治めることにより，国家の正義が実現される，という考え方。

③ 魂の徳が何であるか，その定義を知ることによって，徳を具えると同時に幸福な人になりうる，という考え方。

④ 自然現象の根底に存在する不変の原理であるアルケーを，ロゴスによって探求するべきだ，とする考え方。　　〈2007 年追試〉

21 理想的な生き方を考察したヘレニズムの思想家についての説明として最も適当なものを，次の ①〜④ のうちから一つ選べ。

① エピクロスは，あらゆる苦痛や精神的な不安などを取り除いた魂の状態こそが，幸福であると考えた。

② エピクロスは，快楽主義の立場から，いかなる快楽でも可能な限り追求すべきであると考えた。

③ ストア派の人々は，人間の情念と自然の理法が完全に一致していることを見て取り，情念に従って生きるべきだと考えた。

④ ストア派の人々は，いかなる考えについても根拠を疑うことは可能であり，あらゆる判断を保留することにより，魂の平安を得られると考えた。　　〈2021 年本試〉

22 次の文章は，ストア派の理法の考え方を発展させたキケロが，法の位置づけについて述べたものである。その内容の説明として最も適当なものを，下の ①〜④ のうちから一つ選べ。

　まるで盗賊が寄り合って制定した規則同様に，法律という名とは関わりのない多くの有害無益な規則が諸国に制定されているのは，驚いたことだ。例えば，無知で無経験な人間が薬の代わりに致死の毒を処方した場合，それは医者の処方であるとはとうてい言えないように，国家の場合にも，たとえ国民が有害な規則を受け入れたとしても，それは法律の名には値しないのだ。したがって，法律とは正邪の区別にほかならず，同時にまた，万物の根源であるあの太古以来の自然というものの表現でもあるのだ。そして，悪人を罰し善人を守護する任を帯びた，人の世の法律は，この自然を範として定められたものだ。（『法律について』より）

① 法律は自然に従って定められる限り，善人と悪人を公正に裁くことができる。というのも，太古以来，善人の総意によって，自然そのものが管理され，形作られてきたからである。

② 法律は自然に従って定められる限り，善悪と正邪を誤りなく区別することができる。なぜなら，法が模範とすべき原初からの自然は，あらゆるものの根源でもあるからである。

③ 法律は自然に従って定められただけでは，善人と悪人を公正に裁くことはできない。というのも，法律を用いるのは国家であり，それを構成する国民は自然とは関わりがないからである。

④ 法律は自然に従って定められただけでは，善悪と正邪を誤りなく区別することはできない。なぜなら，豊富な知識や経験に基づかなければ，法律は有害なものともなり得るからである。　　〈2016 年本試〉

23 「人間の本性を踏まえた上で，人はどう振る舞うべきだと考えられてきたのか」に関して，ＡとＢは図書館で見付けた次の資料１と資料２を比べ，後のメモを作成した。メモ中の **a** ～ **c** に入る語句の組合せとして最も適当なものを，後の **①** ～ **⑥** のうちから一つ選べ。

> **資料１　プラトン『国家』で紹介されるソフィストの思想**
> 　全ての者の自然本性は，他人より多く持とうと欲張ることを善きこととして本来追及するものなのだが，それが法によって力ずくで平等の尊重へと，脇へ逸らされているのだ。
>
> **資料２　キケロ『義務について』より**
> 　他人の不利益によって自分の利益を増すことは自然に反する。・・・我々が自己利益のために他人から略奪し他人を害するようになるなら，社会―これが自然に最も即している―が崩壊することは必然だ。
>
> **メモ**
> 　資料１によれば，ソフィストは **a** を重視し，これが社会的に抑圧されているとする。先生によると資料２の背景にも，自然の掟を人為的な法や慣習より重視するという資料１との共通点があるとのことだが，資料２では他者を犠牲にした **b** の追求が，自然に反する結果を招くとされる。さらに調べたところ，資料２を書いたキケロの思想はストア派の主張を汲んでおり，これは **c** の一つの源流とされているということを学んだ。

① a 人間の欲求　　b 自己の利益　　c 功利主義
② a 人間の欲求　　b 自己の利益　　c 自然法思想
③ a 人間の欲求　　b 社会の利益　　c 自然法思想
④ a 平等の追求　　b 自己の利益　　c 功利主義
⑤ a 平等の追求　　b 社会の利益　　c 功利主義
⑥ a 平等の追求　　b 社会の利益　　c 自然法思想

〈2023 年本試〉

24 古代ギリシアの哲学者についての説明として最も適当なものを，次の **①** ～ **④** のうちから選べ。

① ソクラテスは，魂を何より大切にせよと説き，アテネ市民の魂をできるだけ優れたものにするために，その当時に知者とされた人々の考えを批判的に吟味し，その成果を著作として残した。

② プロタゴラスは，人間の感覚や判断を超えた普遍的真理を探究し，ノモス的なものに対する人々の関心を増大させた。言葉の技術を用いた彼の活動は，ソクラテスに大きな影響を与えた。

③ プラトンは，ソクラテスを主人公とする多くの対話篇を残した。そこでは，真理を求めたソクラテスの精神が継承されており，善く生きるための探究を担うのは理性であるとされた。

④ プロティノスは，神秘主義的立場からプラトンのイデア論に独自の解釈を加えて発展させ，万物には善と悪との二つの根源があり，これらの根源からの流出により世界が構成されると説いた。〈2020 年追試〉

25 次のア～ウは古代ギリシアの古典や思想家についての説明である。その正誤の組合せとして正しいものを，後の **①** ～ **⑧** のうちから一つ選べ。

ア 『イリアス』と『オデュッセイア』においては，神々が運命を司り，世界の様々な事象を引き起こすという神話的な世界観が展開されている。

イ ゴルギアスは『あらぬものについて』で，あらゆる物事について，実際にありはしない，あっても理解できないし，理解できたとしても言葉で伝えられないと論じ，議論によって得られる真理に疑いのまなざしを向けた。

ウ エピクロスは，あらゆる現象は原子の働きに基づくという知が，人間を，迷信や死への恐怖から解放し得ると考えた。

① ア 正　イ 正　ウ 正　　**②** ア 正　イ 正　ウ 誤
③ ア 正　イ 誤　ウ 正　　**④** ア 正　イ 誤　ウ 誤
⑤ ア 誤　イ 正　ウ 正　　**⑥** ア 誤　イ 正　ウ 誤
⑦ ア 誤　イ 誤　ウ 正　　**⑧** ア 誤　イ 誤　ウ 誤

〈2022 年改〉

1 古代ユダヤ教

(1) ユダヤ教の成立

紀元前 20 世紀	アブラハムを祖とする民族がメソポタミアで遊牧開始
紀元前 13 世紀	**出エジプト**
紀元前 11 世紀	ヘブライ王国樹立
紀元前 10 世紀	ソロモン王の死とともに，北のイスラエル王国，南のユダ王国に分裂
紀元前 586 年	**バビロン捕囚**：南ユダ王国は新バビロニアにより滅亡
紀元前 538 年	バビロンから帰還。指導者らにより神殿の再建。ユダヤ教が成立
紀元前 1 世紀	ローマ帝国の支配下に入る

(2) ユダヤ教の特徴

① 唯一絶対の神（❶　　　　）…「在って在る者」（『出エジプト記 3.14』）

a．天地万物の創造主であり支配者　　b．全知全能の神

c．不正を赦さない**義の神**　　　　　d．**裁きの神**：律法を守らない者への厳しい審判

② 神との契約

a．**律法（トーラー）**…神の言葉は『(❷　　　　　)』に書かれている

b．（❸　　　　　）…出エジプトの道中，シナイ山の山中で神からモーセに授けられた 10 の約束

③ **選民思想**

a．アブラハムの誠実な人柄から，この一族が神から選ばれる。アブラハムは神の意志に従うという契約を神と交わす。律法を遵守することを条件に，神から「乳と蜜の流れる地カナン」と，民族の永遠の救済を与えられる

b．（❹　　　　　）…神の導きにより，モーセを指導者としてエジプトより脱出

④ 終末思想

a．ヘブライ王国の滅亡…ダビデ，ソロモン以降，南北に分裂。再び他民族の支配下に

b．（❺　　　　　）…ユダヤ教の指導者を中心に，バビロンに強制的に連行される

c．（❻　　　　　）の出現…**イザヤ**（前 8 世紀後半），**エレミヤ**（前 7 世紀後半～前 6 世紀前半）らが登場し，亡国は人々の信仰心の不足によるものと批判。神の裁きを警告，**救世主**と**神の国**の到来を告げる

2 イエス

(1) **イエス**（前 4 ごろ～後 30 ごろ）

① 生涯

a．ベツレヘムで生まれたとされる。父は大工のヨセフ，母はマリア。ガリラヤのナザレで育つ（詳細不明）

b．30 歳ごろ，洗礼者（バプテスマ）のヨハネのもとで洗礼を受け，ガリラヤ地方を中心に宗教活動を開始**「時は満ち，神の国は近づいた。悔い改めて福音を信じなさい」**

c．ユダヤ教の指導者達の反感をかい，反逆罪として告発され，十字架刑に処せられる

② イエスの神…**愛の神**

a．ユダヤ教の**ファリサイ派（パリサイ派）**や**サドカイ派**が描く厳しい神の姿ではなく，すべてのものを愛する愛の神の姿

b．すべてのものの主。父である神

③ 信仰のあり方

a．**神の愛（❼　　　　　）**…**無差別・無償の愛**。神の愛のもとに人間は平等「天の父は悪人にも善人にも太陽をのぼらせ，正しい者にも正しくない者にも雨をふらせてくださる」

b．**神への愛**…「心を尽くし，精神を尽くし，思いを尽くして，あなたの神である主を愛しなさい」

c．（❽　　　　　）…「自分を愛するように，あなたの隣人を愛せよ」（よきサマリア人のたとえ）

d．（❾　　　　　）…「何事でも人々からして欲しいと望むことは，人々にもそのとおりにせよ」

e．律法は人のためにある…律法の形式主義批判（安息日のたとえ）

f．（❿　　　　　）の実現…神の国は心の中にある。「心の貧しい人々は幸い。天の国はその人たちのものである」

❸ キリスト教の成立

(1) **原始教団**の成立
- ① イエスの**復活信仰**
  - a. 死後の復活…埋葬後３日目に復活し，**十二使徒**のひとりペトロ（ペテロ）らのもとへ現れ，その後昇天した
  - b. イエスは神のひとり子である。また，イエスは神の使わした（❶　　　）である
  - c. この世の終わりに再臨し，神とともに**最後の審判**を行う。これにより地上の神の国が完成する
- ② 贖罪の死
  - a. 十字架上の死は全人類の（❷　　　）…人類の罪を贖うための犠牲
  - b. （❸　　　）…アダムとイブの時代に犯した過ち。人間が生まれながらに抱えている罪
- ③ 『**新約聖書**』の編纂
  - イエス＝キリストによってもたらされた神との新しい契約。神の喜ばしいしらせを意味するマルコ，マタイ，ルカ，ヨハネによる４つの福音書，使徒言行録，各種の手紙から構成されている

❹ キリスト教の展開

(1) **パウロ**（小アジア・タルソス出身　出生年不明〜65ごろ）
- ① 生涯
  - a. ユダヤ教ファリサイ派の律法主義者として，キリスト者の迫害に情熱を注いでいた
  - b. ある日，復活したキリストに出あって（❹　　　）し，以後，熱心なキリスト教徒となる
  - c. 共通ギリシア語（コイネー）を話す事のできた彼は，地中海沿岸地区に幾度も伝道・布教の旅を行った。キリスト教が世界宗教となっていく礎を築く
- ② 信仰に関する考え方
  - a. （❺　　　）…「人が義とされるのは律法の行いによるのではなく，信仰による」
  - b. キリスト教の（❻　　　）…**信仰・希望・愛**による救い

(2) **アウグスティヌス**（北アフリカのタガステ出身　354〜430）　主著：『告白』『神の国』
- ① キリスト教勢力の拡大
  - a. ４世紀初頭にローマ帝国でキリスト教は公認され（ミラノ勅令），４世紀末には国教に認定された
  - b. （❼　　　）の登場…正統的な信仰を伝承していると教会から公認を受けたキリスト教の指導者
  - c. **教父哲学**…プラトン哲学などギリシア哲学の思考法を取り入れた神学の学問体系を確立。３〜６世紀にかけてプロティノスによって創始された，神秘主義的傾向の強い**新プラトン主義哲学**が大きな影響力を持つ
  - d. アウグスティヌス…キリスト教最大の教父
- ② 信仰に関する考え方
  - a. （❽　　　）…神の救いはあらかじめ決まっている
  - b. 歴史は「神の国」と「地上の国」との対立…キリストが再臨する終末には神の国が実現される
  - c. **三位一体説**…父である**神**と，その子である**キリスト**，使いである**聖霊**は，すべて本質が同じものである

(3) **トマス＝アクィナス**（イタリア　1225ごろ〜74）　主著：『神学大全』『対異教徒大全』
- ① 中世のカトリック教会
  - a. 西欧全体が**ローマ＝カトリック**教会の勢力下におかれる
  - b. 教会の教義を哲学を用いて体系化する…「哲学は神学の侍女」
  - c. （❾　　　）…教会・修道院附属の学校（スコラ）で哲学を学習
- ② 信仰に関する考え方
  - a. **アリストテレス哲学**を用いて，キリスト教の信仰を体系的に説明し，スコラ哲学を大成
  - b. 信仰と理性の調和…信仰は理性を完成させる
  - c. 神の永遠の力により支配された世界を，理性で捉えたものが自然法

(4) **ウィリアム＝オッカム**（イギリス　1285ごろ〜1347/49）
- ① 信仰と理性をめぐる思想
  - a. 信仰は証明不可能であり，理性は無用として**信仰と理性の分離**を主張
  - b. 信仰と理性の調和をはかるスコラ哲学の衰退に影響を及ぼした

解答 ❶ヤハウェ　❷旧約聖書　❸十戒　❹出エジプト　❺バビロン捕囚　❻預言者　❼アガペー
❽隣人愛　❾黄金律　❿神の国　⓫キリスト（救世主）　⓬贖罪　⓭原罪　⓮回心　⓯信仰義認　⓰三元徳
⓱教父　⓲恩寵予定説　⓳スコラ哲学

(1) **イスラームの成立**

① **ムハンマド**は（❷⓪　　　　　）で布教を始めたが，迫害を受けるようになり，622年（❷①　　　　　）に移住（**聖遷**, **ヒジュラ**）し，教団国家を建設した。630年にメッカを征服し，イスラームの聖地とする

② ムハンマドの死後は後継者である歴代の（❷②　　　　　）の指導のもと，勢力を拡大

(2) **開祖ムハンマド（570ごろ～632）**

① 生涯

  a．メッカの裕福な商人であったが，40歳のころから**アッラー**の啓示を繰り返し受ける

  b．メッカ近郊のヒラー山の洞窟にこもって瞑想しているとき，天使ジブリール（ガブリエル）を通して，「起きて警告せよ」という，アッラーのアラビア語の啓示を受ける

(3) **イスラームの特徴**

① 一神教：唯一絶対の神（❷③　　　　　）

  a．天地万物の創造主。この世の支配者　　　b．人間に恵みを与える（❷④　　　　　）神

  c．公正な**義の神**　　　　　　　　　　　　d．**偶像崇拝**の禁止

② イスラーム…「アッラーに絶対的に帰依すること」の意

  a．信者を（❷⑤　　　　　）という　　　b．共同体（**ウンマ**）での生活

③ 聖戦（**ジハード**）…もともとは「神の道における努力」を意味する。戦闘行為としてのジハードには防衛と拡大があるが，こんにちでは防衛に限定されている

④ 啓典（聖典）『（❷⑥　　　　　）』

⑤ （❷⑦　　　　　）…ムスリムの基本的義務。信仰（イーマーン）と神への奉仕（イバーダート）

	アッラー		唯一絶対の神であるアッラー
六信	天使	マラーイカ	ガブリエル，ミカエルなどの天使。アッラーの言葉を伝える存在
	啓典（聖典）	クトゥブ	『クルアーン』を中心とする啓典
	使徒・預言者	ルスル	ムハンマドだけでなく，モーセやイエスも預言者の一人
	来世	アーヒラ	終末と最後の審判のあとにくる来世
	予定（定命）	カダル	すべてはアッラーによりあらかじめ定められている
五行	信仰告白	シャハーダ	「アッラーの他に神はない。ムハンマドはその使徒である」と証言
	礼拝	サラート	一日5回，メッカ・カーバ神殿の方角を向き，祈りを捧げる
	喜捨	ザカート	救貧税。社会的な弱者救済のために，財産に応じて負担する
	断食	サウム	イスラーム暦（ヒジュラ暦）第9月（ラマダーン）の夜明けから日没まで飲食をしない
	巡礼	ハッジ	一生に一度は，イスラーム暦第12月にカーバ神殿に参詣する

⑥ **シャリーア**…『クルアーン』やスンナ（ムハンマドの言行に関する伝承（**ハディース**）に示された生き方を模範とした慣行）などイスラーム教徒が守るべき掟を体系的にまとめたイスラーム法のこと

⑦ （❷⑧　　　　　）…同じ神の意志を信じる者である，ユダヤ教徒・キリスト教徒のこと

(4) **イスラームの宗派**

① **スンナ派**…スンナとイスラーム共同体の団結を重視する多数派

② **シーア派**…預言者の死後，共同体指導者の権威は預言者の従弟・娘婿のアリーに引き継がれたとする

(5) **イスラーム文化の発展**

① 9世紀，バグダードの「知恵の館」を中心に，ギリシア語文献の翻訳・研究がさかんに行われる

② アリストテレス哲学が**イブン＝ルシュド**（アヴェロエス）らによって研究された

③ 10世紀，イスラーム独自の哲学・諸科学が誕生。十字軍の遠征以降ヨーロッパにも伝播

解答 ❷⓪メッカ ❷①メディナ ❷②カリフ ❷③アッラー ❷④慈悲深い ❷⑤ムスリム・ムスリマ
❷⑥クルアーン（コーラン） ❷⑦六信五行 ❷⑧啓典の民

1 律法の説明として**適当でないもの**を，次の①〜④のうちから一つ選べ。

① イスラエル人は，律法を守れば祝福が与えられ，律法を破れば裁きの神としてのヤハウェに厳しく罰せられるとされている。

② 律法の中心をなす十戒は，神の絶対性に関わる宗教的な規定（義務）と人間のあり方に関わる道徳的な規定（義務）から成り立っている。

③ イスラエル人は，エジプトに移り住む際の心構えとして神から与えられた律法を，神と民との間に結ばれた契約の徴（しるし）とみなしている。

④ 律法に従って神の恩恵に応える限り，イスラエル人は神に選ばれた特別な民として，神から民族の繁栄を約束されている。 〈2016 年本試〉

2 ユダヤ教の特徴として最も適当なものを，次の①〜④のうちから一つ選べ。

① 律法と預言者の言葉を通じて，超越的神が歴史において自民族に関わり続けていることを確信し，メシアによる救済を待望する。

② 全知・全能で唯一絶対である神の子の意志や命令に服従することを教えの中心とし，民族や国家を超えた信仰共同体を形成する。

③ 狭い意味での宗教というよりも，ユダヤ共同体の生活様式全般であり，父・子・聖霊の一体性を奥義として，人格神を礼拝する。

④ 律法よりも，人間社会の矛盾に対して神から与えられた預言者の言葉を遵守する生活の方が，救済のためには不可欠であるとする。 〈2006 年追試〉

3 旧約聖書に登場する宗教的指導者モーセについて述べたものとして最も適当なものを，次の①〜④のうちから一つ選べ。

① 王の宮殿で育てられたが，荒野で啓示を受け，奴隷となっていた同胞を約束の地へと向かわせ，神から授けられた掟（おきて）を人々に示した。

② 異民族による支配は，多神教の影響による宗教的な堕落や貧者を虐げる社会的不正に対する神の罰だとして，神の裁きと救済を説いた。

③ 山の洞窟で神から啓示を受け，預言者として，礼拝や喜捨などの宗教的義務を果たし敬虔（けいけん）な信仰生活を送るべきことを説いた。

④ 王子として生まれ育ったが，死や病気に直面する人間の苦しみについて思い悩み，王家を出て真理に達し，人々にそれを示した。 〈2006 年本試〉

4 新約聖書に描かれたイエスについての記述として最も適当なものを，次の①〜④のうちから一つ選べ。

① 「天地が消え失せるまで，律法の文字から一点一画も消え去ることはない」とあるように，ユダヤ社会の刷新には律法の遵守が不可欠と考えた。

② 「私があなたがたを愛したように，あなたがたも互いに愛し合いなさい」とあるように，相互の愛を実践するよう説いた。

③ 人間はすべて，理性と道徳上の能力において本来同等であるから，隣人愛に満ちた関係を築くべきだと説いた。

④ 預言者の精神を受け継ぎ，当時のユダヤ社会に真の悔い改めを求め，ヨルダン川で，身分の差別なく人々に洗礼を授けた。 〈2008 年追試〉

5 イエスの教えについての説明として最も適当なものを，次の ①〜④ のうちから一つ選べ。

① 愛を実践する生き方の基本として，「人にしてもらいたいと思うことは何でも，あなたがたも人にしなさい」と説いた。

② ユダヤ教の教典に書かれた律法を重視し，たとえ形式的であっても律法を厳格に順守しなければならないと説いた。

③ 旧約聖書の根幹をなす「敵を愛し，迫害する者のために祈りなさい」という教えを受け継ぎ，敵をも赦す普遍的な愛を説いた。

④ 神が与えてくれた悔い改めの機会として，安息日を忠実に守り，すべての労働を避けなければならないと説いた。

〈2016 年本試〉

6 イエスの説く神の国の説明として最も適切なものを，次の ①〜④ のうちから一つ選べ。

① ローマ帝国による政治的支配を打破し，神から遣わされた救い主によって立てられる国

② 神に選ばれた民であるユダヤ人およびキリスト教への改宗者たちが，入ることを約束された国

③ 自らの罪を悔い改めて，互いに愛し合う人々の間に，精神的な出来事として実現する国

④ 生前，神から与えられた戒めを守った者が，死後，平安の地として入ることを約束された国

〈2011 年本試〉

7 平等観にもとづいたイエスの言行についての記述として**適当でないもの**を，次の ①〜④ のうちから一つ選べ。

① 当時の社会で嫌悪されていた徴税人や罪人と食事を共にするなど，当時のユダヤ教の社会規範に反してまでも，被差別者と共に生きようとした。

② 「何事でも人々からしてほしいと望むことは，人々にもそのとおりにしなさい」と命じ，相手の立場に身を置いて人に接するように教えた。

③ 自らメシア（キリスト）と称して，すべての人が生まれながらに負っている罪から救われるには，十字架の贖いを信じるしかないと主張した。

④ 神は律法を守った人だけを祝福するのではなく，おちぶれて帰還した放蕩息子を喜び迎える父のように，無償の愛を万人に及ぼしていると教えた。

〈2002 年追試〉

8 新約聖書に関する記述として最も適当なものを，次の ①〜④ のうちから一つ選べ。

① マタイ，マルコ，ルカ，ヨハネの四福音書には，イエスこそが救い主であるとする信仰に基づき，イエスの生涯と言葉が記されている。

② 「新約」とは，イエスによってもたらされた神と人との新しい契約のことであり，神の愛であるエロス，神への愛であるアガペーが記されている。

③ 福音書を始め，イエスの弟子たちの活動を記した使徒言行録，パウロの書簡など，すべてがヘブライ語で記されている。

④ モーセが古代イスラエルの民を率いてエジプトを脱出する途中，十の掟を神から授けられたという歴史が記されている。

〈2007 年追試〉

9 次の**ア〜ウ**は，キリスト教における，人間の欲望についての考え方である。その正誤の組合せとして正しいものを，下の①〜⑧のうちから一つ選べ。

ア パウロは，分かっていながら欲望のために悪を行ってしまう人間のあり方に悩み，そこからの救済は福音への信仰によるほかにないと考えた。

イ アウグスティヌスは，生まれつき人間にそなわっている自由意志により，欲望から悪を犯してしまう傾向を克服できると考えた。

ウ イエスは，欲望を抱いて女を見る者は，心のなかで既に姦淫をしていると述べ，情欲を克服した善き人だけが，他者を裁くことができると主張した。

① ア 正 イ 正 ウ 正　　② ア 正 イ 正 ウ 誤
③ ア 正 イ 誤 ウ 正　　④ ア 正 イ 誤 ウ 誤
⑤ ア 誤 イ 正 ウ 正　　⑥ ア 誤 イ 正 ウ 誤
⑦ ア 誤 イ 誤 ウ 正　　⑧ ア 誤 イ 誤 ウ 誤

〈2014 年本試〉

10 次の文章は，贖罪と愛の実践に関するパウロの考えについての記述である。　**a**　〜　**c**　に入れる語句の組合せとして正しいものを，下の①〜⑧のうちから一つ選べ。

パウロは，もともと律法を厳格に守ることを求める　**a**　に属していた。しかし，彼は，　**b**　の声を聞いて回心し，イエスの十字架上での死を，人々の罪を贖うための死であると理解した。彼の考えによると，贖罪を信じることにより，人間は神に受け入れられ，　**c**　のであり，そのとき人は，罪を抱えた自己中心的な人間から，愛を実践する人間へと生まれ変わるのである。

① a パリサイ派　　b 神殿の祭司　　c 義とされる
② a パリサイ派　　b 神殿の祭司　　c 預言を授かる
③ a パリサイ派　　b 復活したイエス　c 義とされる
④ a パリサイ派　　b 復活したイエス　c 預言を授かる
⑤ a ストア派　　　b 神殿の祭司　　c 義とされる
⑥ a ストア派　　　b 神殿の祭司　　c 預言を授かる
⑦ a ストア派　　　b 復活したイエス　c 義とされる
⑧ a ストア派　　　b 復活したイエス　c 預言を授かる

〈2015 年追試〉

11 神と教会についてのアウグスティヌスの考えとして最も適当なものを，次の①〜④のうちから一つ選べ。
① 教会が指導する聖書研究を通して信仰を深めることにより，神の恩寵を得ることができると考えた。
② 人は神の恩寵によらなければ救われないと主張し，教会は神の国と地上の国を仲介するものだと考えた。
③ 教会への寄進といった善行を積むことにより，神の恩寵を得ることができると考えた。
④ 人は神の恩寵によらなければ救われないと主張し，贖宥状の購入による救済を説いた教会の姿勢は間違っていると考えた。

〈2017 年本試〉

12 次の**ア〜ウ**は，キリスト教において説かれた，信仰をめぐる様々な思想についての説明であるが，それぞれ誰のものか。その組合せとして正しいものを，下の①〜⑧のうちから一つ選べ。

ア 厳格な律法主義では罪の自覚しか生じないと考え，人が義とされるのは律法の行いではなく信仰によると主張した。

イ 誰が救われるかは神の意志によって予定されているのであり，信仰をもつことそのものが神の与える恩寵であると主張した。

ウ 理性により得られる真理と信仰により得られる真理は，調和するのではなく区別されるべきであるとして，哲学と神学の分離を主張した。

① **ア** ヨハネ **イ** マルクス・アウレリウス **ウ** トマス・アクィナス
② **ア** ヨハネ **イ** マルクス・アウレリウス **ウ** ウィリアム・オッカム
③ **ア** ヨハネ **イ** アウグスティヌス **ウ** トマス・アクィナス
④ **ア** ヨハネ **イ** アウグスティヌス **ウ** ウィリアム・オッカム
⑤ **ア** パウロ **イ** マルクス・アウレリウス **ウ** トマス・アクィナス
⑥ **ア** パウロ **イ** マルクス・アウレリウス **ウ** ウィリアム・オッカム
⑦ **ア** パウロ **イ** アウグスティヌス **ウ** トマス・アクィナス
⑧ **ア** パウロ **イ** アウグスティヌス **ウ** ウィリアム・オッカム 〈2016 年追試〉

13 イスラームについての記述として**適当でないもの**を，次の①〜④のうちから一つ選べ。
① アッラーへの内面的信仰が何よりも大切であり，日常生活に関わる法は重要でないと考えられている。
② アッラーへの信仰に基づく共同体ウンマが重視され，その中に生きるイスラーム教徒たちは神の前に平等だと考えられている。
③ アッラーはユダヤ教・キリスト教の神と同一であり，モーセやイエスを預言者として遣わしたと考えられている。
④ アッラーへの信仰を異教徒から守るためにジハードを行うことが義務であり，十字軍への対応もその一例と考えられている。 〈2007 年本試〉

14 イスラーム教の教えに関する記述として**適当でないもの**を，次の①〜④のうちから一つ選べ。
① アッラーはムハンマドの死後も，新たな啓示をカリフに伝え，それを記録したものがクルアーン（コーラン）とされる。
② アッラーの定めた戒律は，神と人間との関係，および人間同士の関係の両方を規定しており，結婚や遺産相続にまで及んでいる。
③ イエスは神の子であると信じるキリスト教を批判して，三位一体説を認めず，唯一神への信仰を説いている。
④ メッカのカーバ神殿への巡礼は，ムスリムに課せられた務めの一つであり，巡礼月には世界各地から巡礼者が集まってくる。 〈2014 年本試〉

15 クルアーン（コーラン）を聖典とするイスラームについての記述として**適当でないもの**を，次の①〜④のうちから一つ選べ。
① アブラハムと同じようにムハンマドもアッラーから遣わされた。
② アッラーとは全知全能で，子をもたない唯一絶対の存在である。
③ 財産に応じて行う喜捨は，為政者への献金として重要である。
④ メッカへの巡礼は，ムスリムたちがあこがれる務めである。 〈2009 年本試〉

16 ムハンマドの思想が旧来の多神教と対立した要因の一つに挙げられるものとして最も適当なものを，次の①〜④のうちから一つ選べ。

① ムハンマドが説いた唯一神の教えは，部族制に基づいた多神教を否定し，アッラーの前でのすべての人間の平等を主張することで，部族の枠を越えた共同体の形成を促した。

② 旧来の多神教では，モーセやイエスの説いた神であるヤハウェをアッラーと並べようとするが，ムハンマドが説く唯一神の教えはヤハウェを認めようとしなかった。

③ 部族制に基づいた多神教はメッカのカーバ神殿と結び付いた偶像崇拝的要素を有していたので，ムハンマドはメディナへと移住し（聖遷），以後，カーバ神殿での礼拝そのものに反対した。

④ ムハンマドを救い主として信じることは六信の一つであるにもかかわらず，旧来の多神教を信奉する部族の長たちは，ムハンマドの宗教的権威を認めようとしなかった。　　　　　　　　　　〈2010 年本試〉

17 イスラーム教の説明として最も適当なものを，次の①〜④のうちから一つ選べ。

① 最後の審判の日，ムハンマドが神の代理人として一人ひとりの人間を裁き，天国と地獄に振り分けるとされる。

② 一日に五回，定められた時に，神の像に向かって礼拝を行うことは，ムスリムの務めの一つとされる。

③ ムハンマドは，モーセやイエスに続く預言者であり，神は，ムハンマド以降も預言者を遣わすとされる。

④ 唯一神への絶対的帰依が説かれ，開祖ムハンマドであっても，神格化の対象とはならないとされる。　　　　　　　　　　〈2015 年本試〉

18 次のア〜ウは，様々な聖典の説明である。その正誤の組合せとして正しいものを，下の①〜⑧のうちから一つ選べ。

ア　新約聖書は，従来の律法に代わって，人類に無償の愛を注ぐ神への応答として「神を愛し，隣人を愛せ」という新たな愛の掟（おきて）を教え，その掟を全うすることによって罪を贖（あがな）う者は救われるという，福音を説いている。

イ　ユダヤ教の聖典は，世界の創造者である神の啓示の書とされる。神が与えた律法を守ることで救いと繁栄が約束されるという契約の思想が表され，神と契約を結んだ民であるイスラエル人の歴史などが書かれている。

ウ　クルアーン（コーラン）は，預言者ムハンマドに下された神の啓示を記した書とされ，聖職者と一般信徒がそれぞれに実践すべき規律を教えており，シャリーア（イスラーム法）の典拠となっている。

① ア　正　イ　正　ウ　正　　　② ア　正　イ　正　ウ　誤
③ ア　正　イ　誤　ウ　正　　　④ ア　正　イ　誤　ウ　誤
⑤ ア　誤　イ　正　ウ　正　　　⑥ ア　誤　イ　正　ウ　誤
⑦ ア　誤　イ　誤　ウ　正　　　⑧ ア　誤　イ　誤　ウ　誤　　　〈2015 年本試〉

第4章 仏教　▶▶ 要 点 整 理

1 仏教以前のインド思想

(1) **バラモン教**
  ① **アーリア人**の侵入と定住
    a. 前15世紀ごろ　アーリア人の南下開始。インド北部のインダス川上流域に移動
    b. 前11世紀ごろ　ドラヴィダ人などの先住民を支配下に置きながらさらに南下，ガンジス川中流域に定住し農耕社会をつくる
  ② **カースト制度**…四つの（❶　　　…色の意）にもとづく身分制度
    a. 特定の職業や信仰との結びつき。職業集団（ジャーティ）とも絡んで，複雑な階層構造を形成
    b. 現代のインドでも複雑な形で残っている
  ③ **ウパニシャッド哲学**
    a. バラモン教の聖典『（❷　　　　）』
      ヴェーダには，
      『リグ＝ヴェーダ』，『サーマ＝ヴェーダ』，『ヤジュル＝ヴェーダ』，『アタルヴァ＝ヴェーダ』などがある
    b. 自然神崇拝と多神教。中心的な神は雷神インドラ
    c. 前7世紀ごろ，宇宙のはじまりや真実の自己を探究する（❸　　　）哲学が誕生

（右の図）

| バラモン（司祭） |
| クシャトリヤ（王侯・戦士） |
| ヴァイシャ（庶民） |
| シュードラ（隷属民） |

(2) **輪廻と解脱**…インド古来の思想とバラモン教の結びつき
  ① **輪廻と業**
    a. 生あるものは死後様々なものに生まれ変わり（転生），生と死を無限に繰り返す（（❹　　　　））
    b. 現世の行い（**業，カルマ**）の善悪によって，次は何に生まれ変わるかが決まる
  ② **解脱**
    a. 無限の輪廻の苦しみからの解放
    b. 断食などの苦行やヨーガ（瞑想の行）によって業を断ち，梵我一如を悟ることで輪廻の輪を断ち切ることができる
  ③ **梵我一如**…解脱への道
    a. （❺　　　）…自己の根源。永遠不変の本体。個人の中にある，命や精神の根源
    b. （❻　　　）…宇宙の本体。その絶対的原理。万物の根源
    c. アートマンとブラフマンは本来まったく同一のものである

(3) **自由な思想家の登場**
  ・ガンジス川流域に商工業が発展。都市成立とともにクシャトリヤの政治力とヴァイシャの経済力が伸張
  ・前6〜5世紀ごろには沙門とよばれる修行僧たちが登場。新しい宗教を展開する
  ① **ジャイナ教**（ジナ（勝利者）の教えを意味）
    a. **ヴァルダマーナ**（前549ごろ〜前477ごろ）
      ・尊称はマハーヴィーラ（偉大な勇者の意）
      ・30歳で出家してニガンタ派の行者となり，12年の苦行ののち真理を悟る。以後30年間遊行しながら教えを説き広め信者を獲得し，72歳でパータリプトラ（現パトナ）市近郊でその生涯を閉じた
    b. 徹底した苦行…断食が中心
    c. **不殺生**（アヒンサー）…徹底した不殺生
    d. 無所有
  ② **ヒンドゥー教**
    a. ヒンドゥー…インダス川の名称に起源をもつペルシア語「インダス川の流域の人々」の意
    b. 4世紀ごろ，バラモン教が土着の民間信仰などを吸収し成立したインドの民俗宗教
    c. 多神教…**ブラフマー，ヴィシュヌ，シヴァ**の三つの神を中心とした信仰へと変化した
    d. 聖典…ヴェーダだけでなく，『マハーバーラタ』や『プラーナ』など

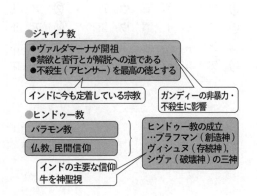

●ジャイナ教
● ヴァルダマーナが開祖
● 禁欲と苦行とが解脱への道である
● 不殺生（アヒンサー）を最高の徳とする

インドに今も定着している宗教 ／ ガンディーの非暴力・不殺生に影響

●ヒンドゥー教
バラモン教／仏教，民間信仰 ｝ ヒンドゥー教の成立…ブラフマン（創造神）ヴィシュヌ（存続神）シヴァ（破壊神）の三神

インドの主要な信仰　牛を神聖視

❷ ブッダの教え

(1) **ゴータマ＝シッダッタ**（前 463 ごろ～前 383 ごろ）

① 生涯

a．ヒマラヤ山麓（ネパール）の小国カピラバットゥのシャカ（釈迦）族の王子として誕生

b．四門出遊…王子として何不自由ない生活を送っていたが，しだいに人生の意味に悩み始める。あるとき，城の東西南北の四つの門から外の世界に出て，老人・病人・死人を目の当たりにし，北門で沙門をみたことをきっかけに出家を決意したと伝えられている

c．29 歳で出家し修行者に。6 年間にわたり苦行に励むも，安らぎを得ることができなかった

d．35 歳のころ，苦行を捨て，ブッダガヤーの菩提樹のもとで坐禅・瞑想しているときに，悟りを開く。以後「真理に目覚めた者」として**ブッダ（仏陀）**と呼ばれた

e．初転法輪…ブッダとなったのち，鹿野苑（現サールナート）で，苦行をともにした修行者に初めて法を説く。以後，インド北部のガンジス川中流域を中心に，教化活動を行う

f．80 歳で入滅…クシナガラの沙羅樹林で没する

四苦・八苦

八苦	（❼ ）	生・老・病・死の苦しみ
	（❽ ）	愛するものといつか別れる
	（❾ ）	憎むものと出会う
	（❿ ）	求めるものが得られない
	五蘊盛苦	身心を構成する要素である五蘊（色・受・想・行・識）のすべてが苦に満ちていること

② 苦しみの原因

a．**煩悩**…三毒（**貪**〈欲望〉・**瞋**〈怒り〉・**癡**〈無知〉）などの誤った心の動き

b．**我執**…自分や自分の所有物に執着する心

c．（⓫   ）…真理に対する無知

③ 苦しみからの解放

a．自己中心的な我執を断ち，煩悩の火を消す

b．（⓬   ）…すべてのものが相互に依存し合って生起しているという真実

c．**四法印**

（⓭ ）	生老病死の苦しみからはなれられない
諸行無常	何ごとも永遠ではなく，移り変わる
（⓮ ）	あらゆるものは，それ独自では存在していない
涅槃寂静	苦しみから解放された安らかな解脱の境地，**涅槃（ニルヴァーナ）**に至ること

d．**四諦**（四つの真理）・**八正道**（快楽と苦行に偏らない**中道**としての道徳実践）

四諦	**苦 諦**	現実世界は苦しみであるという真理				
	（⓯ ）	苦は執着よりおこるという真理				
	滅 諦	執着を滅することで苦をなくすことができるという真理				
	（⓰ ）	苦をなくすための正しい修行方法は八正道である				
		八正道	正見	正しい見解	正命	正しい生活
			正思	正しい考え方	正精進	正しい努力
			正語	正しい言葉	正念	正しい思念
			正業	正しい行為	正定	正しい精神統一

④ （⓱   ）…あらゆる生きとし生けるもの（**一切衆生**）を隔てなく愛すること

a．**慈（マイトリー）**…すべての人に楽しみを与えようとする慈しみの心

b．**悲（カルナー）**…苦しみを取り除こうとする憐れみの心

c．生きとし生けるものすべてに分け隔てなく及ぶべきもの

解答 ❶ヴァルナ　❷ヴェーダ　❸ウパニシャッド　❹輪廻　❺アートマン（我）　❻ブラフマン（梵）
❼四苦　❽愛別離苦　❾怨憎会苦　❿求不得苦　⓫無明　⓬縁起　⓭一切皆苦　⓮諸法無我　⓯集諦　⓰道諦
⓱慈悲

(1) 初期教団の成立

① **原始教団**

 a．サンガ（僧伽）…出家修行者と在家信者とで構成される。女性にも同等の地位

 b．仏典結集…生前のブッダの言葉をまとめた経典が編纂された

 c．在家信者が守ること…**三宝**（仏・法・僧）への帰依と**五戒**（不殺生，不偸盗，不邪淫，不妄語，不飲酒）に従う

② **部派仏教**…戒律の解釈の違いをめぐり，上座部11・大衆部9の20の集団に分裂（根本分裂）

 a．伝統を重視する（**⓲** ）

  ・ブッダの定めた戒律を厳格に守ろうとする保守派

  ・アショーカ王の時代にスリランカに伝わり，さらに東南アジアに伝えられた。**南伝仏教**

 b．新しい解釈を受け入れる**大衆部**…地域の実情などにあわせて戒律を柔軟にとらえる進歩派

③ 自己の解脱を中心

 a．出家者を中心とした修行

 b．理想は（**⓳** ）…仏弟子の最高位。尊敬されるべき人（アルハット）。修行を完成させた人

(2) **大乗仏教の誕生**

① 紀元前後の大乗の運動

 a．在家信者中心。すべての人が仏になる（**成仏**する）ことを目的

 b．ひろく民衆の救済を行う大きな乗り物（マハーヤーナ）として，みずからを大乗仏教とよび，部派仏教を小乗仏教（ヒーナヤーナ）と批判した

 c．インドから中央アジア・中国・朝鮮半島，6世紀には日本にも伝わり，（**⓴** ）とよばれる

② 大乗仏教の理想＝**菩薩**（ボーディ＝サットヴァ）

 a．自分の悟り（**自利**）よりも，他者の救済（**利他**）を第一に考えながら悟りを目指す修行者

 b．あらゆるものには本来的に仏たるべき本性がある…「（**㉑** ）」

 c．（**㉒** ）…悟りに至るための修行方法

布施	教えを授けたり財を与えること	精進	仏道修行に努力すること
持戒	戒律を守ること	禅定	瞑想し精神を統一すること
忍辱	苦難に耐え忍ぶこと	智慧	真理をきわめた悟りの認識

 d．諸仏・諸菩薩への信仰…釈迦如来・阿弥陀如来・弥勒菩薩・観音菩薩など

 e．大乗経典の編纂…『般若経』・『維摩経』・『法華経』・『華厳経』など

③ **竜樹：ナーガールジュナ**（150ごろ～250ごろ）　主著：『**根本中頌**』（『中論』）

 a．（**㉓** ）の思想…この世に存在するものは不変の実体を持たない（**無自性**）という真理

 b．**色即是空・空即是色**…この世界にある物質的要素（色蘊）には固定的な本性はない（空），それゆえ空であることこそが，あらゆる物質的要素の本性である

 c．**中観派**…竜樹の空の思想にもとづき，すべてのものは実体がないと説く

④ **無著：アサンガ**（310ごろ～390ごろ），**世親：ヴァスバンドゥ**（320ごろ～400ごろ）

 ・無著の主著は『摂大乗論』，弟の世親の主著は『倶舎論』，『唯識三十頌』など

 ・瑜伽行派の開祖とされる弥勒（マイトレーヤ，270～350ごろ）に教えを受けて唯識思想を確立

 ・ヨーガ（瑜伽行）の実践を通して，唯一の実在である心の動き（識）をみつめる

 a．（**㉔** ）の思想…自己や世界の諸存在は心の作用（識）がうみだした表象にすぎず，外界にあると思われている事物も，それを見ている自己も根本にある阿頼耶識が変容したものであり，真実には実在しない

 b．**識**：心のはたらき。眼識・耳識・鼻識・舌識・身識・意識の六識と，自我につながる末那識，無意識の阿頼耶識の八識にわけられる

 c．**阿頼耶識**…あらゆる現象を生み出す心の働き。すべてのものが阿頼耶識による働き，つまり心の現れであることに気づけば，迷いの世界から解放される

1 バラモン教は，カースト制度の最上位に立つバラモンが中心となって発展した宗教であるが，それについての説明として最も適当なものを，次の①〜④のうちから一つ選べ。
① あらゆるものは固有の実体をもたず，絶えず移り変わっていくものだという真理を体得することを目指した。
② ブラフマン，ヴィシュヌ，シヴァを「三神一体」の最高神として崇拝する，インドの民間信仰から起こった。
③ ヴェーダにおける多神教的世界観を前提とし，神々への祭祀を通じて人々に利益をもたらそうとした。
④ 当時支配的であった祭祀中心主義を批判し，道徳否定論，唯物論，懐疑論などの立場をとった。
〈2008 年追試〉

2 古代インドで展開された思想についての記述として最も適当なものを，次の①〜④のうちから一つ選べ。
① ウパニシャッド哲学は，真の自己とされるアートマンは観念的なものにすぎないため，アートマンを完全に捨てて，絶対的なブラフマンと一体化するべきであると説いた。
② バラモン教は，聖典ヴェーダを絶対的なものとして重視していたため，ヴェーダの権威を否定して自由な思考を展開する立場を六師外道と呼んで批判した。
③ ウパニシャッド哲学では，人間を含むあらゆる生きものが行った行為，すなわち業（カルマ）の善悪に応じて，死後，種々の境遇に生まれ変わると考えられた。
④ バラモン教では，唯一なる神の祀り方が人々の幸福を左右するという考えに基づいて，祭祀を司るバラモンが政治的指導者として社会階層の最上位に位置づけられた。
〈2017 年本試〉

3 バラモン教についての記述として**適当でないもの**を，次の①〜④のうちから一つ選べ。
① 輪廻の循環から解放されて生死を超えた絶対の境地に至るあり方が理想であり，その手段として苦行が重要であるとされた。
② 宇宙の根源にある根本原理と自己の本質が一体であるという真理を悟ることによって，解脱できるとされた。
③ 実体のようなものは一つとして存在せず，この世のすべてのものは原因や条件が合わさって成り立っているとされた。
④ 命あるものは業を原因として生まれ変わり，生活における行為が積み重なって次の生活の形や運命が決定づけられるとされた。
〈2010 年追試〉

4 ゴータマ＝ブッダとほぼ同時代に生きたジャイナ教の開祖ヴァルダマーナの教説として最も適当なものを，次の①〜④のうちから一つ選べ。
① 人間の思惟の形式は，世界の一部しか理解できない限定的なものであり，真理に到達するためには人間の思惟を否定しなければならない，と説いた。
② 運命によって人間の幸不幸は決まっており，人智の及ぶところではないので，いかに努力しても幸福になれるとは限らない，と説いた。
③ 人間の行為の善悪の究極的な基準は存在せず，悪行を行う人を非難する根拠もなく，善行も賞賛の対象にはならない，と説いた。
④ 解脱を目指して徹底した苦行主義に立つとともに，生き物に対する慈悲の行為として不殺生を実践しなければならない，と説いた。
〈2006 年本試改〉

5 ブッダの教えを表す四つの命題である「四法印」についての説明として最も適当なものを，次の①〜④のうちから一つ選べ。
① 「諸法無我」とは，それ自体で存在するような不変の実体は何もない，という教えを指す。また「一切皆苦」とは，一見楽しそうなことも含め，この世の現実のすべては苦しみにほかならない，という教えを指す。
② 「諸行無常」とは，あらゆる行為は常に変転し続けるので，苦行にも意味はない，という教えを指す。また「涅槃寂静」とは，我執を断った安らぎの境地へと至ることが理想である，という教えを指す。

③ 「諸法無我」とは，ブッダのもろもろの説法は，すべて「我などない」という一つの真理を表している，という教えを指す。また「一切皆苦」とは，心のなかの煩悩が一切の苦しみの原因である，という教えを指す。

④ 「諸行無常」とは，すべてのものは常に変転し続け，とどまることはない，という教えを指す。また「涅槃寂静」とは，聖典に定められた様々な祭祀の執行を通して解脱に至るべき，という教えを指す。

〈2014 年追試〉

6 ブッダが説いた教えとして最も適当なものを，次の①〜④のうちから一つ選べ。

① 人間の肉体や精神を含めて，この世のものはすべて変化してとどまることがないという真理を悟り，自己やその所有物に対する欲望を捨て，平静な安らぎの境地に達するべきである。

② 人間の肉体を含めて，この世のものはすべて変化してとどまることがないという真理を悟り，この世のものに対する肉体的な欲望に囚われず，真の自己である不滅の霊魂のことを気遣うべきである。

③ 宇宙の根源にある永遠の原理と，真の自己である不変の原理とが究極的には一体であるという真理を悟り，個別的な自己やその所有物に対する欲望を捨て，輪廻の苦悩から解脱すべきである。

④ 輪廻は行為の結果に対する執着と欲望によるという真理を悟り，生まれついた身分に与えられた仕事にひたすら邁進することによって，輪廻の苦悩からの解脱を目指すべきである。 〈2011 年追試〉

7 業（カルマ）に関して，ゴータマ・ブッダが説いたとされる次の文章では，現世での境遇と業の関係についても述べられている。その趣旨に合致する記述として最も適当なものを，下の①〜④のうちから一つ選べ。

ヴェーダ読誦者の家に生まれ，ヴェーダの文句に親しむバラモンたちも，しばしば悪い行為を行っているのが見られる。そうすれば，現世においては非難せられ，来世においては悪いところに生まれる。（身分の高い）生まれも，かれらが悪いところに生まれまた非難されるのを防ぐことはできない。生まれによって賤しい人となるのではない。生まれによってバラモンとなるのでもない。行為によって賤しい人ともなり，行為によってバラモンともなる。

（『スッタニパータ』）

① 現世での境遇は現世での生まれのみによって決定され，現世での行為は来世での境遇に影響を与える。

② 現世での境遇は現世での行為により影響を受けるが，現世での行為は来世での境遇に影響を与えない。

③ 現世での境遇は現世での生まれによって決定されることはなく，現世での行為により影響されることもない。

④ 現世での境遇は現世での生まれのみによっては決定されず，現世での行為は現世と来世での境遇に影響する。 〈2008 年本試〉

8 次の文章は，大乗仏教における「菩薩」の行うべき実践についてブッダが説いたとされているものである。ここで述べられていることについて，大乗仏教の思想を踏まえて説明した文章として最も適当なものを，下の①〜④のうちから一つ選べ。

菩薩の道を志したものは，ここでつぎのような考えを起こさなければならない。……「彼ら（衆生）すべてを，私は，涅槃の世界に引きいれなければならない。しかもなお，たとえそのように無数の衆生を涅槃に導いたとしても，実はいかなる衆生も涅槃にはいったのではない」と。

それはなぜかというと，もしも菩薩に衆生という観念が生ずるならば，彼を菩薩と呼ぶべきではないからである。それはまたなぜか。もし彼（菩薩）に自我という観念が生ずるなら，あるいは衆生という観念，命あるものという観念，個我という観念が生ずるなら，彼を菩薩と呼ぶべきではないからである。

（『金剛般若経』より）

① 菩薩はまだ仏ではないため，衆生の固定的実体をすべては把握できない。それゆえ，菩薩は，衆生を導く働きを放棄し，自分の悟りの完成を目指して努力すべきである。

② すべての衆生は，いかなる固定的実体ももってはいない。そのことを理解したうえで，菩薩は，導く自分にも導かれる衆生にも執着することなく，衆生を涅槃へと導くべきである。

③ 菩薩はまだ仏ではないため，衆生の固定的実体をすべては把握できない。それゆえ，菩薩は，まずは自分にとって身近な衆生から徐々に涅槃へと導くよう努力すべきである。

④ すべての衆生は，いかなる固定的実体ももってはいない。そのことを理解したうえで，菩薩は，まずは自分が悟りを開き仏となり，その後，衆生を涅槃へと導くべきである。 〈2014 年本試〉

9 ゴータマ・ブッダが説いた人間観についての記述として最も適当なものを，次の**①**～**④**のうちから一つ選べ。

①　人間の身体や心的要素は絶えず変化しているので，自己を永遠不滅であると錯覚したり，これに固執したりしてはならない。

②　人間の身体や心的要素は，すべて宇宙の真理に当たる法身仏から派生したものであるから，成仏の可能性は自己に備わっている。

③　人間の身体や心的要素も含めて，この世にあるものはすべて空であり，無自性であるから，自己というものも存在しない。

④　人間の身体や心的要素も含めて，この世にあるものは根源的実在である心の現れであり，自己というものも実は仮象である。　　　　　　　　　　　　　　　　　　　　　　　　　　　〈2003 年追試〉

10 仏教における煩悩や苦についての説明として最も適当なものを，次の**①**～**④**のうちから一つ選べ。

①　「無自性」とは，煩悩によって自分固有の本性を見いだせないでいる状態を指す。それを脱するためには，快楽にまみれた生活にも極端な苦行にも陥ることのない，正しい修行を実践すべきだとされる。

②　人間は現世で様々な苦しみにあうが，なかでも代表的な苦として，生きること，老いること，病になること，死を目の当たりにすることの四つが説かれた。それらは「四苦」と呼ばれる。

③　「三帰」とは，人間の有する様々な煩悩のうち，代表的なものを指す。それらは，貪りを意味する「貪」，怒りを意味する「瞋」，真理を知らない愚かさを意味する「癡」の三つである。

④　人間の身心を構成する，「色」という物質的要素と「受・想・行・識」という精神的要素は，それら自体が苦であると説かれた。そのことは「五蘊盛苦」と呼ばれ，八苦の一つに数えられている。　　　　　　　　　　　　　　　　　　　　　　　　　　　　　〈2016 年本試〉

11 ブッダの教えをまとめた四諦の各々についての説明として最も適当なものを，次の**①**～**④**のうちから一つ選べ。

①　苦諦：自分の欲するままにならない苦は，努力で克服するのではなく，人生は苦であると諦めることで，心の平安を得られるということ

②　集諦：あらゆる存在は，因と縁が集まって生ずるから，実体のない我に固執せず，他者に功徳を施すことで救いが得られるということ

③　滅諦：滅は，もともと制するという意味であるが，欲望を無理に抑えようとせず，煩悩がおのずから滅することに任せよということ

④　道諦：快楽にふけることや苦行に専念するという両極端に近づくことなく，正しい修行の道を実践することが肝要であるということ　　　　　　　　　　　　　　　　　　　　〈2010 年本試〉

12 仏教の修行法である八正道についての説明として最も適当なものを，次の**①**～**④**のうちから一つ選べ。

①　快楽と苦行を避け，中道に生きるための修行法が八正道であり，その一つである正業とは，悪しき行為を避け，正しく行為することを指す。

②　快楽と苦行を避け，中道に生きるための修行法が八正道であり，その一つである正業とは，人の行為と輪廻の関係を正しく認識することを指す。

③　六波羅蜜の教えに由来する修行法が八正道であり，その一つである正業とは，悪しき行為を避け，正しく行為することを指す。

④　六波羅蜜の教えに由来する修行法が八正道であり，その一つである正業とは，人の行為と輪廻の関係を正しく認識することを指す。　　　　　　　　　　　　　　　　　　　　〈2018 年本試〉

13 仏教の実践としての慈悲の説明として最も適当なものを，次の**①**～**④**のうちから一つ選べ。

①　慈悲とは，四苦八苦の苦しみを免れ得ない人間のみを対象として，憐れみの心をもつことである。

②　慈悲の実践は，理想的な社会を形成するために，親子や兄弟などの間に生まれる愛情を様々な人間関係に広げることである。

③　慈悲の実践は，他者の救済を第一に考える大乗仏教で教えられるものであり，上座部仏教では教えられない。

④　慈悲の「慈」とは他者に楽を与えることであり，「悲」とは他者の苦を取り除くことを意味する。

〈2019 年本試〉

14　ゴータマ＝ブッダの解脱観の記述として最も適当なものを，次の①〜④のうちから一つ選べ。

①　人は，苦の原因を認識し執着から離れることによって解脱できる。

②　人は，自分の中に永遠的要素を見出すことによって解脱できる。

③　人は，身体的な苦行を積み重ねることによって解脱できる。

④　人は，不可知なるものの存在を認めることによって解脱できる。

〈2007 年本試〉

15　次のア〜ウは，大乗仏教において説かれた様々な思想についての説明である。その正誤の組合せとして正しいものを，下の①〜⑧のうちから一つ選べ。

ア　ヴァルダマーナによって唱えられた空の思想では，縁起の教義が徹底され，あらゆる事物は，固定的な不変の実体をもたないと説かれた。

イ　アサンガやヴァスバンドゥによって確立された唯識思想では，すべての事物は，心によって生み出された表象にほかならないと説かれた。

ウ　『涅槃経』などにおいて強調された仏性思想では，六波羅蜜の修行を実践して功徳を積むことで，自らが仏となる可能性を獲得すべきと説かれた。

①　ア　正　イ　正　ウ　正　　　②　ア　正　イ　正　ウ　誤
③　ア　正　イ　誤　ウ　正　　　④　ア　正　イ　誤　ウ　誤
⑤　ア　誤　イ　正　ウ　正　　　⑥　ア　誤　イ　正　ウ　誤
⑦　ア　誤　イ　誤　ウ　正　　　⑧　ア　誤　イ　誤　ウ　誤

〈2015 年追試〉

16　次の文章は，智慧の内容をめぐる，竜樹（ナーガールジュナ）とその批判者との対話の一部である。ここから読み取れる竜樹の考えとして最も適当なものを，下の①〜④のうちから一つ選べ。

批判者：空であることばを用いて，ものの本体が否定されることはない。ものは，存在しない火によって焼かれない。同じように，存在しないことばによって，ものの本体を否定することはできない。

竜　樹：君はものが空であることの意味を理解していない。……空であるとは，他に縁って存在しているということである。なぜそう言えるのか。本体がないからである。実に，他に縁って生じているものは，本体をもって存在しているのではない。それ自身で存在していないからである。……車や壺や布などは，他に縁って生じているため本体をもたないけれども，木や草や土を運ぶといったはたらきをする。同じように，私のこのことばも，他に縁って生じているため本体をもたないけれども，ものに本体がないことを証明するはたらきをするのだ。　　　　（『論争の超越』より）

①　ものが存在していないことと，ものが空であることは，同一ではない。ものが存在していないとは，ものはもっぱら他に縁って生じるということであり，他に縁って生じたものにも，何かを行うはたらきはある。

②　ものがそれ自身で存在していないことと，ものが存在していないことは，同一ではない。ものがそれ自身で存在していないとは，ものに本体があるということであり，本体があるものにも，何かを行うはたらきはある。

③　ものが存在していないことと，ものがもっぱら他に縁って生じることは，同一ではない。ものが存在していないとは，ものに本体がないということであり，本体がないものにも，何かを行うはたらきはある。

④　ものに本体がないことと，ものが存在していないことは，同一ではない。ものに本体がないとは，ものがそれ自身で存在していないということであり，それ自身で存在していないものにも，何かを行うはたらきはある。

〈2016 年追試〉

17 大乗仏教についての説明として最も適当なものを，次の①〜④のうちから一つ選べ。

① 大乗仏教は，上座部仏教が自らを「小乗仏教」と名のったのに対して，自らを大きな乗り物に譬えてその立場の違いを鮮明にした。

② 大乗仏教で尊敬の対象とされる菩薩とは，在家の信者とは異なり，他者の救済を第一に考える出家修行者のことである。

③ 大乗仏教の代表的な経典の一つである『般若経』では，あらゆる事象には固定不変の本体がないと説かれている。

④ 大乗仏教は，スリランカから東南アジアへと伝えられ，その後，東アジア世界に広がっていったため，「南伝仏教」と呼ばれる。 〈2020 年本試〉

18 仏教における執着や欲望などから離れることについての説明として最も適当なものを，次の①〜④のうちから一つ選べ。

① ブッダは，執着や欲望などの根本的な原因として無明を説き，その原因を取り除くために苦行をはじめとする五戒が必要であることを示した。

② 大乗仏教では，執着や欲望などから離れることのできない在家信者のために，仏の戒めを守らなくても，布施を行えば成仏できると教えられた。

③ ナーガルジュナ（竜樹）は，何も存在しない状態である空を体得することで，執着や欲望などから離れた不変の自己を見いだすべきであると説いた。

④ 唯識思想では，一切の世界は心が作り出した表象に過ぎないことを知ることで，外的な事物に対する執着を離れることが説かれた。 〈2019 年本試〉

19 古代インドでは世界を貫く真理について様々な仕方で考えられてきたが，その説明として正しいものを，次の①〜④のうちから一つ選べ。

① 竜樹（ナーガールジュナ）は，存在するすべてのものには実体がないという思想を説いた。

② ウパニシャッド哲学では，人間だけでなくすべての生あるものが成仏できる可能性をもつと説かれた。

③ 世親（ヴァスバンドゥ）は，梵我一如の体得によって輪廻の苦しみから解脱することを説いた。

④ ジャイナ教では，世界のあらゆる物事は人間の心によって生み出された表象であると説かれた。 〈2012 年本試〉

20 ブッダの教えを信奉する仏教教団の説明として**適当でないもの**を，次の①〜④のうちから一つ選べ。

① 在家信者になるための条件として，仏・法・僧の三宝への帰依を誓うことが必要とされる。

② 不殺生や不邪淫などの五戒は在家信者のためのものであり，出家修行者には適用されない。

③ 在家信者たちのなかには，ブッダの遺骨を納める仏塔（ストゥーパ）に集まり，供養を行う者たちがいた。

④ 出家修行者たちの間で，戒律の規定などをめぐり，保守的な上座部と改革派の大衆部への分裂が起きた。 〈2018 年追試〉

仏教

第5章 中国思想

1 諸子百家の登場

(1) 天の思想

① 天…自然界・人間界を支配するもの。人格神的性格をまとい，天帝・上帝とよばれることもある。

天命に従うことが人間の道

(2) 礼の思想

① 周王朝（前11世紀）において封建的な社会秩序として用いられる

a. 周公旦の礼による政治，古代周王朝のしきたり

b. 法律や慣習，礼儀作法を始めとして，身分や立場に応じた政治的な振る舞い，家族や共同体のしきたりなどのほか，個人が社会生活を送る上で守るべき規範のすべて

(3) **諸子百家**

① （❶　　　　　）末期…周王朝の崩壊とともに社会の封建秩序も崩れる

a. 諸侯の富国強兵策など，思想や政治の分野でのサポートを行う

b. 自由な思想を展開し，各地で言論活動を行った

儒家	孔子	人倫の道・徳治主義	墨家	墨子	兼愛交利・非攻
	孟子	王道政治・性善説	名家	恵施・公孫竜	論理（概念・判断）
	荀子	礼治主義・性悪説	縦横家	蘇秦・張儀	合従策・連衡策
道家	老子	無為自然の道	兵家	孫子	戦略戦術論
	荘子	万物斉同論	農家	許行	農本主義
法家	韓非子・李斯	信賞必罰・法治主義	陰陽家	鄒衍	陰陽五行説・呪術

2 儒家・儒教の思想

(1) **孔子**（魯〈山東省曲阜〉出身　前551ごろ～前479）

① 生涯

姓は孔，名は丘，字は仲尼。幼くして両親と死別，貧困と闘いながらも学問に励み，30歳のころには学問と礼楽の師として名声を集めた。50歳を過ぎたころ，魯の大司寇となり，政治改革に乗り出すも失敗に終わる。その後14年間に渡って各地に遊説の旅に出るが受け入れられず，晩年魯に戻り古典の整理や弟子の教育に全力を注いだと伝えられている

② 『**論語**』の特徴

a. 孔子の言行録として，後世に編纂されたもの

b. 家族をはじめ，自分と関わる人々に対する自然の情愛を普遍的な道徳へと高めていく

c. 学問を愛することと，学問を通して人格を形成しようとする試み

d. 人間の理想像としての（❷　　　　）と，君子による**徳治主義**の必要性

e. 現実的，合理的な立場に立ち，神や神秘，死後の世界など人間の理解を越えたものを排除する

③ （❸　　　　　）…人を愛する心。家族的な親愛の情をさまざまな人間関係にまでおしひろめていくこと

a. **孝悌**…仁の根底。両親や祖先への敬愛（**孝**）と兄や年長者への従順（**悌**）。親子兄弟間の愛情

b. **信**…他人を欺かないこと

c. **忠**…自分をいつわらない真心

d. （❹　　　　　）…他人への思いやりの心。自分が望まないことは他人にもしないようにすること

e. （❺　　　　　）…「己に克ちて礼に復るを仁と為す」ことで，自分勝手な欲望を抑えて，一切の行為を社会的な規範としての礼に合致させることが仁である

④ （❻　　　　　）…仁の実践。人間が従うべき礼儀やマナー，法や制度などの伝統的な社会規範

⑤ **徳治主義**…仁徳を備えた人による政治

a. 君子…仁の実現と自己の道徳的完成を目指す人

⇔（❼　　　　　）…自分の目先の利益のみを考える自己中心のつまらない人間

b. （❽　　　　　）…自分自身がまず道徳的な修養を積み，その徳の感化によって人々をおさめる

c. 聖人周公旦が行ったとされる政治と文化を理想とし，周礼を復活させることで混乱した社会の秩序を立て直そうとした

(2) **孟子**（鄒の出身　前4世紀ごろ）　主著：『孟子』

① 生涯

孔子の孫の子思の門下に入る。50歳以降，幾度かに渡って斉などの諸侯の政治顧問として登用され，王道政治の必要性を説いてまわった。晩年は故郷に戻り，弟子の教育に専念した。また，教育熱心な母に育てられ，「孟母三遷」，「孟母断機」などのエピソードが今に伝えられている

② （❾　　　　　）…人間の本性は善　→　人間が悪を侵すのは本性を見失っているとき

　ａ．**四端と四徳**

（❿　　　　　）…人間は生まれながらにして**四徳（仁・義・礼・智）**の素質を持っているので，これらを自覚的に養い育てていけば四徳を実現することができる

四端		四徳
（⓫　　　）の心	憐れみいたむ	仁
（⓬　　　）の心	自分の悪を恥じ他人の悪を憎む	義
（⓭　　　）の心	他人に譲りへりくだる	礼
是非の心	ものごとの是非善悪を判断する	智

　ｂ．**浩然の気**…四徳が身に付き充実した人は，天地に満ちあふれるほど雄大で力強い気を身に付けている

（⓮　　　　　）…善行を積み重ね，浩然の気を養う者　→　理想の人間像

　ｃ．**五倫**…基本的な人間関係のあり方

仁は，他人を愛することではあるが，地位や立場に応じて守るべき心の持ち方がある

父子	君臣	夫婦	長幼	朋友
親	**義**	**別**	**序**	**信**
親子の親愛の情	君臣の礼儀	けじめ	兄弟の序列	友人の信頼

　ｄ．**五常**（仁・義・礼・智・信）…個人が身につけるべき五つの徳。儒学の基本的な徳目

孟子の四徳に，前漢の儒学者**董仲舒**（前176ごろ～前104ごろ）が信を加えた

③ **王道政治**…仁義にもとづいて民衆の幸福をはかる

　ａ．（⓯　　　　　）…王の徳をもたず民意に背く君主は，天命を失ったものとして追放される

徳のある者に地位を譲る禅譲と，武力によって追放する放伐。いずれも君主への反逆にはあたらないとして革命を認めた

(3) **荀子**（趙の出身　前298ごろ～前235ごろ）　主著：『荀子』

① （⓰　　　　　）…人間は生まれつき利を追い求め，人を憎む傾向がある

悪に傾き，争乱を引き起こしがちな人間を，聖人らが定めた礼に従わせることで矯正する必要がある。平和を確立するためには，人倫の善意に信頼をおく徳治だけでは不可能「人の性は悪にして，その善なるものは偽なり」…人間の本性に人為（教育，道徳など）が加えられて善い人間（道徳的人格）が形成される

② **礼治主義**…悪を矯正する手段としての礼

礼は，歴史的に積み重ねられたもの。君主の力によって普及するもの。外的で客観的な規範である礼を用いることで，治安を維持し平和な社会を実現することができる

３ 儒学の成立

(1) 儒学の成立

① **儒教**…祖先祭祀の宗教にもとづき孔子が説いた人倫の教説（礼教）

　ａ．前漢時代　漢王朝の国教として採用される

　ｂ．20世紀に至る中国漢民族を代表する思想

② 新しい儒学の誕生

宋代以降，**五経**（『詩経』『書経』『易経』『春秋』『礼記』）から**四書**（『論語』『孟子』『大学』『中庸』）へと，重視する経書が変化した

(2) **朱子学**

厳密で整った総合的な学問体系であることから，中国ばかりでなく朝鮮や日本でも国家公認の正統的な学問として重用されるようになった

解答 ❶春秋時代　❷君子　❸仁　❹恕　❺克己復礼　❻礼　❼小人　❽修己安人（修己治人）　❾性善説　❿四端　⓫惻隠　⓬羞悪　⓭辞譲　⓮大丈夫　⓯易姓革命　⓰性悪説

① **朱子**（朱熹）（現在の福建省出身 1130 〜 1200） 主著：『四書集注』『近思録』
  a.（**⓱**   ）…天地万物は，そこに内在する宇宙の原理である**理**と，その物質的な素材である**気**によって
       構成されている
       人間の性質にあてはめると，理は本然の性（先天的な道徳性：仁・義・礼・智・信の
       五常），気は気質の性（感情や欲求に支配された人間の性質）に対応している
       理にかなった生き方→欲を抑え，道徳的な秩序に従うことが必要
  b.（**⓲**   ）…人間の本性（本然の性）が理であるという説
  c.**居敬**…持敬ともいう。つつしみの心をもち，私利私欲に走りがちな性を抑えて理に従うこと
  d.（**⓳**   ）（**窮理**）…事物の理の究極に至ることで知を極めるべきこと
(3) **陽明学**
  分析的で体系的な朱子学に対し，直観と実践を重視
① **王陽明**（浙江省余姚出身 1472 〜 1528） 主著：『伝習録』
  a.**心即理**…人間の生まれながらの心がそのまま理である
  b.（**⓴**   ）…人間の心に本来備わっている「善悪を判断する能力」である**良知**の働きを存分に発揮
       させること
  c.（**㉑**   ）…実行に移すことができない知は真の知ではない。真に知ることと実行することは同一
       である。「知は行のはじめ，行は知の完成」

4 法家と墨家

(1) **法家**
  荀子の礼治主義の立場を受け継ぎ，法律と賞罰の厳守により，国家を統治することを主張
  秦の始皇帝はこの法治主義の理念を採用し，中央集権的な国家形成を行った
① **韓非子**（韓の出身 出生年不明〜前 233 ごろ） 主著：『韓非子』
  a.**信賞必罰**…人間の利己心を利用して賞罰を厳格に行う
  b.（**㉒**   ）…法にもとづく政治
(2) **墨家**
① **墨子**（墨翟）（魯の出身 前 5 世紀後半〜前 4 世紀前半） 主著：『墨子』
  a.儒家の仁を別愛（差別のある愛）であるとして批判。万人に対する無差別・平等の博愛を説く
  b.（**㉓**   ）…自他の区別無く「兼ねて愛して互いに利する」ことを重視する
       社会の対立や抗争の原因は各人の自己利益の優先が原因
       →平和の実現のために平等に愛しあうことが必要
  c.**非攻論**…非攻（非戦）を貫く国が多くなることで平和を実現することができる
       人殺しは不義なのに，侵略戦争により多くの命を奪うことは正義とされる矛盾に対する批判
       各分野の精鋭たちによる防御部隊を組織し，圧倒的な防御力を他国に示した
  d.**節用説**…倹約
  e.**尚賢**…身分にかかわらず，才能のある者を採用する制度。世襲的な身分制度に対する批判

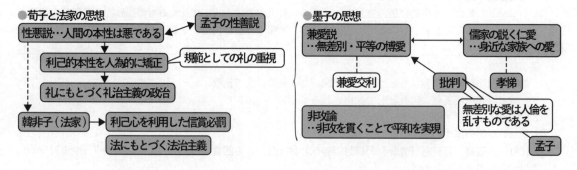

(1) **老子**（生没年不明）　主著：『老子（道徳経）』
① 生涯
　　姓は李，名は耳，字は聃，楚の出身で周の蔵書庫の役人をしていたと司馬遷の『史記』にはある。周の衰退期に隠遁しようとした際に通った関所の役人に求められ，そのとき書いたものが『老子』だとされている。その存在を疑う説もあり，詳細については不明な点が多い
② **道**（タオ）…万物を生み出す根源，あらゆる現象を成立させる原理
　　　　　　　　現実世界の相対的な区別や対立をこえており，人間の知性や感覚では認識できない，つまり名づけようがないことから，**無**ともよばれる
　a.「大道廃れて仁義有り」…道徳は人間の都合で作り出されたものであり，本来の自然のあり方に反するものであると批判
③ のぞましい生き方
　a.（㉔　　　　　　）…自然のあり方に対して作為せず，ありのままにまかせて素直に従うこと
　b. **柔弱謙下**…欲望を抑え，執着を捨て（無欲恬淡），柔和でへりくだった心をもつこと
　c. **小国寡民**…道の働きにまかせた無為の政治が行われ，人々が素朴で質素な生活に自足する小規模な共同体
　d. 知足安分…足ることを知ってむさぼらず，自分の身のほどに安んじること
(2) **荘子**（宋の出身　前4世紀後半ごろ）　主著：『荘子』
① 生涯
　　姓は荘，名は周。宋の蒙出身。楚の王にその才能を買われるも，悠々自適の生活を送りたいからとあっさり断ったと伝えられている
② （㉕　　　　　　）…価値の対立・差別は人間にしか通用しない→人為的・相対的
　　　　　　　　　　天や自然の道から見れば，万物はみな斉しい
　a. 胡蝶の夢…天地自然と一体になった立場から見れば，胡蝶が人間になったのか，人間が胡蝶になったのかは問題でなく，大切なのは自分の生の楽しみそのものであることを諭す寓話
③ のぞましい生き方
　a. **心斎坐忘**…心を虚しくして知や感覚を忘れること
　b. （㉖　　　　　　）…自然と一体となり，おおらかな絶対自由の境地に遊ぶ（**逍遥遊**）人
　c. 無用の用…一見無用にみえることが，かえって個人的にも社会的にも役立っている
(3) 道家・道教の思想
① **道家**
　　中国における仏教思想の展開に大きな影響…「空」の思想や禅宗の「無心」に至ろうとする修行など
② **道教**…神仙思想をもとに，5世紀ごろ成立。不老不死の民間信仰と結びつき，広い影響力をもつ

解答 ⑰理気二元論　⑱性即理　⑲格物致知　⑳致良知　㉑知行合一　㉒法治主義　㉓兼愛交利　㉔無為自然　㉕万物斉同　㉖真人（至人）

1 人類の歴史を振り返ると，占いが政治を左右する例も稀ではない。中国ではその背景に「天」の思想があった。中国の思想家の「天」についての考え方とそれに基づく人間理解の説明として最も適当なものを，次の①～④のうちから一つ選べ。

① 孔子は，人の本性は天から授かった天命であり，天の意志は人民の声になって表れるので，人民の支持を受けた者が政治を行うべきだと説いた。

② 孟子は，天は風雨などの自然現象にすぎず人には無関係であり，人の悪なる本性は人為的に定められた礼によって正されるものだと説いた。

③ 朱子は，人の本性には天が与えた理が具わるが，気によって歪められているので，修養と学問によって理のままの性を取り戻すべきだと説いた。

④ 老子や荘子などの道家は，天と人とは陰陽の気を通じて一体となったものであり，天人相関の原理によって互いに影響し合っていると説いた。 〈2011 年追試〉

2 中国の思想家が人間同士の関係について説いた内容の説明として最も適当なものを，次の①～④のうちから一つ選べ。

① 孔子は，最初は，他者一般に対して親愛の情をかけることから始めて，次に，身近な者への思いやりの心を育み，さらに，それによって自己修養していくことが仁の実践だと説いた。

② 孟子は，人は生まれながらにして，他者の不幸に無関心でいられないという惻隠の心をそなえており，この心情を養い育てていくことが仁を発揮することだと唱えた。

③ 墨子は，社会に混乱や戦乱が起こるのは，人々が互いに憎み合い利他心を欠いているからであると考え，愛の対象を自己から他者へと段階的に拡げていく社会を理想とした。

④ 韓非子は，利に左右される人間の悪しき本性を考慮に入れ，儒家の徳治主義を補完する法治主義を説き，君主が厳格な信賞必罰を行うことで，人々は相互扶助にいそしむように導かれると主張した。

〈2017 年追試〉

3 次のア～ウは，仁や義について論じた古代中国の思想家の説明である。その正誤の組合せとして正しいものを，下の①～⑧のうちから一つ選べ。

ア 孔子は，肉親に対して自然に発する親愛の情を仁の根本においた。彼は，これを様々な人間関係に広げることのできる優れた人が為政者となれば，人民は為政者に感化され，国家がよく統治されると考えた。

イ 董仲舒は，他者を思いやる心と正義の実現を根本においた，仁義による王道政治を重視した。彼は，気質の性に起因する欲望を抑え，本然の性に回帰することが仁義を達成するために必要だと主張した。

ウ 老子は，儒家の説く仁や義などの徳は，人間が作為した相対的なものにすぎないと批判した。彼は，人々が，絶対的な道のはたらきに身をゆだね，あるがままに生きる小国寡民の政治を理想とした。

①	ア	正	イ	正	ウ	正	②	ア	正	イ	正	ウ	誤
③	ア	正	イ	誤	ウ	正	④	ア	正	イ	誤	ウ	誤
⑤	ア	誤	イ	正	ウ	正	⑥	ア	誤	イ	正	ウ	誤
⑦	ア	誤	イ	誤	ウ	正	⑧	ア	誤	イ	誤	ウ	誤

〈2016 年追試〉

4 秩序や規範に対する考え方をめぐって，中国においてなされた議論の説明として**適当でないもの**を，次の①～④のうちから一つ選べ。

① 韓非子は，人間の善意に基礎をおく儒家の仁愛の教えを批判し，法や刑罰によって社会秩序が維持されるべきだと説いた。

② 老子は，自他の分け隔てなく人を愛する墨子の兼愛説を批判し，兼愛による限り親疎の区別に基づく孝・悌が損なわれると説いた。

③ 荀子は，孟子の性善説を批判し，孔孟の徳治主義に対して，性悪説の立場から礼による人間の教化を目指す礼治主義を唱えた。

④ 王陽明は，朱子の説が世界を貫く規範である理を事物の内に求める傾向にあると批判し，理は自らの心の内にあると唱えた。

〈2013 年本試〉

5 次の文章は，孔子の礼についての説明である。文章中の a ～ c に入れる語句の組合せとして正しいものを，下の①～⑧のうちから一つ選べ。

孔子は，社会を支える規範として礼を重んじたが，それは，単に外形的なものではなく，内面性に裏打ちされるべきであると考えた。つまり，他者を愛する心持ちである a が，立ち居振る舞いや表情・態度として外に現れ出たものが礼であるとしたのである。その実現には，私利私欲を抑えるとともに，他人も自分も欺くことなく，他人を自分のことのように思いやることが重要とされた。このうち，自分を欺かないことは， b と呼ばれる。このようにして礼を体得した c によって，秩序ある社会の実現も可能であると孔子は考えた。

① a 恕 b 忠 c 真 人 ② a 恕 b 忠 c 君 子
③ a 恕 b 信 c 真 人 ④ a 恕 b 信 c 君 子
⑤ a 仁 b 忠 c 真 人 ⑥ a 仁 b 忠 c 君 子
⑦ a 仁 b 信 c 真 人 ⑧ a 仁 b 信 c 君 子

〈2016 年本試〉

6 孟子の思想の記述として最も適当なものを，次の①～④のうちから一つ選べ。

① 王は民衆の仁義礼智を当てにせず，武力によって世の中を治めるべきだとする王道思想を説いた。

② 人間の本質は善であるので，王は徳によって民衆を平等に愛するべきだとする兼愛思想を説いた。

③ 王が徳に反する政治を行うなら，民衆の支持を失い，天命が別の者に移るという易姓革命を唱えた。

④ 浩然の気に満ちた大丈夫が王となって，民衆の幸福の実現を目指すという覇道政治を唱えた。

〈2007 年本試〉

7 孔子の思想を継承した孟子が唱えた王道政治についての説明として最も適当なものを，次の①～④のうちから一つ選べ。

① 神秘的な事柄への関心を捨て，古来の儀礼を排することで天と人を分離し，天の意志に左右されない人間中心の政治

② 武力による支配ではなく，人民の幸福を真に考え，まず生活の安定をはかり，そのうえで道徳的教化を目指す政治

③ 国家の規範として法律を定め，各身分の役割を明確にすると同時に，為政者による臣下の統制を国家の原則とする政治

④ 民衆からの過重な徴税を批判し，君臣の身分の区別なく，すべての人が農業に従事する平等な社会を目指す政治

〈2012 年追試〉

8 儒教の「仁」と墨家の「兼愛」の相違を述べる文として最も適当なものを，次の①〜④のうちから一つ選べ。

① 儒教の仁は惻隠の心に基づき，自他の区別を一切たてないが，墨家の兼愛は自分を捨て，他者のために利することを第一とする。

② 儒教の仁は弱者に対するものであり，まず女性や子どもに向かうが，墨家の兼愛はまず貧しい者に対するものであり，「憐れみ」と呼ぶべきである。

③ 儒教の仁は近きより始まるもので，まず近親に対するものであるが，墨家の兼愛は無差別の愛であり，親疎の関係に基づくものではない。

④ 儒教の仁は「忍びざるの心」と言われ，見過ごしにはできないという単なる気持ちだけだが，墨家の兼愛は行動的な博愛主義である。

〈2004 年本試〉

9 次の文章を読み，孝についての韓非子の見方の記述として最も適当なものを，以下の①〜④のうちから一つ選べ。

　魯の人が，君主に従って戦場におもむき，三度の合戦で三度とも逃亡した。孔子がそのわけをたずねた。すると，「わたしには年老いた父親がおります。わたしが死ねば，だれも養ってくれるものはございません」とこたえた。孔子は，孝行者だと思い，上位に取り立てた。こうしたことからみると，父親にとっての孝子というものは，君主には逆臣なのである。　　　　　　　　　　　　　　　　　　　　　（『韓非子』）

① 孝は国家秩序と衝突するものであるから，為政者が孝を尊重するのは国家の混乱を招くだけである。

② 孝は国家秩序と衝突しないので，為政者が社会の秩序を維持するためには，何ら孝をめぐる政策を立てる必要はない。

③ 孝は国家秩序の基盤となる徳であるから，為政者が人民に孝を奨励すれば，君主への忠も同時に促されることになる。

④ 孝は国家秩序を超越した徳であるから，為政者は国家の利益にとらわれずに，人民に孝を奨励するべきである。

〈2002 年追試〉

10 儒家の家族観についての記述として**適当でないもの**を，次の①〜④のうちから一つ選べ。

① 孔子は，祖先に対する祭祀儀礼を批判し，生存している自分の父母や家族を最優先に考えるべきだと説いた。

② 『論語』では，父母に対する孝や兄に対する悌といった徳目が重視され，それらが仁の根幹であると説かれている。

③ 孟子は，基本的な人間関係を五倫としてまとめ，「父子」の間には「親」という関係が成立すると説いた。

④ 朱子学では，個人の修養や国家の安定などとともに，家族・親族の人間関係をうまく取り仕切る「斉家」の実践が要請された。

〈2017 年本試〉

11 朱熹（朱子）の理と気についての説明として最も適当なものを，次の①〜④のうちから一つ選べ。

① 心のなかにのみ存在する理を規範とし，非物質的な気を媒介として，物質としての万物が形成される。

② 万物に内在する理を規範とし，物質的な気が運動することによって，万物が形成される。

③ 心のなかにのみ存在する理を規範とし，物質的な気が運動することによって，万物が形成される。

④ 万物に内在する理を規範とし，非物質的な気を媒介として，物質としての万物が形成される。

〈2019 年本試〉

12 朱子の思想は，孟子の思想だけでなく，荀子の思想も取り入れて形成された。荀子の自己変革の思想を精緻に整えた朱子の学問修養論の記述として最も適当なものを，次の ① 〜 ④ のうちから一つ選べ。

① 心即理の認識に基づき，人はそのまま聖人なのだから，その聖人と同じ心を養うという居敬存養を説いた。

② 性即理の認識に基づき，人間は努力すれば聖人になれると考え，物の理を窮めるという格物窮理を説いた。

③ 心即理の認識に基づき，心の良知を具体的な実践の場で鍛え上げていく事上磨錬を説いた。

④ 性即理の認識に基づき，認識と行動をつねに一致させることが学問修養だと考えて知行合一を説いた。

〈2007 年追試〉

13 荘子が唱えた「道」についての説明として最も適当なものを，次の ① 〜 ④ のうちから一つ選べ。

① 「道」とは，人間の従うべき道徳の規範であり，忠恕に基づいた礼の実践によって体得されるものである。為政者は，この「道」に基づき，己を道徳的に修め，人を感化することによって，はじめて人を治めることができる。

② 「道」とは，万物の根源であるだけでなく，また人間の心のなかにも本性としてそなわるものである。しかし，私欲によってその発露が妨げられているので，うやうやしく慎むことによって，「道」を発揮しなければならない。

③ 「道」とは，差別がなく万物が等しい境地であり，自己の心身を忘れることで体得されるものである。そのためには，偏見に囚われずに，心をむなしくする修養を通じて，天地と一体になることが必要である。

④ 「道」とは，天地万物に内在する客観的なものではなく，人間の心のなかに生まれながらに存在するものである。したがって，外界の事物に「道」を追い求めるべきではなく，心のなかの「道」のままに生きるべきである。

〈2015 年本試〉

14 老子が説く「争いを避ける生き方」の説明として最も適当なものを，次の ① 〜 ④ のうちから一つ選べ。

① 万物を利し，常に人が嫌う低い地に行き，いかようにも対応することのできる水のような生き方

② 絶えず生滅変化し，あらゆるものを受け入れ，煩悩にまみれたものを浄化する川のような生き方

③ 人為をさしはさまず，無為自然の世界に遊び，何ものにも囚われない真人にならう生き方

④ 四季の循環をつかさどり，すべての人にその努力に応じた恵みをもたらす天の命に従う生き方

〈2009 年本試〉

15 老子の説く「道」の説明として**適当でないもの**を，次の ① 〜 ④ のうちから一つ選べ。

① 万物を育みながら，その働きを意識したり，その功績を誇ったりすることのない，万物の母としての根本原理である。

② 人間の感覚や知性によっては把握できない，神秘的な宇宙の根本原理であり，名付けようがないため「無」とも呼ばれる。

③ 何もしていないように見えながら天地万物を生み出し，成長させ，秩序づける，無限の力をもつ根本原理である。

④ 宇宙や人間など万物を貫く様々な働きの根本原理であり，道徳規範としての「礼」を必然的に規定するものである。

〈2017 年追試〉

16 老子，荀子に関する記述として最も適当なものを，次の ①〜⑤ のうちからそれぞれ一つずつ選べ。老子は　**A**　に，荀子は　**B**　に答えよ。

① 他者への親愛の情にもとづいて行為することが，人間社会の理想であるとし，法や刑罰のみによって人民を統治することに反対した。

② 生があり死があるのは運命であり，両者を一体と見てありのままに受け入れるところに束縛からの解放があると考えた。

③ 水のように柔弱なあり方に従い，人からさげすまれる地位に甘んじてこそ，真の勝利者となることができると説いた。

④ 強盗殺人が不義である以上，他国を侵略して多くの人を殺すのはより大きな不義であるとして，侵略戦争を否定した。

⑤ 人に善があるのは，曲がった木が矯め木や蒸気でまっすぐになるのと同様に，後天的な矯正によるものであると主張した。　　　　　　　　　　　　　　　　　　　　　　　　　　　　　〈2002 年本試〉

17 荘子の思想を，儒家の思想と比較して説明した文として最も適当なものを，次の ①〜④ のうちから一つ選べ。

① 過不足のない，調和のとれた中庸の状態を維持することを目指す儒家とは異なり，「心斎坐忘」を唱え，足を組んで座り，心を統一して，宇宙を支配する絶対神と一体となるべきと説いた。

② 儒家が，礼に従って家から国，そして天下へと社会の秩序を実現していこうとするのとは異なり，「小国寡民」を唱え，小さな共同体のなかで，何ものにも拘束されることなく質素に生きるべきと説いた。

③ 親に対する孝や，兄に対する悌を基礎とする道徳を重視した生き方を説いた儒家とは異なり，「万物斉同」を唱え，道徳的な判断や，あれやこれやといった物事の区別も相対的なものにすぎないと説いた。

④ 儒家が，身近な者に対する仁愛を他者に押し広げていくべきと説いたのとは異なり，「逍遙遊」を唱え，他者との関係を断ち，天地の間に充満する浩然の気を養い，安楽に生きるべきと説いた。　〈2014 年本試〉

18 理想的な心の有様について，中国においても様々に考察されてきた。そのうち次の文章に記される思想を説いた人物として正しいものを，次の ①〜④ のうちから一つ選べ。

死と生，存続と滅亡，困窮と栄達，貧と富，賢と愚，謗（そし）りと誉れ，飢えと渇き，寒さと暑さ，これらはすべて事象の変化であり，運命の流転である。昼となく夜となく人間の眼前に現れ出てくるのであるが，人間の知はそれがどうして生じるのかをはかり知ることができない。それゆえ，このような変化によって心の平和を乱す必要はなく，これらを心の奥深くに侵入させてはいけない。……それよりも，日夜，遭遇する出来事を春のような暖かな心で包むべきである。

① 老子　　　② 墨子　　　③ 荘子　　　④ 朱子　　　　　　　　　　〈2012 年追試〉

第6章 人間の尊厳

1 ルネサンス

14世紀, 北イタリアの自治都市ではじまった, ギリシア・ローマ文化の復興運動

(1) **人文主義（ヒューマニズム）**

プラトンの著作など, ギリシア・ローマの古典に人間性の典型を見い出し, その研究を介して, 中世の社会や思想から解放された, 新しい人間のあり方を探究しようとする思潮

① イタリアのルネサンス文化

文学	ダンテ『（❶　　　　）』 ペトラルカ『カンツォニエーレ』 ボッカチオ『（❷　　　　）』
絵画・彫刻	ボッティチェリ「（❸　　　　）の誕生」「春」 レオナルド＝ダ＝ヴィンチ「（❹　　　　）」「最後の晩餐」 ミケランジェロ「ダヴィデ」「（❺　　　　）」 ラファエロ「（❻　　　　）」「アテネの学堂」
哲学	ピコ＝デラ＝ミランドラ『（❼　　　　）について』 　**自由意志**による選択にこそ人間の尊厳がある
政治	マキャヴェリ『（❽　　　　）』 　君主はライオンの強さとキツネの賢さでもって, あらゆる手段を使って人間を統治すべきである

(2) 世界と人間の発見

① **万能人（普遍人）**…力強い意志と幅広い知識を駆使して, 自分の能力を全面的に発揮することのできる, ルネサンス期の理想的人間像

レオナルド＝ダ＝ヴィンチや（❾　　　　）に代表される

② **人間中心主義**…中世のように神を中心とするのではない人間らしい生き方

中世の封建的な身分制度や宗教的権威の束縛から解放され, 世俗の現実生活に積極的な価値を認め, 自主的, 能動的に活動するところに新しい生き方を見い出した

2 宗教改革

(1) ルネサンスの自由な批判精神…キリスト教信仰における教会のあり方を見直す動き

① **エラスムス**（オランダ　1466～1536）　主著：『（❿　　　　）』

聖書原典の研究にもとづいて教会の堕落を批判

② **トマス＝モア**（英　1478～1535）　主著：『（⓫　　　　）』

物欲に支配された社会のあり方を批判し, 共産主義的な理想社会を描く

③ **ウィクリフ**（英　1320ごろ～84）, **フス**（ボヘミア　1370ごろ～1415）

教会や聖職者を批判した宗教改革の先駆者

(2) **ルター**（独　1483～1546）　主著：『キリスト者の自由』

① 「**95か条の意見書**」（1517）…ローマ＝カトリック教会の（⓬　　　　）の販売などの腐敗を批判

② **信仰義認説**…罪深い人間を救うことができるのは, 教会への寄進などの善行ではなく, **信仰のみ**

③ **聖書中心主義**…（⓭　　　　）のみを信仰のよりどころ, 祭司は必要ではない

④ **万人祭司説**…教会や聖職者のような仲介者を否定, 神を信じる者はすべて等しく祭司であるとする

⑤ **職業召命観**…聖俗の職業の貴賤の区別を否定, 職業はすべて神から与えられた使命であるとする

(3) **カルヴァン**（仏　1509～64）　主著：『キリスト教綱要』

ルターの思想をいっそう徹底させ, スイスで宗教改革に取り組む

① **予定説**…神はどの人間を救うのかをはじめから決めており, 人間は, その決定をかえることも知ることもできず, 神による救済を信じるしかない

解答　❶神曲　❷デカメロン　❸ヴィーナス　❹モナリザ　❺最後の審判　❻聖母子　❼人間の尊厳
❽君主論　❾ミケランジェロ　❿愚神礼讃　⓫ユートピア　⓬贖宥状（免罪符）　⓭聖書

② **職業召命観**…あらゆる職業労働は神から与えられた神聖な義務であり，人間は禁欲にしてひたすらに各自の職業労働に励むべきであるという考え方。それによって得られた利得や利子も，なんらやしいものではなく，神聖なものとした（営利・蓄財の肯定）

マックス＝ウェーバー（独　1864 ～ 1920）は主著『プロテスタンティズムの倫理と資本主義の精神』の中で，カルヴァンの思想にもとづく禁欲的な職業倫理がやがて資本主義の成立を促したと分析した

③ **カルヴィニズム**…世俗の職業を神聖視するカルヴァンの思想（カルヴィニズム）は新興の（**⓮** 　　　）や独立自営農民に強く支持された

スイスからフランス，オランダなどに広がり，さらにイギリスに渡って，信仰の純粋さを厳しく守ろうとする（**⓯** 　　　）となった

(4) **プロテスタント（新教徒）**

・ルターやカルヴァンが唱えた新しいキリスト教の立場は，プロテスタンティズム（新教）とよばれ，その信奉者は「（**⓰** 　　　）」という意味の，プロテスタント（新教徒）とよばれた

・一方，旧来のキリスト教はカトリシズム（旧教）とよばれるようになった

(5) **対抗宗教改革（反宗教改革）**

ローマ＝カトリック教会の危機感と反省による，教皇権の至上権と教義の再確認，態勢の立て直し

① **イグナティウス＝デ＝ロヨラ**（スペイン　1491 ごろ～ 1556）

…（**⓱** 　　　）を結成し，非キリスト教圏への活発な布教活動

❸ 人間性の探究

モラリスト…人文主義の精神にもとづいて，人間のありのままの心情や日常生活の生き方（モラル）を探究

(1) **モンテーニュ**（仏　1533 ～ 92）　主著：『（**⓲** 　　　）』

キリスト教新旧両派の対立激化による宗教戦争や過酷な宗教弾圧の中，宗教的寛容の立場を貫く

① 「**ク・セ・ジュ（私は何を知っているか）**」

「真理は探究中である」と人間認識の可能性に対し懐疑的な姿勢を示し，対立を生む原因となる物事への偏見や独断をいましめ，謙虚に自己を吟味する内省的な生き方の大切さを説いた

(2) **パスカル**（仏　1623 ～ 62）　主著：『パンセ』

① **中間者**

・パスカルは，人間を，悲惨と偉大，虚無と無限の間をさまよう中間的な存在としてとらえた

② 「（**⓳** 　　　）」

人間は一茎の葦のように自然の中で最も無力で弱いものであるが，広大な宇宙をとらえるほどの思考の力をそなえており，自分の悲惨さを知り考えることができる点で，何も考えていない全宇宙よりも偉大であるという考え方

→パスカルは，思考することのうちに人間の尊厳を見い出した

③ **キリスト教への信仰**

中間者としての人間の魂の平安を得るため，人間の弱さと強さの両面に注目する教えとして，キリスト教への信仰を深めた

④ **幾何学の精神**…ものごとを客観化し理論的に分析していく合理的推理の能力

⑤ **繊細の精神**…ことがらの本質的な意味を直感的に判断する能力

→パスカルは，公平的なものの見方をするために，幾何学の精神と繊細の精神の両方の重要性を説いた

解答 ⓮商工業者　⓯ピューリタニズム　⓰抵抗する者　⓱イエズス会　⓲エセー　⓳考える葦

問題演習

1 次の文章は，神の言葉を借りてピコ・デラ・ミランドラが自らの思想を述べたものである。これを読んで，ピコの考えを説明した記述として最も適当なものを，下の **①**～**④** のうちから一つ選べ。

> アダムよ，……私は，おまえを天上的なものとしても，地上的なものとしても，死すべきものとしても，不死なるものとしても造らなかったが，それは，おまえ自身が，いわば「自由意志を具えた名誉ある造形者（そう）」として，おまえの選び取る形をおまえ自身が造り出すようにするためである。おまえは，下位のものどもである獣へと退化することも，また決心しだいでは，上位のものどもである神的なものへと生まれ変わることもできるだろう。
>
> （ピコ・デラ・ミランドラ『人間の尊厳について』）

① 人間の尊厳は，人間がおかれた宇宙のなかでの位置によって決定されており，人間が被造物として神の栄光に奉仕することによって示される。

② 人間の尊厳は，自由意志によって，宇宙のなかでの位置で決定できることにあり，どのような生き方を選び取るかは人間の決断にかかっている。

③ 人間の尊厳は，前世やこの世での善行や罪業（かか）に関わりなく，信仰によって，来世には必ず自らの欲する姿や形で生まれ変わることに存する。

④ 人間の尊厳は，自らおかれた環境を受け入れつつ，より快適な生活様式や社会関係を積極的に創り上げ（つく）ていく姿勢に見いだされる。　　　　　　〈2009 年追試〉

2 ルネサンス期の説明として**適当でないもの**を，次の **①**～**④** のうちから一つ選べ。

① ルネサンス期には，古代ギリシア・ローマの文芸を再生し，古典を学び直そうという運動が広く展開した。古典を模範とすることで，人間性を解放し，新たな人間像を探究する人間中心の文化が花開いた。

② ルネサンス期には，古典研究を通して，キリスト教世界の根源にある古代の異教的世界を再興しようという考えが現れた。自然を再発見することで，古代の神々を中心とする神話的世界観が復活した。

③ ルネサンス期には，美術の世界でも，遠近法が確立し，人体の写実的な描写が始まるなどの革新がみられた。「最後の審判」など，絵画や彫刻作品を数多く制作したミケランジェロは，建築の分野でも活躍した。

④ ルネサンス期には，人間の本性はあらかじめ定まってはいないという考えが現れた。ピコ・デラ・ミランドラは，人間は自由意志に基づいて自分の本性を形成する存在であるとし，そこに人間の尊厳の根拠をみた。　　　　　　〈2015 年本試〉

3 ルネサンス期の文学・芸術についての説明として**適当でないもの**を，次の **①**～**④** のうちから一つ選べ。

① ボッカチオは，快楽を求める人々の姿を描いた『カンツォニエーレ』を著し，人間解放の精神を表現した。

② レオナルド・ダ・ヴィンチは，解剖学などを踏まえた絵画制作を通じ，人間や世界の新たな表現法を提示した。

③ アルベルティは，建築を始め様々な分野で活躍し，自らの意欲次第で何事をも成し遂げる人間像を示した。

④ ダンテは，罪に苦悩する人間の魂の浄化を描いた『神曲』を著し，人文主義的な機運の先駆けをなした。　　　　　　〈2016 年本試〉

4 ルネサンス期に活躍した人物についての説明として最も適当なものを，次の **①**～**④** のうちから一つ選べ。

① 壁画「最後の晩餐（ばんさん）」などで知られるミケランジェロは，絵画や音楽といった分野だけでなく，医学や力学などの自然科学の分野でも業績を残し，万能人（普遍人）として活躍した。

② ダンテは，『神曲』のなかで，人間が神の愛によって祝福された存在であることを強調し，人間の魂を，欲望や罪，苦悩などとは無縁の美しいものとして描き出した。

③ ボッティチェリは，『デカメロン』のなかで，自由奔放に快楽を追い求める男女の性愛を生き生きと描き出すことで，人間の感情や欲望の解放を表現しようとした。

④ 壁画「アテネの学堂」でラファエロは，イデア論で知られるプラトンが天を指し，現実世界を重視したアリストテレスが地を示す姿を描くなど，古代哲学を象徴的に表現した。　　　　　　〈2018 年追試〉

5 マキャヴェリの思想の説明として最も適当なものを，次の ①〜④ のうちから一つ選べ。

① 国家は，統治者，防衛者，生産者の三つの階級がそれぞれの能力を発揮し，統治者のもとで全体としての秩序と調和が保たれることで成り立つ。

② 政治は，人間の現実のありようを踏まえた統治の技術であり，君主は，強さと賢さをもって国家統治を果たすべきである。

③ 王権は，神から授けられた絶対的なものとして正当化されるため，人民は君主に服従すべきであり，逆らうことは許されない。

④ 人々は，権利を自由に行使することから生じる戦争状態を脱するため，自らの権利を放棄し，強大な統治者へ譲渡しなければならない。

〈2019 年本試〉

6 次の記述は，現実の人間の姿や社会を見据えて思想を展開したルネサンス期の思想家についての説明である。 **A** ・ **B** に入れるのに最も適当なものの組合せを，下の ①〜④ のうちから一つ選べ。

　　　 A は，イタリアの分裂抗争の主な原因を，外国の干渉と国内における人間と社会の腐敗堕落のうちに認めた。このような認識から，政治は宗教や道徳に依拠することなく，現実の社会の状況を直視して行わなければならないことを主張した。

　　　 B は，当時のイギリス社会の富の偏在と腐敗の原因を，私有財産制のうちに認めた。そして彼は，人々が自由で平等に暮らせる公平な社会を「どこにもない理想的な国」として描いた。

① **A** マキャヴェリ　　　**B** ヒューム
② **A** ペトラルカ　　　　**B** トマス・モア
③ **A** マキャヴェリ　　　**B** トマス・モア
④ **A** ペトラルカ　　　　**B** ヒューム

〈2009 年追試〉

7 レオナルド・ダ・ヴィンチに代表される，ルネサンス時代の理想の人間像として最も適当なものを，次の ①〜④ のうちから一つ選べ。

① 道具を使ってものを作り出していく工作人
② 天地自然と一体となって生きていく真人
③ あらゆる分野で才能を発揮する万能人
④ 主体的に生きて自ら価値を創造する超人

〈2014 年本試〉

8 ルネサンス期の人文主義者たちの中で，カトリック教会の腐敗を批判し，ルターとの論争の中で人間の自由意志を唱えた人物は誰か。次の ①〜④ のうちから一つ選べ。

① エラスムス
② トマス・モア
③ カルヴァン
④ ピコ・デラ・ミランドラ

〈2003 年追試〉

9 宗教改革期に活躍した人物についての説明として最も適当なものを，次の ①〜④ のうちから一つずつ選べ。

① ルターは，『キリスト教綱要』のなかで，誰が永遠の生命を与えられる者で，誰が永遠に断罪を受ける者であるかは，神の意志によってあらかじめ定められているとした。

② ウィクリフは，ルターやカルヴァンらの宗教改革に影響を受けて，聖書に忠実であろうとする立場から，ローマ・カトリック教会の教義や教皇のもつ権力を批判した。

③ エラスムスは，『愚神礼讃（痴愚神礼讃）』のなかで，教会や聖職者の堕落を風刺したが，自由意志を否定するルターとは対立し，激しさを増していった宗教改革と距離をおいた。

④ イグナティウス・ロヨラは，プロテスタンティズムの勢力に対抗するため，イエズス会を創設し，教皇などの特権的な身分を認めない立場から，教会の改革を行った。

〈2018 年追試〉

10 ルターの思想の説明として正しいものを，次の①～④のうちから一つ選べ。

① 神の前ではすべてのキリスト者は平等であり，教会の権威によってではなく，自己の信仰心によって直接神と向き合う。そして，聖書のみがキリスト教の信仰のよりどころである。

② どの人間が救われるかは，神の意志によってあらかじめ定められており，各人が聖書の教えに従って，神への奉仕として世俗の職業生活に励むことが，救いの確証になり得る。

③ 聖書に説かれた信仰の真理と自然の光に基づく理性の真理とは区別されるが，両者は矛盾するのではなく，理性の真理が信仰の真理に従うことによって互いに補足し合い調和する。

④ キリスト者は，すべてのものの上に立つ自由な主人であって，誰にも従属していない。したがって，農民が教会や領主の支配に対抗して暴徒化することには十分な理由がある。　　　　　〈2011 年本試〉

11 16 世紀ヨーロッパの宗教改革の説明として**適当でないもの**を，次の①～④のうちから一つ選べ。

① ルターは，人間が神によって義とされるのは，教会の定める儀式や善行によってではなく，もっぱら信仰によってであると主張した。

② ルターは，主著『神学大全』において，僧侶の腐敗を鋭く批判し，教会のもつ既存の権威や権力に対して抵抗しなければならないと主張した。

③ カルヴァンは，神の栄光を実現するために，神から与えられた神聖な義務としての職業に勤勉に励むべきであると主張した。

④ カルヴァンは，主著『キリスト教綱要』において，神に対する人間の絶対服従を強調し，厳格な神学に基づく教会改革が必要だと主張した。　　　　　〈2016 年追試〉

12 宗教改革のころに，信仰を批判的に反省する思索が新しく展開されるようになった背景として最も適当なものを，次の①～④のうちから一つ選べ。

① 宗教改革によって宗教全体の権威が失墜して，社会全体が価値の無秩序状態に陥った結果，規範の再構築が求められるようになった。

② 宗教改革によって宗教の権威が以前よりも強まった結果，強大化した宗教の専横に対する理性的な批判が必要になった。

③ 宗教改革以後，各地で宗教戦争が起きた結果，そうした惨禍をもたらす宗教のあり方に対して冷静な批判が必要になった。

④ 宗教改革以後，ヨーロッパからのプロテスタントの徹底した排除が進み，プロテスタントの哲学者たちが寛容を要求せざるをえなくなった。　　　　　〈2005 年追試〉

13 モンテーニュの著作と思想の説明として最も適当なものを，次の①～④のうちから一つ選べ。

① 『法の精神』を著し，客観的な法と主観的な道徳の統一を主張した。

② 『法の精神』を著し，三権分立を唱えて当時の絶対王政を批判した。

③ 『エセー』を著し，自由意志に基づく人間の尊厳を強調した。

④ 『エセー』を著し，自己吟味に基づく内省的な生き方を説いた。　　　　　〈2014 年追試〉

14 モラリストを代表する人物にモンテーニュがいる。彼の思想の説明として最も適当なものを，次の①～④のうちから一つ選べ。

① 人間は，「私は何を知っているか」と問い，謙虚に自己吟味を行うことによって，自らに潜んでいる偏見や独断から脱することができる。

② 人間は，単に行為するだけにとどまらず，行為の正不正に関する道徳的判断をも下す存在だが，この判断は知性ではなく感情の働きである。

③ 人間は，生の悲惨さを自ら癒すことができないために，娯楽や競争などの気晴らしに逃避して，気を紛らわそうとする。

④ 人間は，自由意志に従うと「堕落した下等な被造物」にもなり得るため，自由意志の上位に信仰をおくことによって正しき者になる。　　　　　〈2017 年本試〉

⓯ モンテーニュの思想の説明として正しいものを，次の **①**～**④** のうちから一つ選べ。

① 大きな宇宙は空間によって人間を包み，一つの点のように飲み込む。しかし，考えることによって，人間は宇宙を包む。そこに人間の偉大さがある。

② 人間の理性は不完全であり，絶対的真理を認識することはできない。人間は常に独断を差し控え，謙虚な態度で真理の探究を深めるべきである。

③ 一切のことを疑ったうえでもなお疑い得ないのは，そのように疑っている自我が存在していることであり，この自我の存在が哲学の基本原則である。

④ 現にいかに生きているかということと，いかに生きるべきかということとはかけ離れているから，現実を顧みない者は身の破滅を招くことになる。 〈2011 年本試〉

⓰ パスカルが人間をどのように捉えていたかについての説明として最も適当なものを，次の **①**～**④** のうちから一つ選べ。

① 人間は，天使でも鳥獣でもなく，偉大と悲惨の両極の間を揺れ動く，無とすべてとの中間者である。

② 人間は，「考える葦」として思考を通して宇宙を包み込む偉大な存在であり，自然の支配者である。

③ 人間は，身体・精神・愛という三つの秩序をもち，弁証法的な思考の力によって自己の限界を超えることができる。

④ 人間は，自己の悲惨さから神の愛によって救われるために，神から与えられた職業を全うする。 〈2012 年追試〉

⓱ 次の文章はパスカルが『パンセ』の中で，人間を「考える葦（あし）」にたとえて書いたものである。その意味を記述したものとして最も適当なものを，下の **①**～**④** のうちから一つ選べ。

　　人間は一本の葦にすぎない。自然の中で最も弱いものである。だが，それは考える葦である。これを押しつぶすために，宇宙全体が武装する必要はない。……しかし，たとえ宇宙が人間を押しつぶすとしても，人間は人間を殺すものより高貴であるだろう。なぜなら，人間は自分が死ぬこと，宇宙が自分よりも優勢であることを知っているからである。宇宙はそれについて何も知らない。

① 人間は自然の中にその起源をもつ存在である。だが，その自然を考える力をもつ人間は神の似姿であって，そこに人間の尊厳がある。

② 人間はそもそも無力で孤独な存在である。だが，合理的な思慮によって人間は社会の形成へと向かい，そこに人間の尊厳がある。

③ 人間は定めなく思考を浮遊させる存在である。だが，自然の一部として大地に根づいて生きるところにこそ人間の尊厳がある。

④ 人間は自然の中で最も無力な存在である。だが，その自然全体を包み込むことができる思考のうちに人間の尊厳がある。 〈2001 年追試〉

⓲ 旧体制（アンシャン・レジーム）当時のフランス社会を批判した思想家についての記述として正しいものを，次の **①**～**④** のうちから一つ選べ。

① ディドロは，様々な国家制度を比較し，立法権・執行権・裁判権が互いに抑制し均衡をはかるシステムの重要性を認識し，それを欠いたフランスの専制政治を批判した。

② モンテスキューは，フランス政府からの度重なる発禁処分にもかかわらず，様々な学問や技術を集大成した著作を出版するとともに，人民主権の立場から，封建制を批判した。

③ ヴォルテールは，書簡形式の著作において，イギリスの進歩的な政治制度や思想をフランスに紹介することを通じて，フランスの現状が遅れていることを批判した。

④ パスカルは，人間が生まれながらにもつ自然な感情である憐（あわ）れみの情が，文明の発展とともに失われていくと分析し，不平等と虚栄に満ちたフランス社会を批判した。 〈2013 年本試〉

第7章　科学・技術と人間　　▶▶ 要 点 整 理

1 近代の自然観

(1) **科学革命**

① アメリカの科学史家（**❶**　　　　）は，科学の歴史は，一方的連続的に進化してきただけでなく，ある時代の科学者たちが共有している理論的な枠組みである（**❷**　　　　）の転換をともなう科学革命（Scientific Revolution）も含まれることを指摘した

② イギリスの歴史家バターフィールドは，17世紀に生じた科学の大規模な変革を科学革命（Scientific Revolution）とよんだ

※17世紀科学革命

(2) 宇宙像の転換

キリスト教の考えにもとづいた，自然の運動が神の栄光の実現といった目的をもつという（**❸**　　　　）**的自然観**から，宇宙像を転換させ天文学を革新

① **コペルニクス**（ポーランド　1473～1543）…天動説に代わる（**❹**　　　　）を提唱

② **ケプラー**（独　1571～1630）…楕円軌道などの惑星の運動法則の発見

③ **ガリレイ**（伊　1564～1642）…望遠鏡による天体観測のほか，ピサの斜塔で落体実験をし，物体の（**❺**　　　　）の法則の発見，物理学の基礎を確立

④ **ブルーノ**（伊　1548～1600）…地動説とともに無限宇宙観を唱える

(3) 自然という機械

① 目的論的自然観から（**❻**　　　　）へのパラダイムの転換

a．何のために宇宙や自然があるのかという「目的」よりも「原因と結果」（因果）という観点から自然を見直し，自然を物質によって構成され一定の因果法則のもとに動く機械とみなす

b．自然が自然そのものに内在する法則に従って運動し変化するものと考え，（**❼**　　　　）を重視し，運動法則を数学の理論にもとづき解明しようとする試み

c．（**❽**　　　　）を発見した**ニュートン**（英　1643～1727）が完成

② 自然の製作者である神の技をたたえ神の意図を解明することから，自然という機械のしくみを解明することへの転換。自然のしくみを利用して自然を加工することが文明の進歩であると考えた

2 新しい学問の方法

(1) **経験論**と**合理論**

① 中世的な世界像や知識にかわる新たな座標軸としての経験論と合理論

伝統や先入観に囚われず，正確な認識にもとづく確実な知識を得るため新しい学問のあり方を追求

a．（**❾**　　　　）…経験をあらゆる知識の源泉とみなす考え方

b．（**❿**　　　　）…感覚的な経験よりも理性を重んじ，知識の源泉を，人間にそなわっている理性のうちに見い出そうという考え方

② 感覚にせよ，理性にせよ，人間自身のもつ認識能力を信頼し，それにもとづいてすべてをとらえなおそうとする近代の人間中心的な考え方

(2) **ベーコン**（英　1561～1626）　主著：『学問の進歩』『（**⓫**　　　　）』『ニュー・アトランティス』

① **「知は力なり」**…自然を支配して人類の生活を改善するための知識を求めることが重要

② **イドラ**（幻影）

自然のありのままを観察するためには人間の内面にひそむ先入観や偏見をとりのぞく必要がある

種族のイドラ	人間の本性に由来	（**⓬**　　）のイドラ	個人の性格や環境に由来
市場のイドラ	言葉のあいまいな使用に由来	（**⓭**　　）のイドラ	誤った学説や理論を信じることに由来

(3) **デカルト**（仏　1596～1650）　主著：『（**⓮**　　　　）』『省察』『哲学原理』『情念論』

① **方法的懐疑**…感覚や経験による知識は，多くの誤りや不十分さを含み信頼できないので，絶対に確実な知識の根拠を求めるために，一切を疑うという方法。これまで権威とされてきた知識や学問だけでなく，すべての感覚や学問，自分自身の身体の存在，神さえも疑った

解答　❶クーン　❷パラダイム　❸目的論　❹地動説　❺落下　❻機械論的自然観　❼観察や実験　❽万有引力の法則　❾経験論　❿合理論　⓫ノヴム・オルガヌム（新機関）　⓬洞窟　⓭劇場　⓮方法序説

② 「わたしは考える，それゆえにわたしはある」…「（⑮　　　　）」の存在は，もはや疑い得ないものであるということを発見

③ **良識**（ボン・サンス）…理性を良識（ボン・サンス）とよび，良識は万人に与えられており，よく用いることが大切であると主張

④ 四つの規則…1.明証の規則　2.分析の規則　3.総合の規則　4.枚挙の規則

(4) 精神と物体の二元論

① **物心二元論（心身二元論）**…（⑯　　　　）とが，それぞれ独立して，それ自体で存在する実体であるとする立場

　ａ．**精神**…思惟（思考）を本性とする実体（「考えるわたし」）
　ｂ．**物体**…空間的な広がり（延長）を本性とする実体

② 二元論的考え方の影響

　ａ．近代的自我の確立
　　神という支えなしに自由な主体としての自己（近代的自我）の確立へ道を開く

　ｂ．機械論的自然観の形成
　　自然を，人間や神の意志から独立した純粋に物質的，機械的なものとみなす考え方への道を開く

③ **高邁の精神**

　　物心二元論は精神と身体を独立したものと考えるが，現実的には精神の理性的な意志によって，欲望，愛や憎しみなどの身体から生じる情念（パッション）を支配し，己の自由と独立を実現しなければならない。そのような精神の「気高さ」を「高邁」とよんだ

(5) 近代思想の二つの流れ

	経験論 （イギリス経験論）	合理論 （大陸合理論）
特徴	経験をあらゆる知識の源泉とみなす	知識の源泉を人間にそなわっている理性のうちに見い出す
新しい学問の方法 （知識の獲得方法）	確実で役に立つ知識を得ることを目指し，観察や実験にもとづく経験を通じて自然を解明しようとする（（⑰　　　　）） 個々の具体的な事実 ↓　実験・観察による比較・考察 一般的な法則や原理	すべての確実な知識は，幾何学の公理のように，明晰判明な原理から理性的な推理を推し進めることによって得られる（（⑱　　　　）） 一般的な法則や原理 ↓　理性による推理 個別的な判断
知識を構成する観念の獲得先	すべての観念は感覚的な経験から生まれるとし，**生得観念を否定** ＊　ロック（「**タブラ・ラサ**（白紙）」）	人間の心には生まれつきそなわっている観念があり，確実知識は生得観念を基礎として構成
発展した地域	主に（⑲　　　　）	主に（⑳　　　　）
主な思想家	**バークリー**（英 1685 ～ 1753） 　精神の外に事物が存在することを人間は確証できず，「**存在するとは知覚されていること**」であるとする唯心論を説いた **ヒューム**（英　1711～76)主著:『人間本性論』 　科学的認識の基礎にある因果関係や実体の存在も確実なものではないと主張し，人間の心も「**知覚の束**」にすぎないと論じた。 　その（㉑　　　　）は，カントに大きな影響を与えた	**スピノザ**（蘭　1632 ～ 77）主著:『エチカ』 　神は唯一の実体であり，神と自然は同一として，「**存在するものはすべて神のうちにある**」という汎神論を主張。 理性によって万物を必然的なものとして（「（㉒　　　　）」）認識することを重視 **ライプニッツ**（独　1646 ～ 1716） 　　　　　　　　　　　　主著:『単子論』 　世界は分割不可能な精神的実体である（㉓　　　　）から成立しており，それらは独立しているが，世界は全体として調和する（**予定調和**）。そして成立可能な世界のうち神は最も善いものを選び，実現させているはずなので，この世界は最善であると主張（**最善説**）

解答　⑮考えるわたし　⑯精神と物体　⑰帰納法（きのうほう）　⑱演繹法（えんえきほう）　⑲イギリス　⑳ヨーロッパ大陸　㉑懐疑論
㉒永遠の相のもとに　㉓モナド（単子）

問題演習

1 科学の進歩についての従来の考え方を批判し，新たな考え方を提唱した思想家にクーンがいる。彼の思想の説明として最も適当なものを，次の ① ～ ④ のうちから一つ選べ。

① 科学は，仮説が従来の実験によって確かめられない場合でも，新たに実験をやり直すことで危機を乗り越える。科学者たちの地道な作業の蓄積によってパラダイムの転換が生じ，科学革命が起きる。

② 科学は，世界を一般的なパラダイムで解釈する限り，多様な価値観が共存する現代では危機に陥る。そのため，科学が進歩するには，具体的状況で思考する「小さな物語」を中心にすえなくてはならない。

③ 科学は，個々の事実を一定のパラダイムのなかで解釈する。既存の理論では理解できない事実が積み重なり，それらの新たな事実を説明しようとするとき，パラダイムの転換が生じて，科学革命が起きる。

④ 科学は，命題一つ一つの真偽を確かめることはできない。そのため，科学が進歩するには，理論的枠組みとしてのパラダイム全体を単位として真偽を問う「ホーリズム」の見方に移行する必要がある。

〈2017 年本試〉

2 目的論的自然観の説明として最も適当なものを，次の ① ～ ④ のうちから一つ選べ。

① 自然は，それ以上分割できず，他のものの手段にならない原子の機械的な運動によって，因果的に決定されている。

② 自然界における事物の生起や変化は，一定の結果を実現しつつ，全体として統合されるように，あらかじめ規定されている。

③ 自然界の出来事は，それ自体としては善でも悪でもなく，意味も意図もない力の戯れとして，同じことを繰り返している。

④ 自然の事物は，道具的な理性の働きを通じて，人間の活動の手段として用いられることにより，それ本来の役割を果たす。

〈2010 年追試〉

3 近代科学の成立に貢献した思想家の一人にガリレイがいる。彼についての説明として最も適当なものを，次の ① ～ ④ のうちから一つ選べ。

① 天体観測によって得られた精密な観測値に基づき，惑星が楕円軌道を描くという法則を発見して，伝統的な宇宙観に変更を迫った。

② 地上の物体と天空の惑星は共通の法則に従っているとする，万有引力の考えを打ち出し，機械論的自然観に道をひらいた。

③ 実験をもとに自由落下の法則を発見し，近代物理学の基礎を築く一方，地動説を支持したために，宗教裁判にかけられた。

④ 宇宙は無限に広がっているという説を唱えるなど，教会とは相容れない考えを提示したために，異端者として火刑に処された。

〈2016 年本試〉

4 近代における自然観や宇宙観についての記述として最も適当なものを，次の ① ～ ④ のうちから一つ選べ。

① 地球は宇宙の中心にあって，諸天体がその周りを回転していると考えられていたが，近代になるとピコ＝デラ＝ミランドラが，地球を始めとする惑星が太陽の周囲を回転しているという地動説を説いた。

② 宇宙は神が創造した有限な全体であると考えられていたが，近代になるとレオナルド＝ダ＝ヴィンチが，宇宙は無限に広がっていて，そこには太陽系のような世界が無数にあるという考え方を説いた。

③ アリストテレスによる目的論的自然観が支配的であったが，近代になるとケプラーが惑星の運動法則を，ニュートンが万有引力の法則を発見し，ともに自然には数量的な法則性があると説いた。

④ 錬金術師たちが自然について試行錯誤的に魔術的な実験を行っていたが，近代になるとデカルトが，実験・観察による帰納的な方法を用いて自然についての知識を得ることで，自然を支配できると説いた。

〈2007 年本試〉

5 ルネサンスの時代に新たに獲得された自然科学的知識に関する説明として最も適当なものを，次の①〜④のうちから一つ選べ。

① ケプラーは古代ギリシア以来の宇宙観を批判し，地球を中心に天体が回っているとする天文学説を唱えた。

② ベーコンは，中世のスコラ哲学に代わる新しい学問を模索し，普遍的原理から出発して自然現象を数学的に説明する方法を提唱した。

③ ガリレイは，望遠鏡による天体観測を行うとともに，落下の実験などに基づいて物体運動の理論を展開し，近代科学の基礎を築いた。

④ コペルニクスは，天体運動の観測に基づき，惑星が楕円軌道を描いて運動することを発見し，それらの運動から万有引力の法則を導いた。

〈2012 年追試〉

6 ベーコンが批判した四つのイドラの記述として最も適当なものを，次の①〜④のうちから一つ選べ。

① 種族のイドラ：人間は，正確な感覚や精神を具えているが，個人的な性格の偏りや思い込みによって，事物の本性を取り違える可能性があるということ

② 洞窟のイドラ：人間は，種に特有の感覚や精神の歪みを免れ得ないため，人間独自の偏見に囚われて，たやすく事物の本性を誤認してしまうということ

③ 市場のイドラ：人間は，他者との交流の中で人が発した言葉を簡単には信頼しないため，しばしば真実を見失い，不適切な偏見を抱きやすいということ

④ 劇場のイドラ：人間は，芝居等を真実だと思い込むように，伝統や権威を盲信して，誤った学説や主張を無批判的に受け入れてしまいがちだということ

〈2010 年本試〉

7 ベーコンの著作と思想についての説明として正しいものを，次の①〜④のうちから一つ選べ。

① 『プリンキピア』を著し，地上から天体までのあらゆる自然現象の運動を説明し得る根本原理を発見することで，古典力学を確立した。

② 『プリンキピア』を著し，理性を正しく確実に用いることによって普遍的な原理から特殊な真理を導き出す演繹法を提唱した。

③ 『ノヴム・オルガヌム』を著し，事実に基づいた知識を獲得する方法として，経験のなかから一般的法則を見いだす帰納法を重視した。

④ 『ノヴム・オルガヌム』を著し，懐疑主義の立場から，自己の認識を常に疑う批判精神の重要性と，寛容の精神の大切さを説いた。

〈2015 年本試〉

8 デカルトの哲学について述べた次の文章を読み，　a　〜　c　に入れる語句の組合せとして正しいものを，下の①〜⑧のうちから一つ選べ。

　『方法序説』の冒頭で「　a　はこの世で最もよく配分されている」と述べたデカルトは，誰もがそれを正しく用いることによって，真に確実な知識を得ることができると考えた。彼は，すべてを疑った結果，疑い得ない真理として，「私は考える，ゆえに私はある」という命題に到達した。この原理を確実なものとして，そこからデカルトは他の真理を論証して導き出そうとした。このような論証の方法は　b　と呼ばれる。

　デカルトは，さらに考察を進め，精神が明晰判明に認識するものとして，物体の存在も認めたが，精神の本質が考える働きであるのに対し，物体の本質は　c　だとした。彼によれば，身体は自ら考えることはないため，物体にほかならない。

① a 良 識　　b 帰納法　　c 質 料
② a 良 識　　b 帰納法　　c 延 長
③ a 良 識　　b 演繹法　　c 質 料
④ a 良 識　　b 演繹法　　c 延 長
⑤ a 悟 性　　b 帰納法　　c 質 料
⑥ a 悟 性　　b 帰納法　　c 延 長
⑦ a 悟 性　　b 演繹法　　c 質 料
⑧ a 悟 性　　b 演繹法　　c 延 長

〈2016 年追試〉

9 デカルトによる真理の探究についての説明として最も適当なものを，次の ① ～ ④ のうちから一つ選べ。

① 精神と物体を区別したうえで，人間精神は物体の運動によって説明され得るとし，人体に関する医学的研究を行った。

② 精神と物体を区別したうえで，物体を精神に基づくものとし，思考する働きをもつ人間精神による認識の分析を，諸学問の基礎とした。

③ 感覚はしばしば私たちを欺くが，数学的な知識は感覚を超えたものであるから，疑わなくてもよいとした。

④ 感覚はしばしば私たちを欺くものであり，私がここにいるという感覚もまた，夢かもしれないため，疑わなければならないとした。　　　　　　　　　　　　　　　　　　〈2015 年追試〉

10 次のア～ウは，経験に知識の源泉を求めた思想家の説明であるが，それぞれ誰のことか。その組合せとして正しいものを，下の ① ～ ⑧ のうちから一つ選べ。

ア　事物が存在するのは，私たちがこれを知覚する限りにおいてであり，心の外に物質的世界などは実在しないと考え，「存在するとは知覚されることである」と述べた。

イ　私たちには生まれつき一定の観念がそなわっているという見方を否定し，心のもとの状態を白紙に譬えつつ，あらゆる観念は経験に基づき後天的に形成されるとした。

ウ　因果関係が必然的に成り立っているとする考え方を疑問視し，原因と結果の結び付きは，むしろ習慣的な連想や想像力に由来する信念にほかならないと主張した。

① ア　ヒューム　　　イ　ベーコン　　　ウ　バークリー
② ア　ヒューム　　　イ　ベーコン　　　ウ　ロック
③ ア　ヒューム　　　イ　ロック　　　　ウ　バークリー
④ ア　ヒューム　　　イ　ロック　　　　ウ　ベーコン
⑤ ア　バークリー　　イ　ベーコン　　　ウ　ヒューム
⑥ ア　バークリー　　イ　ベーコン　　　ウ　ロック
⑦ ア　バークリー　　イ　ロック　　　　ウ　ヒューム
⑧ ア　バークリー　　イ　ロック　　　　ウ　ベーコン　　　　　　〈2016 年本試〉

11 スピノザの思想の説明として正しいものを，次の ① ～ ④ のうちから一つ選べ。

① 無限実体である神から区別された有限実体は，思惟を属性とする精神と，空間的な広がりである延長を属性とする物体から成り，精神と物体は互いに独立に実在する。

② 事物の究極的要素は，非物体的で精神的な実体としてのモナド（単子）であり，神はあらかじめ，無数のモナドの間に調和的秩序が存在するように定めている。

③ 神は人間に自己の生き方を自由に選択できる能力を与えたのであり，人間は自由意志によって，動物に堕落することも，神との合一にまで自己を高めることもできる。

④ 自然は無限で唯一の実体である神のあらわれであり，人間の最高の喜びは，神によって必然的に定められたものである事物を，永遠の相のもとに認識することにある。　　　　　〈2011 年本試〉

12 実体について考察したライプニッツの説明として最も適当なものを，次の ① ～ ④ のうちから一つ選べ。

① 実体とは不滅の原子のことであり，世界は原子の機械的な運動によって成り立っていると考えた。

② 存在するとは知覚されることであるとして，物体の実体性を否定し，知覚する精神だけが実在すると考えた。

③ 世界は分割不可能な無数の精神的実体から成り立っており，それらの間にはあらかじめ調和が成り立っていると考えた。

④ 精神と物体の両方を実体とし，精神の本性は思考であり，物体の本性は延長であると考えた。　　　　　　　　　　　　　　　　　　　　　　　　　　　　　〈2017 年追試〉

第8章　民主社会と自由の実現　▶▶ 要 点 整 理

1 民主社会の形成

(1)　民主社会の形成

① 16世紀：ルネサンス，宗教改革

ものごとを人間中心の立場からとらえなおし，個人としての人間の自由と平等を自覚

② 17世紀：**啓蒙主義**（けいもう）

自由と平等を社会生活における個人の権利ととらえ，その保障を基本原理とする新しい社会秩序（ちつじょ）の形成のため，人間の「理性の光」で前近代の因習や迷信を批判し，合理的なものの実現を目指す考え方

→理性の産物である科学が人間中心の立場から自然を改造する技術を発達させたように，自然法思想と社会契約説によって自由を保障する民主主義が形成されると考えた

(2)　**社会契約説**

社会（国家）が（❶　　　　　）の契約にもとづくという考え方。そして，社会の目的は，自由や平等のように，生まれながらに持っている（❷　　　　　）を守ることにあり，近代の市民社会を正当化しようとした

① **自然法思想**

社会契約説の根拠となった思想で，人間が制定した実定法に対して，自然法は，自然のうちに存在する法であらゆる時代や地域で通用する（❸　　　　　）なもの

ストア派→中世キリスト教神学→近代自然法

② **グロティウス**（オランダ　1583～1645）　主著：『戦争と平和の法』

「近代（❹　　　　　）の父」とよばれ，国家主権の及ばない公海上や戦争状態でも守られるべき自然法があると提唱した

(3)　ホッブズ，ロック，ルソーの社会契約説の比較

	ホッブズ （英　1588～1679） 『（❺　　　　　）』	ロック（英　1632～1704） 『（❻　　　　　）』『人間知性論』	ルソー（仏　1712～78） 『人間不平等起源論』『エミール』 『（❼　　　　　）』
人名と主著			
名　句	「人間は人間に対して狼である」	「すべての人間はうまれつき自由であり，平等であり，独立している」	「人間は自由なものとして生まれたが，いたるところで鉄鎖につながれている」
自然状態	自己保存の権利を脅かされる「（❽　　　　　）」の状態	自由・平等と平和が，比較的保たれているが，財産に対する**所有権**が不安定な状態	自由・平等と平和が，理想的に保たれている状態が自然 →「（❾　　　　　）」
社会契約	自然権を国家に全面的に譲渡 →主権者に絶対服従	自然権の一部（立法権，執行権）を**信託** →政府の権力濫用に抵抗する権利（❿　　　　　）や新しい政府を設立する（⓫　　　　　）をもつ	自然権を（⓬　　　　　）に譲渡 →個人は私益を目指す**特殊意志**を放棄し，一般意志により統治される全人民が直接参加した共同体（国家）に服従
政治的態度	（⓭　　　　　）が最良の統治形態 →主権在君を擁護。人間が自然権をもち，平等であること，人間の生活を守るのが国家の目的であると主張した点で画期的	権力乱用防止のため立法権（議会）と執行権（国王の外交＋政府による行政）を分立 →名誉革命を理論づける	**人民主権**を徹底， （⓮　　　　　）を唱える →フランス革命に影響を与える

(4)　**百科全書派**…『（⓯　　　　　）』の編纂（へんさん）に集まった18世紀フランスの急進的な自由思想家の人々

① （⓰　　　　　）（仏　1689～1755）　主著：『法の精神』

三権分立を説き，旧体制（アンシャン・レジーム）の変革を促す（うなが）

② **ヴォルテール**（仏　1694～1778）　主著：『哲学書簡』『寛容論』

ホッブズやロックなど，イギリスの合理的知性を紹介。戦闘的な啓蒙活動を展開

③ **ディドロ**（仏　1713～84）

『百科全書』35巻の編纂を主宰（しゅさい）。無神論の立場で封建制を批判

④ **ダランベール**（仏　1717～83）

ディドロと共に『百科全書』を編纂した哲学者，数学者，物理学者

2 **カント**（独　1724～1804）　主著：『純粋理性批判』『実践理性批判』『判断力批判』『（**⑰**　　　　）』

　　人間の認識能力の吟味を通して，経験論と合理論とを批判的に総合。科学的知識と道徳・宗教との両立に根拠を与え，自然法則に縛られない人間の自由と，自律的に生きる人間の尊厳をたたえて，近代ヒューマニズムの頂点を画する思想を唱える

(1)　批判主義

合理論における，人間の理性によってすべてが認識できるという独断や，神や自由については何も知りえないとする不可知論や懐疑論につきあたった経験論を批判（吟味）

　　①　（**⑱**　　　　）的転回

　　　　従来の「認識が対象に従う」という認識論を，「対象が認識に従う」というものへ逆転

(2)　理論理性と実践理性

　　①　**理論理性**…感性や悟性の形式を含む，認識にかかわる理性。人間が認識できる現象の背後にある物自体を，理論理性が経験によらず推理することを戒めた

　　②　**実践理性**…理論理性の及ばない神や霊魂，自由など人間の自発的な意志決定の問題，道徳的実践にかかわる理性。道徳法則を人間に与える

　　③　**二律背反**…理論理性は相反する二つの結論を導く「二律背反」に陥るが，カントは現象と物自体を区別したうえで，現象を（理論理性がかかわる）必然の世界とし，物自体を（実践理性がかかわる）自由の世界とすることによって必然と自由の二律背反を克服しようとした

(3)　**道徳法則**

条件つきの命令（**仮言命法**）ではなく，実践理性が自発的に定めた，「常に～せよ」という無条件の命令（（**⑲**　　　　））で表現される道徳法則に従って行動することが善

→「あなたの意志の格率（行為の原則）が，常に同時に普遍的立法の原理として妥当しうるように行為しなさい」

　　①　（**⑳**　　　　）…無条件に善い意志で，人間としてなすべきことを義務としておこなう意志

　　②　**動機説** … 善い行為とは「義務にもとづく」行為であり，善さは行為の動機のうちにある

(4)　意志の自律

感情や欲求の支配，快を求めて苦を避ける（**㉑**　　　　）に拘束されることなく，自ら道徳法則を選び取る「（**㉒**　　　　）」に真の自由がある

(5)　人格の尊厳と目的の王国

　　①　**人格の尊厳**

　　　　（**㉓**　　　　）＝意志の自律のうちに人間の尊厳を見い出す，自律的な存在としての人間

　　　　→「あなた自身の人格であれ，あらゆる他人の人格であれ，その人間性を常に同時に目的として取り扱い，決してたんに手段としてのみ取り扱うことのないように行為せよ」

　　②　**人格主義**

　　　　人間が追求しなければならない最高の目的は，幸福ではなく，幸福に値する人格の完成

　　③　**目的の国**

　　　　すべての人間が互いの人格を目的として尊重しあうような理想の社会

　　④　**永遠平和**

　　　　目的の国を実現するためには，国際的な平和維持機関の創設が必要であると提言

　　　　→その後国際連盟の発足につながり，現代においては国際連合の中に生かされている

(6)　**ドイツ観念論**…18世紀後半から19世紀初めのドイツで形成された，世界の本質を精神とし，精神が有する観念や理念を重んじる哲学の思潮。カントに始まるとされ，**フィヒテ**や**シェリング**，**ヘーゲル**が代表的思想家である

民主社会と自由の実現

解答　**❶**個人　**❷**自然権　**❸**絶対的　**❹**自然法　**❺**リヴァイアサン　**❻**統治二論　**❼**社会契約論
❽万人の万人に対する戦い　**❾**自然に帰れ　**❿**抵抗権　**⓫**革命権　**⓬**一般意志　**⓭**絶対王政（専制君主制）
⓮直接民主主義　**⓯**百科全書　**⓰**モンテスキュー　**⓱**永遠平和のために　**⓲**コペルニクス　**⓳**定言命法
⓴善意志　**㉑**自然法則　**㉒**意志の自律　**㉓**人格

3 **ヘーゲル**（独　1770～1831）　主著：『精神現象学』『法の哲学』『大論理学』

　　フランス革命に共感したが，革命が恐怖政治に陥ったことを受け，ルソーの一般意志による統治というような理想主義や内面の良心だけを問うカントの意志の自律による個人的な自由の実現を批判。人間の自由を個人の人格を超えた精神の歴史からとらえ直そうとし，現実社会に自由を実現する人倫のあり方を問題とした

(1) **自己外化**

精神は自己の理念を外にあらわすことで自己を実現する。それゆえ，精神はあらかじめ確立しているのではなく，自己の理念を現実に形にすることで，形成され実現される

　→「理性的なものは現実的，現実的なものは理性的である」

(2) 歴史の**弁証法**…「世界史は（❷❹　　　　　　）である」

歴史とは，絶対精神が人間の自由な意識を媒介とし，自己の本質である自由を実現していく過程であるとする考え方。あるもの（**正**）はすべて，自己自身の中に自己と対立・矛盾するもの（**反**）を含んでおり，その対立・矛盾をより高い立場で総合すること＝（❷❺　　　　　　）によって，新しい統一（**合**）に至る。自然や社会も，すべてこのような法則に従って運動し変化するという弁証法的な歴史観を主張

●弁証法的なものの考え方

(3) 人倫の三段階

① **人倫**

客観的な共同体の法・制度と主観的な個人の良心にかかわる道徳が統一される具体的な場（共同体）

② **家族**…人倫の第一段階

夫婦・親子兄弟が自然の情愛でむすばれ，情愛を制度化して倫理的に高めた人倫の形態

③ **市民社会**…人倫の第二段階

対等の契約で結ばれた，法律と行政が管理する経済社会。市民社会においては競争原理が支配し，各人がたがいを自己の欲望のために利用しあう「（❷❻　　　　　　）」であり「人倫の喪失態」である

④ （❷❼　　　　　　）…人倫の第三段階，最高形態

家族と市民社会との矛盾を止揚し，個人の自由と共同性をともに実現する「人倫の完成態」

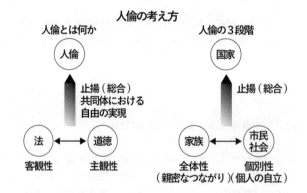

人倫の考え方

---

1 次のア～ウは，啓蒙主義の思想を説明したものである。その正誤の組合せとして正しいものを，下の①～⑧のうちから一つ選べ。

ア 「啓蒙」とは，無知蒙昧の暗闇に理性の光を当てて照らし出すことを意味する。啓蒙思想家たちは，ヨーロッパの伝統的な宗教や権威を批判し，もっぱらヨーロッパ以外の文化に模範的な価値を見いだしていった。

イ 啓蒙思想家たちは，理性に信頼を寄せ，先入見から人々を解放しようとした。この思潮の背景には，ニュートンの物理学に代表される自然科学の成立とその普及があった。

ウ 18世紀のフランスでは，ダランベールらの啓蒙思想家たちが絶対王政下で『百科全書』を刊行した。そこで示された合理的・進歩的思想によって旧制度を批判する気運が生じ，フランス革命の源泉の一つとなった。

① ア 正 イ 正 ウ 正　　　② ア 正 イ 正 ウ 誤
③ ア 正 イ 誤 ウ 正　　　④ ア 正 イ 誤 ウ 誤
⑤ ア 誤 イ 正 ウ 正　　　⑥ ア 誤 イ 正 ウ 誤
⑦ ア 誤 イ 誤 ウ 正　　　⑧ ア 誤 イ 誤 ウ 誤　　　〈2016年追試〉

2 社会契約説を唱えたホッブズとロックの思想の説明として**適当でないもの**を，次の①～④のうちから一つ選べ。

① ホッブズによれば，人間は，自然状態では，自己保存の欲求に基づいて自由に行動をするので，互いに狼のように争ってしまう。そこで，互いの安全を図るため社会契約を結ぶ必要がある。

② ロックによれば，人間は，他人を思いやる良心をそなえているので，内的制裁によって利己的な行為を抑えるものである。しかし，それだけでは自然権の保障は確実ではないため，社会契約を結ばなければならない。

③ ホッブズによれば，自然権を譲渡された個人ないし合議体は，リヴァイアサンのような強大な権力をもつべきである。そして，人民はこの権力に服従しなければならない。

④ ロックによれば，最高権力である主権はあくまでも人民にある。それに対し，政府の役割とは，もともと人民のもつ，生命や財産などの権利を保障することである。　　　〈2018年追試〉

3 ロックの思想の説明として最も適当なものを，次の①～④のうちから一つ選べ。

① 人間の心は，生まれた当初の状態では白紙（タブラ・ラサ）のようなものであり，知識はすべて科学的な思考に由来するとした。

② 自然状態は，人々の間に自由と平等が完全にいきわたった理想状態であり，財産の所有といった自然権も侵されることはなかったと考えた。

③ 文明の進歩とともに自然状態が崩れたため，人々は自然権を一人の人間もしくは合議体に譲渡し，強大な権力による保護を求めたとした。

④ 人々が政府に統治を委ねるのは，自然権の保障のためであり，政府が権力を濫用する場合，人々は抵抗や革命を行う権利をもつと考えた。　　　〈2014年追試〉

4 ルソーの社会契約説を説明した次の文章を読み，　**A**　～　**C**　に入る語句の組合せとして正しいものを，下の①～⑥のうちから一つ選べ。

　各個人は，人間としては　**A**　をもち，それは各個人が人民としてもっている　**B**　に反する，あるいは，それとは異なるものである。したがって，社会契約を空虚なルールとしないために，この契約は，次のような約束を暗黙のうちに含んでいる。すなわち，　**B**　への服従を拒む者は，共同体全体によってそれに服従するように強制されるという約束である。このことは，　**C**　であるように強制されることを意味する。

①	**A** 特殊意志	**B** 全体意志	**C** 平　等
②	**A** 全体意志	**B** 一般意志	**C** 平　等
③	**A** 一般意志	**B** 全体意志	**C** 自　由
④	**A** 特殊意志	**B** 一般意志	**C** 自　由
⑤	**A** 全体意志	**B** 特殊意志	**C** 平　等
⑥	**A** 一般意志	**B** 特殊意志	**C** 自　由

〈2011 年本試〉

5 ルソーの思想の記述として最も適当なものを，次の ①〜④ のうちから一つ選べ。

① 文明社会においては，あらゆるものが技術的な操作の対象とみなされることで，存在が何であるかを問うことは忘れられ，自然との関わりが失われている。だが，存在の呼びかけに耳を傾けることが大切である。

② 自然状態においては，人間は自由だが，他者と結び付き社会状態へと移行する際に，各自の権利を譲渡し，一般意志に委ねる。このようにして，共同の自我や意志をもった統一的な社会が成立する。

③ 幸福は量的なものに単純に還元することはできず，むしろ，精神的快楽の質のほうが重要な要素である。真の幸福とは献身の行為であり，見返りを求めることなく，社会や他者に役立つことが大切である。

④ 人間の心は，生まれたときには何も書かれていない，いわば白紙の状態である。したがって，生得の観念はなく，様々な観念は，感覚という外的な経験と，反省という内的経験によって与えられる。

〈2015 年本試〉

6 次のア〜ウは，社会や国家に関する思想について記述したものであるが，それぞれ誰のものか。その組合せとして正しいものを，下の ①〜⑧ のうちから一つ選べ。

ア 人間は本来，各人の生命・自由・財産の所有に対する権利をもつ。この権利を保障するために人間は国家を形成するが，国家が権力を濫用する場合には，それに抵抗し革命を起こす権利をもつ。

イ 国家の権力は，立法権・行政権・司法権の三つに分けられる。このように三権を分けることで，権力の集中と濫用を回避し，政治的自由の実現が可能になる。

ウ 公共性の領域は，人々が言葉を通じて関わり合う「活動」によって担われる。だが，近代社会では，「仕事」や「労働」が，「活動」の領域を侵食し，公共性が蝕まれた結果，全体主義が生み出された。

①	**ア** ホッブズ	**イ** モンテスキュー	**ウ** アーレント
②	**ア** ホッブズ	**イ** モンテスキュー	**ウ** ホルクハイマー
③	**ア** ホッブズ	**イ** ヴォルテール	**ウ** アーレント
④	**ア** ホッブズ	**イ** ヴォルテール	**ウ** ホルクハイマー
⑤	**ア** ロック	**イ** モンテスキュー	**ウ** アーレント
⑥	**ア** ロック	**イ** モンテスキュー	**ウ** ホルクハイマー
⑦	**ア** ロック	**イ** ヴォルテール	**ウ** アーレント
⑧	**ア** ロック	**イ** ヴォルテール	**ウ** ホルクハイマー

〈2016 年追試〉

7 Dはカントにおける理性の捉え方についての次のレポートを作成した。カントの思想を踏まえて，レポート中の　**a**　～　**c**　に入る語句の組合せとして正しいものを，後の①～④のうちから一つ選べ。

レポート

　カントは人間の理性の働きを，認識に関わる場面と，実践に関わる場面とに分けて吟味した。

　人間は対象を認識するとき，　**a**　の形式を通して与えられたものを，　**b**　の枠組みによって秩序付ける。それによって，天体の運動など，あらゆる自然の出来事は，自然法則に従った，原因と結果の必然的な連鎖によって生じるものと認識される。理性はそうした認識の働きの全体を導くものとされる。

　他方で，実践の場面において理性は，義務の命令として意志に直接に働きかけ，道徳法則に従った行為をさせる。理性をもつ人間の行為は，このようにして道徳法則に従う場合，　**c**　の現れとして理解されるのである。

① a 悟性 　　b 感性 　　c 衝動
② a 悟性 　　b 感性 　　c 自由
③ a 感性 　　b 悟性 　　c 衝動
④ a 感性 　　b 悟性 　　c 自由

〈2022 年追試〉

8 人間の認識能力をめぐるカントの思想の説明として最も適当なものを，次の①～④のうちから一つ選べ。

① 時間・空間という形式をもつ悟性と，量・質・関係・様相という形式をもつ感性の協働により，認識は成立する。それゆえ，「内容なき思考は空虚」であり，「概念なき直観は盲目」である。

② 受容した素材を，経験に先立って存する形式によって秩序づけるのだから，私たちの認識は単なる模写ではない。「認識が対象に従う」というよりは，むしろ「対象が認識に従う」のである。

③ 経験を通じて与えられるのは，現象のみである。だが，与えられた現象を手がかりとして，その背後に想定される物自体についてまで，私たちは認識をひろげることができるのである。

④ 神，宇宙の始まり，自由，霊魂の不滅など，私たちの経験を超える事柄に関しては，理性はこれを認識の対象とすることができない。したがって，それらの存在は否定されるべきである。　　〈2016 年本試〉

9 道徳をめぐるカントの考え方として最も適当なものを，次の①～④のうちから一つ選べ。

① 人間は理性的であるとともに感性的な存在でもあり，しばしば感性的な欲求に動かされてしまう。だが，理性は，あらゆる条件を抜きにして，道徳法則に義務として従うよう人間に命じるのである。

② 人間は感性的な欲求に動かされて生きているため，義務として理性に従うことが必要となる。理性に従うときにのみ，道徳的に正しいだけでなく自己や他者のためを思った行為を，行うことができる。

③ 嘘をついてはならないのは，嘘によって結局は他人に迷惑がかかり，社会の多くの人の不利益につながるからである。社会的な利益を最大にするためにこそ，道徳的な行為を命じる道徳法則が必要となる。

④ 嘘をついてはならないのは，たとえ嘘が人を救うことがあるとしても，信用を失う恐れがあるからである。こうした物事の両面性を見極め，どう行為すべきかを判断することが，道徳的な義務である。

〈2015 年追試〉

10 カントの道徳思想についての説明として最も適当なものを，次の①～④のうちから一つ選べ。

① 道徳的な行為とは，義務に従おうとする意志に基づく行為である。例えば，信用を得て商売に成功し，ぜいたくをすることが目的であっても，嘘をつかないのであれば，その行為は道徳的であると言える。

② 道徳的な行為とは，結果として義務にかなう行為である。例えば，信用を得て商売に成功し，ぜいたくをすることが目的であっても，嘘をつかないのであれば，その行為は道徳的であると言える。

③ 道徳的な行為とは，結果として義務にかなう行為である。例えば，信用を得て商売に成功し，ぜいたくをすることが目的であれば，嘘をつかないとしても，その行為は道徳的であるとは言えない。

④ 道徳的な行為とは，義務に従おうとする意志に基づく行為である。例えば，信用を得て商売に成功し，ぜいたくをすることが目的であれば，嘘をつかないとしても，その行為は道徳的であるとは言えない。

〈2021 年追試〉

11 カントの道徳に関する主張として最も適当なものを，次の①〜④のうちから一つ選べ。

① 人間に元々具わっている他者の快楽や苦痛への共感が，道徳法則を普遍的なものにしている。

② 人間は，自らの意志の格率が同時に普遍的な法則として妥当するように，行為しなければならない。

③ 理性による人間の自律は，主観的な格率と客観的な制度とが統合された道徳によって示される。

④ 人間の意志がその存在を規定するのではなく，人間の社会的なあり方がその意志を規定している。

〈2010 年追試〉

12 カントの人間観についての説明として最も適当なものを，次の①〜④のうちから一つ選べ。

① 人間は，自由となるべく運命づけられている存在であり，自由でないことを選択することはできない。このように自由という刑に処せられている人間は，逃れようもなく孤独である。

② 人間は，単に内省によって自己を捉えるのではない。人間は，現実の世界に働きかけて自己の理想を世界のうちに表現し，矛盾を克服しながら自己を外化していく存在である。

③ 人間は，自己の利益を追求して経済競争を行う。しかし，この利己的な人間同士の競争は，共感に媒介されることで，おのずと社会全体に利益をもたらすことになる。

④ 人間は，純粋に善をなそうとする善意志をもつ。人間の道徳的な行為は，よい結果がもたらされたかによって評価されるべきではなく，善意志が動機になっているかで評価されるべきである。〈2017 年追試〉

13 自律的な主体からなる共同体についてのカントの思想を説明した次の文章を読み，　a　・　b　に入れる語句の組合せとして正しいものを，下の①〜⑥のうちから一つ選べ。

カントは，すべての人間が互いを自律的主体とみなし尊重し合う道徳的共同体を理想的な社会とし，これを　a　の国と呼んだ。さらに，国際的にも道徳が実現することを目指して　b　を唱えた。

① a 目的　　　b 永久平和　　② a 相互承認　b 永久平和

③ a 主体性　　b 永久平和　　④ a 目的　　　b 予定調和

⑤ a 相互承認　b 予定調和　　⑥ a 主体性　　b 予定調和　　〈2013 年追試〉

14 ヘーゲルの弁証法の説明として最も適当なものを，次の①〜④のうちから一つ選べ。

① 事象や行為の意味を，主観的な意識を超えた社会的・文化的なシステムとしての構造に注目することによって，解明しようとする思考法。

② 哲学的な問題を，何よりも言語と関わっているものと捉え，言語の働きとその限界の分析によって，解決しようとする思考法。

③ 矛盾を単なる誤りとするのではなく，すべての存在や認識は，対立や矛盾を通してより高次なものへと展開していく，とする思考法。

④ 真理の判定基準は，認識と実在との一致に求められるのではなく，生きるうえでの課題の解決へと行動を導く点にある，とする思考法。〈2015 年追試〉

15 人倫という概念で道徳を捉え直した思想家にヘーゲルがいる。ヘーゲルの人倫についての説明として最も適当なものを，次の①〜④のうちから一つ選べ。

① 欲望の体系である市民社会のもとで，自立した個人が自己の利益を自由に追求する経済活動が営まれるなかで，内面的な道徳も育まれるために，人倫の完成がもたらされる。

② 人間にとって客観的で外面的な規範である法と，主観的で内面的な規範である道徳は，対立する段階を経て，最終的には，法と道徳を共に活かす人倫のうちに総合される。

③ 国家によって定められる法は，人間の内面的な道徳と対立し，自立した個人の自由を妨げるものなので，国家のもとで人々が法の秩序に従うときには，人倫の喪失態が生じる。

④ 夫婦や親子など，自然な愛情によって結び付いた関係である家族のもとでは，国家や法の秩序のもとで失われた個人の自由と道徳が回復され，人倫の完成がもたらされる。〈2018 年本試〉

16 次の文章は，カントとヘーゲルの「自由」をめぐる考え方についての説明である。文章中の **A** ・
B に入れる語句の組合わせとして正しいものを，下の ① ～ ⑥ のうちから一つ選べ。

　カントによれば，人間は，感性的存在としては「自然法則」に支配されているが，理性的存在としては「道
徳法則」に自ら従うことができる。彼は後者のあり方を **A** と呼び，これこそが人間が享受し得る真の
自由であるとした。

　他方でヘーゲルは，個々人の内面的な判断の中に自由の根拠を求めるカントの立場を批判し，「最高の
B が最高の自由である」という観点に基づきつつ，個々人が内的に判断する道徳と，人間関係を外的
に規制する法との対立を止揚した「人倫」の中に，真の自由が実現する可能性を見いだした。

① **A** 意志の自律　　　**B** 自立性
② **A** 意志の自律　　　**B** 共同性
③ **A** 意志の自律　　　**B** 功利性
④ **A** 意志の格率　　　**B** 自立性
⑤ **A** 意志の格率　　　**B** 共同性
⑥ **A** 意志の格率　　　**B** 功利性

〈2020 年本試〉

17 近代的な国家や市民社会のあり方を説いた思想家**ア**～**エ**とその思想についての記述**A**～**D**の組合せとして
正しいものを，下の ① ～ ⑧ のうちから一つ選べ。

ア モンテスキュー　　　**イ** ルソー　　　**ウ** カント　　　**エ** ヘーゲル

A 自然な愛情によって結び付いた家族と，各自が利益を追求する市民社会とは，国家において統合され，
真の自由が実現される。
B 理想的な道徳的共同体を目指して，諸国家間においても，一切の敵意を終息させる努力をすべきである。
C 国家権力を立法権，行政権，司法権に分けて，それぞれを独立した機関に担わせることで相互に権力を
抑制させるべきである。
D 公共の利益を求める普遍的な意志は人民自体のものであるから，人民に存する主権は譲渡も分割もでき
ない。

① **ア**－A　　**イ**－B　　**ウ**－C　　**エ**－D
② **ア**－A　　**イ**－D　　**ウ**－C　　**エ**－B
③ **ア**－B　　**イ**－A　　**ウ**－D　　**エ**－C
④ **ア**－B　　**イ**－C　　**ウ**－A　　**エ**－D
⑤ **ア**－C　　**イ**－B　　**ウ**－D　　**エ**－A
⑥ **ア**－C　　**イ**－D　　**ウ**－B　　**エ**－A
⑦ **ア**－D　　**イ**－A　　**ウ**－B　　**エ**－C
⑧ **ア**－D　　**イ**－C　　**ウ**－A　　**エ**－B

〈2012 年追試〉

第9章　社会と個人　　▶▶ 要 点 整 理

1 個人と社会との調和－功利主義

(1) **アダム＝スミス**（英　1723〜90）　主著：『（❶　　　　　）』『道徳感情論』

① **自由放任主義**（レッセ・フェール）…個々人の利益の追求が，神の「（❷　　　　　）」によって社会全体の
富の増大に導かれる

② **共感**…公平な観察者（第三者）の共感・同情といった（❸　　　　　）が道徳の基本原理

(2) **ベンサム**（英　1748〜1832）　主著：『道徳および立法の諸原理序説』

① **功利性の原理**…（❹　　　　　）をもたらすものが善であり，（❺　　　　　）をもたらすものが悪

※カントが行為の動機を重視したのに対し，功利主義では行為の結果を重視

② 「（❻　　　　　）」…個々人の幸福の総和が最大の時，社会全体の幸福が実現

③ （❼　　　　　）…快楽は数量的に計算可能→**量的功利主義**

計算基準は強度・持続性・確実性・遠近性・多産性・純粋性・範囲

④ （❽　　　　　）…個々人の快楽追求の衝突を快楽計算により判定し，違反者を拘束する外的強制力

種類…**政治的**・物理的・道徳的・宗教的

(3) **ミル**（英　1806〜73）　主著：『功利主義』『自由論』

① 「満足した（❾　　　　　）であるよりは不満足な人間である方がよく，満足した愚か者であるよりは不満
足な（❿　　　　　）である方がよい」→（⓫　　　　　）功利主義…快楽の質的差異を重視

② **精神的快楽**の尊重…精神的快楽＞感覚的快楽

人間は利己心と同時に同情心や社会的感情などの利他心を持つ→良心の根源

a．イエスの（⓬　　　　　）…功利主義道徳の極致

「己の欲するところを人に施し，己のごとく隣人を愛せよ」

b．（⓭　　　　　）の重視…ベンサムの外的制裁に対して，道徳的義務に背いた際の良心の苦痛を重視

③ 自由…他者へ危害が及ばない限り，個々人の自由は最大限尊重されるべき（**他者危害原則**）

自己決定権の保障→個人の成長と社会の漸進的発展に貢献

2 社会の進歩と変革

(1) **実証主義**

① **コント**（仏　1798〜1857）　主著：『実証哲学講義』

a．**実証主義**…観察できる経験的事実のみを認識の根拠とする立場→社会学の創始

b．社会発展の三段階の法則…人間の精神・知識の発展段階に応じて社会も三段階をたどり発展する

人間精神の変化	（⓮　　　　　）的段階	（⓯　　　　　）的段階	実証的段階
社会の変化	軍事型	法律型	産業型

(2) **進化論**

① **ダーウィン**（英　1809〜82）　主著：『（⓰　　　　　）』

a．**進化論**…自然淘汰による生物種の進化を説く

神による創造を説くキリスト教社会に衝撃を与える

② **スペンサー**（英　1820〜1903）　主著：『社会学原理』

a．（⓱　　　　　）…社会を生物体同様の有機的統合体とみなし，個と全体の関係を説明する学説

b．（⓲　　　　　）…社会は自由放任と適者生存の法則に従って，軍事型から産業型へ進む

※軍事型社会…全体への奉仕を強制する均質な社会

産業型社会…個々人が個性を生かして異質化をしつつ，共働の構造へと統合する理想的社会

(3) **ベルクソン**（仏　1859〜1941）　主著『創造的進化』『道徳と宗教の二源泉』

① 生命の進化…生命を進化させる根源的な衝動を（⓳　　　　　）（生命の飛躍）と呼び，その最高の形が
エラン・ダムール（愛の飛躍）である

② （⓴　　　　　）…エラン・ダムールによって人類全体を愛するようになる人々があらわれ，そういった人々
に導かれて，排他的な閉じた社会は，人類全体を包む開いた社会へと進歩する

(4) (㉑　　　　　) 社会主義…人道主義の立場から労働者の生活改善と理想社会建設を主張

代表的人物	生涯と思想
サン＝シモン （仏　1760～1825）	「能力に応じて働き労働に応じて受け取る」社会を理想とし，産業と科学を基盤に産業者が支配する純粋産業社会の到来を予告した。主著：『産業者の教理問答』
(㉒　　　　) （仏　1772～1837）	資本主義を批判し，その不合理を排除した理想世界としてファランジュという農村協同組合を単位とするユートピアを構想した。主著：『四運動の理論』
(㉓　　　　) （英　1771～1858）	ニュー・ラナーク紡績工場を経営し，労働条件の改善など社会改良を実践した。その後，共産的共同社会の実現を目指し，北米でニューハーモニー村を建設したが失敗。しかし，帰国後も，生活改善・社会改良のために尽力した。主著：『新社会観』

※科学的現状分析を欠いていたためマルクスとエンゲルスにより「空想的」と批判される

(5) **マルクス主義（科学的社会主義）**
資本主義社会の欠陥（けっかん）を科学的に分析して，生産手段を公有し，能力に応じて働き，必要に応じて生産された財を受け取る理想的な社会（**共産主義**社会）の建設を主張。社会主義は，資本主義から共産主義に至るまでの必然的移行政治体制である

① **マルクス**（独　1818～83）　主著：『(㉔　　　　　)』『経済学・哲学草稿』『共産党宣言』（共著）
　a．「人間の本質は**労働**である」
　　　生活の糧（かて）を得る労働が，自己実現と同時に（㉕　　　　）である人間の連帯を成立させる
　b．(㉖　　　　)…資本主義のもとでは，労働の人間的な本質は喪失する
　　　私有財産制にもとづく資本主義下の労働→生産手段を持たない労働者は労働力を商品化
　　　→労働者は自己の生産物を資本家に奪われる→労働は生活するための賃金を得る苦役（くえき）と化す
　　　（→その克服は生産手段を公有する共産主義社会の建設による）
　c．(㉗　　　　)…人間の能力や人間関係が物として扱われること
　　　　　　　　　→人間は交換可能な価値として数量化され尊厳を失う→**人間疎外**
　　　※(㉘　　　　)…人間が作り出した商品や貨幣といった「モノ」が崇（あが）めたてまつられること
　d．(㉙　　　　)：**生産力と生産関係**の矛盾が原動力となって歴史が発展していくという歴史観
　　　　　「人間の意識が存在を規定するのではなく，人間の社会的存在がその意識を規定するのである」
〈唯物史観の構造〉

※社会の歴史的発展の原動力である生産力と生産関係の矛盾の反映として階級闘争がある

② **エンゲルス**（独　1820～95）　主著：『空想から科学へ』『共産党宣言』（共著）
　マルクス主義の理論家・実践家。生涯，マルクスの協力者・援助者であった

(6) 革命と改良

マルクス・レーニン主義	資本主義の最高発展段階である帝国主義を分析し，社会主義革命への歴史的必然性を説き，初の社会主義国家を実現させた**レーニン**の理論
(㉝　　　　)	社会保障制度の充実や労働者の生活改善など，議会活動や労働運動を通じて漸進的に社会的不平等の是正につとめた。代表的指導者に**ウェッブ夫妻，バーナード＝ショウ**（英）がいる
(㉞　　　　)	マルクス主義を修正し，暴力革命を否定して，議会制民主主義にもとづく合法的な方法で社会主義の理想実現を目指した。**ベルンシュタイン**（独）が提唱

解答　❶諸国民の富（国富論）　❷見えざる手　❸道徳感情　❹快楽　❺苦痛　❻最大多数の最大幸福
❼快楽計算　❽制裁　❾豚　❿ソクラテス　⓫質的　⓬黄金律　⓭内的制裁　⓮神学　⓯形而上学
⓰種の起源　⓱社会有機体説　⓲社会進化論　⓳エラン・ヴィタール　⓴開いた社会　㉑空想的　㉒フーリエ
㉓オーウェン　㉔資本論　㉕類的存在　㉖労働の疎外　㉗物象化　㉘物神崇拝（ぶっしんすうはい）　㉙唯物史観（ゆいぶつしかん）　㉚上部　㉛下部
㉜社会革命　㉝フェビアン協会　㉞社会民主主義

(1) **プラグマティズム**

① プラグマティズムの背景

> ピューリタンの宗教的倫理・経験論に端を発する実験的な知性
> 功利主義・進化論・自主自立で進取の気風を持つ開拓者精神

> **プラグマティズム**
> 生活の改善に役立つ技術として
> 知識に実用性を求める思想

② **パース**（米　1839 ～ 1914）　主要論文：「観念を明晰（めいせき）にする方法」

　　a．プラグマ…ギリシア語で,（㉟　　　　）の意（パースはプラグマティズムの名付け親である）

　　b．プラグマティズムの格率（かくりつ）…知的概念の意味を決定する方法

　　　　　　　　　　　　　　「ある対象についての概念は，その対象が及ぼす実際的効果についての概念
　　　　　　　　　　　　　　と一致する」

　　c．知性の任務…行動に必要な信念を確立すること

③ **ジェームズ**（米　1842 ～ 1910）　主著：『プラグマティズム』

　　a．（㊱　　　　）**主義**…パースのプラグマティズムの格率を価値判断や真理の基準に援用

　　ア）ある観念に従った行動が，有用さをもたらすとき，その観念は真となる

　　イ）「真理であるから有用であり，有用であるから真理である」

　　ウ）状況や時代によって有用性は異なる→科学的観念も宗教的信仰も，有用ならばともに真

④ **デューイ**（米　1859 ～ 1952）　主著：『哲学の改造』『民主主義と教育』『学校と社会』

　　a．（㊲　　　　）**主義**

　　ア）人間の知性は，環境との関係を調整し，環境への適応を可能にするための道具である

　　イ）（㊳　　　　）**知性**…環境への適応を目指し，問題を解決するための道具として役立つ知性

　　ウ）知性の真偽や価値は，道具としての有効さによる

　　b．民主主義と教育

　　ア）民主主義…各人が相互に社会・公共のことに関心をもち，問題解決能力を高めていく理想社会

　　イ）教育…問題解決学習を通して自由で知的な行動能力を育（はぐく）み，民主主義の生活様式を導く

⑤ **ローティ**（米　1931 ～ 2007）　主著『偶然性・アイロニー・連帯』

　　a．プラグマティズムの復権（ネオプラグマティズム）

　　b．自己実現をめざす人々が連帯する新たな民主主義を提唱

解答 ㉟行為　㊱有用（実用）　㊲道具　㊳創造的

１ アダム・スミスの思想の内容の記述として最も適当なものを，次の①〜④のうちから一つ選べ。

① 財の分配において各人を等しく一人として数える平等の原則が，道徳の原理であると同時に立法や行政を指導する理念となる。

② 道徳の原理となるのは共感であり，自己利益を追求する行為は，公平な第三者の視点から共感が得られる範囲内で是認される。

③ ある知識が真理であるか否かは，その知識に基づいて行動した場合に有益な結果が得られるか否かによって決定される。

④ 快楽には，人間らしい能力を発揮するときに感じられる高級な快楽と，動物的で低級な快楽とがあり，人間は高級な快楽を求めることができる。 〈2013 年追試〉

２ 行為の判断基準として行為の結果を重んじた功利主義者ベンサムの考え方による発言として最も適当なものを，次の①〜④のうちから一つ選べ。

① 「私は，どんな状況下でも嘘をつくべきではないと考えているので，自分に不利益が及ぶとしても，正直に話をすることにしている。」

② 「私の行動原則は，その時々の自分の快楽を最大にすることだから，将来を考えて今を我慢するようなことはしないことにしている。」

③ 「社会の幸福の総和が増大するとしても，不平等が拡大するのはよくないから，まずは個々人の平等を実現すべきだと，私は考える。」

④ 「自分の行動が正しいかどうかに不安を覚えるとき，私は，その行動をとることによって人々の快楽の量が増えるかどうかを考える。」 〈2009 年本試〉

３ 「最大多数の最大幸福」の実現を目指すベンサムの功利主義に関して，ベンサムに従うと，人はどのように快楽や苦痛を計算すべきであるか。その具体例として最も適当なものを，次の①〜④のうちから一つ選べ。

① お喋りしながら缶入りのお茶を飲むよりも，お茶会の方が精神的な深さがある。こちらの方が高尚な快楽である。

② 彼女は立派な人格の持ち主で，誰からも尊敬されているから，彼女の得る快楽には二人分の快楽の価値を認めよう。

③ たちまち飽きがきてしまうような玩具よりも，長く遊べるような玩具の方が，大きな快楽を与えてくれる。

④ とてもおいしいご馳走だった。そのせいでおなかをこわしたとしても，ご馳走が与えた快楽が差し引かれるわけではない。 〈2005 年本試〉

４ 制裁（サンクション）についてのベンサムの思想として最も適当なものを，次の①〜④のうちから一つ選べ。

① 人々の生命・自由・財産を適切に維持するためには，各人は私的な制裁権を公共の政治的権力に委託しなければならない。

② 人間はもともと利他的であるから，刑罰による法律的な制裁よりも，良心に訴える内的な制裁の方が重要である。

③ 人間に対して与えられる制裁は様々であるが，神による死後の裁きという宗教的な制裁が最も重要である。

④ 公益をそこなう行為をした者に対しては，その行為によって得た利益を上回る不利益を与えるような制裁を加えねばならない。 〈2007 年本試〉

社会と個人

5 J. S. ミルの考え方として最も適当なものを，次の ① 〜 ④ のうちから一つ選べ。

① 人間は誰でも，何らかの形で「尊厳の感覚」をもっている。したがって，「満足した豚であるより，不満足な人間であるほうがよく，満足した馬鹿であるより不満足なソクラテスであるほうがよい」。

② 各個人は，社会の利益ではなく自分の利益を追求する。しかし，各個人の「利益を追求してゆくと，かれは，自然に，というよりもむしろ必然的に，その社会にとっていちばん有利なような資本の使い方を選ぶ結果になる」。

③ 「自然は人類を苦痛と快楽という，二人の主権者の支配のもとにおいてきた」。このように考える目的は，「理性と法律の手段によって，幸福の構造を生み出す」ことにある。

④ 「われわれが無制限に善とみとめうるものとしては，この世界の内にも外にも，ただ善なる意志しか考えられない」。「善なる意志は，人間が幸福であるに値するためにも，不可欠な条件をなしている」。

〈2007 年追試〉

6 J. S. ミルの次の文章を読み，そこに述べられている考えに即した意見として最も適当なものを，下の ① 〜 ④ のうちから一つ選べ。

文明社会の成員に対し，彼の意志に反して，正当に権力を行使し得る唯一の目的は，他人に対する危害の防止である。……そうする方が彼のためによいだろうとか，彼をもっと幸せにするだろうとか，他の人々の意見によれば，そうすることが賢明であり正しくさえあるからといって，彼になんらかの行動や抑制を強制することは，正当ではあり得ない。

① 自動車のシートベルトの着用は，事故が起きたときに本人を守ることになるから，強制してよい。

② 健康な若者がお年寄りに席を譲ることは，誰もが認める正しい行為だから，強制してよい。

③ 飛行機の離着陸時に携帯電話を使うことは，電子機器に影響を与える可能性があるから，禁止すべきだ。

④ クローン人間をつくることは，国際的にも国内的にも世論の強い反対があるから，禁止すべきだ。

〈2010 年本試〉

7 「パターナリズム」や「多数者の専制」の危険を指摘した J. S. ミルの主張として最も適当なものを，次の ① 〜 ④ のうちから一つ選べ。

① 一般意志への服従を拒む人がいるならば，社会契約を口先だけのものにしないために，社会全体でその人に契約への服従を強制しなければならない。

② 政府が人々の生命，自由，財産に対する権力を濫用する場合には，人々はいつでも，政府から権力を取り返し，新しい政府を樹立することができる。

③ 政治制度や文化は，人間の生産活動を支えている生産様式に左右されるのだから，社会の変革には生産様式そのものの変革が伴わなければならない。

④ 女性が従属的な地位におかれている状況は，現代社会において見過ごすことのできない現象であり，しかも民主社会の根本原理に反した現象である。

〈2007 年本試〉

8 科学万能主義の成立に影響を与えたものとしてコントの実証主義があるが，その主張として最も適当なものを，次の ① 〜 ④ のうちから一つ選べ。

① 本当の知識は，合理的思考のみによって得られるものに限られるので，感覚に由来する知識は退けねばならない。

② 本当の知識は，観察された事実を基礎とするものに限られるので，経験を超えたものに関する知識は退けねばならない。

③ 本当の知識は，純粋に事柄を見る態度に基づくものに限られるが，実用のためのものでも知識として認められる。

④ 本当の知識は，実生活にとって有用なものに限られるが，宗教的なものも，有用であれば本当の知識として認められる。

〈2006 年本試〉

9 ダーウィンの進化論の説明として最適なものを，次の ① ~ ④ のうちから一つ選べ。

① 人間を含めた生物は，突然変異と自然選択に基づいて，環境に適応することにより，系統的に分化して，多様なものとなっていく。

② 人間を含めた生物は，部分としての器官からなる全体的な有機体であるが，社会も部分としての個体からなる有機的な集合体である。

③ 人間を含めた生物は，想像を絶するほど多様であるため，偶然の諸連鎖ではなく突然の創造によって誕生したと考えざるを得ない。

④ 人間を含めた生物は，遺伝的に優れた形質をもつ子孫を保護し，劣るとされる形質をもつ子孫を排除すべく管理されるべきである。 〈2010 年本試〉

10 次のア~ウは社会の変化と個人の関係についての思想の記述であるが，それぞれどの思想家のものか。その組合せとして正しいものを，下の ① ~ ⑧ のうちから一つ選べ。

ア 創造的な生命の流れは，自己防衛の本能に基づく閉鎖的な社会から普遍的な人類愛に基づく社会へと人間を向かわせる。その転換は，人類愛をそなえた人物の創造的行為によって成し遂げられる。

イ 個人は適者生存のメカニズムと自由競争によってふるいにかけられ，社会は共同性のより高い状態へと変容していく。そして，最終的に社会は，個人の権利が尊重され，個人の自由が実現される産業型社会へと展開する。

ウ 人間精神は，科学の精神を最高段階として，三段階の進歩を遂げる。科学の精神をそなえた科学者は，事実の観察を通して発見した社会の発展法則に基づき，社会を設計する必要がある。

① ア スペンサー　　イ シェリング　　ウ ベルクソン
② ア スペンサー　　イ ベルクソン　　ウ シェリング
③ ア コント　　　　イ ベルクソン　　ウ シェリング
④ ア コント　　　　イ シェリング　　ウ ベルクソン
⑤ ア シェリング　　イ スペンサー　　ウ コント
⑥ ア シェリング　　イ コント　　　　ウ スペンサー
⑦ ア ベルクソン　　イ コント　　　　ウ スペンサー
⑧ ア ベルクソン　　イ スペンサー　　ウ コント 〈2013 年追試〉

11 仕事のない人や貧しい人を助けようとする人たちに影響を与えた思想家，オーウェンの考えや実践として最も適当なものを，次の ① ~ ④ のうちから一つ選べ。

① 資本主義における貧富の差，労働者や女性の隷属の主な原因は，商業資本家の強欲にあると説き，協同組合に基づく理想社会を構想した。

② 人間の性格に対して，家庭や教育，労働などの環境が与える影響は重大であると説き，アメリカに渡って理想の共同社会の建設を目指した。

③ 資本主義の弊害を除去するためには，利潤の公平な再分配や主要産業の国有化が必要であると説き，議会活動を通じた社会改革を目指した。

④ 産業を科学と有機的に結びつけることで組織化すれば，合理的な社会が作られると説き，労働者を含む産業者による社会の管理を目指した。 〈2011 年本試改〉

12 資本主義社会に対するマルクスの批判についての記述として**適当でないもの**を，次の ①～④ のうちから一つ選べ。

① 人間は本来，他人と関わらず独立して生きる存在であるが，資本主義社会では相互依存の関係にあり，人間性が失われた状態にある。

② 資本主義社会では，商品の交換関係が支配的となり，人間もまた，物のように取り替えのきく存在として捉えられるようになる。

③ 生産手段をもたない労働者は，自分の労働力を売って生活するしかなく，労働の成果も資本家のものとなる中，労働が苦役になっている。

④ 商品の価値は，人間の労働に由来するものであるにもかかわらず，商品や貨幣自体が価値をもつものとして，益々崇拝されるようになる。　　　　　　　　　　　　　　　　　　　　〈2013 年本試改〉

13 マルクスは，唯物史観を確立し，歴史の行く末に階級対立のない社会を想定した。唯物史観の説明として最も適当なものを，次の ①～④ のうちから一つ選べ。

① 「囲い込み運動」により深刻化した富の偏在と人間の限りない物欲を是正するために，私的所有を廃止して平等社会を実現すべきだ。

② 生産手段の所有関係が各時代の政治や文化のあり方を規定しており，社会的矛盾が革命を引き起こし，新たな生産関係を形成する。

③ 自己の天職に励んで富を増大させることは正当であり，蓄財を社会に還元して社会を改善しようとする努力が歴史を形成する。

④ 社会改良によって私益の追求と社会全体の利益の増進は両立可能だが，まず両者を調和させる道徳と立法の原理を確立すべきだ。　　　　　　　　　　　　　　　　　　　　　　　　　〈2011 年追試〉

14 マルクスの思想をあらわす記述として**適当でないもの**を，次の ①～④ のうちから一つ選べ。

① 資本主義的生産様式が支配している社会の富は，膨大な商品の集積としてあらわれ，個々の商品はその富の基本形態としてあらわれる。

② 人間の意識が人間の存在を規定するのではなくて，その反対に，人間の社会的存在が人間の意識を規定するのである。

③ 世界史とは自由の意識の歩みである。東洋では一人が，ギリシアでは若干の者が自由だったが，ゲルマンではすべての者が自由である。

④ プロレタリアには，革命において鉄鎖のほか失うものは何もない。彼らには獲得すべき全世界がある。全世界のプロレタリア，団結せよ！　　　　　　　　　　　　　　　　　　　　　〈2005 年本試〉

15 19 世紀資本主義社会の労働における人間疎外を指摘したマルクスの考え方として最も適当なものを，次の ①～④ のうちから一つ選べ。

① 労働者の生産物が資本家の支配下にあるという資本主義の問題を克服するために，革命による社会主義への移行が実現されなければならない。

② 多くの矛盾が存在する資本主義社会において，商業は文明の弱点であり，商業資本家の悪徳と無政府性は強く非難されなければならない。

③ 帝国主義の時代においては，議会制度を通じて社会を変革することは困難であり，社会主義社会は武力闘争によって実現されなければならない。

④ 議会制度を通じて，生産手段の公有化，富の公平な分配，社会保障制度の拡充を推進し，資本主義社会の弊害を除かなければならない。　　　　　　　　　　　　　　　　　　　　　　〈2002 年本試改〉

16 プラグマティズムの説明として最も適当なものを，次の ①〜④ のうちから一つ選べ。

① プラグマティズムとは，経験論の伝統を受け継ぎ，知識や観念をそれが引き起こす結果によってたえず検証しようとする思想である。

② プラグマティズムとは，大陸合理論を基盤として生まれ，後にキリスト教精神によって育まれたアメリカ固有の思想である。

③ プラグマティズムとは，行為や行動を意味するギリシア語を語源としているが，その方法は思弁的であり，実生活とは隔絶した思想である。

④ プラグマティズムとは，科学的認識よりも実用性を優先し，日常生活の知恵を基盤とする思想である。

〈2004 年追試〉

17 パースにおいて思考を明晰にするとは，行動を導く信念の意味内容をはっきりと捉えることであった。これに関する次の文章を読み，パースの考え方の説明として最も適当なものを，以下の ①〜④ のうちから一つ選べ。

　信念の本質は，習慣を確立するということである。そして，信念の違いは，その信念によって生み出される行動の仕方の相違によって区別される。もしも信念が，行動の仕方という点で異なっているのでなければ……，それらの信念の意識の仕方が異なっていても，それらを異なった信念だとすることはできない。それは，ある曲を異なった調で演奏しても，異なった曲を演奏していることにはならないのと同じことである。表現の仕方で異なっているだけの信念はしばしば異なったものとされるが，その区別は架空のものなのである。

（パース「いかにしてわれわれの観念を明晰にするか」）

① 思考を明晰にするためには，同じ習慣的な行動であっても，異なった信念に導かれていることに注意すべきである。

② 思考を明晰にするためには，主観的な信念の違いにではなく，客観的な行動を導く意識の違いに注意すべきである。

③ 思考を明晰にするためには，信念の表現の違いにではなく，信念が生み出す行動の仕方の違いに注目すべきである。

④ 思考を明晰にするためには，人間の内面に隠れている意識や信念の相違を言い表す表現の違いに注目すべきである。

〈2009 年本試〉

18 人が何を「面白い」と思うかは，千差万別である。これと同じように，何を真理とするかも千差万別だと主張することもできる。その主張を支えるジェームズの考え方として最も適当なものを，次の ①〜④ のうちから一つ選べ。

① 真理を主張するには，個人の性癖や境遇などに囚われることで生ずる偏見を排除することが必要だと考える。

② ある主張は必ずそれと対立するものを含んでおり，それらを統一するところに真理の認識があると考える。

③ 個々人の精神はモナドであり，それぞれが表現する真理は，異なったままにあらかじめ調和がとれていると考える。

④ 真理というものは，自分にとって役立つものであり，個別的で相対的であるとともに条件的なものだと考える。

〈2007 年追試〉

⓭ マザー・テレサのように率先して人類愛を実践する人物の行為は，義務行為・許容行為・禁止行為のいずれかに分類することが難しい。この種の特殊な行為について述べた次の文章中の「□□□□」に入れるのに最も適当なものを，次の ① 〜 ④ のうちから一つ選べ。

　「誰かがそれをしなくてはならない。けれども，どうして自分がそれをしなければならないのか」というのは，優柔不断な輩（やから）がいつも繰りかえす決まり文句である。「□□□□」というのが，敢然と危険な任務に身を投じて，これにあたろうとする熱烈な人類の奉仕者の叫びである。この二つの言葉の間に，道徳の進化の全世紀が横たわっている。　　　　　　　　　　（ウィリアム・ジェームズ『宗教的経験の諸相』）

① 誰もがそれをしてはならない。とはいえ，どうして自分もそれをしてはいけないのか

② 誰かがそれをしてもよい。とはいえ，どうして自分がそれをしなければならないのか

③ 誰もがそれをしなくてはならない。それなら，どうして自分だけそれをまぬがれうるのか

④ 誰かがそれをしなくてはならない。それなら，どうして自分がそれをしてはいけないのか

〈2008 年本試〉

⓮ 環境に対する人間の適応について考えたデューイの主張として最も適当なものを，次の ① 〜 ④ のうちから一つ選べ。

① 非人間的な環境を生み出す資本主義を廃棄して社会主義を実現するために，労働者階級の団結が必要だと主張した。

② できるだけ多くの人々が環境に適応して幸せになることが最善であるとして，善悪の基準を功利性に求めることを主張した。

③ 人間は，知性を道具として活用することによって，よりよく環境に適応し，社会を改良するのだと主張した。

④ 社会環境は適者生存のメカニズムにより自動的によりよい状態になっていくから，個人の自由な活動を放任すべきだと主張した。

〈2007 年追試〉

1 主体性の再定義（実存主義）

社会の変化		人間性の喪失		実存主義の登場
情報化・機械化 大量生産・大量消費 大衆化・組織化	⇨	主体的判断力の低下 平均化・画一化 人間の人間からの疎外	⇨	現実存在（実存）を軸に本来的 自己の回復を目指す思想 **「実存は本質に先立つ」**

(1) **キルケゴール**（デンマーク　1813 ～ 55）　主著：『（❶　　　　　）』『あれか，これか』

①　（❷　　　　　）の時代…人々の意識や行動が平均化した大衆社会を批判

②　（❸　　　　　）**真理**…客観的真理ではなく，今ここにある現実存在（**実存**）としての自分の生の根底となるような真理を重視。「私がそのために生き，そのために死ねるようなイデー（理念）」

③　「**あれか，これか**」の弁証法…実存の生成は，各人が選択し決意する瞬間に内部に生起する質的飛躍として経験される

④　実存の三段階…本来的自己へと到達していく実存の深まりの過程

　　a．（❹　　　　　）実存…人生のあらゆる快楽を享受しようとする生き方

　　　　　　　　　　　　→快楽の奴隷となり，**絶望**に陥る　※「絶望とは死に至る病である」

　　b．（❺　　　　　）実存…良心に従って生きるあり方

　　　　　　　　　　　　→しかし良心的であればあるほど自己の無力を痛感し，絶望に陥る

　　c．（❻　　　　　）実存…自己の無力を自覚し，**単独者**として一人神の前に立ち信仰に生きるあり方

　　　　　　　　　　　　→神に帰依して自己を受け止め直す信仰により絶望から救済される

(2) **ニーチェ**（独　1844 ～ 1900）　主著：『（❼　　　　　）』『悲劇の誕生』『善悪の彼岸』

①　**ニヒリズム**の時代…人生の情熱を見失った**デカダンス**（退廃）が蔓延した虚無主義の時代

②　（❽　　　　　）**道徳**…弱者の怨恨（**ルサンチマン**）が潜んでいるキリスト教道徳は，弱者の道徳を説き，強く生きようとする高貴で逞しい精神を無力化した

③　「（❾　　　　　）」…欧州を支配してきたキリスト教的な価値観を否定したニーチェの言葉

　　　　　　　　　　→**能動的ニヒリズム**によるニヒリズムの克服を目指す

④　（❿　　　　　）…すべてが，意味も目的もなく，現在と同様に何度となく繰り返される**永劫回帰**の世界を受け止め，「これが人生か，さらばもう一度」と生き抜くこと

⑤　（⓫　　　　　）…より強くなろうとする意欲

　　※伝統的なキリスト教の価値が無意味となった「**善悪の彼岸**」において人間を導く本能的な意志

⑥　（⓬　　　　　）…永劫回帰の世界を受け止め，力強く主体的に生き抜く理想的人間

(3) 現象学の成立

①　**フッサール**（ドイツ　1859 ～ 1938）　主著：『イデーン』

　　a．（⓭　　　　　）…厳密な学としての哲学を構築するために，実在に対する自然的態度（素朴な世界観）を抑制し，世界を自分の意識現象に還元する方法　※「**事象そのものへ**」

　　b．（⓮　　　　　）…対象に向かい意味づけようとする意識の性質

　　c．（⓯　　　　　）…実在についての判断を括弧に入れて判断停止すること

　　d．相互主観（間主観）性…主観をもったそれぞれの人間のあいだに成り立つ，理解や食い違いの総体

　　e．**生活世界**…「われわれ」の全生活が実際にそこで営まれ，共有されている相互主観的世界科学の方法では隠蔽されている「人間によって生きられる世界」

②　**メルロ＝ポンティ**（仏　1908 ～ 61）　主著：『知覚の現象学』

　　a．（⓰　　　　　）…身体によって世界の中に住み着く世界内属的な実存のあり方

　　　　※身体は両義的なもので，物（客観）へも心（主観）へも還元できない

　　　　　　→私の身体を認識する唯一の手段は，「自らそれを生きることである」

近代的人間の見直し

(4) **ヤスパース**（独　1883 ～ 1969）　主著：『理性と実存』『現代の精神的状況』
　① （**⓱**　　　　　）…人間が突き破ることのできない争い，苦悩，罪，死など
　② （**⓲**　　　　　）…有限な自己とこの世界すべてを支えている存在
　　　　　　　　　→人間は限界状況に直面し，挫折したり絶望したりする中で，この存在に気づくことに
　　　　　　　　　　　よって実存に目覚める
　③　理性と実存…「理性は実存から現実的内容をうる。実存は理性によって明瞭性をうる」
　④ （**⓳**　　　　　）**交わり**…実存を自覚した者同士が理性的に自己を開示しあう交わりのこと
　　　　　　　　　→自己の実存を目覚めさせる「**愛しながらの闘い**」
　　　　　　　　　　※「私自身は交わりにおいてのみ私となる」
(5) **ハイデガー**（独　1889 ～ 1976）　主著：『（**⓴**　　　　　）』『ヒューマニズムについて』
　① （**㉑**　　　　　）…人間は他の存在とは違って，単に「ある」というあり方ではなく，存在の意味を問う
　　　　　　　　　ことで自己を超越する可能性と自由を有している存在である
　② （**㉒**　　　　　）…人間は，世界の中に偶然に投げ込まれた存在であり（**被投性**），事物（**存在者**）や他者
　　　　　　　　　に気を配りつつ，関わりあって自己のあり方を決定している
　③ （**㉓**　　　　　）…人間の日常的あり方で，非本来的で頽落した状態
　　　　　　　　　※死の不安を避けようとして，世間に埋没して気晴らしにふけること（**存在忘却**）によって生じる状態
　　　　　　　　　であり，また世界の「存在」の真理を見失った状態（**故郷喪失**）でもある。
　④ （**㉔**　　　　　）
　　　a．死は，現存在が存在する限り，不可避で，代替不能な可能性
　　　b．死を直視し，それを積極的に引き受ける時，良心の声が本来的な自己への立ち返りを促す
(6) **サルトル**（仏　1905 ～ 80）　主著：『（**㉕**　　　　　）』『実存主義はヒューマニズムである』『嘔吐』
　① 「（**㉖**　　　　　）」…人間の本質は前もって存在せず，人間はまず実存し，その後自らを創造する
　② （**㉗**　　　　　）…人間は，何の拠りどころもなく，常に自らを未来の可能性に向かって投げかけ（**投企**），
　　　　　　　　　自分を創り出していかねばならない。また，自らがなす一切のことについて全面的な
　　　　　　　　　責任を負わざるを得ない
　　　　　　↓責任を負いつつ積極的に自由を行使せよ！
　③ （**㉘**　　　　　）…人間は，自分のあり方を自由に選ぶことで全人類のあり方を選んでいる
　　　　　　　　　※実存の自由な選択＝自己を社会状況の中に拘束し，その状況をつくり変えていく社会参加
(7) **ボーヴォワール**（仏　1908 ～ 86）　主著：『**第二の性**』
　① （**㉙**　　　　　）…生物学的な性差（セックス）ではなく，文化的・社会的につくられた性差のこと。ボー
　　　　　　　　　ヴォワールは，「**人は女に生まれるのではない，女になるのだ**」と述べ，男性中心主義
　　　　　　　　　を批判し，ジェンダー論の基礎を築いた
　② （**㉚**　　　　　）…一見自明な文化的価値観や社会構造の中に性をめぐる支配が存在していることを明らか
　　　　　　　　　にし，性差別の撤廃を求める思想

2 無意識の発見

(1) **フロイト**（オーストリア　1856 ～ 1939）　主著：『精神分析入門』『夢　　●**フロイトによる心の構造**
判断』

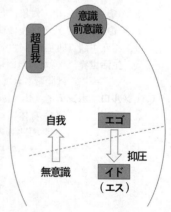

　①　精神分析学…自由連想や夢の分析（夢判断）などの方法で，精神の
　　　　　　　　　深層である無意識（潜在意識）に潜む精神活動を明ら
　　　　　　　　　かにしようとした学説。フロイトが，神経症の治療過
　　　　　　　　　程で創始・理論化した
　② （**㉛**　　　　　）…意識下の精神活動。意識されない欲望，感情，記憶
　　　　　　　　　などが存在し，意識活動や行動に影響を及ぼす
　③　心的装置論（心の構造）
　　　a．（**㉜**　　　　　）…両親のしつけ・教育などで社会的な規範が内面化
　　　　　　　　　　　され形成された道徳・良心
　　　b．（**㉝**　　　　　）…**エロス**（**リビドー**）を中心とする本能的な欲求や
　　　　　　　　　　　意識から排除された欲望や記憶，感情が蓄積され，
　　　　　　　　　　　行動を突き動かす衝動となった無意識的部分
　　　c．**自我**…本能的欲求実現を目指すイドと，それを社会規範的に従わせようとする超自我の命令を調整し，
　　　　　　　　現実環境に適応する（現実原則に従わせる）ように調整する心の機能

※リビード…性的欲動に存在する心的なエネルギーで，人間の心理に大きく作用する（リビードを，ユングはあらゆる心的な衝動に存在するエネルギー，アドラーは権力意志としてとらえた）

④ （㉞　　　　）…欲求が抑圧によって無意識の中に押し込められて形成される心の中の情緒的なしこり

※**エディプス＝コンプレックス**…幼児が異性の親の愛情を独占しようとする中で形成される，愛と憎悪からなるコンプレックス。これを克服する過程で超自我の核が形成される

⑤ 生の本能（エロス）：性的衝動（種族保存の本能）と自己保存の本能
⑥ （㉟　　　　）：自己破壊衝動によって死に回帰しようとする欲求

(2) **ユング**（スイス　1875〜1961）　主著：『心理学と錬金術』『心理学的類型』
① 無意識の構造
　　a．**個人的無意識**…個人の経験にもとづく忘却された思考や抑圧された観念など
　　b．（㊱　　　　）**的無意識**…個人の経験を超えた人類共通の普遍的で生得的な無意識
② （㊲　　　　）…集合的無意識に存在する人類共通の心の型で，夢，幻覚，神話，宗教，伝説，伝承などの中にイメージとして現れる

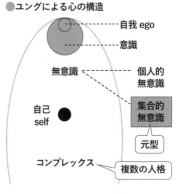

●**ユングによる心の構造**

元型の代表的例	象徴するイメージ
太母（グレート・マザー）	すべてを包み込む大地の母としての生命的原理
アニマ	男性の無意識に存在する理想の女性像
アニムス	女性の無意識に存在する理想の男性像

③ 自我と自己
　　a．自我…意識を統合する中心的な機能
　　b．自己…意識と無意識の統合機能の中心であり，両者を含んだ心の全体性

3 言語論的転回

(1) **ソシュール**（スイス　1857〜1913）　主著：『一般言語学講義』
① ランガージュ…人間の言語能力
② （㊳　　　　）…一人ひとりが日常で行う発話行為として存在する具体的な言語
③ （㊴　　　　）…発話行為の背後に存在する文法の総体で，それを意味づける社会制度としての言語
④ 個人の言語使用は，言語体系（構造）に規定されている→構造主義の創始

(2) **ウィトゲンシュタイン**（オーストリア　1889〜1951）　主著：『論理哲学論考』『哲学探究』
① 写像理論…言語と世界との間には，共通の構造があり，世界に起こる事実を像として写し出した（検証可能で科学的な）文だけに意味があるという考え方
② **「語り得ぬものについては，（㊵　　　　）しなければならない」**
　　…言語表現は，その記号の連なりが現実の像となっていない限り意味がないということ。言語構造の限界を超えた従来の形而上学的な命題は，論理的に無意味であるとした
③ （㊶　　　　）…言語活動は，一定の規則に従った行為であると同時に，人間生活の多様な脈絡に織り込まれた活動の総体である。写像理論を自ら否定した後，提示した概念。日常言語の実際的用法に即して，哲学的命題を解明しようとした

※分析哲学…主に言語分析の方法を用いて，思考の論理的明晰化を追求する思潮。哲学の方法を意識分析から言語分析へと転換することで，分析哲学など新しい哲学の潮流がうみだされてきたが，これを言語論的転回という。

解答 ⑰限界状況　⑱包括者（超越者）　⑲実存的　⑳存在と時間　㉑現存在（ダーザイン）
㉒世界－内－存在　㉓世人（ダス・マン）　㉔死への存在　㉕存在と無　㉖実存は本質に先立つ　㉗自由の刑
㉘アンガージュマン（自己拘束）　㉙ジェンダー　㉚フェミニズム　㉛無意識　㉜超自我　㉝イド（エス）
㉞コンプレックス　㉟タナトゥス　㊱集合（普遍）　㊲元型（アーキタイプ）　㊳パロール　㊴ラング　㊵沈黙
㊶言語ゲーム

(3) **クワイン**（米　1908〜2000）　主著：『ことばと対象』
① （㊷　　　　　）…ある命題を他の命題と切り離して検証することは不可能であり，検証されるのは諸命
題の総体であるという考え方

(4) **ポパー**（英　1902〜94）　主著『歴史主義の貧困』
① 反証可能性…科学的命題は常に反証される可能性を持つとして，科学的な考え方の条件とした

4 構造主義

(1) **レヴィ＝ストロース**（仏　1908〜2009）　主著：『悲しき熱帯』『親族の基本構造』
① （㊸　　　　　）…人間の思考や行動を，それらを規定する無意識レベルの「構造」からとらえ直そうと
する思潮。レヴィ＝ストロースは，ソシュールの構造言語学に示唆を受けて，未開社
会の親族組織や神話を研究し，構造人類学
を提唱した

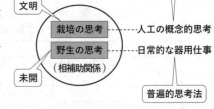

② （㊹　　　　　）…効率を高めるために栽培種化されたり家畜
化された西欧近代の「科学的思考」
③ 『（㊺　　　　　）』…未開社会の神話的思考は，ありあわせ
の素材を用いて，自然と文化を調和さ
せようとする優れた論理性を備えてい
ることを明らかにした
④ （㊻　　　　　）…あらゆる文化間には，思考形態の差異が存在するのみで本質的に優劣の差はなく，す
べての文化がエスノセントリズム（自民族中心主義）を脱出して互いの文化的価値を
認め共存するべきとする考え

(2) **フーコー**（仏　1926〜84）　主著：『言葉と物』『監獄の誕生』
① （㊼　　　　　）…各時代の知や規範を意味づける認識の構造のこと。フーコーは，それが物と物との関
係を規定し，言語学や政治学，経済学といった知の領域の基本的枠組みを形成してい
るとした
② 「（㊽　　　　　）」…各時代の文献資料を横断的に分析し，理性的知や規範が成立してきた痕跡を追求す
ることで，それらを支える知の構造＝エピステーメを明らかにしようとした
③ （㊾　　　　　）…近代合理主義における理性的主体としての「人間」は，西欧の価値観を正常として押
しつける権力的な人間観であることを指摘した
④ 『（㊿　　　　　）』…デカルトのコギトのような近代的な知＝近代的理性の成立によって，それまで共同
体の中に位置づけられていた狂気が，病人，犯罪者などとともに社会的不適応とし
て排除されていった過程を示し，理性と非理性分割の知的な権力的作用を解明

(3) **ラカン**（仏　1901〜81）　主著：『エクリ』
① （51　　　　　）…身体的統一性を獲得していない段階の幼児が，鏡像のような他者像の内面化によって，
自己の身体的統一性を獲得する段階。自我は，自己の身体から疎外された像として成
立する
② （52　　　　　）…想像的に母親と一体化し閉じられた世界の中で全能感を保ち続けようとする子どもの
精神に，父性が象徴的に介入することで，子どもの全能感を打ち砕き（去勢し），開か
れた世界へと精神を向かわせ，社会性が獲得されるという理論

(4) **ドゥルーズ**（仏　1925〜95）・**ガタリ**（仏　1930〜92）　主著：『千のプラトー』（共著）
① （53　　　　　）…西欧の形而上学が一から出発し分岐してゆく体系的なツリーの思考形態をとってきた
のに対して，ドゥルーズとガタリは，根が相互に繋がりあうように，どこにも中心が
なく相互関連する根茎的思考を提唱した

(5) **デリダ**（仏　1930〜2004）　主著：『エクリチュールと差異』
① （54　　　　　）…西欧近代の理性中心主義を批判し，言葉の内側から，主客・善悪といった二項対立を
崩していくことで，哲学の活性化を目指した手法

解答　㊷全体論（ホーリズム）　㊸構造主義　㊹栽培の思考　㊺野生の思考　㊻文化相対主義
㊼エピステーメ　㊽知の考古学　㊾人間の終焉　㊿狂気の歴史　51鏡像段階　52父－の－名　53リゾーム
54脱構築

■ 問題演習

1 実存主義における不安の例として**適当でないもの**を，次の ①〜④ のうちから一つ選べ。

① 他人と比べることによって「私」の身体，能力，性格等が劣っているのではないかと思い悩むときに生じる気分。

② 特に理由もなく，自らが世界に投げ出されてたったひとり頼るものもなく存在するのを見いだすときに生じる気分。

③ なぜ自分が今，この場所にいる，他(ほか)でもないこの「私」であらねばならないのかという疑問を抱くときに生じる気分。

④ 自己の存在の内に根ざす死，苦，争い，罪といった否定的なものに対する無力さを見いだすときに生じる気分。　　　　　　　　　　　　　　　　　　　　　　　　　　　〈2004 年追試〉

2 キルケゴールについての記述として最も適当なものを，次の ①〜④ のうちから一つ選べ。

① 外面的な善行や客観的に認識される真理ではなく，聖書に基づく個人の純粋な信仰を重んじる信仰義認説を提唱した。

② 死に至る病とは，死への存在としての人間の本来性を自覚せず，他者と代替可能な自己のままに生きることだと指摘した。

③ 現代は，熟慮が情熱に優先し，誰(だれ)もがどうすべきかを知っていながら，誰一人行動しようとはしない平均化された分別の時代であるとした。

④ 人生の意味を求める中で世界から拒絶されるという不条理に出会っても，人は神に救いを求めず，この不条理を直視して生きなければならないと主張した。　　　　　　　　　　　〈2000 年追試〉

3 キルケゴールによる実存の諸段階についての説明として**適当でないもの**を，次の ①〜④ のうちから一つ選べ。

① 宗教的実存とは，絶望の果てに罪の意識におののきながらも，神と向かい合うことで，信仰に生きることである。そして，苦しむ他者を救うことによる喜びによって，社会性が獲得される。

② 倫理的実存とは，「あれか，これか」の決断をし，責任をもって良心的に社会生活を営む生き方である。だが，倫理的に生きようとすればするほど，かえって自己の無力さに絶望することになる。

③ 美的実存とは，「あれも，これも」と欲望に導かれて，快楽を求める生き方である。だが，結局のところ心が満たされないばかりか。かえって自己を見失うことによって，やがて絶望に陥ることになる。

④ 実存の諸段階をめぐる考案は，実存の質的弁証法と呼ばれる考え方を表現している。それは，世界のあり方を説明するものというより，現実に生きている主体的な自己のあり方を明らかにする思想である。　　　　　　　　　　　　　　　　　　　　　　　　　　〈2015 年追試〉

4 ニーチェに関する記述として最も適当なものを，次の ①〜④ のうちから一つ選べ。

① 「神は死んだ」という宣言をもって，伝統的な宗教に集う人々の在り方を批判し，超人となって新たな価値を創造することを求めた。

② 人々が大衆化して，不安や孤独感から逃れようとしつつあった世俗的な風潮と戦いながら，神の前に単独者として立つことを求めた。

③ 人間存在が日常性の中で非本来的な「ひと」という在り方に頽落している状態から，自己の本体的な在り方へと立ち返ることを求めた。

④ 知覚が生成する場としての身体に着目し，身体は主体であるとともに客体でもあると唱え，デカルト的二元論の克服を図った。　　　　　　　　　　　　　　　　　　　　　　　　〈2004 年追試改〉

5 ニーチェの思想についての記述として最も適当なものを，次の ① ～ ④ のうちから一つ選べ。

① 人間は，まず生存するために，ついで生きるために，いわば二度誕生し，心身ともに独立した自己へと成長しなければならない。

② 人間は，意味もなく永遠に反復される人生を積極的に肯定することによって，現在を真に生きることができる。

③ 人間は，知性の能力を駆使して現実の状況における問題を解決することで，状況に対応した自由を実現していくことができる。

④ 人間は，無目的な意志を本質とする世界のなかで，満たされぬ欲望に苦悩しつつ，生きなければならない。 〈2002 年本試〉

6 ハイデガーの思索の出発点になった人物にフッサールがいる。次の**ア・イ**は，フッサールの現象学についての説明である。その正誤の組合せとして正しいものを，下の ① ～ ④ のうちから一つ選べ。

ア 現象学によれば，世界の実在を信じるような自然的態度を一旦停止するエポケーによって，意識の内部に現れるがままの「事象そのものへ」迫ることができる。

イ 現象学によれば，自覚ないし自己意識こそ精神の基本的な働きであり，人間は，他者との関係を通じてその自己を外化することにより，自由を獲得することができる。

① ア 正 イ 正
② ア 正 イ 誤
③ ア 誤 イ 正
④ ア 誤 イ 誤 〈2021 年本試〉

7 代表的な現象学者の考えの説明として最も適当なものを，次の ① ～ ④ のうちから一つ選べ。

① メルロ＝ポンティによれば，人間は気がつけば既にこの世界に投げ出されている。現象学は，この根本事実に基づいて，誕生とともに死へと向かう存在としての人間を分析する学問的営為である。

② フッサールによれば，実在すると私たちが素朴にみなしているものは，私たちの意識との関わりにおいて存在している。現象学は，意識にあらわれる現象をありのままに記述する学問的営為である。

③ メルロ＝ポンティによれば，世界には何らの意味も目的もなく，一切は偶然的に存在している。現象学は，そうした不条理な世界のなかにあっても人生の価値を問いながら真摯に生きることを目指す立場である。

④ フッサールによれば，自然的態度において人は世界の存在を信じている。現象学は，そうした自明な判断を括弧に入れることによって，あらゆる物事の妥当性を懐疑して，学問の絶対的確実性を否定する立場である。 〈2017 年本試〉

8 良心について考察している現代の思想家たちのうち，ヤスパース，ハイデガーの考えとして最も適当なものを，次の ① ～ ④ のうちからそれぞれ一つずつ選べ。ヤスパースについては **A** に，ハイデガーについては **B** に答えよ。

① 良心は，人間が死，苦，争い，罪といった状況から逃避し，自己を喪失するのを妨げる。人間は良心を介して超越者を感ずるが，良心は超越者の声ではなく，自己自身の声である。

② 良心はきわめて複雑な感情である。それは，共感などの社会的本能に由来し，他人の称賛によって導かれ，理性，利己心，宗教的感情に支配され，教育や習慣を通じて強化される。

③ 良心の呼び声は本来的な自己の声である。死への不安から逃れ，日常の世界に埋没し，平均的で画一的な存在になった人間に対して，良心は本来的な自己というものに気づかせる。

④ 良心は，両親，教育者，社会的な環境の影響によって形成されるものである。それは，自己を監視する法廷，自我の検閲者として機能し，欲望や衝動を禁止したり抑制したりする。 〈2002 年追試改〉

9 ハイデッガーの捉えた人間の本来的な在り方についての記述として**適当でないもの**を，次の ①〜④ のうちから一つ選べ。

① 人間は，存在するとはそもそもいかなることかを問うことのできる，唯一の存在者である。私たちのそうしたありようは，現存在（ダーザイン）と呼ばれる。

② 人間は，世界のなかに投げ出されており（被投性），そこで様々な事物や他者と関わりながら日常を生きる。私たちのそうしたありようは，世界−内−存在と呼ばれる。

③ 人間は，自己の極限の可能性である死へと先駆することで，身の周りの世界に没入した状態から，本来の自己に覚醒する。私たちのそうしたありようは，死への存在と呼ばれる。

④ 人間は，それ自体で存在する事物（即自存在）とは異なって，未来に向けて投企しつつ，自己を意識する。私たちのそうしたありようは，対自存在と呼ばれる。〈2016 年本試改〉

10 西洋現代の思想家ハイデッガーの見解として最も適当なものを，次の ①〜④ のうちから一つ選べ。

① 厳密な推論を機械的に遂行する「幾何学的精神」だけではなく，人生にとっては，より柔軟で細やかな「繊細の精神」もまた重要である。

② 人間は技術によって，自然を利用する仕組に取り込まれてしまっているが，根源としての存在の呼びかけに従わねばならない。

③ 言語やその他の記号による認識は，生の純粋な持続を空間化してしまうので，実在はむしろ直観によって捉えられねばならない。

④ 自然界には自然法則が成立するが，神や自由や不滅の魂といった事柄については，道徳法則に基づいて考えねばならない。〈2006 年本試〉

11 次の文章は，大衆社会と科学技術を批判したハイデッガーの思想について説明したものである。 **a** 〜 **c** に入れる語句の組合せとして正しいものを，次の ①〜⑥ のうちから一つ選べ。

ハイデッガーは，人々がうわさ話に夢中になり，新奇なものを求め，なんとなく曖昧に生きている日常的なあり方を **a** と呼んだ。こうしたあり方から本来の自己へと至るには， **b** のただなかで，自己の死の可能性を直視することが必要だとした。後に彼は，科学技術のあり方を考察し，そこでは人間も含めてあらゆるものが利用されるべき材料とみなされていることを批判した。彼はこうした状態 **c** の喪失と呼び，そこから脱却する道を模索した。

① a ルサンチマン b 絶 望 c 故 郷
② a ダス・マン b 不 安 c 人 倫
③ a ルサンチマン b 不 安 c 故 郷
④ a ダス・マン b 絶 望 c 人 倫
⑤ a ルサンチマン b 絶 望 c 人 倫
⑥ a ダス・マン b 不 安 c 故 郷 〈2013 年本試〉

12 サルトルの思想の説明として**適当でないもの**を，次の ①〜④ のうちから一つ選べ。

① 人間は，自己と自己を取り巻く社会の現実に関わらざるを得ないが，全人類への責任を自覚し，自ら進んで社会へ身を投じることで，現実を新たにつくりかえていく可能性に開かれている。

② 人間は，絶えず自らを意識しながら，自らを新たに形作ろうと努める存在であるため，いかなる状況においても変化しない，同一の本質をそなえた事物とは異なっている。

③ 人間は，自由であることから逃げられず，自由であることから生じる責任を他者に委ねることもできないため，不安に耐えて，自己と自己を取り巻く社会の現実に関わらざるを得ない。

④ 人間は，あらかじめ自らの本質が定められており，その本質を実現するために自らを手段として活用することによって，未来の可能性を切り開いていく，自由な存在である。〈2019 年本試〉

13 サルトルとヴァイツゼッカーの責任に関する主張の説明として最も適当なものを，次の ① 〜 ⑤ のうちからそれぞれ一つずつ選べ。サルトルについては A に，ヴァイツゼッカーについては B に答えよ。

① 人間の中で，最も生きがいを感じている人とは使命感に生きている人だと述べ，そうした使命感はまた，自分が生きていることに対する責任感でもあると示唆した。

② 自分が関与した状況から不可避的に生じた罪責を限界状況と名づけ，この限界状況から目をそらし，そうした責任を引き受ける覚悟をもたない人は，良心のない人間であるとした。

③ 自己本位の立場に立てば，自己の個性の発展を願う人も，自己の権力，経済力を示すことを願う人も，同時に，他人の個性を尊重し，義務と責任を重んじなければならないと論じた。

④ 老若を問わず，全員が過去の出来事の結果にかかわり，その責任を負っていることを，自国の人々に向かって指摘し，過去に目を閉ざす者は，現在にも目を閉ざす者であると説いた。

⑤ 人間はどこまでも自由な存在であると考え，どんな行動についても，自分の選び取ったこととして，人類全体に対して，その責任を負わなければならないと主張した。 〈2003 年追試〉

14 性に関する差別をめぐる運動や思想についての記述として最も適当なものを，次の ① 〜 ④ のうちから一つ選べ。

① フェミニズムは，伝統的な女性差別に反対し，様々な運動を展開してきたが，その根底にあるのは，女性を男性よりも上位に位置付けて，社会生活の様々な場面で女性を優遇するという思想である。

② フェミニズムは，「男性らしさ」や「女性らしさ」のイメージを人為的な構築物とみなし，文化や慣習，社会通念が暗に前提としている性差別的な構造を指摘している。

③ ボーヴォワールは「人は女に生まれるのではない，女になるのだ」と述べて，慣習的で伝統的な「女性らしさ」を身に付けていくことこそが，理想の女性の生き方であると主張した。

④ ボーヴォワールは「人は女に生まれるのではない，女になるのだ」と述べて，男女が異なる社会的な役割を引き受けることで，女性の地位が向上し，自由が獲得されると主張した。 〈2022 年追試〉

15 理性的人間観を揺るがすことになった思想家の一人に精神分析学の創始者フロイトがいる。フロイトの学説に関する記述として**適当でないもの**を，次の ① 〜 ④ のうちから一つ選べ。

① 自我（エゴ）は快感を求めるエス（イド）の要求を現実に適応させ，同時に良心としての超自我（スーパーエゴ）の命令にも応じようとする。

② エス（イド）は，性や生産のエネルギーである「エロス」と，死や破壊のエネルギーである「タナトス」という両方向の本能的エネルギーの源である。

③ 欲求不満から生じる不安や緊張から自我（エゴ）を守ろうとする防衛機制で，欲求不満の原因となった当の問題を取り除くことはできない。

④ 両親の愛情を独り占めにしようとして，弟妹を邪魔者と感じる兄姉の心理を，エディプス・コンプレックスと呼ぶ。 〈2004 年本試，11 年追試改〉

16 次の**ア〜ウ**のうち，フロイトの思想についての説明として正しいものはどれか。その組合せとして最も適当なものを，下の ① 〜 ⑦ のうちから一つ選べ。

ア 人間には，性の衝動であるリビドーが蓄えられている心の領域があり，この領域はエスと呼ばれる。リビドーは，文化的・芸術的に価値の高い活動に向かうエネルギーとなり得る。

イ 人間には，差異を本質とする言語体系が意識にのぼらないかたちで存している。この言語体系はラングと呼ばれ，個々の具体的な発話行為に先立ち，発話行為を規定している。

ウ 人間には，親や社会の教育によって形成される心の領域があり，それは超自我と呼ばれる。超自我は，無意識の領域の欲動を統制し，自我を厳しく監督するような働きをする。

① ア ② イ ③ ウ ④ アとイ
⑤ アとウ ⑥ イとウ ⑦ アとイとウ 〈2017 年追試〉

17 フロイトとユングについての記述として最も適切なものを，次の ① ～ ④ のうちからそれぞれ一つずつ選べ。フロイトについては **A** に，ユングについては **B** に答えよ。

① 子どもは小さな大人ではなく，子ども独自の世界がある。しかしながら，子どもの認識能力は一定の段階を経て発達し，自己中心的だった段階を脱すると，他者を意識するようになり，客観的な判断もできるようになるとした。

② 人間の心には無意識の領域があり，個人的なものと集合的なものがある。集合的無意識は個人的無意識よりも深い層にあり，そこには，元型という神話的な性格を帯びた普遍的イメージが生まれながらに備わっているとした。

③ 人間は神経系が未成熟な状態で生まれてくるため，幼児は内面的な統一的自己像よりも先に鏡の中に映し出される像によって自己の統一性を実現するとして，「私」という概念は，鏡の自己像を形成要因の一つにしているとした。

④ 神経症の治療や夢の研究を進める中で，人間の行動の根底には無意識の衝動が潜んでいると考えた。人間の非合理的側面に注目し，人間の性的な衝動は，宗教や文化，芸術などとも深く関わっているとした。

〈2004, 05 年追試改〉

18 次の**ア**～**ウ**は既存の枠組みを相対化する見方を示した思想家についての説明であるが，それぞれ誰についての説明か。その組合せとして正しいものを，下の ① ～ ⑥ のうちから一つ選べ。

ア 真理，善，美などは，それが人間の生活において有用であるか否かによって決まり，具体的な状況における実践の結果に左右されるので，普遍的でも絶対的でもないとした。

イ 観察など研究活動の蓄積から理論が徐々に進歩していくという科学像に代えて，理論の枠組み（パラダイム）のなかではじめて研究活動は可能になり，その枠組みは時に革命的に変化するという科学像を示した。

ウ 個人の主観的意識を超えた構造として言語を捉え，自由で主体的にみえる人間の言語活動や思考も，そうした構造によって可能になっているとして，構造主義の成立に大きな影響を与えた。

① **ア** ソシュール **イ** ジェームズ **ウ** クーン
② **ア** ソシュール **イ** クーン **ウ** ジェームズ
③ **ア** ジェームズ **イ** ソシュール **ウ** クーン
④ **ア** ジェームズ **イ** クーン **ウ** ソシュール
⑤ **ア** クーン **イ** ソシュール **ウ** ジェームズ
⑥ **ア** クーン **イ** ジェームズ **ウ** ソシュール

〈2014 年追試〉

19 次の文章は，言語をめぐるウィトゲンシュタインの思想を説明したものである。 **a** ～ **c** に入れる語句の組合せとして正しいものを，下の ① ～ ⑥ のうちから一つ選べ。

ウィトゲンシュタインは最初，「語り得ぬものについては，沈黙せねばならない」という立場を取っていた。それによれば， **a** においては命題が真か偽かを確定し得るが，神や道徳などの問題に関する哲学や宗教の言語は，現実の事象との対応関係をもっておらず，語り得ぬものを語ろうとすることになってしまう。そして，これまでの哲学的問題の多くは，語り得ぬものを語ろうとしたために生じてきた，というのである。しかし，後に彼は， **b** における言語の使用や規則の習得について省察を深めていき，新たに **c** という概念を導入して，言語の問題を捉え直していった。こうした後期のウィトゲンシュタインの思想に従えば， **a** における言語の使用もまた， **b** に根差した多様なの一つである， **c** ということになる。

① **a** 日常生活 **b** 自然科学 **c** パラダイム
② **a** 日常生活 **b** 形而上学 **c** パラダイム
③ **a** 日常生活 **b** 形而上学 **c** 言語ゲーム
④ **a** 自然科学 **b** 日常生活 **c** パラダイム
⑤ **a** 自然科学 **b** 日常生活 **c** 言語ゲーム
⑥ **a** 自然科学 **b** 形而上学 **c** 言語ゲーム

〈2013 年本試改〉

20 次の文章は，科学をめぐる現代の哲学的考察についての説明である。文章中の　a　・　b　に入れる語句の組合せとして正しいものを，下の ① ～ ⑥ のうちから一つ選べ。

　　私たちが言語で表現するもののなかには，科学的命題のように検証可能な命題と，形而上学的命題のように検証不可能な命題とが混ざり合っている。ウィトゲンシュタインは，その混乱の除去を哲学の中心課題と考え，　a　の末尾で「語り得ないことについては，沈黙しなければならない」と述べたが，論理実証主義者たちはそれを検証不可能で無意味な命題を排除することだと受け止めた。また，　b　は，科学的命題は検証可能なことに特徴があるのではなく，反証可能な点に特徴があると主張した。そして，科学的にみえる言説であっても，一切の反証を受けつけないような場合には，科学の名には値しないと論じた。

① a『形而上学』　　　　b　スペンサー
② a『形而上学』　　　　b　ポパー
③ a『言葉と物』　　　　b　スペンサー
④ a『言葉と物』　　　　b　ポパー
⑤ a『論理哲学論考』　　b　スペンサー
⑥ a『論理哲学論考』　　b　ポパー

〈2018 年追試〉

21 次の文章は，科学および科学的な知識について論じたクワインの思想の説明である。文中の　Ａ　・　Ｂ　に入れる語句の組合せとして正しいものを，下の ① ～ ④ のうちから一つ選べ。

　　クワインによれば，科学的な知識に関する様々な命題や言説は，　Ａ　となる。このことをクワインは，「ノイラートの船」という比喩を用いて説明した。それによると，船にどのような不具合があるのか，また，どこに不具合があるのかは，航海中にしか確認できない。しかも，一から船を造り直すためにのドッグや陸地も存在しない。そのため，船に何らかの問題が生じても，船員は船内にある有り合わせの部品で修理をして間に合わせながら航海を続けるしかない。科学について，この船と同じように考えるのならば，理論に何か問題が生じても，どこかを少しずつ修正しながら，知識の体系それ自体を維持していくしかない。クワインによる，科学についてのこのような捉え方を，知の　Ｂ　と呼ぶ。

① Ａ　個々別々に独立して成立し，それぞれ単独で検証の対象
　　Ｂ　パラダイム
② Ａ　個々別々に独立して成立し，それぞれ単独で検証の対象
　　Ｂ　ホーリズム
③ Ａ　互いに結びついた一つの集まりとして捉えることにより，検証が可能
　　Ｂ　パラダイム
④ Ａ　互いに結びついた一つの集まりとして捉えることにより，検証が可能
　　Ｂ　ホーリズム

〈2020 年本試〉

22 構造主義の代表的思想家にレヴィ＝ストロースがいる。次のア～ウのうち，彼の思想を正しく説明したものはどれか。その組合せとして正しいものを，下の ① ～ ⑦ のうちから一つ選べ。

ア　西洋における科学技術文明の絶対化を批判し，「野生の思考」と科学的思考の間に優劣はないと主張した。
イ　理性的思考を言語の観点から考察し直し，言語活動は一定の規則に従う「言語ゲーム」であり，共同体において習得されるとした。
ウ　「未開社会」における親族や神話などの研究を通して，個人の主観的意識を超えたシステムが存在していることを見いだした。

① ア　　　　② イ　　　　③ ウ　　　　④ アとイ
⑤ アとウ　　⑥ イとウ　　⑦ アとイとウ

〈2015 年本試〉

23 近代的理性観に対するフーコーの批判の説明として最も適当なものを，次の①～④のうちから一つ選べ。

① 近代のヨーロッパでは，人々は，理性的に行動しながら商品を購入し，そのことによって他者と異なる価値を手にできると考えた。だが，実は，消費社会が生み出した差異化の原理に服従させられているにすぎない。

② 近代のヨーロッパでは，西洋的なものを理性的で先進的なものとし，東洋的なものとの差異を強調する思考の枠組みが生まれた。このような枠組みが，植民地支配を正当化し異文化理解を妨げてきた。

③ 近代のヨーロッパでは，人間は自立した理性的存在として一様に捉えられた。そして，この理性主義は人間を規格化する権力として働き，規格から外れるものに「狂気」のレッテルを貼り，封じ込めていった。

④ 近代のヨーロッパでは，人間は理性主義によって外なる自然の脅威から解放された。だが，感情や欲望などの内なる自然が抑圧されてしまったため，時にそれが反文明的現象として噴出し，「野蛮」に逆戻りしてしまう。　　　　　　　　　　　　　　　　　　　　　　　　　　　　　　　　〈2016 年本試〉

24 価値の対立をめぐるデリダの思想についての説明として最も適当なものを，次の①～④のうちから一つ選べ。

① 様々な価値に優劣を付けて序列化する伝統的な論理は，ものの見方を硬直化させ，価値観の異なる他者を排除してしまう。「愛の跳躍」によって，そうした論理を打ち破り，多様な人々に開かれた社会を目指すべきである。

② 現代では，本来皆が共有すべき基本的な諸価値への信頼が失われ，様々な他者との共生が困難になっている。そうした状況を克服するために，あらゆる人々に開かれた普遍的な愛を目指す，「愛の跳躍」が必要である。

③ 今日の世界では，他者との共生の基盤となる基本的な諸価値が動揺している。「脱構築」によって，そうした状況を脱し，善と悪，理性と狂気といった二項対立に基づく，安定した価値の序列を改めて構築すべきである。

④ 理性と狂気などの二項対立を立て，一方を他方より優越させる伝統的な論理は，価値に序列を付け，劣るとされた側の価値を貶めてしまう。そうした論理を内側から突き崩し，組み替え続ける「脱構築」が必要である。　　　　　　　　　　　　　　　　　　　　　　　　　　　　　　　　〈2020 年追試〉

25 歴史の捉え方や，歴史の中で生きる人間のあり方に関して考察した思想家についての説明として最も適当なものを，次の①～④のうちから一つ選べ。

① リオタールは，「小さな物語」が乱立し，歴史の全体が様々な立場から説明される状況を批判し，統一的な「大きな物語」の復権を説いた。

② フーコーは，真理が発見されるに至った歴史的過程を描くことで，人間が普遍的理性に基づく絶対的な真理を探求する「知の考古学」を提唱した。

③ レヴィ＝ストロースは，人間の社会が未開から文明へ発展するという文明史観に基づいて，未開社会を生きる人々の思考の独自性を強調した。

④ ヨナスは，時間の経過の中で現在の行為が将来にも影響を与えるため，現在の世代が将来世代に対して責任を持つとした。　　　　　　　　　　　　　　　　　　　　　　　　　　　　　　〈2021 年本試〉

26 20世紀になり，理性中心主義を批判した思想の説明として最も適当なものを，次の①～④のうちから一つ選べ。

① デリダは，西洋哲学がその基礎としてきたロゴス中心主義や二元論的思考など階層化された思考を批判し，それを克服するために社会や文化を構造によって把握する構造主義を提唱した。

② フロイトは，神経症の治療や夢の研究のなかで，近代の文明の発展を支えた人間の理性の奥に，意識的に統御できない無意識の存在を発見し，エスによって本能や衝動が抑圧されるとした。

③ ホルクハイマーとアドルノは，理性は自然を支配することで文明を進歩させる一方，その進歩は逆に管理社会を作り上げて，人間を抑圧する野蛮状態へ陥らせるという，啓蒙の弁証法を指摘した。

④ アーレントは，近代以降，公共的な「仕事」が生命維持のための「活動」に取って代わられるため，人間の個性が見失われ，ナチズムに典型的にみられるような全体主義に陥ってしまうと批判した。

　　　　　　　　　　　　　　　　　　　　　　　　　　　　　　　　　　　　　〈2012 年追試〉

第11章　現代の暴力に抗して

◼1 生命への畏敬と非暴力の思想

(1) **シュヴァイツァー**（仏　1875 ～ 1965）　主著：『水と原生林のあいだに』『文化と倫理』

アフリカに渡り，医療活動に従事し，「（❶　　　　　）」とよばれた

① （❷　　　　　）…「自分は，生きようとする生命に囲まれた，生きようとする生命である」との自覚にもとづく，すべての生命あるものへの畏敬の心

② 生命としての人間と自然との（❸　　　　　）を見失わせるとして，西欧近代の（❹　　　　　）自然観を批判

(2) **ガンディー**（インド　1869 ～ 1948）　主著：『自叙伝』

① イギリスの不当な植民地支配に抗議し，国産品愛用（（❺　　　　　））を展開。インドの自治・独立（（❻　　　　　））を勝ちとる民族解放運動を指導し，「（❼　　　　　）」と民衆から敬愛された

② （❽　　　　　）・（❾　　　　　）の抵抗運動をねばり強く続けた

③ 抵抗運動の理念

宇宙や人間の根源にある唯一絶対の真理を正しくとらえる（❿　　　　　）である

④ その理念を実現するために

a . （⓫　　　　　）…自己を浄化して肉体的・物質的な欲望に打ち勝つ

b . （⓬　　　　　）…すべての生物を同胞とみなして，殺生に反対し，肉食を禁じ，戦争を放棄する

⑤ **非暴力主義**

真理と正義のために苦難を甘受することを通じて，相手に自己の不正を悟らせ回心をせまる立場。非暴力主義の根幹には人間性への深い信頼がある

(3) **キング牧師**（米　1929 ～ 68）

① アメリカ合衆国の非暴力の黒人解放運動の指導者

ガンディーの思想を継承し，白人に対する非暴力の抵抗運動を展開。「憎しみには愛をもって，暴力には非暴力をもって，そして物理的な力には魂の力をもってこたえなければならない」と主張

② （⓭　　　　　）…1963 年，公民権法の制定を求め約 25 万人が参加。「（⓮　　　　　）」の演説を行う。公民権運動は多くの人々の賛同を得た

③ 当時のアメリカ社会…公民権法によっても黒人の実質的平等は実現されず，黒人による反政府運動が高まり，ベトナム反戦運動も本格化しはじめ，徴兵拒否という「（⓯　　　　　）」も実践された

④ キング牧師は，「白人に対する勝利というよりも，正義と民主主義の勝利」を目指した

◼2 理性，人間，他者の見直し

(1) フランクフルト学派

① **ホルクハイマー**（独　1895 ～ 1973）　フランクフルト学派初期の代表者　主著：『理性の腐食』

a . （⓰　　　　　）理性…人間や自然を経済的な利害の操作対象とみなし，機械的に効率を求める目的合理的な理性。ナチズムや，巨大化した産業社会の歯車として人を扱う人間疎外を生み出した

② **アドルノ**（独　1903 ～ 69）　フランクフルト学派の指導的思想家　主著：『否定弁証法』

a . （⓱　　　　　）批判…啓蒙的理性は，神話的迷妄から人々を解放するように見せつつ，道具的理性として作用し，人々を支配・操作しようとする全体主義や画一性をせまる野蛮な権力として現れてきた

b . （⓲　　　　　）パーソナリティ…フロムやアドルノによって探究された社会的性格で，強者の権威に盲従する一方で，弱者には強圧的となる。所属集団に対する所属意識が異常に強く，差別や偏見に捕らわれやすい。ナチズムの温床となった大衆の心理

③ **フロム**（独　1900 ～ 80）

a . 『（⓳　　　　　）』…封建的な絆から解放され自由を手にした人々が，自由を強制されることによってもたらされた不安や孤独を回避しようとして権威に従属し，ファシズムに走る構造を分析

b . （⓴　　　　　）…一定の社会や文化，集団の成員に共通する性格で，個々人の思考や行動に大きく影響するもの。所属する社会に適応していく過程で形成される

(2) **ベンヤミン**（独　1892 ~ 1940）　主著『パサージュ論』

① ファンタスマゴリー（幻灯装置）…大量消費社会においては，新しいものが一層求められ，使用価値とは
無縁の商品が，幻灯のように拡大され，流行（モード）があらわれ，
移ろいやすさが蔓延する

(3) **アーレント**（独　1906 ~ 75）主著：『全体主義の起源』『人間の条件』

① （㉑　　　　）…ナチズムやスターリニズムなど，国家や組織の価値を優先させ個人を全体に従属させよ
うとする思想。大衆社会の中で孤立し，無力化した大衆が帰属感を求めて，個性を尊重
しあう「人間性」を破壊する人種主義や国家主義に走った

② 「**労働**」「**仕事**」「**活動**」…アーレントが述べる人間の「活動的生活」の三つの側面。「労働」とは生命を維
持するために必要な行為。「仕事」とは自然とは異なる人工物（道具や作品）を
生産する行為。「活動」とは人と人との間で主に言葉を通して相互を表出する行
為。この中で人間的な公共性を形成するのが「（㉒　　　　）」であり，近代社
会では公共的な「（㉒　　　　）」が失われ，単に生きるための「労働」が社会
全体を支配するようになった。その典型が全体主義国家である。アーレントは，
コミュニケーションを通した（㉓　　　　）の復権を説いた

(4) **レヴィナス**（仏　1906 ~ 95）　主著：『全体性と無限』『存在するとは別の仕方で』

① （㉔　　　　）…フッサールの現象学的還元を応用した結果，レヴィナスは，「私」はかけがえのない実存
としてではなく，ただ存在しているという無意味さを見い出した

② （㉕　　　　）…自己意識の中に取り込めない，自己とは絶対的に同じであり得ない**他性**＝他者性があら
われる場であり，絶えず自分＝わたしに**応答**を求め続けるもの。自己は，他者からのよ
びかけに応答するという**責任**を果たすことで自己中心的な全体性の立場から脱すること
ができる

3 公共性，正義，共通善の実現

(1) **ハーバーマス**（独　1929 ~）　主著：『公共性の構造転換』『コミュニケーション的行為の理論』

① （㉖　　　　）…様々な生活を効率的に達成するための「システム的合理性」が人々の生活全般を支配し，
人々が技術的なシステムの奴隷となること

② （㉗　　　　）…対等な立場での自由な討論（討議（コミュニケーション的行為））にもとづいて人々の合
意を形成し，本来的な生活世界を取り戻すための理性（合理性）

(2) **マックス＝ウェーバー**（独　1864 ~ 1920）　主著：『プロテスタンティズムの倫理と資本主義の精神』

① （㉘　　　　）…法の支配と組織の合理的な分業とによって，社会（組織）を統制する最も効果的な方法。
ウェーバーは，組織の巨大化による様々な弊害や個人の自由侵害の可能性を指摘しつつ，
このしくみの合理的機能の卓越性を強調している

② （㉙　　　　）…伝統的・宗教的な価値観から脱却し合理化すること。「現世の呪術からの解放」が合理性
を発展させ，近代西欧文明を進展させたとする

③ 支配の三類型…権力の正当性の三分類

伝統的支配	カリスマ的支配	合法的支配
昔からの秩序などの伝統によって支配される。家父長的支配が典型	英雄性や啓示などで人々を魅了する。預言者などが典型	規範による支配のことで官僚制が典型的に現している

(3) **ロールズ**（米　1921 ~ 2002）　主著：『正義論』

① 平等の実現を正義の問題の根底にすえて考察

② 功利主義を批判したうえで社会契約説を現代にあてはめて再構築。正義の原理を導いた

解答 ❶密林の聖者　❷生命への畏敬　❸調和　❹機械論的　❺スワデーシー　❻スワラージ
❼マハトマ（偉大な魂）　❽非暴力　❾不服従　❿サティヤーグラハ（真理の堅持）
⓫ブラフマチャリヤー（自己浄化）　⓬アヒンサー（不殺生）　⓭ワシントン大行進　⓮私には夢がある
⓯市民的不服従　⓰道具的　⓱啓蒙主義　⓲権威主義的　⓳自由からの逃走　⓴社会的性格　㉑全体主義
㉒活動　㉓公共性　㉔イリア　㉕顔　㉖生活世界の植民地化　㉗対話的理性（コミュニケーション的合理性）
㉘官僚制　㉙脱魔術化

現代の暴力に抗して

③　(❸⓪　　　　　　)…社会の全構成員が承認可能な普遍的で合理的な正義。この正義を前提としてはじめて，すべての人が人として望むよい生活を達成するための，社会的条件が実現される

④　(❸❶　　　　　)
　　a．「無知のヴェール」におおわれ自己の能力や資力，社会的立場などを知らされていない状態
　　b．この原初状態では，だれもが，最も不遇な人が最大限に保護される社会を選択する

⑤　公正としての正義を成り立たせる二つの原理
　　a．第一原理…「すべての人が社会生活を送る際に基本となる自由に対しては平等の権利をもつ」（平等な自由の原理）
　　b．第二原理…「社会的・経済的不平等は，それが最も不遇な立場にある人の福祉を促進することに役立つかぎりで容認され（格差原理），社会の全構成員に（❸❷　　　　　）が等しく公正に与えられている（機会均等原理）という条件下で発生してきたものに限定される」

(4)　自由について
　　ロールズのように，自由とともに平等に配慮するリベラリズム（自由主義）に対して，**ノージック**（1938〜2002）は自由を最大限に尊重する（❸❸　　　　　）を主張し，国家による所得の再分配を批判

(5)　**アマルティア＝セン**（インド　1933〜）経済学者
①　ロールズの平等観を批判的に受け継ぐ。1998年，アジアで初のノーベル経済学賞受賞
②　よい生活（福祉）の概念に（❸❹　　　　）と（❸❺　　　　）という視点を導入
　　a．機能…財の利用によって達成できる状態や活動
　　b．潜在能力（ケイパビリティ）…潜在的に達成可能な機能の豊かさ，選択の自由度
③　潜在能力の改善を指標として福祉を再考することを提唱

(6)　**共同体主義**
①　(❸❻　　　　　)の源流
　　a．**マッキンタイア**（米　1929〜）…人が生存していくためには相互依存が必要であるとし，西洋近代の自由主義的個人主義を批判，共同体の善（幸福）を追求する社会を提唱
　　b．**テイラー**（カナダ　1931〜）…個人の権利を優先するリベラリズムを一面的とし，個人の権利と同時に社会的共同体の絆や人間の義務の重要性を強調

②　**サンデル**（米　1953〜）
　　a．リベラリズムが想定するような，共同体の歴史や文化から切り離された自己を「（❸❼　　　　　）」と呼び批判
　　b．自らが属する共同体全体に通用するような善である（❸❽　　　　　）の実現を目指すべきと主張

❹ 社会参加と奉仕

(1)　社会参加と幸福
①　積極的に社会に関わっていく（❸❾　　　　　）が求められている
②　近年，さまざまな分野において，自発的に社会や他人に貢献する（❹⓪　　　　　）活動が行われている
　　a．「自主性（主体性）」「社会性（福祉性）」「無償性（無給性）」という三つの性格
　　b．同じ社会の中で一緒に生きていくという共生という考え方が，最も大切

(2)　**マザー＝テレサ**（旧ユーゴスラビア　1910〜97）
　　　　…カトリックの修道女としてインドのカルカッタ（現コルカタ）などで社会的弱者の救済に献身。「この世で一番大きな苦しみは，だれからも必要とされず，愛されていないこと」と語っている。1979年，ノーベル平和賞受賞
①　不治の病者の最後を看取る「（❹❶　　　　　）」には世界から多くのボランティアが参加している

(3)　日本におけるボランティア
①　1995年の阪神・淡路大震災をきっかけに，多くの人が災害ボランティアに参加（**ボランティア元年**）
②　2011年に発生した東日本大震災でも，日本全国，世界各地からボランティアが被災地にかけつけ，復旧活動に取り組み，被災者を支えている
③　サルトルは，（❹❷　　　　　）という言葉を用いて，主体的に社会とかかわり，参加することを説いた
④　大正・昭和の思想家である寺田寅彦は，「天災がきわめてまれに」そして「忘れたころに」起こることを指摘し，「平生からそれに対する防御策を講じなければならない」と語っている

解答 ❸⓪公正としての正義　❸❶原初状態　❸❷社会的基本財　❸❸リバタリアニズム（自由至上主義）　❸❹機能
❸❺潜在能力（ケイパビリティ）　❸❻共同体主義（コミュニタリアニズム）　❸❼負荷なき自己　❸❽共通善
❸❾社会参加　❹⓪ボランティア　❹❶死を待つ人々の家　❹❷アンガージュマン（社会参加，自己拘束）

問題演習

1 苦しむ人々に対する支援に関する思想や実践の説明として**適当でないもの**を，次の ①〜⑤ のうちから一つ選べ。

① シュヴァイツァーは，生命への畏敬（いけい）の念に基づいて，アフリカの地で医療と布教活動を通して，苦しむ人々への支援を続けた。

② 国境なき医師団は，世界各地の紛争地域や災害地で，けがや病気に苦しむ人々に対して，緊急医療支援活動を行っている。

③ 片山潜は，仏教の慈悲の精神に基づいて社会主義運動に携わり，貧困に苦しむ人々への支援や，労働者の地位の向上に努めた。

④ 国連難民高等弁務官事務所は，紛争や飢餓のために他国に逃れ，生命の危機にさらされて苦しんでいる難民に対する支援に取り組んでいる。

⑤ マザー・テレサは，「最大の罪は愛と憐れみをもたないことです」と述べ，修道女として，苦しむ人々への支援に生涯を捧（ささ）げた。　　　　　　　　　〈2014 年本試〉

2 マハトマ・ガンディーの非暴力主義に関する記述として最も適当なものを，次の ①〜④ のうちから一つ選べ。

① 暴力を振りかざす者に対して，一切の対抗暴力を用いることなく，黙って彼らに服従することによって，精神的な勝利を収めることができる。

② 非暴力運動は，核兵器をもたなかった時代のイギリスに対しては有効であったが，今後は核抑止力のもとでのアヒンサーを追求する必要がある。

③ 暴力を用いずに，しかし決して相手に屈伏することなく，非協力を貫き通すことによって，相手の良心に訴え相手を変えていかなければならない。

④ 非暴力という手段は，勇敢な者たちばかりでなく，臆病（おくびょう）な者たちにも実行可能なので，抵抗活動を大衆運動として拡大していくために不可欠である。　　　　　　〈2003 年追試〉

3 「肌の色」に言及した次の文章は，ある演説の一部である。その演説を行った人物を，以下の ①〜⑥ のうちから一つ選べ。

> わたしには夢がある。それは，いつの日か，わたしの四人の小さな子どもたちが，肌の色によってではなく，人格そのものによって評価される国に生きられるようになることだ。
> わたしには夢がある！

① ガンディー　　　　② 孫　文

③ シュヴァイツァー　④ マザー＝テレサ

⑤ キング牧師　　　　⑥ 毛沢東　　　　　　　　　　　　　　　〈2005 年本試〉

4 ホルクハイマーやアドルノは近代的な理性をどのように考えたか。その説明として最も適当なものを，次の ①〜④ のうちから一つ選べ。

① 理性は，自然を客体化し，技術的に支配することを可能にする能力として，手段的・道具的なものである。

② 理性は，物事を正しく判断し，真と偽とを見分ける良識として，すべての人間に等しく与えられている。

③ 理性は，真の実在を捉（とら）えることができる人間の魂の一部分として，気概と欲望という他の二部分を統御する。

④ 理性は，人と人とが対等の立場で自由に話し合い，合意を形成することができる能力として，対話的なものである。　　　　　　　　　　　　　　　　　　〈2008 年本試〉

5 ファシズムを批判した思想家アドルノについての記述として最も適当なものを，次の①〜④のうちから一つ選べ。

① 現象を目的と手段の関係に還元する技術的な思考が，効率性を追求するあまり，人間の相互行為を著しく阻害するようになっている。このことを批判して，対話的理性を重視した。

② 権威に弱く硬直した性格の人は，偏見をもちやすく，人間を上下関係のなかに序列づけて考える傾向がある。このような権威主義的性格の特性を，社会学的な研究によって明らかにした。

③ 管理された社会の中で批判的理性を喪失して現状を単に肯定するだけの人間を一次元的人間と名づけ，本来の人間的自由を疎外するそうした社会を厳しく批判した。

④ 心理的に孤立化して時代の流れのままに流される人間の病理を分析し，同時代の人々に準拠して自分の行動を決定していくという社会的適応の形式を他人志向型と名づけた。　　　　　　　　　　〈2005 年追試〉

6 現代人の在り方を批判的に考察したウェーバー，フロム，リースマンの見解として最も適当なものを，次の①〜⑥のうちからそれぞれ一つずつ選べ。ウェーバーについては　A　に，フロムについては　B　に，リースマンについては　C　に答えよ。

① 近代哲学が人間の本質を普遍的理性とし，真理を合理的客観性に限定したため，現代人は水平化して主体性を喪失した。しかし，人間は本来，個性的で自由な主体であり，その求める真理もまた主体的なのである。

② 現代人は社会の束縛から解放されて自由な個人になったが，まさにそれゆえに耐えがたい孤独に陥り，強者に隷属したり均質な社会のうちに埋没したりすることによって再び自由から逃れようとする傾向をもつ。

③ 近代以降の西洋文明は，社会の規範から逸脱したものを非理性的な狂気として排除し，人間の理性を絶対視してきた。そして，日常的な権力関係を通して，社会に順応する人間を生み出し，人間を規格化してきた。

④ 現代は，自分が他人と同じであることを喜び，自己満足的で無気力な平均人が権力を握る，歴史上初めての時代である。非凡で個性的なものが排除されてしまうため，西洋文明は危機に瀕している。

⑤ 内部指向型が支配的な人間類型だった時代は終わり，現代では，漠然とした不安から他者の承認を求め，自分の価値観にこだわらず他人と同調して生きる他人指向型が支配的な人間類型になりつつある。

⑥ 合理性を徹底的に追求した近代官僚制を特徴とする社会を作り上げた現代人は，いわば鉄の檻と化したこの社会の中で逃れがたく管理され，豊かな精神と人間性を欠く存在に堕する危険がある。

〈2003 年本試〉

7 レヴィナスは，自己とは異なる存在としての他者を重視する思想を展開した。その記述として最も適当なものを，次の①〜④のうちから一つ選べ。

① 「私」から出発してすべてを説明しようとする近代哲学は，他者を自己に同化する全体性の思想である。しかし，他者は同化し得ない絶対的な他性をもつ存在であり，その重みを知ることこそが，倫理の出発点となる。

② 人間は本来，労働を通して他者と関わり，連帯して生きる類的存在である。しかし，近代産業社会の非人間的な労働環境のもとで，このあり方は損なわれてしまい，人間の人間からの疎外が起こっている。

③ 人間は，他者との関係のなかで存在しており，選択は他者との関係において行われ，他者を巻き込まずにはいられない。私たちは，そのようにして，全人類に自己を「アンガージュマン（参加）」させて生きているのである。

④ 人間精神にとって，「自分はこういう者である」と自覚する自己意識が成り立つうえで，他者の存在は不可欠である。異なる他者のうちに自らを見いだすことで，はじめて自己意識が生じるのである。

〈2014 年追試〉

8 誰の立場から見ても正しいと思える行為の原理やルールを確立しようとした第二次世界大戦後の哲学者の一人にハーバーマスがいる。ハーバーマスの考え方についての説明として最も適当なものを，次の ① ～ ④ のうちから一つ選べ。

① 他者の権利を侵害しない限り，私たちの自由は平等に尊重されるべきである。ただし，自由競争によって生じる不平等については，社会において恵まれない立場にある者たちの生活を改善する限りで許される。

② 人は，互いに合意に至ることを可能にするような理性をもっている。したがって，そのような理性を対等な立場が保障されたうえで使用するならば，万人が同意することができる社会のルールを発見できる。

③ 人は，互いの自由や財産を権利として尊重するべきだというルールを理解できる理性をもっている。そして，各人の自由や財産をより確実に保障するために，合意のもとに政府を設立する。

④ 自己利益だけでなく，万人に共通する利益が第一に考えられるべきだという一般意志が存在する。そして，それを強制するルールに基づく社会を築けば，個人の権利と自由は保障される。 〈2009 年本試〉

9 科学の発達とも相まって発展した近代社会は，他方で負の側面を抱えこむことにもなった。この点を考察したウェーバーについての説明として最も適当なものを，次の ① ～ ④ のうちから一つ選べ。

① 合理化が推し進められた西洋近代においては，組織的な分業を旨とした官僚制による管理・支配が浸透しがちである点に着目し，そのもとで人々の個性や創造性が抑圧される危険性を明らかにした。

② 近代化の推進役である理性が道具的な性格に堕し，手段の効率性に囚われて目的それ自体は顧みなくなることで，かえって野蛮な事態が生じる点に着目し，理性のあるべき姿を探る批判理論を展開した。

③ 目的の効率的な達成を目指す近代の政治的および経済的なシステムが，生活世界の植民地化をもたらすきらいのある点に着目し，それによって人々の日常的な行動や人間関係が侵食される事態を批判した。

④ 生産の大規模化が進行した西洋近代においては，労働を通じて自己を実現したり，他者と連帯したりすることが困難となっている点に着目し，そうした状況を労働の疎外（疎外された労働）と呼んだ。

〈2016 年本試〉

10 人間の自由をめぐる思想家の考え方の説明として最も適当なものを，次の ① ～ ④ のうちから一つ選べ。

① アーレントによれば，人間には，生命維持のために働いたりする能力とは別に，他者と言葉を交わすことを通して公共的な空間に参加する能力があり，この能力を発揮することが自由な活動である。

② アーレントは，社会の中で有利な立場にいる人であっても，仮想的な社会契約の段階では，最も不遇な境遇に置かれることを想像して，基本的な自由を万人に等しく保証するようなルールを採択するはずだと主張した。

③ ロールズによれば，社会の基本原則にとって最も重要な条件は基本的自由であり，万人に基本的自由が保証されていれば，競争によって格差が生じたとしても，是正する必要はない。

④ ロールズは，自由を獲得した近代人には，自分のことを自ら決定する責任の重さとそれに伴う不安に耐えかねて，むしろ権威に自発的に従属するようになる傾向があると指摘した。 〈2022 年追試〉

11 現代において正義に関する理論を提唱した人物にロールズとセンがいる。二人の正義論についての記述として最も適当なものを，次の ① ～ ⑤ のうちからそれぞれ一つずつ選べ。

① 各人に対し，自ら価値があると認めるような諸目的を追求する自由，すなわち潜在能力を等しく保障することが重要であると指摘した。

② 各人には過剰な利己心を抑制する共感の能力が備わっており，めいめいが自己の利益を追求しても社会全体の福祉は向上すると考えた。

③ 自由や富など，各人がそれぞれに望む生を実現するために必要な基本財を分配する正義の原理を，社会契約説の理論に基づき探求した。

④ 相互不信に満ちた自然状態から脱することを望む各人が，自らの自然権を互いに放棄し合う，という形で社会や国家の成立を説明した。

⑤ 侵すことのできない権利をもつ各人から構成されるものとして，国家は国民のそうした権利を保護する最小限の役割のみを担うとした。

⑥　自然法を人間理性の法則として捉えて国家のあり方を論じるとともに，諸国家もまた同じく普遍的な国際法に従うべきであると説いた。　　　　　　　　　　　　　　　　　　　　　　　〈2006 年本試〉

⓬　次の**ア～ウ**は，社会の仕組みについて考察を行った様々な思想家についての説明である。その正誤の組み合わせとして正しいものを，下の①～⑧のうちから一つ選べ。

ア　センは，各人が自分の能力や境遇について知らないという「自然状態」を想定し，そのうえで，その状態を克服する思考実験を通じて，正義の原理を考案した。

イ　アーレントは，公共性の領域は，人々が言葉を通じて関わり合う「活動」によって担われるが，近代社会では，「仕事」や「労働」が，「活動」の領域を侵食し，公共性が蝕まれた結果，全体主義が生み出されていると主張した。

ウ　サンデルは，個人には労働で得た財産を所有する権利があるので，国家が社会福祉制度のために個人の財産を強制的に奪うことは認められないと主張した。

① ア 正 イ 正 ウ 正　　② ア 正 イ 正 ウ 誤
③ ア 正 イ 誤 ウ 正　　④ ア 正 イ 誤 ウ 誤
⑤ ア 誤 イ 正 ウ 正　　⑥ ア 誤 イ 正 ウ 誤
⑦ ア 誤 イ 誤 ウ 正　　⑧ ア 誤 イ 誤 ウ 誤

⓭　次の文章は，望ましい社会のあり方についてのコミュニタリアニズム（共同体主義）による見解を説明したものである。文章中の　a　～　c　に入れる語句の組合せとして正しいものを，下の①～⑧のうちから一つ選べ。

　コミュニタリアニズムは，　a　が前提とする人間像や社会観を批判し，そのうえに成り立つ道徳観や正義観に異議を唱える。　a　では，社会とは自由で独立した個人の集合体であり，個人はあたかも自分にとって望ましい生き方を好きなように取捨選択することができる存在，いわば，　b　であるかのように捉えられている。ところが，現実の人間は，国家や民族，地域社会や家族など様々な共同体に帰属しており，その成員の間で広く共有され，その共同体それ自体を成り立たせる　c　に照らすことにより，はじめて自らのアイデンティティを形成し得る。自由で独立した個人を前提とし，またその結果として，個人の権利や個人間の公正さを重視する道徳観・正義観は，道徳や正義が共同体の　c　を離れて成立し得るかのようにみなしている点で，狭隘な見方に陥っているのである。そのため，コミュニタリアニズムは，抽象的な正義によって一元的に統制された社会ではなく，それぞれの共同体が育んできた複数の徳が継承され，成員が友愛や道徳的・政治的な責務を積極的に担うような社会が望ましいと考える。

① a 社会主義　　b 負荷なき自我　　c 最高善
② a 社会主義　　b 負荷なき自我　　c 共通善
③ a 社会主義　　b 超自我　　　　　c 最高善
④ a 社会主義　　b 超自我　　　　　c 共通善
⑤ a 自由主義　　b 負荷なき自我　　c 最高善
⑥ a 自由主義　　b 負荷なき自我　　c 共通善
⑦ a 自由主義　　b 超自我　　　　　c 最高善
⑧ a 自由主義　　b 超自我　　　　　c 共通善　　　　　　　　　　　　　　　　　　　〈2016 年本試〉

⓮　ボランティア活動についての記述として最も適当なものを，次の①～④のうちから一つ選べ。

①　地域社会でのボランティア活動が高まった結果として，近年では，高齢者介護や子育て支援のための公的な福祉制度・サービスを充実する必要性は，徐々に減少しつつある。

②　東日本大震災の発生直後，大勢の人々が被災地へと駆けつけ，被災者への支援を提供した結果，東日本大震災が発生した 2011 年は，ボランティア元年と呼ばれつつある。

③　インドで孤児や病人に対する救済活動に生涯を捧げたレイチェル・カーソンの実践は，キリスト教に基づく人間愛や社会的弱者への共感を背景としており，ボランティアの精神と通じるところがある。

④　ボランティアは，意志や好意などを意味するラテン語を語源としており，自発性（自主性），社会性（福祉性），および，対価としての報酬を求めないことが，顕著な特徴として指摘されている。〈2016 年本試〉

第12章　古代日本人の思想

▶▶ 要 点 整 理

1 日本の風土と日本人の気質

(1) 日本の風土

① **和辻哲郎**（1889〜1960）　主著：『**風土**』…風土（自然環境と人間の相互関係の全体）を三類型化

類　型	特　徴
（❶　　　）型	自然の恵みと猛威 ⇒ 受容的・（❷　　　）的態度 日本人：モンスーン型 ＋ 激情的・淡泊なあきらめ ← 明瞭な四季の変化・台風・地震
砂漠型	厳しい自然と部族間抗争の脅威 ⇒ 対抗的・戦闘的態度
牧場型	従順な自然，自然の支配容易 ⇒ 合理的・自発的態度

(2) 日本人の自然観

① 自然への融和的感情　⇨『**万葉集**』などの和歌の（❸　　　）を歌う趣味，華道・茶道・俳句な
② 自然に対する繊細な感受性　どの日本文化全般，花見・月見などの年中行事に影響

(3) 日本文化の重層性

① 日本では各思想が相互の関連もわからないまま雑然と同居（**丸山眞男**）
② 外来思想を土着思想が日本化し**雑種文化**を形成（**加藤周一**）

2 神との関わりと道徳観

(1) 神と祭祀

① （❹　　　）← **アニミズム**（精霊信仰）
　a．「尋常ならずすぐれたる徳のありて可畏き物」（本居宣長）
　b．自然現象など神秘と畏敬の念を起こさせる存在を**神**として畏れまた崇める
　c．アマテラス（天照大神）…「祀るとともに祀られる神」（和辻哲郎）
② （❺　　　（客人））…海のかなたにある常世国からの来訪神（**折口信夫**）
③ （❻　　　）…供物，祝詞，神楽によって神をたてまつり，祟りを鎮め，恵みを請う行為や行事
　※ケ（褻）…普段生活をしている日常の日々　　ハレ（晴）…カミを祭り生活に活力を取り戻す日
　※祭政一致…祭祀の主催者が，統治者を兼ねる政治形態
　※シャマニズム…霊をよび寄せることができる**シャマン**（巫女）を中心とする呪術的・宗教的形態
　※祖霊…死者の魂は，生まれ育った土地に留まり，子孫を見守る霊となる（**柳田国男**）
　（❼　　　）…日本古来の神々を祀る儀礼として成立
　　　　　　　のちに仏教や儒教などの影響を受けつつ理論的な教義を持つ

(2) 『**古事記**』の世界観（記紀神話…『**古事記**』『**日本書紀**』による）

① **禊と祓え（祓い）**…共同体に害を及ぼす行為や病気を罪・**穢れ**（古代日本人にとっては外から身心にふり
　　　　　　　かかり，まとわりついたもの）として
　　　　　　　嫌い，神に祈ってそれを除去しようと
　　　　　　　した。例）イザナギの黄泉国往来

高天原	（神の国）	往来可能
葦原中国	（地上）	
（❶❶　　　）	（死の国）	

（❽　　　）…水によって心身の穢れを洗い浄める行為
（❾　　　）…罪や穢れをとりはらうこと
② （❶⓪　　　）…神に対し嘘偽りのない純粋な心。善き心
　　　　　⇔逆心（黒心）・穢い心
　　　　　　　　※日本人の伝統的な価値観の源流となり，のちの「正直」「誠」に受け継がれる

(3) 「和」の重視

① ムラ的社会…稲作の共同作業 →（❶❷　　　）と（❶❸　　　）の区別
　　　　　　　　※共同体の人間関係の重視と同時に部外者に対する排他的態度
② タテ社会…上下の人間関係を重視
③ （❶❹　　　）の文化…他者の目が道徳的基準　⇔　罪の文化（ベネディクト『菊と刀』）

解答 ❶モンスーン ❷忍従 ❸花鳥風月 ❹八百万の神 ❺まれびと ❻祭祀 ❼神道 ❽禊
❾祓え（祓い）❶⓪清き明き心（清明心）❶❶黄泉国 ❶❷ウチ ❶❸ソト ❶❹恥

問題演習

1 和辻哲郎の代表的著作の一つに『風土』がある。和辻はその中で自然環境と深い関わりをもつ人間の存在や文化のあり方を「風土」と捉え，三つに分類しているが，その分類として最も適当なものを，次の①～④のうちから一つ選べ。

① 大陸型・半島型・島嶼型

② 熱帯型・温帯型・寒帯型

③ アジア型・ヨーロッパ型・アフリカ型

④ モンスーン型・沙漠型・牧場型　　　　　　　　　　　　　　　　　　　　　　　　〈2007 年本試〉

2 日本で祀られる神についての記述として最も適当なものを，次の①～④のうちから一つ選べ。

① 古代からそれぞれの土地を鎮め守ってきた日本の神々は，復古神道において仏教と習合したことで，広く人々の信仰の対象となった。

② 太陽を神格化したと考えられるアマテラス（天照大神）は，高天原で祭祀を行う神であるため，祀られる対象とはならない。

③ 人々に災厄をもたらさず，五穀豊穣など様々な恵みを与えてくれるありがたい存在だけが，日本の土着の神々として祀られる対象とされた。

④ 人間の力や知恵を超えた不可思議な自然の現象や存在物は，神秘的霊力を持つ神々として，畏怖や崇拝の対象とされた。　　　　　　　　　　　　　　　　　　　　　　　　　　　　　〈2021 年第 2 日程〉

3 アニミズムの説明として最も適当なものを，次の①～④のうちから一つ選べ。

① この世のものは，原理と素材から成っており，人の霊魂や不可思議な現象も，そこから説明できるとする考え方。

② この世のものは，互いに依存し合って存在しているが，それらの関係の背後に大いなる空を認める考え方。

③ この世のものは，超越者たる神のもとに存在しており，人の霊魂もまた，この神に支配されているとする考え方。

④ この世のものは，動植物のみならず無生物を含めて霊魂を宿しており，それが神秘的に働いているとする考え方。　　　　　　　　　　　　　　　　　　　　　　　　　　　　　　　　　〈2005 年追試〉

4 古代日本における神と祭祀についての記述として**適当でないもの**を，次の①～④のうちから一つ選べ。

① 祭祀の場では，神に対して欺き偽らない心の有様が重んじられた。この心は人間関係においても重視され，後世，「正直」や「誠」の考え方へとつながった。

② 祭祀に奉仕するものは，身心に付着した穢れを除くため禊を行った。禊は，川や海の水によって穢れを洗い流す儀礼であった。

③ 祭祀に際しては，神に対して祝詞を唱え，山や海の食物などの供物を捧げ，神を和ませた。神は和むことで豊穣をもたらすと考えられた。

④ 祭祀を妨げる行為は罪とされ，犯したものは戒律により罰せられた。神は善なる存在であり，戒律による罰は，神からの罰と同じものと考えられた。　　　　　　　　　　　　　　　　　　　〈2012 年追試〉

5 古代の「清き明き心」以来の伝統をもつ，心情の純粋性を尊ぶ倫理観は，武士の生きる姿勢にも影響を与えてきたとされる。この倫理観について述べた言葉として**適当でないもの**を，次の①～④のうちから一つ選べ。

① 正直の心を以て天皇朝廷を衆助け仕へ奉れ。

② 穢土を厭離し，浄土を欣求す。

③ 人能く私心を除く時は至大にして天地と同一体になるなり。

④ 至誠にして動かざる者未だ之れあらざるなり。　　　　　　　　　　　　　　　　〈2008 年本試〉

6 日本の古神道には，共同体の秩序への妨害行為をとくに重くみる「つみ」（罪）の観念がみられる。この「つみ」（罪）の観念の特徴として最も適当なものを，次の ①～④ のうちから一つ選べ。

① 人間は欲望にしばられた存在として無力な状態にあるが，この「つみ」の状態から脱するには神の慈悲にすがるしかない，と信じられた。

② 道徳的・社会的犯罪と災害や病気が等しく「つみ」であり，人間に外からふりかかるものとされ，儀礼によって清めることができる，と信じられた。

③ 悪神が荒れ狂うことで起こる異常な状態が「つみ」であり，それは必ず善神によって元に戻るのだから放置しておけばよい，と信じられた。

④ 人間の始祖がおかした道徳的過ちが子孫としての人間すべてに及んでおり，この「つみ」の状態から脱するには神の前で悔い改めねばならない，と信じられた。　　　　　　　　　〈1992 年追試〉

7 「みそぎ」・「はらい」の説明として最も適当なものを，次の ①～④ のうちから一つ選べ。

① 儀礼によって神のたたりを鎮め，農作物の豊作を祈願すること

② 水浴や呪言によって，心身をけがれていない状態に戻すこと

③ 静坐や精神集中によって，生まれながらの本心を取り戻すこと

④ 山中で滝に打たれて修行し，宇宙の本体仏と一体化すること　　　　　　　　　〈1995 年本試〉

8 日本人の先祖の霊の行方について論じた人物に，民俗学者の柳田国男がいる。先祖と子孫の関係についての柳田の説明として最も適当なものを，次の ①～④ のうちから一つ選べ。

① 先祖の霊は，住み慣れた集落近くの山に留（とど）まっているので，子孫は正月やお盆に自分の家に先祖の霊を招いて，共食の儀礼を行う。

② 先祖の霊は，この世から遠く離れた浄土に往生して子孫を守護しているので，子孫は仏壇で先祖を供養することが務めである。

③ 先祖の霊は，国家の神として，子孫ばかりでなく国民全体からも祀られているので，子孫は神社に行けば先祖に祈ることができる。

④ 先祖の霊は，遠方から「まれびと」として現れて幸福をもたらすので，子孫はこれを呼び寄せる祭礼を行って来訪を待ち望んでいる。　　　　　　　　　〈2008 年追試〉

9 日本の神についての和辻哲郎の考えとして最も適当なものを，次の ①～④ のうちから一つ選べ。

① 天皇は神聖にして侵すことのできない神であるから，忠孝一本という道徳に基づいて天皇に奉仕するのが日本人の責務である。

② 人は死後に遠い彼方の世界に行くのではなく，身近な山などに留（とど）まって，子孫を見守る神となり，定期的に子孫のもとを訪れ，豊穣（ほうじょう）をもたらす。

③ 神とは，共同体の外部から来訪し人々の饗応（きょうおう）を受けて去る存在であり，その様を模倣することで各種の芸能が成立した。

④ 日本神話には唯一絶対の究極神は存在せず，最も尊貴な神として祀られるアマテラスであっても，みずから他の神を祀っている。　　　　　　　　　〈2016 年本試〉

第13章　日本の仏教思想　　　　　　　　　　　　　　▶▶要点整理

1 仏教の受容

(1) 仏教の伝来と聖徳太子

① 仏教の伝来

6世紀中ごろ　大陸から日本へ伝来。(❶　　　　　) として受け入れられる

② **聖徳太子（厩戸王）**（574 ～ 622）

a.（❷　　　　　）…仏教や儒教の教えにもとづく役人の心得

和の精神「和をもって貴しとなし，忤ふる（逆らう）ことなきを宗とせよ」

仏・法（仏の説いた真理）・僧の（❸　　　　　）を篤く敬う

人はみな欲望などの煩悩をまだたち切っていない存在であること，**凡夫**の自覚

b.『**三経義疏**』…『法華経』『勝鬘経』『維摩経』の注釈書

c.「（❹　　　　　）」（世間はむなしく，ただ仏のみが真実である）

(2) 奈良仏教

(❺　　　　　) を目的とする**国家仏教**の展開

① 聖武天皇

全国に国分寺・国分尼寺，奈良に東大寺を建立

② **鑑真**（688 ～ 763）

唐から渡来。東大寺に戒壇を設け，授戒制度を確立。唐招提寺建立

③ **南都六宗**…三論宗・成実宗・法相宗・倶舎宗・華厳宗・律宗

④ **行基**（668 ～ 749）

民衆への布教と社会事業に尽力。東大寺大仏造立に加わる

(3) 平安仏教

山岳における修行・学問を重んじる山岳仏教の展開

① **最澄**（767 ～ 822）　主著：『**山家学生式**』

日本で（❻　　　　　）をひらき，比叡山延暦寺を拠点とする

a.『（❼　　　　　）』信仰

「（❽　　　　　）」…あらゆる生きものには仏となる本性がある

→ **法華一乗思想**…すべての人間が悟りを得て仏の境地に達することができる

※三一論争…法相宗の僧である徳一の三乗思想（小乗［声聞乗・縁覚乗］と大乗［菩薩乗］の区別を重んじ，それぞれ悟りの境地が違うとする説）と対立

b.四宗兼学…天台宗・密教・戒律・禅を含む総合仏教

c.比叡山に新たな大乗戒壇を設置，南都六宗から独立を目指す

② **空海**（774 ～ 835）　主著：『**三教指帰**』『**十住心論**』

(❾　　　　　) をひらき，高野山金剛峯寺，教王護国寺（東寺）を拠点とする。綜芸種智院を設立

a.（❿　　　　　）…7世紀のインドにおこった大乗仏教の新たな教え

ブッダの言葉で明瞭に示された教え（⓫　　　　　）に対し，言葉では伝承不可能な深遠・不可思議な大日如来の秘密の教え（東密…真言宗　台密…日本天台宗に伝わる密教）

b.（⓬　　　　　）…宇宙の真理そのもの

c.（⓭　　　　　）…この世におけるこの身このままで仏となる

三密（身密・口密・意密）の行を修することにより実現

d.**加持祈禱**…仏の力を得た行者により，現世利益がもたらされる呪術的行為

e.**曼荼羅**…大日如来を中心とした宇宙の真理を表現

③（⓮　　　　　）…日本固有の神への信仰と仏教の融合

（⓯　　　　　）…仏が本地（真理の本体）で，神は垂迹（形となって現れたもの）

神は仏の権現（仮に現れたもの）

※伊勢神道…鎌倉時代に登場した反本地垂迹説にもとづき神主仏従を説く

2 仏教の日本的展開

(1) 鎌倉仏教…仏教の日本化

　大乗の思想（すべての人の救済を目指す）の徹底。念仏・坐禅・唱題など，一つの修行を選び専ら行う
わかりやすい教え・実践しやすい修行→民衆に浸透

(2) 浄土教の展開と末法思想（平安時代）　●浄土教思想

① 浄土信仰…（⑯　　　　）への信仰

　西方極楽浄土への往生を願う

　　　a．空也（903〜972）

　　　　・阿弥陀聖や市聖とよばれる

　　　　・「（⑰　　　　　）」と唱え，口称念
仏（称名念仏）を民衆に広める

　　　b．源信（942〜1017『（⑱　　　　）』

　　　　・「（⑲　　　　　）」…穢れたこの世
を厭う，「（⑳　　　　）」…極楽浄土への往生を願う

　　　　・心に仏を思い浮かべる観想念仏をすすめ，貴族に支持される

② 末法思想…仏滅後，仏陀の教えは三つの時期を経て衰退に向かうという歴史観

　　　　　　　社会の混乱（天災・飢餓・疾病・戦乱）により，人々に広まる

（㉑　　　）	教・行・証（教え・修行・悟り）の三つが整った時代。仏滅後1000年
（㉒　　　）	教と行のみが存在し，証が失われる時代。正法の次の1000年
（㉓　　　）	行も証も失われ，教のみが説かれる時代。1万年続く乱れた時代

　　　＊日本は1052年から末法の世に入ったと信じられた

（平安末期：うち続く戦乱，天災）（末法思想：仏法の加護が得られない時代）→（社会不安，無常観の高まり）（厭離穢土，欣求浄土）→（浄土信仰：阿弥陀如来の住む西方極楽浄土へのうまれかわり（往生）を求める信仰）

(3) 鎌倉新仏教Ⅰ（浄土教系）

① 法然（1133〜1212）　主著：『（㉔　　　　）』

　（㉕　　　）をひらく

　　　a．他力本願…阿弥陀仏が衆生を救って浄土に往生させるという本願を信じる

　　　b．易行…阿弥陀仏の力（他力）を信じ，念仏を唱える簡潔な行

　　　　　　末法の世では自力による難行では悟りを得られない→易行により誰でも往生できる

　　　　　　浄土門−易行−他力　⇔　聖道門−難行−自力

　　　c．（㉖　　　　）…他の修行を捨て，ひたすら「南無阿弥陀仏」と唱える

　　　※華厳宗の明恵は，法然の立場は菩提心（悟りを求める心）を否定すると批判

② 親鸞（1173〜1262）　主著：『（㉗　　　　）』『三帖和讃』

　（㉘　　　）（一向宗）をひらく

　　　a．（㉙　　　　）…「他力」を徹底→自力を完全に否定。信心・念仏も阿弥陀仏に与えられたもの

　　　b．凡夫の自覚　…「煩悩具足の凡夫，心は蛇蠍のごとくなり」

　　　c．（㉚　　　）の教え…「悪人」（煩悩に囚われ，自力で善を成しえない人）こそ救われる

　　　　　　　　　　　「善人なをもて往生をとぐ，いはんや悪人をや」『歎異抄』（唯円）

　　　d．報恩感謝の念仏…阿弥陀仏の慈悲に感謝して念仏を唱える

　　　e．（㉛　　　）…あらゆるはからいを捨て，おのずからなる阿弥陀仏の働きにすべてを委ねる

③ 一遍（1239〜89）

　・時宗の開祖

　・（㉜　　　）を考案し，全国を遊行。捨聖や遊行上人ともよばれた

④ 蓮如（1415〜99）室町時代

　浄土真宗の本願寺8世　御文（手紙）で念仏の教えをわかりやすく説く

解答 ❶番神　❷十七条憲法　❸三宝　❹世間虚仮，唯仏是真　❺鎮護国家　❻天台宗　❼法華経
❽一切衆生悉有仏性　❾真言宗　❿密教　⓫顕教　⓬大日如来　⓭即身成仏　⓮神仏習合　⓯本地垂迹説
⓰阿弥陀仏　⓱南無阿弥陀仏　⓲往生要集　⓳厭離穢土　⓴欣求浄土　㉑正法　㉒像法　㉓末法
㉔選択本願念仏集　㉕浄土宗　㉖専修念仏　㉗教行信証　㉘浄土真宗　㉙絶対他力　㉚悪人正機　㉛自然法爾
㉜踊り念仏

(4) 鎌倉新仏教Ⅱ（禅宗系）

禅宗…坐禅による自力修行を通じて悟りに至ろうとする教え

① **栄西**（1141～1215）　主著：『興禅護国論』

　　a．日本で（㉝　　　）をひらく

　　b．看話禅…坐禅と公案を解くことで悟りに到達する

② **道元**（1200～53）　主著：『（㉞　　　）』

　　a．日本で（㉟　　　）をひらく

　　b．（㊱　　　）…ただひたすら坐する（黙照禅）

　　c．為法捨身…仏法のために身を捧げる覚悟で仏道に精進する

　　d．（㊲　　　）…身も心も一切の執着から解き放たれて自在の境地に至る

　　　　　　「仏道をならふといふは，自己をならふなり。自己をならふといふは自己を忘るるなり。
　　　　　　自己を忘るるといふは，万法に証せらるるなり」

　　e．（㊳　　　）…坐禅の修行は悟りに至る手段ではなく，修行（**修**）が悟り（**証**）そのものである

(5) 鎌倉新仏教Ⅲ（法華宗系）

① **日蓮**（1222～82）　主著：『開目抄』『（㊴　　　）』

　　a．**法華経至上主義**…『法華経』こそ末法の世を救う唯一の経典

　　b．**唱題**…「（㊵　　　）」と題目を唱える→成仏と同時に「天下泰平・国土安穏」につながる道

　　c．**折伏**…他宗を非難し，『法華経』に帰依させる布教方法

　　d．（㊶　　　）…他宗に対する徹底的な批判　「念仏無間，禅天魔，真言亡国，律国賊」

　　e．**法難**…迫害を受けること　仏法にとっての災難・難儀

　　f．（㊷　　　）…『法華経』を広め，その教えを実践する人

　　　　　　この経を受持する者は迫害を受けるとされる

　　　　　　　→迫害を受ける→法華経の行者としての自覚が高まる

　　g．久遠実成の仏…永遠の昔に悟りを開き，教えを説き続けている仏

　　　　　　ブッダの悟った永遠の真理そのものを仏として人格的に捉える

❸ 仏教と日本文化

(1) （㊸　　　）…この世のあらゆるものごとは絶えず移り変わる

　　　　　日本人は，無常を主観的・心情的にとらえた（**無常観**）

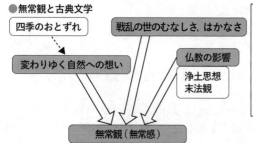

●無常観と古典文学

四季のおとずれ → 変わりゆく自然への想い

戦乱の世のむなしさ, はかなさ

仏教の影響　浄土思想　末法観

無常観（無常感）

●『平家物語』「祇園精舎の鐘の声，諸行無常の響きあり。沙羅双樹の花の色，盛者必衰のことわりをあらわす」
●西行『山家集』「願はくは花の下にて春死なむ　そのきさらぎの望月のころ」
●鴨長明『方丈記』「ゆく河の流れは絶えずして，しかも，もとの水にあらず」
●吉田兼好『徒然草』「花は盛りに月は隈なきを見るものかは」

(2) （㊹　　　）…神秘的で奥深い静かな美しさ　言葉に言いつくされない余韻や情感

　　　『新古今和歌集』　**世阿弥**『風姿花伝』（能楽の理論書）　龍安寺の石庭（枯山水）

　　　雪舟の水墨画

(3) **わび・さび**

① （㊺　　　）…物質的不足，簡素な状態の中に見い出す趣や心情の美しさ

　　　（㊻　　　）が大成した**茶道**（芸道としての茶の湯から遊興性をぬぐい去った「わび茶」）

② （㊼　　　）…ひっそりと寂しい境地　中世の幽玄の美を深化した静寂・閑寂な美意識

　　　松尾芭蕉の俳諧の理念

③ **いき**…江戸の町人たちの間で共有された美意識で，身なりや立ち居振る舞いがさっぱりとして洗練

　　　されている様。哲学者の**九鬼周造**（1888～1941）は背景に武士道や仏教などの精神的伝統がある

　　　と分析

解答　㉝臨済宗　㉞正法眼蔵　㉟曹洞宗　㊱只管打坐　㊲身心脱落　㊳修証一等　㊴立正安国論
㊵南無妙法蓮華経　㊶四箇格言　㊷法華経の行者　㊸無常　㊹幽玄　㊺わび　㊻千利休　㊼さび

問題演習

1 聖徳太子が記したとされる「十七条憲法」の中には，煩悩の自覚に基づく条文がある。その条文の要旨として最も適当なものを，次の ① 〜 ④ のうちから一つ選べ。

① 聖人や賢人のようには知恵の明らかでない者が愚癡である。聖人や賢人のようには才能の及ばない者が不肖である。愚癡不肖であっても良知良能がある。その良知良能を失わなければ，愚癡不肖も善人の徒なのである。

② 法による指導や刑罰による規制では，人々は法や刑罰に触れなければよいと思い，悪を恥じることがない。しかし徳によって導き，礼によって規制すると，人々は悪を恥じるようになり，おのずから善に至るものである。

③ 心のなかに怨みを抱かず，怒りを棄てよ。人はそれぞれ自分が正しいと思い他人が間違っていると思い込む。しかし自分が必ずしも聖人なのではなく他人が必ずしも愚者なのでもない。ともに欲望にとらわれているのである。

④ 人間の性質は悪であって，善なるものは偽（人為）である。人間は生まれつき利益を好み，妬み憎んだりする傾向があり，それに従うと争い合い秩序がなくなる。聖人はそれを見て，礼や法を制して人間の性質を正したのである。　　　　　　　　　　　　　　　　　　　　〈2004 年本試〉

2 「十七条憲法」第一条の全文は次のとおりである。この条文の趣旨に合致する記述として最も適当なものを，下の ① 〜 ④ のうちから一つ選べ。

「和をもって貴しとし，忤う*(1)ことなきを宗とせよ。人みな党*(2)あり。また達れる者少なし。ここをもって，あるいは君父に順わず。また隣里に違う。しかれども，上和らぎ，下睦びて，事を，論う*(3)に諧う*(4)ときは，事理おのずから通ず。何事か成らざらん。」

* (1) 忤う：反対する，対立する　　　* (2) 党：集団，派閥
* (3) 論う：議論する，話し合う　　　* (4) 諧う：調和する

① 利害にこだわって他者と衝突するのではなく，親和的関係を結んだうえで話し合いを続けることの大切さを強調している。

② みんなの意見が一致することを目指して，慎重に妥協点を探りながら話し合いができる達観者になることを勧めている。

③ 他者との対立を回避するために，大局的な立場から自然に道理が通じるような状況を作り出すことの大切さを訴えている。

④ むやみに反対意見を出すのではなく，相手の意見を尊重し集団の意向に同調できるような人格者になることを諭している。　　　　　　　　　　　　　　　　　　　　〈2007 年本試〉

3 最澄は，与えられたいのちの根本に仏性をおいた。彼による仏性の理解として最も適当なものを，次の ① 〜 ④ のうちから一つ選べ。

① すべていのちあるものは生まれながらに仏である。従って悟りに至るための修行は必要なく，寺院での日常的な生活行為こそが重要である。

② 仏になれるかどうかについては，その人が受けた教えや，その人の素質によって差異が出てくる。従って，選ばれたもののみが成仏しうる。

③ 『法華経』には仏教の真理が集約されている。従って『法華経』に帰依するという意味の言葉を唱えることによってのみ仏性は実現される。

④ すべていのちあるものは仏となる可能性を備えている。従って自らがそのような本性を自覚し，さらに修行するならば，誰もが成仏しうる。　　　　　　　　　　　　　　　　〈2005 年追試〉

4 平安時代初期，奈良仏教の救済観を差別的であると批判し，仏教の学びの意義や方法を確立しようとした人物の一人として，最澄がいる。最澄についての説明として最も適当なものを，次の ① ～ ④ のうちから一つ選べ。

① 仏教の力によって国家の安泰をはかる鎮護国家の考え方を否定し，世俗を離れた奥山での学問と修行を重んじた。

② 各人の能力や資質によって到達できる悟りに違いがある，とする考え方を批判し，生あるものは等しく成仏し得る，と説いた。

③ 大乗菩薩戒を受けた者を官僧とするそれまでの制度を否定し，鑑真が伝えた正式な授戒儀式に立ち戻るべきだと主張した。

④ 入唐して天台の奥義・禅・密教を学び，帰国後，これらを総合した日本天台宗の教えを，主著『三教指帰』によって示した。　〈2015 年本試改〉

5 天台宗の最澄と，同時代を生きた空海の思想について述べた文章として正しいものを，次の ① ～ ④ のうちから一つ選べ。

① 最澄は，すべての生命あるものは生まれながらに仏であるとした。一方，空海は，人は真言を唱えることで，宇宙の真理そのものである大日如来の境地に至り，成仏できると説いた。

② 最澄は，仏になれるかどうかは人の資質により差異があるとした。一方，空海は，人の本性は生まれながらに宇宙の本質である大日如来の一部であるから，資質に関係なく成仏できると説いた。

③ 最澄は，人の資質に差異なく，自らの仏性を自覚して修行すれば，等しく成仏できると説いた。一方，空海は，人は密教の修行をすれば大日如来と一体化し，この身このままで成仏できると説いた。

④ 最澄は，仏になれるかどうかは人の資質により差異があるとした。一方，空海は，手に印を結び，口に真言を唱え，心に仏を憶いながら死に至るならば，必ず成仏できると説いた。　〈2013 年追試〉

6 平安時代に盛んとなり，当時の人々の信仰に影響を与えた本地垂迹説に関する説明として最も適当なものを，次の ① ～ ④ のうちから一つ選べ。

① 仏が仮に人となって日本の国土に現れるとする考え方

② 神が仮に仏となって日本の国土に現れるとする考え方

③ 仏が仮に神となって日本の国土に現れるとする考え方

④ 神が仮に人となって日本の国土に現れるとする考え方　〈2008 年本試〉

7 仏教が伝来することによって生じた，仏と在来の神との関係についての説明として最も適当なものを，次の ① ～ ④ のうちから一つ選べ。

① 仏教が伝来した当初，仏は，異国から到来した神と認識され，人々に利益や災厄をもたらすと考えられた。平安時代になると，神は仏が人々を救済するために現れた仮の姿であるという考え方が生まれた。

② 仏教が伝来した当初，仏は，当時の人々が唯一絶対の貴い神と考えていたアマテラスと対立する存在とみなされた。平安時代になると，仏はアマテラスが人々を教化するために現れた化身であるという考え方が生まれた。

③ 仏教が伝来した当初，仏は，異国から到来した神と認識され，人々に利益や災厄をもたらす存在であると考えられた。平安時代になると，仏は神が人々を守護するために現れた仮の姿であるという考え方が一般化した。

④ 仏教が伝来した当初，仏は，当時の人々が不可思議な現象や存在として捉えた神々と同様のものであると考えられた。平安時代になると，仏と神は異なる国に誕生した対立する存在であるという考え方が一般化した。　〈2017 年本試〉

8 日本における仏と神との関係についての説明として最も適当なものを，次の**①**〜**④**のうちから一つ選べ。

① 蕃神とは，外国の神という意味であるが，仏教伝来当初は日本の神を指して使われた語である。

② 神宮寺とは，神前で読経するなど，神に対して仏教の儀式を行うために神社の境内に設けられた寺である。

③ 権現とは，仏が仮に神として現れることを指して，反本地垂迹説の立場から唱えられた語である。

④ 神仏分離令とは，仏教を神道から切り離し，仏教の優位を明確にするために出された法令である。

〈2018 年追試〉

9 天台宗の僧侶であった源信の説明として最も適当なものを，次の**①**〜**④**のうちから一つ選べ。

① 諸国を旅し，井戸や池を掘り，阿弥陀仏の名をとなえながら野原に遺棄された死者を火葬して歩き，阿弥陀聖と呼ばれた。

② 日本において往生を遂げたとされる人物の伝記を集め，『日本往生極楽記』を著し，後世の往生伝や説話集に，大きな影響を及ぼした。

③ 念仏をとなえれば誰でも往生することができると説き，行き合う人々に念仏札を配りながら諸国を遊行し，捨聖と呼ばれた。

④ 極楽浄土や地獄について述べた書物を著し，浄土に往生するためには，阿弥陀仏の姿を心に思い描く必要があると説いた。

〈2014 年本試〉

10 法然の言葉として伝えられる次の文章を読み，その趣旨に合致する記述として最も適当なものを，下の**①**〜**④**のうちから一つ選べ。

　弥陀如来の本願の名号は，木こり，草刈り，菜摘み，水汲むたぐひのごときものの，内外ともにかけて*一文不通なるが，称ふれば必ず生ると信じて，真実に願ひて，常に念仏申すを最上の機**とす。もし智恵をもちて生死を離るべくは，源空***いかでかかの聖道門を捨てて，この浄土門におもむくべきや。

　*内外ともにかけて：仏教の典籍もそれ以外の典籍もともに。

　**機：仏の教えに応ずる能力。ここでは「救いの対象となる人」という意味。

***源空：法然の別名。

（『法然上人絵伝』）

① 阿弥陀仏の救いに最もふさわしいのは，文字も読めないような民衆であると述べ，経典を読むことなど一切必要としない念仏の功徳を強調している。

② 阿弥陀仏の救いに最もふさわしいのは，労働に励む民衆であると述べ，貴族が特権的に支配する社会を念仏の功徳により改革しようとしている。

③ 阿弥陀仏の救いに最もふさわしいのは，智恵も徳もない民衆であると述べ，一切の学問や修行を捨てて民衆と同化すべきだと訴えている。

④ 阿弥陀仏の救いに最もふさわしいのは，日々の生活の中で悪行を犯さざるをえない民衆であると述べ，自らも悪行を実践していると告白している。

〈2006 年本試〉

11 親鸞の思想についての記述として最も適当なものを，次の**①**〜**④**のうちから一つ選べ。

① 阿弥陀仏の救済の力は絶大である。念仏を唱える人間は誰でも浄土に往生できるが，そのためには自己の煩悩を自覚し，日常生活のすべてを捨てなければならない。

② 念仏を唱えること以外の，一切の自力の修行を廃すべきである。阿弥陀仏は煩悩を抱えた人間のために称名念仏を選んだのだから，それのみを修行すれば往生できる。

③ 自力の修行で煩悩を克服することは困難である。浄土に往生するためには，日頃念仏を唱えるとともに，臨終の際に煩悩が生じないようにすることが特に重要である。

④ 煩悩を抱えた人間が浄土に往生できるのは，完全に阿弥陀仏の救済の力による。自ら唱えているように思っている念仏や信心すら，阿弥陀仏の働きに由来する。

〈2004 年本試〉

⓬ 『歎異抄』は,「善人なほもて往生をとぐ,いはんや悪人をや」という親鸞の言葉を伝えている。このなかで使用されている「善人」と「悪人」の説明として最も適当なものを,次の①～④のうちから一つ選べ。

① 「善人」とは,阿弥陀仏とは無関係に自力の善のみによって往生が可能な人のことであり,「悪人」とは,根深い煩悩によって悪を行ってしまいがちな自己を自覚し,阿弥陀仏をたのんで,善に努めようとする人のことである。

② 「善人」とは,阿弥陀仏とは無関係に自力の善のみによって往生が可能な人であり,「悪人」とは,根深い煩悩を自覚し,どんなに善をなそうと努めても不可能であると思い,阿弥陀仏の救いをたのむ人のことである。

③ 「善人」とは,自力で善を行うことができると思っている人のことであり,「悪人」とは,根深い煩悩を自覚し,どんなに善をなそうと努めても,それが不可能であると思っている人のことである。

④ 「善人」とは,自力で善を行うことができると思っている人のことであり,「悪人」とは,根深い煩悩によって悪を行ってしまいがちな自己を自覚し,できるだけ善に努めようとする人のことである。

〈2011 年本試〉

⓭ 『歎異抄』には,親鸞が,師の法然と自分の信心は同一であると語ったところ,法然も親鸞の主張を認めたと伝えられている。法然の認めた,親鸞の信心理解として最も適当なものを,次の①～④のうちから一つ選べ。

① 信心は,悪人こそが阿弥陀仏による救いの本来の対象であることを理解して,救われるために悪行を犯してまでも得たものなのだから,法然と親鸞とで異なることはあり得ない。

② 信心は,阿弥陀仏の姿を実際に見るかのように思い描いたとき,心に生じてくるものであり,同じ阿弥陀仏を心に描いているのだから,法然と親鸞とで異なることはあり得ない。

③ 信心は,自分自身の努力で身に付けた知恵や才覚によって獲得したものではなく,そもそも阿弥陀仏からいただいたものなのだから,法然と親鸞とで異なることはあり得ない。

④ 信心は,行によって悟りを得ることはできないと知り,あらゆる行をすべて放棄し尽くした果てに,おのずと得られるものなのだから,法然と親鸞とで異なることはあり得ない。

〈2016 年本試〉

⓮ 浄土教に新たな展開を与えた一遍の説明として最も適当なものを,次の①～④のうちから一つ選べ。

① 様々な経典を参照して『往生要集』を著し,煩悩や穢れに満ちたこの世界を厭い離れて,阿弥陀仏の極楽浄土に往生することを願い求めるべきであると主張した。

② 南無阿弥陀仏の名号こそが真実であると確信し,自らがもつすべてを捨てて,ただ一度だけでも名号を称えれば,貴賤を問わず,往生することができると説いた。

③ すべての人間は迷いの身ではあるが,瞑想の行を通して,宇宙やいのちの根源としての阿弥陀仏とこの身このままに一体となれると主張して,即身成仏を説いた。

④ 天災や国内外の争乱の原因は,阿弥陀仏の本願が軽視されているからだと主張して,禅宗や真言宗を始めとした四つの宗派に対して,四箇格言と呼ばれる激しい批判を行った。

〈2015 年追試〉

⓯ 日本臨済宗の開祖である栄西の教えとして最も適当なものを,次の①～④のうちから一つ選べ。

① 仏の眼差しから見れば,貧富や身分の上下は見せかけにすぎない。為政者は仏の眼差しを心にとめて人々に対するべきだ。

② この世界は,欲望や苦悩に満ちている。この世をけがれた世として厭い,極楽浄土に往生することを願い求めなければならない。

③ 山川や草木といった,心をもたないものさえも仏性をもち,ことごとく真理と一体になって成仏することができる。

④ 末法の時代であっても戒律を守り,坐禅の修行に励み,国家に役立つ優れた人物を育成することが重要である。

〈2010 年本試〉

16 次の道元の文章を読み，その趣旨を記述したものとして**適当でないもの**を，下の ① 〜 ④ のうちから一つ選べ。

　仏道をならふといふは，自己をならふ也。自己をならふといふは，自己をわするゝなり。自己をわするゝといふは，万法に証せらるゝなり。万法に証せらるゝといふは，自己の身心および他己の身心をして脱落せしむるなり。
　　　　　　　　　　　　　　　　　　　　　　　　　　　　　　　　（道元『正法眼蔵』）

① 修行に徹するということは，自己中心的なあり方を去り，自己を包むものとしての世界と真に出会うことにほかならない。

② 修行に徹するということは，世界を超えた仏の力が自己に入ることであり，自己が仏と一体化していくことを意味する。

③ 修行に徹するということは，本来の自己に目覚めることであり，そのような自己において，身心への執着は消滅している。

④ 修行に徹するということは，自己が世界に向かうありようではなく，世界の方から自己が根拠づけられることを意味する。
　　　　　　　　　　　　　　　　　　　　　　　　　　　　　　　　〈2005 年追試〉

17 次の**レポート**は，高校生Cがまとめたものの一部である。**レポート**中の a ・ b に入る記述を，下の**ア〜オ**から選び，その組合せとして最も適当なものを，下の ① 〜 ⑥ のうちから一つ選べ。

レポート
　道元は， a ，と考えていた。また，時間に関して，本来的な時間とは，一方向に進んでいくものではなく，「今というこの瞬間」が絶え間なく連続しているものと捉えていた。このような時間の捉え方が， b という「修証一等」の考えにも関係しているのではないだろうか。

ア　ひたすら坐禅に打ち込み，一切の執着から解き放たれることが重要である
イ　南都六宗の立場から，念仏によらない修行のあり方を捉え直す必要がある
ウ　自らは罪深い凡夫であるため，自力によって悟りを開くことができない
エ　三密の修行によって，仏と一体になることができる
オ　修行とは悟りの手段ではなく，悟りそのものである

① a−ア　b−エ　　② a−ア　b−オ　　③ a−イ　b−エ
④ a−イ　b−オ　　⑤ a−ウ　b−エ　　⑥ a−ウ　b−エ
　　　　　　　　　　　　　　　　　　　　　　　　　　　　　　　　〈2021 年本試〉

18 鎌倉時代に活躍した僧の説明として正しいものを，次の ① 〜 ④ のうちから一つ選べ。

① 法然は，念仏弾圧を受けて越後国へ流罪となり，その地で妻帯し非僧非俗の自覚に立って自らの仏道を実践した。

② 日蓮は，自らを『法華経』に登場する菩薩になぞらえ，念仏の力によって万人が救済される仏国土の実現に生涯を尽くした。

③ 末法思想を否定した道元は，ひたすら坐禅に打ち込むという修行こそがそのまま悟りであるとする修証一等を唱えた。

④ 華厳宗を再興した明恵は，『摧邪輪』を著し，源信の観想念仏について，菩提心を否定するものだと厳しく批判した。
　　　　　　　　　　　　　　　　　　　　　　　　　　　　　　　　〈2011 年追試〉

19 日蓮についての説明として**適当でないもの**を，次の ①～④ のうちから一つ選べ。

① 個人の救済だけでなく，正しい仏法に基づく政治の実現が重要だと考え，為政者への布教も行うことで，現実社会を仏国土とすることを目指した。

② 国難の到来を防ぎ，国土安隠を実現するためには，宗派間での融和を図ることが必要だと考え，他宗に協力を呼びかけた。

③ 『法華経』には，釈迦は時を超えて永遠に存在し続けると説かれていることに着目し，末法の世であっても救済は達成され得ると主張した。

④ 『法華経』には，人々の救済に献身する菩薩が描かれていることに着目し，その姿に自己をなぞらえることで教えを説こうとした。　　　　　　　　　　　　　　　　　　　　〈2018 年本試〉

20 次の**ア～ウ**は，日本の仏教者についての説明である。その正誤の組合せとして正しいものを，下の ①～⑧ のうちから一つ選べ。

ア 空海は，仏教の多様な教えを，大日如来の教えである顕教と釈迦の教えである密教に分類したうえで，密教こそが人々を悟りに導く究極の教えであると主張した。

イ 蓮如は，平易な和文で『教行信証』を著し，自力の修行ではなく，阿弥陀仏の他力によって極楽往生を遂げるべきだと説く浄土真宗の教えを，人々に広く浸透させた。

ウ 日蓮は，災害の多発する状況は，釈迦の究極の教えである『法華経』が軽視されていることに起因するとして，禅や念仏を厳しく排斥し，『法華経』に帰依すべきだと主張した。

① ア 正 イ 正 ウ 正　　　② ア 正 イ 正 ウ 誤
③ ア 正 イ 誤 ウ 正　　　④ ア 正 イ 誤 ウ 誤
⑤ ア 誤 イ 正 ウ 正　　　⑥ ア 誤 イ 正 ウ 誤
⑦ ア 誤 イ 誤 ウ 正　　　⑧ ア 誤 イ 誤 ウ 誤　　　　　　　　〈2017 年追試〉

21 文芸や芸術の分野で，美について思索した人物についての説明として**適当でないもの**を，次の ①～④ のうちから一つ選べ。

① 吉田兼好は，『徒然草』を著し，今にも花が咲きそうな梢（こずえ）や，花が散った後の庭に，見所があると述べ，世の中は無常であるがゆえに，「あはれ」があるのだと主張した。

② 世阿弥が大成した能楽は，「幽玄」を理念としていた。世阿弥は，『風姿花伝』（『花伝書』）を著し，演技者が目指すべき有り様を「花」に譬（たと）えながら，演技者としての心得を説いた。

③ 千利休が大成した茶道では，「わび」の精神が重んじられた。「わび」とは，華麗なものにも簡素なものにも，ひとしく無常と美を見いだし，そこに安らぎを覚えようとする精神のことである。

④ 松尾芭蕉は，新たな俳諧の道を切り開こうとして，旅に生きた。その結果，内面的な閑寂（かんじゃく）さとしての「さび」の境地が獲得された。　　　　　　　　　　　　　　　　〈2014 年本試改〉

22 日本の芸道や生活における美意識についての説明として**適当でないもの**を，次の ①～④ のうちから一つ選べ。

① 「幽玄」は，世阿弥が大成した能楽において重んじられた，静寂のなかに神秘的な奥深さを感じとる美意識である。

② 「さび」は，松尾芭蕉が俳句を詠むなかで追求した，閑寂・枯淡のなかに情趣を見いだして安らぐ美意識である。

③ 「つう（通）」は，世事や人情の機微を深く理解することを良しとする美意識であり，近世の町人の間に広まった。

④ 「いき（粋）」は，武骨で垢抜（あかぬ）けない素朴さを良しとする美意識であり，勤労と倹約を貴ぶ近世の町人によって生み出された。　　　　　　　　　　　　　　　　　　　　〈2019 年本試〉

第14章　近世日本の思想　　

1 儒教の受容と朱子学

儒教…5〜6世紀ごろ伝来。政治道徳として受容され，その後の政治思想に影響を与えた

(1) **藤原惺窩**（1561〜1619）：僧侶だったが出世間の教えとしての仏教にあきたらず還俗した近世儒学の祖

(2) **林羅山**（1583〜1657）：徳川家康などに仕え，幕府の儒者として朱子学の基礎を固め幕府を支えた

① （❶　　　　　）…天地に上下があるように，万事に上下があり，人間社会にも君臣の上下の定めがあるとする考え

② （❷　　　　　）…朱子学で最も重視された徳目であり，「うやまう」ではなく「つつしむ」こと

③ （❸　　　　　）…心の中に少しでも私利私欲があることを厳しく戒めて，常に心と理を一体とすること

④ 諸大名が登用した朱子学者たち

山崎闇斎（1618〜82）	朱子学と神道の結合をはかる（❹　　　　　）を唱えた
貝原益軒（1630〜1714）	窮理の精神にもとづき，実装的な博物学の書『大和本草』を著した
雨森芳洲（1668〜1755）	木下順庵に学び，対馬藩で朝鮮王朝の使節を応接し，「誠信の交わり」を旨に善隣外交に尽力した
新井白石（1657〜1725）	幕政に参画し，鎖国下において貴重な西洋理解の書『西洋紀聞』を著した

2 日本陽明学

(1) **中江藤樹**（1608〜48）　主著：『（❺　　　　　）』

朱子学から出発するも，これを批判し（❻　　　　　）を取り入れた

① （❼　　　　　）…親子だけでなく，あらゆる人間関係を成立させる**人倫**の基本原理であり，宇宙万物を存在させる根本原理。時・処・位を十分に考慮して実践されるべきもの

② （❽　　　　　）…人間に先天的にそなわる善悪を判断する能力

③ **知行合一**…実行できない知は真の知ではないとし，真に知ることと実行することは同一であるとする**王陽明**の説であり，藤樹も，同じ立場で，良知をきわめることと孝行を一体とみる

(2) **熊沢蕃山**（1619〜91）：藤樹の教えも受け，礼法は時・処・位に応じてのみ定められるとした

(3) **大塩平八郎**（1793〜1837）：大坂町奉行所の元与力。陽明学の知行合一に学び，1837年，天保の飢饉に際して「救民」のために決起した

3 日本的儒学の形成

（❾　　　　　）…宋代の朱子や明代の王陽明などの注釈によらず，儒学の古典を直接読み取り，その本来の教えをうけとめようとするもの

(1) **山鹿素行**（1622〜85）：朱子学の観念性を批判し，古学を提唱。みずからの学問を「聖学」とする

① （❿　　　　　）…**武士道**を儒学によって理論化し，新しい武士のあり方として人格修養につとめる指導者像を提唱。主著：『聖教要録』

② 武士の職分…農工商三民の師として人倫の道を実現し，三民を導くこと（三民の師表）

③ 鍋島藩の山本常朝は，『葉隠』の中で「武士道といふは死ぬ事と見付けたり」と述べ，戦国武士としての死への覚悟と主君への絶対的忠誠を強調。素行の士道をうれいなげいた

(2) **伊藤仁斎**（1627〜1705）：『論語』『孟子』のもともとの意味（**古義**）を究明しようとする（⓫　　　　　）を提唱（『論語』…「最上至極，宇宙第一の書」）。主著：『童子問』

① **仁愛**…朱子学が重視した敬や理よりも，根本的なものであり，根底には**誠**が必要だとする

② **誠**…**真実無偽**であり自分に対しても他人に対してもいつわりをもたない純粋な心情のこと

③ **忠信**…自分をいつわらず，他人を欺かないこと

解答 ❶上下定分の理　❷敬　❸存心持敬　❹垂加神道　❺翁問答　❻陽明学　❼孝　❽良知　❾古学
❿士道　⓫古義学

(3) **荻生徂徠**（1666 ～ 1728）：実証的な（**⓬**　　　　）の創始者。主著：『弁道』『弁名』
- ① （**⓭**　　　　）…世をおさめ民を救うこと。徂徠が考えた儒学の目的にあたる
- ② （**⓮**　　　　）…中国古代の理想的君主が，国を統治するために人為的につくった**安天下の道**
- ③ **礼楽刑政**…礼・音楽・刑罰・政治など安天下の道を具体的にしたものであり，安定した社会秩序を実現するための政治の方法

思想家名	山鹿素行	伊藤仁斎	荻生徂徠
提唱	古学・士道	古義学	古文辞学

4 国学の形成

契沖（1640 ～ 1701）	実証的な文献学的方法によって『万葉集』のすぐれた注釈書『万葉代匠記』を著し，（**⓯**　　　　）の基礎を築く
荷田春満（1669 ～ 1736）	伊藤仁斎の古義学の影響をうけつつ，神道を研究し，古代の神の教えを明らかにしようとした
賀茂真淵（1697 ～ 1769）	『万葉集』の歌風を男性的でおおらかな「（**⓰**　　　　）」ととらえ，そこに天地自然にかなった素朴で力強い「（**⓱**　　　　）」という理想的精神を見出して，儒教道徳を不自然なものと批判した。また『古今和歌集』『新古今和歌集』にみられる「たおやめぶり（女性的で繊細な歌風）」には批判的であった。主著『国意考』『万葉考』

(1) **本居宣長**（1730 ～ 1801）：契沖や真淵の後継者として**国学**を大成。主著：『（**⓲**　　　　）』『玉勝間』
- ① （**⓳**　　　）…『源氏物語』に描かれている人の**真心**であり，人間が自然などの「もの」にふれたときにわきおこる，しみじみとした感情
- ② （**⓴**　　　）…儒学など中国の学問や文化などに感化された心であり，排斥されるべきもの
- ③ **惟神の道**…『古事記』に描かれた神々の振る舞いや事跡のうちに宣長が見出した日本固有の道。宣長は儒教や仏教のような言葉による教説ではなく，そうした古の道に私心なく従うことを求めた
(2) **平田篤胤**（1776 ～ 1843）：宣長の「没後の門人」を自称。宣長の惟神の道をおしすすめ **㉑**　　　　）を唱えるが，日本中心主義に傾き，幕末の攘夷思想に影響をあたえた。主著：『霊能真柱』

5 民衆の思想

(1) **鈴木正三**（1579 ～ 1655）：あらゆる職業は仏の働きを具現（職分仏行説）。また禅と念仏をあわせて行う独自の修行を実践。主著：『万民徳用』
(2) 町人文化の隆盛

西川如見（1648 ～ 1724）	天文暦算家。長崎の商家に生まれ，町人の生き方を積極的に肯定した。主著『町人囊』
井原西鶴（1642 ～ 93）	浮世草子作家。恋や富の追求などこの世を享楽的に生きる町人の姿を軽妙な筆致で描き出し，町人文学を確立した。主著『好色一代男』『世間胸算用』『日本永代蔵』など
近松門左衛門（1653 ～ 1724）	浄瑠璃・歌舞伎作者。町人社会の身近な出来事を題材とする世話浄瑠璃を創始し，義理と人情の葛藤などを通して人の心の美しさを描いた。主著『曽根崎心中』『国姓爺合戦』など

(3) **石田梅岩**（1685 ～ 1744）：日常生活での道徳の実践を説く**石門心学**を創始。主著：『都鄙問答』
- ① 「（**㉒**　　　　）」…商人蔑視の風潮が強かった時代に，商業行為の正当性を強調
- ② **正直・倹約**…商人の道徳の中心的なもの
- ③ **知足安分**…足ることを知り，自分の身のほどに安んじること
- ④ 心学は後継者となった**手島堵庵**（1718 ～ 86）によって広められた
(4) **懐徳堂**…大阪町人の出資によってひらかれた町人学問所
- ① **富永仲基**（1715 ～ 46）…仏教や儒教は後代に新しい思想を付け加えられて展開したとする加上説を唱え，仏教の経典もすべてが釈迦の言葉とは限らないと主張
- ② **山片蟠桃**（1748 ～ 1821）…地動説を認め，神代史や霊魂の存在を否定する（無鬼論）など合理主義思想を展開

(5)　**三浦梅園**（1723 ～ 89）：宇宙の事象は対立する二つの要素が統一され存在するという反観合一の視点から，「条理学」という自然の条理を探求する独創的な自然哲学の体系をつくった。主著：『玄語』

(6)　**安藤昌益**（1703 ～ 62）：東北八戸の医者で思想家。主著：『（❷③　　　　）』
　　① **法世**…武士の支配する世の中で，昌益は差別と搾取の世界だと批判
　　② （❷④　　　　）…すべての人が農耕に従事し，あらゆる差別がない**万人直耕**の世界であり，昌益が説いた理想の社会

(7)　**二宮尊徳**（1787 ～ 1856）：北関東などの荒廃した農村の復興につとめ，神儒仏の教えを折衷する
　　① **天道⇔人道**…自然の営みである天道と人間の営みである人道を対置
　　② （❷⑤　　　　）…自分が存在するのは天地・君・祖先などのおかげであり，その恩に報いること
　　③ （❷⑥　　　　）…自分の経済力に応じた合理的な生活設計をたてること
　　④ **推譲**…余裕が生まれたらそれを社会の生産力向上のために他者にゆずること

6 幕末の思想

(1)　洋学（蘭学）の普及・展開
　　① **杉田玄白**（1733 ～ 1817）…オランダ語の解剖学書『ターヘル＝アナトミア』を**前野良沢**らと翻訳して，『（❷⑦　　　　）』として刊行した
　　② **緒方洪庵**（1810 ～ 63）…蘭医，蘭学者。大阪に開いた蘭学塾の適塾では，福沢諭吉や大村益次郎など幕末から明治にかけて活躍した人物を多く輩出した
　　③ **高野長英**（1804 ～ 50）…『慎機論』を著した**渡辺崋山**らと（❷⑧　　　　）を設立した。モリソン号事件の際，『戊戌夢物語』で幕政を批判したため，蛮社の獄で投獄され，その後自刃した
　　④ **佐久間象山**（1811 ～ 64）…江戸時代末期の思想家・洋学者。アヘン戦争での清の敗戦に衝撃を受け，**和魂洋才**の立場から「（❷⑨　　　　）」の言葉を残す
　　⑤ **横井小楠**（1809 ～ 69）…儒学に基づきつつ西洋文化を受容して富国をはかるために開国論を主張するとともに，幕府と朝廷の結びつきを目指す公武合体論を唱えた「堯舜孔子の道を明らかにし，西洋器械の術を尽くす」

(2)　尊王攘夷論，一君万民論
　　① **会沢正志斎**（1782 ～ 1863）…藤田東湖と並ぶ**水戸学**の代表的思想家。主君への忠誠と国家秩序に対する服従を絶対視する「**大義名分**」論を唱え，天皇を尊び外国人を排斥しようとした（❸⓪　　　　）運動の志士たちに大きな影響を与えた。主著：『新論』
　　　　　　※水戸学…水戸藩で『大日本史』が編纂されるなかで興隆した学派
　　② **吉田松陰**（1830 ～ 59）…郷里の松下村塾で多くの有能な志士を育てた長州藩士。すべての民は身分にかかわらず，藩などの枠を超え主君である天皇に忠誠を尽くすべきだとする「一君万民」を主張した。安政の大獄で刑死。主著：『講孟余話』

解答 ⓬古文辞学　⓭経世済民　⓮先王の道　⓯国学　⓰ますらをぶり　⓱高く直き心　⓲古事記伝
⓳もののあはれ　⓴漢意　㉑復古神道　㉒商人の買利は士の禄に同じ　㉓自然真営道　㉔自然世　㉕報徳
㉖分度　㉗解体新書　㉘尚歯会（蛮社）　㉙東洋道徳，西洋芸術　㉚尊王攘夷

1 藤原惺窩の思想的展開の説明として最も適当なものを，次の ①〜④ のうちから一つ選べ。

① 禅宗が支配層の支持を集めていたのに対し，民衆の強い支持を得ていた儒学の影響力の大きさに注目し，国教にすることを主張した。

② 実社会の利害にまみれた禅宗よりも，出世間を説く儒学の教えに深く共感し，権力者におもねることなく多くの優れた弟子を養成した。

③ 道徳や礼儀による社会秩序を説く儒学の教えに強くひかれ，儒学を五山僧の教養から独立させて，近世日本に定着させる端緒をなした。

④ 身分秩序を重んじ社会の安定を説く儒学に心を動かされ，徳川家康に仕えて，幕藩体制を支える学問としての朱子学の基礎を固めた。 〈2010 年本試〉

2 次の**レポート**中の ┃ a ┃・┃ b ┃ に入る語句や記述の組合せとして正しいものを，下の ①〜④ のうちから一つ選べ。

> **レポート**
> 　江戸時代に入ると，儒者たちは，現実的な人間関係を軽視するものとして仏教を盛んに批判し始めた。そうした儒者の一人であり，徳川家康ら徳川家の将軍に仕えた ┃ a ┃ は，「持敬」によって己の心を正すことを求めた儒学を講じ，┃ b ┃ と説いた。

① a 林羅山
　 b 「理」を追求するのではなく，古代中国における言葉遣いを学び，当時の制度や風俗を踏まえて，儒学を学ぶべきである

② a 林羅山
　 b 人間社会にも天地自然の秩序になぞらえられる身分秩序が存在し，それは法度や礼儀という形で具現化されている

③ a 荻生徂徠
　 b 「理」を追求するのではなく，古代中国における言葉遣いを学び，当時の制度や風俗を踏まえて，儒学を学ぶべきである

④ a 荻生徂徠
　 b 人間社会にも天地自然の秩序になぞらえられる身分秩序が存在し，それは法度や礼儀という形で具現化されている 〈2021 年本試改〉

3 林羅山についての説明として最も適当なものを，次の ①〜④ のうちから一つ選べ。

① 自己の欲望を抑制する居敬の実践を重視するとともに，天皇への尊崇を説き，後の尊王思想に大きな影響を与えた。

② 天理を実現することを重んじ，そのための方法として，天理の具体化である礼儀法度を順守すべきことを説いた。

③ 多様な個性こそ人間の本質であると考え，それぞれの人間に個性を発揮させながら，全体として調和させることが道の働きであるとした。

④ 宇宙万物の根本原理である孝が，人間においては人を愛し敬う心として現れると考え，孝の実践を重んじた。 〈2017 年追試〉

4 次の文章中の ┃　　┃ に入れるのに最も適当なものを，次の ①〜④ のうちから一つ選べ。

　江戸幕府に仕えた ┃　　┃ の唱えた上下定分の理という言葉からも分かるように，当時，学問の主流では，現世に関心がおかれていた。荻生徂徠の経世済民も同様である。

① 貝原益軒　　② 熊沢蕃山　　③ 林羅山　　④ 山崎闇斎

〈2009 年本試〉

5 江戸時代の儒学者についての記述として**適当でないもの**を，次の ①～④ のうちから一つ選べ。

① 雨森芳洲は，堪能であった朝鮮語の能力を生かして朝鮮使節を応援するとともに，外交関係の構築には誠意と信頼を根本とした「誠信」が重要であると説いた。

② 新井白石は，文治主義による政治の実践に関わるとともに，密入国したイタリア人宣教師への尋問を通して，世界の地理やキリスト教に関する新たな知識を摂取した。

③ 山鹿素行は，朱子学で説かれる理を観念的なものと批判し，古典の言葉を正確に理解する古学の方法によって，六経に記された先王の道を学ぶべきであることを主張した。

④ 伊藤仁斎は，『論語』や『孟子』に説かれた言葉を，朱子の注釈に拠らずに熟読して深く理解しようとする古義学を唱え，「忠信」の実践による「仁愛」の実現を強く求めた。　　　〈2016 年追試〉

6 山崎闇斎は，正統的な朱子学者を自認したばかりでなく，同時に日本の神道も熱心に信奉していた。ある時，山崎闇斎に弟子が，「もし孔子・孟子が日本に攻めてきたら，先生はどうしますか」と質問したという言い伝えが残っている。その時の闇斎の答えは，下線部の考え方をよく表している。そのことから推測して，闇斎の答えとして最も適当なものを，次の ①～④ のうちから一つ選べ。

① 儒学者である以上，どこの国の人間であろうと，孔子・孟子には人格的に服従しなければならない。したがって，彼らが攻めてきたら，日本人としての立場を捨て，ただちに降伏すべきである。

② 日本人は日本の道を守ることが，儒教の教えにもかなうことである。したがって，孔子・孟子が相手といえども，自国のために戦うべきであり，そうすることがかえって，彼らの説く道に従うことにもなる。

③ 儒教だけが，国を超えた普遍的な倫理を説く唯一の教えであり，他国を侵略することは，その教えに反する行為である。したがって，孔子・孟子が自らの道に矛盾した行動をとるなら，儒教の道にのっとって彼らを撃破する。

④ 日本人には，日本の道こそが最も重要であり，儒教はそれを学ぶための手段にすぎない。したがって，孔子・孟子が攻めてくるようなことがあれば，儒学者としての立場を捨てて，自国を守るために戦う。

　　　〈2000 年本試〉

7 次のア～ウは，自然や世界について実証的考察を行った思想家についての説明であるが，それぞれ誰のことか。その組合せとして正しいものを，下の ①～⑥ のうちから一つ選べ。

ア　動植物への関心から博物学的な知のあり方を追究する一方で，日用の道徳を分かりやすく説くなど，朱子学を日常に活かす試みを行った。

イ　懐徳堂に学び，地動説に基づく独自の宇宙論を展開し，合理主義的観点から，霊魂の存在を認めない無鬼論を展開した。

ウ　懐疑的態度から世界のあり方を問い，気や理などの朱子学の用語を用いて自然の法則を探究し，条理学を構築した。

① ア　貝原益軒　　イ　三浦梅園　　ウ　山片蟠桃
② ア　貝原益軒　　イ　山片蟠桃　　ウ　三浦梅園
③ ア　三浦梅園　　イ　貝原益軒　　ウ　山片蟠桃
④ ア　三浦梅園　　イ　山片蟠桃　　ウ　貝原益軒
⑤ ア　山片蟠桃　　イ　貝原益軒　　ウ　三浦梅園
⑥ ア　山片蟠桃　　イ　三浦梅園　　ウ　貝原益軒　　　〈2013 年本試〉

8 次の文中の空欄に入れるのに最も適当なものを，次の ①～④ のうちから一つ選べ。

朱子学を学ぶことから出発しながら，実生活から遊離した観念的・抽象的傾向に違和感を覚え，次第に批判へと転じる人々が現れる。武士の身分を放棄し母のいる故郷に帰った _____ は，自己の内面に根ざす孝をあらゆる関係や事象を貫く道理とし，すべての人間のなすべき徳目とした。

① 新井白石　　② 貝原益軒　　③ 熊沢蕃山　　④ 中江藤樹　　　〈2010 年追試〉

9 中江藤樹の説明として最も適当なものを，次の**①**〜**④**のうちから一つ選べ。

① 朱子学の天理の抽象性を批判して古学を提唱し，道徳的指導者としての武士の在り方を士道論として展開した。

② すべての人の心には，神妙不測の孝の徳が具わっていると説き，その孝に依拠して身を立て道を行うことを修養の根本とした。

③ 平易な生活道徳としての正直と倹約の実践を唱え，それまで低く見られていた商人の営みに社会的な存在意義を与えた。

④ 身分制度を否定し，農業を重視する立場に立って，万人が直耕する自然世を理想として説いた。

〈2003 年追試〉

10 次の山本常朝の『葉隠』の文章を読み，その趣旨に合致する記述として最も適当なものを，次の**①**〜**④**のうちから一つ選べ。

意見の仕様，大いに骨を折ることなり。人の上の善悪を見出すは安き事なり。それを意見するも安き事なり。大かたは，人のすかぬ*云ひにくき事を云ふが親切の様に思ひ，それを請けねば，力に及ばざる事と云ふなり。何の益にも立たず。人に恥をかゝせ，悪口すると同じ事なり。我が胸はらし**に云ふまでなり。意見と云ふは，……先づよき処を褒め立て，気を引き立つ工夫を砕き，渇く時水呑む様に請け合せ，疵直るが意見なり。

＊すかぬ：好まない。　　＊＊胸はらし：胸中に積もった思いを晴らすこと。鬱憤を晴らすこと。

① 相手に敬意をもつからこそ，相手への徹底的な配慮に基づき，相手が腹の底から納得するよう意見することが必要である。

② 相手に敬意をもつからこそ，相手が好むと好まざるとにかかわらず，相手の善悪について客観的に意見することが必要である。

③ 相手に敬意をもつからこそ，己が正しいと信じる善悪に従って意見し，それが通じなければ相手に見切りをつけることが必要である。

④ 相手に敬意をもつからこそ，己の立場と相手の立場とが折り合いのつく地点まで相互に意見し合うことが必要である。

〈2008 年本試〉

11 山鹿素行による武士のあるべき姿について説いた文章として最も適当なものを，次の**①**〜**④**のうちから一つ選べ。

① 上の身分の者がいなければ下を責め立てて取るおごった欲もなく，下の身分の者がいなければ上に諂いたくらむこともない。したがって，恨み争うこともないのである。

② 武士道というものは死ぬことである。生か死かを選ばざるを得ない場面で早く死ぬ方に片付くばかりである。別にこれといった子細はない。腹をすえて進むのである。

③ 武士は農工商の仕事を差し置いてもっぱら人倫の道に努め，農工商の人々の間にいやしくも人倫を乱す者があれば速やかに処罰して，そうして天下に正しい人倫を保つのである。

④ 武士はもとより地位のある臣である。農民は在野の臣である。商工民は町中の臣である。臣として主君を助けるのは臣の道である。商人が売買するのは天下の助けなのである。

〈2010 年追試〉

12 伊藤仁斎が朱子学者を批判した内容として最も適当なものを，次の**①**〜**④**のうちから一つ選べ。

① 彼らは，社会で定まっている上下の身分も徳の有無によって入れ替わるという易姓革命の理を説いたため，他者に対してむごく薄情になりがちである。

② 彼らは，形式的な理によって善悪のあり方を厳しく判断してしまうため，少しの過ちも許さない傾向に陥り，他者に対してむごく薄情になりがちである。

③ 彼らは，天人合一のための修養として私欲を抑える愛敬を重んじたが，私欲を抑えることの強制は，他者に対してむごく薄情になりがちである。

④ 彼らは，心に内在する良知と理としての行為とを一致させるべきであるという知行合一を説いたため，他者に対してむごく薄情になりがちである。

〈2011 年本試〉

13 荻生徂徠についての説明として最も適当なものを，次の ① ～ ④ のうちから一つ選べ。

① 聖人の言葉に直接触れるために古代中国の言語を研究する必要を訴え，後の国学の方法論にも影響を与えた。

② 孔子以来，儒教が重要視する孝を，人倫のみならず万物の存在根拠とし，近江聖人と仰がれた。

③ 実践を重んじる立場から朱子学を批判し，直接孔子に学ぶことを説き，『聖教要録』を著した。

④ 『論語』『孟子』の原典に立ち返ることを訴え，真実無偽の心として誠の重要性を主張した。

〈2009 年本試〉

14 荻生徂徠による朱子学批判についての記述として**適当でないもの**を，次の ① ～ ④ のうちから一つ選べ。

① 道とは，社会の秩序を維持するために過去に存在した，理想的な礼楽刑政の総称だから，朱子学が説くように自己の内心を道徳的に反省したとしても，理解できるものではない。

② 聖人は，人々が誠実に互いを思いやる，仁愛に満ちた人間関係を理想として説いているのに，善悪を厳しく問いつめる朱子学のような学習法では，冷厳な個人を養成することになる。

③ 人間は能力の差はあってもそれぞれに有用な個性のある存在なのに，朱子学がすべての人に同じように完全な人格者となれと説くのは，無理な要求であるばかりか，有害無益である。

④ 儒学の経典を正しく読解するためには，それが書かれた古代の言葉の理解が欠かせないのに，朱子学が後代の言葉によって聖人の道を把握したとするのは，勝手な思い込みである。 〈2006 年追試〉

15 近世の文芸や思想において，他者に対する関わり方を示した人物の説明として最も適当なものを，次の ① ～ ④ のうちから一つ選べ。

① 人形浄瑠璃の脚本家であった近松門左衛門は，儒学的な人倫において重んじられる人情と，恋人に対する義理との間で苦しんだ男女が，最後には身を破滅させる物語を，共感的に描いた。

② 浮世草子の作者であった井原西鶴は，金銭欲や色欲にまかせて享楽的に他者と関わる生き方を，当時における町人の有り様として肯定的に描き出し，勤勉や倹約の意義を否定した。

③ 鍋島藩の武士であった山本常朝は，『葉隠』において，主君に対する絶対的忠誠とそれに根差した死の覚悟を説き，民に対する為政者としての自覚を求める士道とは異質の武士道を示した。

④ 国学の祖と言われる契沖は，事物にふれて動く感情をつくろわない，「もののあはれ」を知る人だけが，他者の悲しみに共感できるとし，情欲を制しようとする儒学的な道徳を批判した。 〈2015 年本試〉

16 古典を基に日本固有の精神を探究した国学者の説明として最も適当なものを，次の ① ～ ④ のうちから一つ選べ。

① 契沖は，古典を原典に即して読解しようとする実証的な方法により，古代日本の精神を伝える古典として『万葉集』を研究し，その注釈書である『万葉代匠記』を著した。

② 荷田春満は，儒学・仏教・神道を通して己の理想的な心のあり方を究明する心学の方法を基にして，古代日本の心を伝える古典として『日本書紀』を実証的に研究した。

③ 本居宣長は，『源氏物語』の研究を通して，事物にふれて生じるありのままの感情を抑制する日本古来の精神を見いだし，儒学や仏教などの外来思想によって，その精神が失われたと考えた。

④ 平田篤胤は，『古事記』の研究を通して，身分の相違や差別のない日本古来の理想世界を見いだし，儒学や仏教などの外来思想によって理想世界が差別と搾取の世界へ転じたと批判した。 〈2017 年本試〉

17 古典文学を研究した賀茂真淵の思想として最も適当なものを，次の ① ～ ④ のうちから一つ選べ。

① 古典を実証的に研究する古学派の方法を排除して，国学の立場から『源氏物語』を研究し，「たをやめぶり」の心を日本人の理想とした。

② 古典を実証的に研究する古学派の方法を排除して，国学の立場から『万葉集』を研究し，その歌風を「ますらをぶり」と捉えた。

③ 古典を実証的に研究する古学派の方法に影響を受け，国学の立場から『源氏物語』を研究史，「たをやめぶり」の心を日本人の思想とした。

④ 古典を実証的に研究する古学派の方法に影響を受け，国学の立場から『万葉集』を研究し，その歌風を「ますらをぶり」と捉えた。 〈2022 年追試〉

近世日本の思想

⓲ 本居宣長について説明した文章として最も適当なものを，次の①〜④のうちから一つ選べ。

① 儒教や仏教を批判的に受容し，漢意に従った日本人の生き方を明らかにしようとした。彼が説いた「からくにぶり」とは，『古今和歌集』などにみられる，理知に富んだ歌風と心のあり方のことである。

② 古代の和歌や物語を読解し，真心に従った日本人の生き方を明らかにしようとした。彼が説いた「もののあはれ」を知る心とは，世の様々なことに出会い，それらの趣を感受して「あはれ」と思う心のことである。

③ 『古事記』を読解し，そこに描かれている神々の事跡から，人間の普遍的な生き方としての道を見いだした。その道は惟神の道とも呼ばれ，儒教や仏教と同じく，神々に従って素直に生きる身の処し方であった。

④ 『古事記』を読解し，そこに描かれている神々の事跡から，日本人の生き方としての惟神の道を見いだした。惟神の道は古道とも呼ばれ，もはや実現不可能な，古代日本人に特有の理想的な生き方であった。

〈2012 年追試〉

⓳ 本居宣長の主張として最も適当なものを，次の①〜④のうちから一つ選べ。

① 日本人は，古代の純粋な神道信仰に復帰し，天皇への服従に基づく民族意識に目覚めなければならない。

② 日本人は，素朴な高く直き心をもって暮らしていた古代の自然の道を回復しなければならない。

③ 日本人は，無名の人々の文字によらない暮らしや考え方の中に，日本文化を見いださなければならない。

④ 日本人は，仏教や儒学が入って来る以前の教えなき時代のあるがままの世界を知らなければならない。

〈2003 年追試〉

⓴ 本居宣長についての説明として**適当でないもの**を，次の①〜④のうちから一つ選べ。

① 『古事記』のイザナキ（イザナギ）・イザナミ神話に示されているように，人間は死ねば必ず汚い黄泉の国に行くとした。

② 『源氏物語』の光源氏はただの好色者ではなく，「もののあはれ」を知り，人間に深く通じた者であるとした。

③ 死に際しても動揺せず澄んだ心でいるためには，『古事記』を読んで，死後の霊魂のゆくえを知ることが必要であるとした。

④ よい歌を詠むためには，『源氏物語』を読んで，人間の心の微妙な動きを深く知ることが必要であるとした。

〈2007 年追試〉

㉑ 平田篤胤に関する説明として最も適当なものを，次の①〜④のうちから一つ選べ。

① 古道の研究を，特に歌論の中に展開し，「ますらをぶり」に日本的心情の典型を見いだして，そこにおける「高く直き心」を理想とした。

② 仏教・儒教・神道の教えをそのまま受け取るのではなく，教えの成立過程から，それぞれの思想史上の意義を相対的に見ることを説いた。

③ 功名や利欲を離れた純粋な心情に徹して，己の誠を尽くせば天道と一体になると説き，幕末の志士たちに勤皇の精神を強調した。

④ 古来の神道の姿を求めて，復古神道を提唱し，現実の生の背後にある死後の霊魂の行方を論じて，その教えは民間にも広まった。

〈2004 年追試〉

㉒ 石田梅岩についての説明として最も適当なものを，次の①〜④のうちから一つ選べ。

① 心を磨くための教えとして，儒教だけではなく神道や老荘思想も柔軟に取り入れながら自説を形成したが，仏教を排斥しようとする姿勢を崩すことはなかった。

② 商家で奉公していた経験を活かし，京都の自宅で日常生活に即した平易な講話を行った。受講料を取らず，聴講は自由としたが，女性の聴講を認めることはなかった。

③ 身分を上下関係としてではなく社会的分業を示すものと捉え，職業に励むことでそれぞれの役割を果たすことを人々に勧めたが，身分制そのものを否定したわけではなかった。

④ 当時，蔑視されがちであった商業行為を肯定し，品物を流通させることで為政を助ける点に積極的役割を認めた。だが，利益を獲得することを肯定したわけではなかった。

〈2018 年本試〉

23 次の**ア〜ウ**は，人間として望ましい行いについて説いた江戸時代の思想家の説明であるが，それぞれ誰のことか。その組合せとして正しいものを，次の**①**〜**⑥**のうちから一つ選べ。

ア 徳川方の武士として軍功をたて，後に禅僧となった。武士・農民・職人・商人のいずれも，自らの生業を通じて仏と成ることができると説き，商人は，売買の営みを，天道から与えられた役目として受けとめ，正直を旨として商いに励むべきであると述べた。

イ 中江藤樹のもとで儒学を学んだ。そして，「治国平天下」という儒学の理念を，現実との関わりのなかで考え，例えば，樹木を切り尽くすと山の保水力が乏しくなり水害が起こりやすくなるので，山林を保護すべきであると主張した。

ウ 独学で，神道・仏教・儒教を学び，自らの商人としての体験を踏まえ，人の道について考察した。倹約と正直に基づいた，商いによる利益の追求を，天理にかなう正当な行為であるとし，倹約と正直という徳は，すべての人が守るべき道であると説いた。

① ア　石田梅岩　　イ　熊沢蕃山　　ウ　鈴木正三
② ア　石田梅岩　　イ　鈴木正三　　ウ　熊沢蕃山
③ ア　熊沢蕃山　　イ　石田梅岩　　ウ　鈴木正三
④ ア　熊沢蕃山　　イ　鈴木正三　　ウ　石田梅岩
⑤ ア　鈴木正三　　イ　石田梅岩　　ウ　熊沢蕃山
⑥ ア　鈴木正三　　イ　熊沢蕃山　　ウ　石田梅岩

〈2014 年本試〉

24 近世の思想家の仏道批判についての記述として**適当でないもの**を，次の**①**〜**④**のうちから一つ選べ。
① 富永仲基は，仏典に書かれていることは，釈迦の言葉に後世の人が解釈を加えたものであり，釈迦本人の教えをそのまま伝えるものではないと批判した。
② 山片蟠桃は，僧侶たちは霊魂不滅などということを説くが，霊魂など実際にはどこにも存在しないと，合理的な立場から仏道を批判した。
③ 手島堵庵は，古代の人々が持っていたおおらかで生き生きとした感情を押し殺したとして，儒学の考え方も仏道の考え方も，ともに批判した。
④ 安藤昌益は，人間の生き方を堕落させ，差別と偏見に満ちた社会を作り出したとして，儒学や神道とともに，仏道を批判した。

〈2021 年本試第 2 日程〉

25 二宮尊徳は，人間の存在が天地や君・親の広大な徳に支えられていると考え，「農は万業の大本」であると説いた。また尊徳は，荒廃した農村の復興にも尽力し，そのために必要であると強調したものを，次の**①**〜**④**のうちから一つ選べ。
① 分　度　　　**②** 節　制　　　**③** 良　知　　　**④** 加　上　　　〈2008 年追試改〉

26 佐久間象山の「東洋道徳，西洋芸術」の説明として最も適当なものを，次の**①**〜**④**のうちから一つ選べ。
① 東洋の道徳は西洋の芸術に対抗できるものであるから，西洋の芸術を受け入れてもかまわない。
② 東洋では道徳が優れており，西洋では技術が優れているので，両者を兼ね合わせる必要がある。
③ 東洋の道徳では西洋の芸術を理解できないので，西洋の思想も受け入れなければならない。
④ 東洋の道徳と西洋の技術とは対抗関係にあるので，東洋の道徳を守る必要がある。　　〈2002 年本試〉

27 洋学者の説明として最も適当なものを，次の**①**〜**④**のうちから一つ選べ。
① 幕府の命を受け甘藷栽培に従事した前野良沢は，長崎においてオランダ語の学習に着手し，洋学の基礎を築いた。
② 適塾を開いた緒方洪庵は，実学的な観点から西洋の議会主義を高く評価し，積極的な開国論を主張した。
③ 『解体新書』を訳述した渡辺崋山は，オランダ医学を教授して，人体構造についての正確な知識の普及に努めた。
④ 『戊戌夢物語』を著した高野長英は，国際情勢への知識から，アメリカ商船を撃退した幕府の海防施策を批判した。

〈2016 年追試〉

第15章　西洋思想の受容と展開　　▶▶ 要 点 整 理

1 啓蒙思想と自由民権思想

(1) （❶　　　　　　）…人間は生まれながらにして自由・平等であり，それは国家も侵すことのできない固有の権利であるとする思想。西欧の自然権思想を幕末から明治初期に**啓蒙思想家**たちが受容し，このように表現した

(2) （❷　　　　　　）…1873（明治6）年，開明的知識人の結社として創設。機関紙『明六雑誌』を発行し，西洋近代の思想や文化などを紹介。加藤弘之・津田真道・中村正直らも参加

① **森有礼**（1847〜89）：明六社の中心メンバーであり，一夫一婦制を説く

② **西周**（1829〜97）：明六社に参加。「哲学」，「理性」などの訳語を作成した

③ **福沢諭吉**（1835〜1901）：明六社に参加。大坂の緒方洪庵の適塾で蘭学を学び，その後江戸で蘭学塾を開く。「門閥制度は親の敵でござる」（『福翁自伝』）とし，封建的身分制を批判。主著：『学問のすゝめ』『西洋事情』『文明論之概略』など

　a．「（❸　　　　　　）」…『学問のすゝめ』の中で福沢が説いた天賦人権の考えをあらわした言葉

　b．（❹　　　　　　）…福沢が重視した実用的な学問のこと。特に，西洋の合理的・実証的な数理学

　c．（❺　　　　　　）…各個人が人間の尊厳を自覚し，自主独立の生活を営もうとする精神。福沢は「東洋になきもの」の一つに「無形に於て**独立心**」をあげ，その必要性を説いた。また「**一身独立して一国独立す**」と述べた

　d．（❻　　　　　　）…晩年の福沢は，欧米によるアジアの支配に危機感を抱き，日本は西欧近代国家と進退をともにすべきと説いた

(3) **自由民権運動**…明治10年代に藩閥政府の政治に反対し，国会開設などを要求した政治運動

① **植木枝盛**（1857〜92）：主著：『民権自由論』。執筆した憲法草案では主権在民の考えを主張しており，また圧政に対する（❼　　　　　　）も認めている

② **中江兆民**（1847〜1901）：明治の自由民権思想家・政治家。主著：『三酔人経綸問答』『一年有半』

　a．（❽　　　　　　）…ルソーの『社会契約論』の翻訳『民約訳解』を発刊し，このようによばれる

　b．（❾　　　　　　）…為政者によって上から人民に恵み与えられた民権のこと

　c．（❿　　　　　　）…人民が下から勝ち取った民権のこと

2 キリスト教の受容

(1) キリスト教思想家たち

新島襄（1843〜90）	幕末に渡米し，アメリカで神学を修め帰国。京都に同志社英学校創立
植村正久（1857〜1925）	明治期に，日本基督教会の指導者として活躍
新渡戸稲造（1862〜1933）	札幌農学校に学び，「太平洋の架け橋とならん」ことを志し，日本文化の海外への紹介に努めるとともに，国際連盟事務次長として国際社会で活躍。主著：『武士道』

(2) **内村鑑三**（1861〜1930）：新渡戸らとともに札幌農学校で学ぶ。主著：『余は如何にして基督信徒となりし乎』『基督信徒のなぐさめ』など

① （⓫　　　　　　）…教会や儀礼に囚われず，神の前での独立人格を強調し，直接聖書の言葉に向き合うことを重視する信仰

② 「（⓬　　　　　　）」…内村が生涯をささげようと誓ったイエス（Jesus）と日本（Japan）のこと。「武士道に接ぎ木されたるキリスト教」という言葉で示されているように，内村は武士道精神こそ日本でキリスト教の精神を実現するための土台となると考えていた

③ （⓭　　　　　　）…1891年，第一高等中学校の講師であった内村が，教育勅語の奉読式において，勅語に深く礼をしなかったため，社会問題化し，退職を余儀なくされた事件

④ （⓮　　　　　　）…内村が主張した，キリスト教信仰にもとづく，日露戦争への反対論のこと

(1) (⑮　　　　　)…国家に最高の価値をおき，国家権力による社会生活全般への統制を肯定する思想。日本では，近代国家建設という目標のため，富国強兵優先という形であらわれた

(2) (⑯　　　　　)…日本の伝統的な文化価値を保持しつつ文明化を推進する思想

(3) 国家主義・国粋主義の思想家たち

徳富蘇峰（1863～1957） とくとみそほう	上からの欧化主義・文明開化を官僚中心であると批判し，民衆の立場から西洋文化を受容し下からの近代化を主張する（⑰　　　　　）を説いた。三国干渉を契機に，**国家主義**（ナショナリズム）へと転じた	雑誌『国民之友』発刊
西村茂樹（1828～1902） にしむらしげき	儒教を国民道徳の基盤とすることを主張	主著：『日本道徳論』
三宅雪嶺（1860～1945） みやけせつれい	欧化主義に反発し，日本の伝統的な文化価値（国粋）を保持しつつ文明化を推進する**国粋主義**を主張	雑誌『日本人』を**志賀重昂**らと創刊 しがしげたか
陸羯南（1857～1907） くがかつなん	政府の欧化政策を批判し，ナショナリズムとデモクラシーの総合を意図した**国民主義**を主張	新聞『日本』創刊
井上哲次郎（1855～1944） いのうえてつじろう	日本初の哲学辞典を著す。教育勅語を哲学的に基礎づける注釈を著し，キリスト教を反国体的であると批判	
岡倉天心（1862～1913） おかくらてんしん	日本の文化・芸術の伝統的優秀性を内外に訴え，またアジアの思想や美術はもとは１つであると主張	主著『東洋の理想』『茶の本』

(4) **社会主義**思想

① 社会主義…日清戦争後の日本における資本主義発展とともに発生した社会問題を背景として登場。社会主義に傾倒した中には，キリスト教的人道主義・自由民権論・自然主義などの立場の人々がいた

② 発展と弾圧…1917年，ロシア革命の成功を受けて，日本国内にはマルクス主義を中心に社会主義が急速に広まった。しかし，昭和初期になると社会主義者は厳しい弾圧を受けるようになった

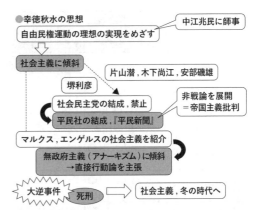

幸徳秋水（1871～1911） こうとくしゅうすい	自由民権論	中江兆民に学ぶ。自由民権運動から社会主義に傾斜した後，直接行動論を主張。日露戦争には『平民新聞』で非戦論を唱える。1910年の（⑱　　　　　）で天皇暗殺計画に関与した疑いで処刑された。主著：『社会主義神髄』
堺利彦（1870～1933） さかいとしひこ		日露戦争に対し，幸徳とともに『平民新聞』で非戦論を展開
片山潜（1859～1933） かたやません	キリスト教 社会主義	1897年，日本初の労働組合を組織。1901年，幸徳らと社会民主党の結成に尽力。幸徳がのちに直接行動論を主張すると議会制社会主義の立場から対立
木下尚江（1869～1937） きのしたなおえ		普通選挙運動・廃娼運動・足尾銅山鉱毒事件などの社会運動に積極的に参加
安部磯雄（1865～1949） あべいそお		日露戦争では一貫して非戦論を展開。議会主義にもとづく社会主義運動を主張
石川啄木（1886～1912） いしかわたくぼく	自然主義	自然主義文学と決別し社会主義へと向かう。歌集『一握の砂』『悲しき玩具』

解答 ❶天賦人権論 ❷明六社 ❸天は人の上に人を造らず，人の下に人を造らず ❹実学 ❺独立自尊 ❻脱亜論 ❼抵抗権・革命権 ❽東洋のルソー ❾恩賜的民権 ❿恢復（回復）的民権 ⓫無教会主義 ⓬二つのＪ ⓭不敬事件 ⓮非戦論 ⓯国家主義 ⓰国粋主義 ⓱平民主義 ⓲大逆事件

西洋思想の受容と展開

(1) ロマン主義

① 18 ～ 19 世紀のヨーロッパでおこった芸術運動のこと

② 旧来の制度や価値観から脱却し，自然な感情や情熱を肯定

北村透谷 (1868 ～ 94)	実世界の民権運動から離れ想世界（内面的世界）で内部生命の欲求を実現すべく『文学界』を創刊。主著：『内部生命論』
島崎藤村 (1872 ～ 1943)	透谷と『文学界』を創刊。詩集『若菜集』で**ロマン主義**運動を展開するも，小説『破戒』では**自然主義**文学を展開
与謝野晶子 (1878 ～ 1942)	歌集『みだれ髪』で官能を大胆に表現。日露戦争に出征した弟への想いを「君死にたまふこと勿れ」と歌い，戦争を批判した

(2) 森鷗外 (1862 ～ 1922)　主著：『舞姫』『高瀬舟』『阿部一族』『山椒大夫』など

① 当時の自然主義文学を批判。近代的な自我を，個人と社会の対立の中でとらえなおす

② （**⑲**　　　　）…自己に固執することなく自己のおかれた立場を見つめ受け入れ心の平安を得ること

(3) 夏目漱石 (1867 ～ 1916)　主著：『現代日本の開化』『私の個人主義』『こゝろ』『吾輩は猫である』など

① （**⑳**　　　　）…西洋の開化のこと。自然に発展した文明開化

② （**㉑**　　　　）…日本の開化のこと。外の力によってやむを得ず急激に行われた文明開化

③ （**㉒**　　　　）…自己の個性に即し，自己の内面的要求にもとづいて生きること。そのために自由を重視。
　　　　　　　　内的な自己の主体性の確立を目指す独自の「（**㉓**　　　　）」を主張

④ （**㉔**　　　　）…自我を去って，大我（自然）の命ずるままに生きるという考え。漱石が晩年に主張

(4) 大正デモクラシー

日本で大正期に広まった自由主義・民主主義的運動のこと。藩閥政府らの支配に反対し，普通選挙運動として展開された。また女性解放運動・労働運動・部落解放運動などに影響を与えた

美濃部達吉 (1873 ～ 1948)	（**㉕**　　　　）…主権は法人としての国家にあり，天皇は国家の最高機関とする説
吉野作造 (1878 ～ 1933)	（**㉖**　　　　）…デモクラシーの訳語であるが，主権の所在を問題とせず，主権の運用について人民の意向を尊重することを主張
河上肇 (1879 ～ 1946)	経済学者として貧乏の克服問題に取り組んだ。のちに，（**㉗**　　　　）の道に進んだ。主著『貧乏物語』
石橋湛山 (1884 ～ 1973)	自由主義の立場から「小日本主義」を主張
大杉栄 (1885 ～ 1923)	無政府主義（アナーキズム）を唱えた社会運動家。『労働新聞』刊行
武者小路実篤 (1885 ～ 1976)	雑誌『**白樺**』を創刊。理想社会を目指して宮崎県に「新しき村」を建設。主著：『友情』『お目出たき人』『真理先生』

(5) 女性解放運動…女性を封建的差別や抑圧から解放しようとする動きのこと

岸田俊子 (1863 ～ 1901)	自由民権運動の活動家として各地を遊説する
福田英子 (1865 ～ 1927)	社会運動家，女性解放論者。岸田の影響で自由民権運動に参加
平塚らいてう (1886 ～ 1971)	1911 年，文芸雑誌『（**㉘**　　　　）』を創刊。女性解放運動の中心的存在。「（**㉙**　　　　）」と宣言。市川房枝と新婦人協会を設立し，「新しい女」としての自己主張を展開

(6) 部落解放運動

① 1922 年に**全国水平社**が結成され，被差別部落民らの解放運動が展開された

② 「水平社宣言」…「人の世に熱あれ，人間に光あれ」と主張。**西光万吉** (1895 ～ 1970) による起草

5 近代日本哲学の成立と超国家主義

(1) **西田幾多郎**（1870～1945）：西洋近代哲学を学ぶ。坐禅の修行を通して「西田哲学」とよばれる独自の思想を形成。主著：『善の研究』

① 西洋哲学の主観と客観および精神と物質という対立・区別を否定

② （**㉚**　　　　）…主観と客観がまだ区別されない状態のこと

③ （**㉛**　　　　）…主客未分の具体的直接的な経験のこと。自己と対象の区別や対立以前のもっとも根本的な経験

④ （**㉜**　　　　）…知・情・意が一体となった人格の実現

⑤ 絶対矛盾的自己同一…後期の西田哲学で提唱された世界の実相についての概念

(2) **和辻哲郎**（1889～1960）：西洋近代思想を批判的に受容し独創的な倫理学を講じた。主著：『倫理学』など

① 「（**㉝**　　　　）」…人間をその個人性とともに社会性においてとらえることを提唱した

② （**㉞**　　　　）…人間は常に人と人との間柄においてのみ人間足り得るとし，独立して個人で存在しえるものではないとする和辻の人間存在のあり方を示すもの

(3) 超国家主義思想

① 極端な国家主義のこと。対外的には排外・侵略主義をとり，対内的には国家政策への個人の従属を肯定するため，個人の自由を無視することとなる

② **北一輝**（1883～1937）：主著：『日本改造法案大綱』で超国家主義を主張

③ （**㉟**　　　　）…1930年代ドイツやイタリアで現れた国家主義のこと。日本でも国家総動員体制でこの体制の確立がはかられた

6 伝統の自覚と新たな課題

(1) （**㊱**　　　　）…主として民間伝承・民間信仰の生活文化・方言などを素材として研究する学問

① **柳田国男**（1875～1962）：日本民俗学の創始者。（**㊲**　　　　）とは，柳田の造語であり一般の生活者・無名の人々を指す，民間伝承の担い手のこと。主著：『遠野物語』

② **折口信夫**（1887～1953）：柳田民俗学の意義を国文学に反映させた。（**㊳**　　　　）とは折口が捉えた日本における神の原型。常世国に住み，ときを定めて村落を訪れる

(2) 民芸運動…**柳宗悦**（1889～1961）によって展開される。無名の職人によってつくられた日本の「民芸」にすぐれた美を発見

(3) 自然との共存

宮沢賢治（1896～1933）	童話作家。『法華経』にあらわれる菩薩を理想とし，科学的知識と宇宙的生命との統合を考え，人間と自然との共生に示唆を与えている。主著：『よだかの星』『銀河鉄道の夜』『注文の多い料理店』など
田中正造（1841～1913）	明治時代後半の足尾鉱毒事件において，環境問題への先駆的な取り組みを行う
南方熊楠（1867～1941）	明治政府による神社合祀の際，神社の森（鎮守の森）は，人々の生活にも植物学的にも重要であるとして，エコロジーの観点から森林保護を主張

(4) 昭和期の思想

小林秀雄（1902～83）	明治以降の日本において思想や理論がその時々の流行の**意匠**（趣向）としてとらえられていることを批判。彼独自の批評という方法で真実をとらえようとした
丸山眞男（1914～96）	論文「超国家主義の論理と心理」で，超国家主義を分析，戦後民主主義のオピニオンリーダーの一人となる。近代日本の「無責任の体系」を批判し，日本人には主体性の確立が課題であると主張。主著：『日本の思想』
坂口安吾（1906～55）	敗戦後の混迷の中，「堕落」しつくし一人ひとりが裸のままの自己の姿に立ち返るところからしか進むべき道はないと訴えた
吉本隆明（1924～2012）	近代以降の日本の知識人が大衆から孤立していると批判し，大衆の生活思想の深化に「自立」の思想的拠点を見出す。主著『共同幻想論』

解答 ⑲諦念（レジグナチオン）　⑳内発的開化　㉑外発的開化　㉒自己本位　㉓個人主義　㉔則天去私　㉕天皇機関説　㉖民本主義　㉗マルクス主義　㉘青鞜　㉙元始，女性は実に太陽であった。真正の人であった　㉚主客未分　㉛純粋経験　㉜善　㉝人間の学としての倫理学　㉞間柄的存在　㉟ファシズム　㊱民俗学　㊲常民　㊳まれびと

西洋思想の受容と展開

1 啓蒙思想家たちが結成したグループに明六社がある。次の**ア・イ**は明六社のメンバーに関する記述であるが、それぞれ誰のことか。その組合せとして正しいものを、以下の ① ～ ④ のうちから一つ選べ。

ア 夫婦の相互的な権利と義務に基づく婚姻形態を提唱し、自らも実践した。
イ 「哲学」、「理性」等の訳語を案出し、西洋哲学移入の基礎を作り上げた。

① **ア** 中村正直 **イ** 加藤弘之　　② **ア** 中村正直 **イ** 西　周
③ **ア** 森有礼　 **イ** 加藤弘之　　④ **ア** 森有礼　 **イ** 西　周　　　〈2006 年本試〉

2 次の文章は、福沢諭吉が文明について記述したものである。その説明として最も適当なものを、下の ① ～ ④ のうちから一つ選べ。

　昔鎖国の時にありては、わが人民はもとより西洋諸国なるものをも知らざりしことなれども、今に至りてはすでにその国あるを知り、またその文明の有様を知り、その有様を我に比較して前後の別あるを知り、わが文明のもって彼に及ばざるを知り、文明の後るる者は先だつ者に制せらるるの理をも知るときは、その人民の心にまず感ずるところのものは、自国の独立如何の一事にあらざるを得ず。

(福沢諭吉『文明論之概略』)

① 西洋よりも後れている日本は、東洋の伝統的精神のうえに、西洋文明をもっぱら知識・技術として積極的に摂取すべきである。
② 西洋文明を知ることでかえって模倣に陥り、独立が危うくなる可能性があるので、その受容には慎重であるべきだ。
③ 後れている文明が進んでいる文明に支配される理屈は誤りであることを、西洋文明の摂取においても主張しなければならない。
④ 後れている文明は進んでいる文明に支配されるため、人々はまず日本の独立に心を向け、西洋文明を摂取しなければならない。　　　〈2010 年本試〉

3 福沢諭吉の構想する近代的人間として最も適当なものを、次の ① ～ ④ のうちから一つ選べ。
① 儒教に欠ける進取の精神を西洋文明の思想で補いながら、自らの内部の伝統的精神を基盤に生きる人間。
② 外側からの開化に押し流されず、自己の内面からの近代化を求めて、自我の内的要求に基づいて生きる人間。
③ 文明の根本にある自立の精神を内に保ち、自らの判断力を養い実理を窮めて文明社会を実現する人間。
④ 文明と進歩の根底にあるキリスト教の精神を基盤に、自己内面の独立と平等社会の実現を目指して生きる人間。　　　〈2004 年追試〉

4 脱亜論を唱えていた福沢諭吉の主張として**適当でないもの**を、次の ① ～ ④ のうちから一つ選べ。
① 中国や朝鮮への接し方は、隣国であるからといって特別に配慮する必要はない。まさに西洋人の両国への接し方に倣って取り計らうだけである。
② 文明は麻疹のようなものだが、単にこれを防がないだけでなく、努めてその蔓延を助け早急に国民を文明化するのが智者の役目である。
③ 武威腕力を用いるのではなく、世界の正義の手本となるべく、アジアにおいても、まず我が国から同等主義を重んじなければならない。
④ 我が国には、隣国の開明を待って共にアジアを繁栄させる時間的余裕はない。むしろその隊列を脱して西洋の文明国と進退を共にすべきである。　　　〈2003 年追試〉

5 儒学的世界観を自らの知的基盤の一部にしてきた日本の知識人は，儒学を批判したり，それに近代西洋思想を接合しようとしたりすることによって，新たな思想を形成していったのである。このような思想的営みを展開した代表的思想家として，福沢諭吉や西村茂樹がいた。彼らの儒学に対する態度として最も適当なものを，次の ① ～ ⑤ のうちから一つずつ選べ。福沢については **A** に，西村については **B** に答えよ。

① 儒学は変化を好まず，古代に政治の模範を求め，世の中を停滞させる弊害を持つと批判した。しかし一方で，人心を野蛮から文明へと洗練発展させた歴史的功績については評価した。

② 海外に日本思想を説明する際，儒学などを背景に成立したと考えた武士道に着目した。そしてこの武士道精神は，キリスト教を受容する基盤ともなりうると主張した。

③ 日本の急激な西洋化による道徳秩序の混乱を危惧し，儒学と西洋哲学を折衷した国民道徳を創り出そうとした。そのため，道徳普及団体を組織し，学校教育にも影響力を持つに至った。

④ 個人を超え個人を律する儒学的な「天」という考えを否定し，自主自由の権利を主張した。そして国家・政府がそれを阻害した場合には，人民に抵抗する権利があるとした。

⑤ 儒学は形式主義的かつ非人間的であると批判し，それを排することを主張した。そして儒学に影響されない思想を探るため，古代の文献研究を積極的に進めた。　　　　　　　　　　　　　〈2001 年追試〉

6 啓蒙思想家の一人である中江兆民に関する説明として**適当でないもの**を，次の ① ～ ④ のうちから一つ選べ。

① 『三酔人経綸問答』を著し，恩賜的民権から立憲君主制を経て恢復(回復)的民権に移行すべきだと説いた。

② ルソーの『社会契約論』を『民約訳解』として翻訳するなど，急進的なフランス啓蒙思想の移入に努めた。

③ 平民社を設立し，『平民新聞』で反戦平和の大切さを訴えるなど，自由民権運動を積極的に推進した。

④ 『一年有半』『続一年有半』を著し，神や霊魂の存在を否定するなど，独自の唯物論を述べた。
　　　　　　　　　　　　　〈2008 年追試〉

7 様々な思想家が自由主義社会を理論的に擁護してきた。中江兆民の自由主義理論の記述として最も適当なものを，次の ① ～ ④ のうちから一つ選べ。

① 野生動物の世界で，劣弱な個体が淘汰されることによって種の繁栄が維持されるように，人間社会も，自由な競争と個々人の自助的努力に委ねられることによって進歩する。救貧政策は，この進歩を遅らせるだけである。

② 人民の権利には，民衆が国家から勝ちとる権利と上から民衆に恵み与えられる権利とがある。為政者が権力を振りかざし，自由権を民衆に返そうとしないから，民衆が動乱を起こして権利を回復しようとするのである。

③ 社会契約において各人は，自らの身体とあらゆる力を一般意志の指揮に委ねることによって，自然的自由と引き換えに社会的自由を獲得するだけでなく，人間を自己の真の主人へと高める精神的自由を得ることができる。

④ 人々が社会の利益を増大させようと意図する場合よりも，自己利益を追求する方が，より効果的に社会の利益を増大させることがしばしばある。それが実現するためには，完全な自由競争が行われなければならない。　　　　　　　　　　　　　〈2004 年本試改〉

8 近代の中江兆民の平等観の記述として最も適当なものを，次の ① ～ ⑤ のうちから一つ選べ。

① 宇宙の根源に「孝」をすえるとともに，天を父とし地を母とした「天地の子」であるかぎり「われも人も人間の形あるほどのものは皆兄弟」だと説いた。

② 無神論・無霊魂論を標榜する自由なる精神をもって，「自由平等これ大義」と述べ，それに反する帝国主義や専制主義を批判した。

③ 主客未分の「純粋経験」の立場から，すべての人間には，個として自己を真に実現しうる可能性があると主張した。

④ 人間に対する天地の平等なあり方をふまえ，すべての人が「直耕」する「自然世」の立場から，人為的な「法世」に内在する差別的人間観を批判した。

⑤ 人間の内奥には，他人のうかがい知れない「内部生命」があり，社会的な平等は，その個を拠りどころとして成り立つと説いた。

〈2002 年追試〉

9 近代日本の思想家たちが経験した出会いの説明として**適当でないもの**を，次の①～④のうちから一つ選べ。

① 新渡戸稲造は，キリスト教に出会い，日本人はこれを土台として武士道の精神を育むべきであると説いた。

② 鈴木大拙は，若いころに西田幾多郎と出会い，友人として切磋（せっさ）しつつ，禅思想の近代的研究に先べんをつけ，それを広く海外に紹介した。

③ 武者小路実篤は，学生時代にトルストイの思想に出会い，その人道主義に共感して，理想社会を目指して「新しき村」を建設した。

④ 折口信夫は，柳田国男に出会い，彼に学びつつ民俗学と国文学にまたがる研究を行い，日本の神の原像について考察した。

〈2010 年本試〉

10 次の文章中の ア ・ イ に入る人物の組合せとして最も適当なものを，以下の①～④のうちから一つ選べ。

近代のキリスト教徒のなかには，自尊のよりどころを，いわゆる武士道精神に求めようとした者たちがいた。札幌農学校に学び，後に米国に渡ってフレンド派（クエーカー）の信仰のあり方に影響を受けた教育者である ア は，「武士道」の語を海外へ紹介した。彼のようなキリスト教指導者の多くが，武士道を精神的な基盤とし，そのうえにキリスト教の信仰を受け入れようとした。横浜の教会でキリスト教に入信し，東京神学社を創設して日本の神学界において指導的な役割を果たした イ もその一人である。彼らの考えた武士道は，実際にはどの時代の武士の実像にも対応しない独自のものであったが，その後の武士に対する一般的なイメージに影響を与えた。

① ア 内村鑑三　　イ 植村正久　　② ア 内村鑑三　　イ 井上哲次郎

③ ア 新渡戸稲造　　イ 植村正久　　④ ア 新渡戸稲造　　イ 井上哲次郎

〈2008 年本試〉

11 近代になると西洋思想と格闘する思想家が現れた。その中に，日本の代表的なキリスト教思想家である内村鑑三がいる。内村の思想に関する説明として**適当でないもの**を，次の①～④のうちから一つ選べ。

① 英文で『武士道』を著して日本人の道徳を欧米に紹介し，自らのキリスト教を「武士道に接木されたるキリスト教」であると説いた。

② イエスと日本は矛盾するものではなく，近代化の中で混迷する日本人の精神的再生のために，イエスへの純粋な内面的信仰の大切さを説いた。

③ 人間は，神の前に独り立つ存在であり，教会や儀式に囚（とら）われず，直接聖書を読むことに基づく信仰を重んじるべきであると説いた。

④ 日本は純粋な信仰が行われ信義を重んじる国であり，拝金主義や人種差別が蔓延（まんえん）する外国よりも，真のキリスト教が根づく国であると説いた。

〈2007 年本試〉

12 近代日本のキリスト者についての説明として最も適当なものを，次の①～④のうちから一つ選べ。

① 新島襄は，『代表的日本人』を著し，中江藤樹などの優れた先人が育んできた日本の文化的土壌にこそキリスト教が根付くと主張した。

② 新渡戸稲造は，国際社会における地位向上のため，キリスト教に基づく教育を行い，日本の西欧化に尽力するとともに，脱亜論を主張した。

③ 植村正久は，『武士道』を著し，武士道道徳を基盤として，キリスト教的な人格主義教育を行うことが日本の近代化に必要だと主張した。

④ 内村鑑三は，日清戦争を正義のための戦いと捉えて肯定したが，日露戦争に際してはキリスト教に基づく非戦論を主張した。

〈2019 年本試〉

⓭ 伝統的な道徳や文化の重要性を主張した人物に三宅雪嶺がいる。彼についての説明として最も適当なものを，次の ① ~ ④ のうちから一つ選べ。

① 天皇制国家主義の立場から教育勅語の道徳を重視し，忠と孝を国民道徳の中心に据えるべきと主張した。

② 自己の内面を見つめることの必要を説く人格主義の立場から，東西の古典を積極的に摂取する必要を呼びかけた。

③ 政府の欧化主義を批判し，日本固有の風土や文化に即して西洋文明を取捨選択すべきとする国粋主義（国粋保存主義）を唱えた。

④ 天皇の名のもとでこそ国民の平等が達成されるとしたうえで，超国家主義の立場から国家の改造を主張した。　　　　　　　　　　　　　　　　　　　　　　　　　　　　　　　　〈2018 年本試〉

⓮ 次の文章は，日本の文化や思想を外国語によって紹介した人々についての説明である。　**a**　・　**b**　に入れる語句の組合せとして正しいものを，下の ① ~ ④ のうちから一つ選べ。

　翻訳による一方的な西洋思想の受容の段階から，伝統的な文化や思想への見直しが進んでいくに及んで，得意の語学力を生かし，日本の文化や思想を海外へ紹介する思想家が現れた。極端な西洋偏重の風潮に抗して，日本の文化や美術の優秀性を唱えた　**a**　は，「アジアは一つ」と主張し，西洋に対抗するアジアの覚醒を訴えた。一方，日本人の「霊性的自覚」について考察し，「無心」という観念をもとに仏教を解説した　**b**　は，禅などの思想を英文によって積極的に世界へ紹介し，欧米の諸大学で講義を行った。

① a　陸羯南　　b　鈴木大拙　　② a　陸羯南　　b　清沢満之

③ a　岡倉天心　b　鈴木大拙　　④ a　岡倉天心　b　清沢満之　　　　〈2016 年追試改〉

⓯ 中江兆民から唯物論的な思想を学んだ幸徳秋水についての説明として最も適当なものを，次の ① ~ ④ のうちから一つ選べ。

① 国は人民によってできたものであると平易に民権思想を説き，主権在民を謳い抵抗権を認める私擬憲法を起草した。

② 国を支える農業と農民を大切に考え，農民が苦しむ公害問題を解決する運動に身を投じ，その解決の必要性を説いた。

③ 東洋の学問を実生活に役立たない虚学，西洋の学問を実生活に役立つ実学と呼び，後者を学ぶことの必要性を説いた。

④ 社会主義の立場から，当時の帝国主義を，愛国心を経とし軍国主義を緯とする 20 世紀の怪物と呼び，批判した。　　　　　　　　　　　　　　　　　　　　　　　　　　　　　　　　〈2009 年本試〉

⓰ ロマン（浪漫）主義の主張の説明として最も適当なものを，次の ① ~ ④ のうちから一つ選べ。

① 旧来の道徳に真に従うために，自然な感情を尊重し，感情のなかに含まれる道徳への志向に基づく自我を確立すべきだと主張した。

② 伝統的な権威から離脱し，新たな生活や社会制度のあり方を築くことができる理性的な主体としての自我を確立すべきだと主張した。

③ 伝統的な道徳に囚われず，現実をありのままに直視することで，自己の自然なあり方に基づいた自我を確立すべきだと主張した。

④ 旧来の社会で必要とされてきた価値観の束縛から脱し，自然な感情や情熱を肯定することを通じて，自我を確立すべきだと主張した。　　　　　　　　　　　　　　　　　　　　　　　〈2011 年本試〉

17 日本が近代化するなかで，自己について問うた人物に北村透谷がいる。彼に関する記述として最も適当なものを，次の①～④のうちから一つ選べ。

① 自己とは政治的な世界において実現されるものではなく，具体的な現実を離れ，想世界の充実を通じて内面的に確立されると論じた。このような自己へ至る方法として恋愛を重視した。

② 自由民権思想のもと，独立した自己の重要性にめざめ，政治運動に没頭した。そして，文学や芸術を想世界に閉じこもる行為であると批判し，自己の実現は，実世界における実践で確立されると訴えた。

③ 自己とは政治的な世界において実現されるものではなく，具体的な現実を離れ，想世界の充実を通じて内面的に確立されると論じた。このような自己へ至る方法として本能を重視した。

④ 自由民権思想のもと，独立した自己の重要性にめざめ，政治運動に没頭した。そうした実践を通して，想世界と実世界は一致し，自己の独立が可能になると訴えた。　　　　　　　　　　　〈2013 年本試〉

18 個人主義とは，夏目漱石の理解によればどのようなものであったか。それを表す記述として最も適当なものを，次の①～④のうちから一つ選べ。

① 真の利己心を発揮すれば，それが人類全体のためになるように人間はつくられている。そこにこそ人間の価値がある。

② 単なるエゴイズムは否定されるべきもので，自己の義務を自覚し，他人の自由をも認める者が，あるべき個人である。

③ 小なる自己が乗り越えられ，自己と世界が統一されることによって，独我論を超えた真の個人に到達することができる。

④ 古い思想や世間の常識をうち破り，宇宙・自然を我が身で直接感受することによって，自由な個人となることができる。　　　　　　　　　　　　　　　　　　　　　　　　　　　　〈2008 年本試〉

19 夏目漱石は，日本の文明開化の特殊性のために多くの日本人が「神経衰弱」に陥らざるをえないと述べている。そのことについて論じた次の文章中の　a　・　b　に入れるのに最も適当な組合せを，以下の①～④のうちから一つ選べ。

それで現代日本の開化は前に述べた一般の開化とどこが違うかというのが問題です。もし一言にしてこの問題を決しようとするならば私はこう断じたい，西洋の開化（すなわち一般の開化）は　a　であって，日本の現代の開化は　b　である。　　　　　　　　　　　（夏目漱石「現代日本の開化」）

① a 自然的　b 人為的　　　　② a 内発的　b 外発的
③ a 先進的　b 後進的　　　　④ a 民主的　b 封建的　　　　　　　　　〈2006 年本試〉

20 次のア・イは，個人のあり方について考えを深めた文学者について説明したものであるが，それぞれ誰のことか。その組合せとして正しいものを，下の①～④のうちから一つ選べ。

ア 自己を取り巻く停滞的な当時の状況を「時代閉塞」と捉え，国家をはじめとする強権へと目を向けることが重要であると主張した。また，大逆事件を契機に，社会主義への関心も深めていった。

イ 自己の内面的な欲求と社会的な責務という，個人と社会との矛盾に苦悩した。この矛盾を統一するあり方として，自己の使命や責務を冷静に引き受ける，「レジグナチオン（諦め）」の境地を見いだした。

① ア 石川啄木　イ 志賀直哉　　　② ア 石川啄木　イ 森鷗外
③ ア 北村透谷　イ 志賀直哉　　　④ ア 北村透谷　イ 森鷗外　　　〈2016 年追試改〉

21 立憲政体を樹立するために制定された大日本帝国憲法に関して，吉野作造は「民本主義」を提唱した。その記述として最も適当なものを，次の ① 〜 ④ のうちから一つ選べ。

① 憲法の規定内で民本主義を貫徹させるには，国民の意思がより反映する普通選挙の実施と政党内閣制の実現が望ましいと主張した。

② 民本主義の具体化のため，まず主権者である天皇の権力を制限することが重要であるとし，国民の意向による民定憲法の制定を主張した。

③ 国民が政治的に中立の立場を貫くことが民本主義にとって重要であるとし，国民を主体とした中道勢力による政党政治の実現を主張した。

④ 民本主義をデモクラシーの訳語として把握するかぎり，国民主権の確立こそが最初に達成すべき政治的な目標であると主張した。 〈2002 年追試〉

22 日本の社会主義に関わりをもつ人物についての説明として**適当でないもの**を，次の ① 〜 ④ のうちから一つ選べ。

① 木下尚江はキリスト教的人道主義に基づく社会主義者であり，日本最初の社会主義政党の結成に参加した。

② 河上肇はマルクス主義に基づく社会主義者であり，資本主義に特有の問題としての貧困を論じ，『貧乏物語』を著した。

③ 石川啄木は『一握の砂』などを著した文学者であったが，大逆事件などをきっかけにして社会主義へ傾倒していった。

④ 大杉栄は中江兆民の民権論の流れをくむ社会主義者であり，『廿世紀之怪物帝国主義』を著して帝国主義を批判した。 〈2018 年追試〉

23 次のア〜ウは，国家社会や職業のあり方への発言や，社会運動などを通して，近代における労働の意味の喪失という倫理的課題に取り組んだ思想家の説明であるが，それぞれ誰のことか。その組合せとして正しいものを，次の ① 〜 ⑥ のうちから一つ選べ。

ア 木下尚江や片山潜らと社会民主党を設立した。キリスト教的人道主義の立場から，「基督教が精神的方面から平等主義を唱えるのに対し，社会主義はまず経済上の平等を実行し，漸次これを政治，社会，道徳の方面に及ぼそうとする」と，キリスト教の理想を社会主義によって実現することを主張した。

イ 中江兆民の自由民権思想の影響を受けて社会主義の思想を深めた。平民社を結成し，機関紙『平民新聞』に「人間がみな技能に応じて職業をもつ。職業に応じて労働する。……遊んでいて生活できる者がなく，労働して生活できない者がない」国家の形成が，「わが社会主義の主張」であると訴えた。

ウ 青鞜社を興し，女性解放運動の中心的役割を担った。その機関誌『青鞜』に「それ自身意義ある女の生活のために，……経済上の独立のない処から生ずる様々な不安や，障害を取り去るために，職業教育をも要求いたします」と，「新しい女」の生き方を主張し，女性の自立と社会的地位の向上を訴えた。

① ア 安部磯雄　　イ 大杉栄　　ウ 景山（福田）英子
② ア 新渡戸稲造　イ 大杉栄　　ウ 市川房枝
③ ア 植村正久　　イ 堺利彦　　ウ 平塚らいてう
④ ア 新渡戸稲造　イ 堺利彦　　ウ 市川房枝
⑤ ア 安部磯雄　　イ 幸徳秋水　ウ 平塚らいてう
⑥ ア 植村正久　　イ 幸徳秋水　ウ 景山（福田）英子 〈2011 年追試〉

24 西田幾多郎の「純粋経験」の具体例として**適当でないもの**を，次の ① 〜 ④ のうちから一つ選べ。

① コンサートに出かけたＡさんは，オーケストラの見事な演奏に心を奪われて，自分が空腹であったこともすっかり忘れていた。

② 将棋好きのＢさんは，公開対局でプロ棋士の一心不乱に考える姿を生で見て，対局会場まで夢中で駆けつけた甲斐があったと喜んだ。

③　登山家のＣさんは，難コースといわれる断崖を上っていたが，途中から自分で自分の体をどう動かしたのか意識せず最後まで登りきっていた。

④　読書好きのＤさんは，クライマックスに差し掛かった長編小説を読むことに没頭していたため，電話の鳴る音に全く気づかなかった。　　　　　　　　　　　　　　　　　　　　　　　　〈2010 年追試〉

㉕　次の文章は，『善の研究』から始まる西田幾多郎の哲学的思索の展開について述べたものである。　 a 　〜 c 　に入れる語句の組合せとして正しいものを，次の①〜⑧のうちから一つ選べ。

純粋経験とは， a 　の状態で成立するものであるが，純粋経験からすべてを説明するためには， a 　だけでなく，主観と客観の分化を論理的に基礎づける必要がある。そのために彼は，主客の根底を問うて，主観と客観を成立させると同時にそれを包む「 b 　」の論理を求めた。西田によれば，「 b 　」の論理は，有と無の対立を超えて，事物事象そのものを可能にする「 c 　」に基づくものであった。

①　a　主客未分　　　　b　空　　　　c　絶対無
②　a　主客未分　　　　b　場　所　　c　絶対無
③　a　主客未分　　　　b　存　在　　c　絶対他力
④　a　主客未分　　　　b　場　所　　c　無　我
⑤　a　主客対立　　　　b　存　在　　c　絶対他力
⑥　a　主客対立　　　　b　空　　　　c　絶対他力
⑦　a　主客対立　　　　b　場　所　　c　絶対無
⑧　a　主客対立　　　　b　空　　　　c　無　我　　　　　　　　　　　　　　　　〈2013 年本試〉

㉖　和辻哲郎がその著書『倫理学』に示した人間理解の説明として最も適当なものを，次の①〜④のうちから一つ選べ。

①　人間は個人的存在であるとともに社会的存在である。ゆえに，倫理とは，社会を否定して個としての自己を自覚することと，その自己を再び否定して，社会のために生きようとすることとの相互運動である。この運動が停滞すると，利己主義や全体主義に陥る。

②　人間は単なる孤立した個人的存在ではなく社会的存在である。ゆえに，倫理とは，社会に背く個としての自己をひたすら否定して，社会に没入し，社会のあり方に従っていく運動である。この運動が失われると，社会的なあり方を軽視した利己主義に陥る。

③　人間は単なる孤立した個人的存在ではなく社会的存在である。ゆえに，倫理とは，個人と社会とを同時に肯定し，個としての自己を保ちつつ社会とのよりよい関係を築いていく運動である。この運動が停滞すると，利己主義や全体主義に陥る。

④　人間は個人的存在であるとともに社会的存在である。ゆえに，倫理とは，社会全体に埋没してしまわない個としての自己を確立し，個人主義を徹底して，同じ個としての他者とのよりよい関係を築いていく運動である。この運動が失われると，個人を抑圧する全体主義に陥る。　　　　　　〈2012 年追試〉

㉗　近代日本においては，無名の人々に光を当てることで人間理解を深めようとする思想家たちが現れた。そのような思想家についての説明として最も適当なものを，次の①〜④のうちから一つ選べ。

①　柳宗悦は，民衆の生活に根差した茶碗や皿に美を見出し，多くの無名の職人を有する日本民族の優秀性を説いた。

②　折口信夫は，古代日本人の心性に奥深く分け入る方法によって，「まれびと」としての神と人々との交流を理論化した。

③　柳田国男は，日本全国の民間伝承を収集し，『先祖の話』において江戸時代の日本人の精神構造を探究した。

④　南方熊楠は，自然と地域文化の宝庫である鎮守の森を保存するために，神社合祀を推進することを主張した。　　　　　　　　　　　　　　　　　　　　　　　　　　　　　　　　　〈2007 年追試〉

28 日常の生活に注目して思索を展開した思想家の一人として，柳宗悦がいる。彼についての説明として最も適当なものを，次の **①** ～ **④** のうちから一つ選べ。

① 名もなき人々の生活に注目することによって確立された民俗学の方法を基に，日本の神の原型を探究し，神は海の彼方にある常世国に住み，時を定めて村落を訪れる「まれびと」であると主張した。

② 民衆が伝承してきた昔話や習俗のなかに，固有の文化があると考え，文字として残っていない琉球・沖縄の伝承や古歌謡「おもろ」に注目し，沖縄固有の民俗学の確立に尽力した。

③ 江戸の庶民のなかで，恋を貫こうとする意気込みやきっぱりと諦める気風が「いき」であるとして尊重されていたことを見いだし，それが日本的な美意識の根幹を成すと主張した。

④ 名もなき職人の熟練した手仕事によって作られた日用品のなかに，固有の実用的な美しさがあると考え，それを「民芸」と名付けて，各地の民芸品の収集や再発見を目的とした民芸運動を展開した。〈2017 年本試〉

29 文学を通して人格や個性を尊重する活動を展開した人物に武者小路実篤がいる。彼に関する記述として最も適当なものを，次の **①** ～ **④** のうちから一つ選べ。

① 夏目漱石に師事し，青春の苦悩と思索を綴った『三太郎の日記』を著す一方，人格主義を説く哲学者としても活動した。

② 既存の道徳に安住することを偽善と批判し，むしろそこから「堕ちきる」ことで偽りのない自己を発見すべきだと主張した。

③ 思想や理論を流行の意匠のようにもてあそぶあり方を批判し，批評という独自の方法を用いて主体的な自己の確立を目指した。

④ 各自の人間的な成長が人類の文化の発展につながると説き，「新しき村」を創設して，理想の共同体の実現に努めた。〈2016 年本試〉

30 次のア～ウは，近代以降の社会や思想のあり方を考察した思想家についての説明であるが，それぞれ誰のことか。その組合せとして正しいものを，下の **①** ～ **⑥** のうちから一つ選べ。

ア 近代社会を担う主体性の確立を思想的課題として位置付け，伝統的な日本の思想のあり方を，様々な思想の「雑居」にすぎないと批判した。

イ 近代批評の確立を目指すとともに，明治以来，思想や理論が，その時々の流行の「意匠」として弄ばれてきたと批判した。

ウ 国家や社会組織の本質を問い直す『共同幻想論』を著すとともに，大衆の実生活に根ざす，自立の思想の確立を目指した。

① ア 小林秀雄 イ 吉本隆明 ウ 丸山真男 **②** ア 小林秀雄 イ 丸山真男 ウ 吉本隆明
③ ア 吉本隆明 イ 小林秀雄 ウ 丸山真男 **④** ア 吉本隆明 イ 丸山真男 ウ 小林秀雄
⑤ ア 丸山真男 イ 小林秀雄 ウ 吉本隆明 **⑥** ア 丸山真男 イ 吉本隆明 ウ 小林秀雄

〈2021 年本試〉

31 日本で初めて社会問題化した公害事件に関して，「民を殺すは国家を殺すなり」と訴え，農民の立場から公害反対運動を行った人物として最も適当なものを，次の **①** ～ **④** のうちから一つ選べ。

① 片山潜 **②** 安部磯雄 **③** 河上肇 **④** 田中正造 〈2008 年追試〉

32 宮沢賢治は，苛酷な自然をただ恐れるのでもなく，単なる資源や手段とみなすのでもなく，いわば自然と対話しながら生きることの大切さを主張している。この宗教観の説明として最も適当なものを，次の **①** ～ **④** のうちから一つ選べ。

① 報恩感謝の念仏で生きとし生けるものの極楽往生を目指す。

② 瞑想に専念して自由自在な無我の境地に入ることを目指す。

③ 自己犠牲の精神で生きとし生けるものの幸福の実現を目指す。

④ 世間を捨て去って難行苦行によって悟りを開くことを目指す。 〈2008 年追試〉

第16章　自然や科学技術にかかわる諸課題と倫理　▶▶ 要 点 整 理

❶ 生命の倫理

(1)　**生命倫理**

①　医学の進歩や技術の開発…人間の生命が技術的操作の対象になり，生命の（❶　　　　）に人間はどこまで介入してよいのかという新たな倫理的な問題の提起

②　（❷　　　　）（**バイオエシックス**）…広い視点から，人間の生命のあり方を考えていく倫理

③　（❸　　　　）…患者自身が，病名の告知や治療・介護を選択する権利

④　（❹　　　　）…医師の，診断や治療に関する情報を患者に十分に提供する義務と，患者の同意。説明と同意にもとづく医療行為

⑤　（❺　　　　）…子どものためになるという理由で，親が子どもの自由を制限するように他人の自由に干渉すること。患者の利益になると医師が判断した治療をおこなうこと

(2)　**生命の始まりへの介入**

①　（❻　　　　）や**体外受精**…人間の生命の誕生に直接関与できるほど，**生殖技術**は進歩している

②　体外受精の場合…夫婦以外の第三者が関係して誕生する場合，親子関係が複雑になる

③　（❼　　　　）…出産前の胎児の，健康状態や先天的な疾患，異常の有無を調べる検査。体外受精で得られた受精卵の遺伝子の異常を調べる**着床前診断**も可能となっている

④　生殖技術と遺伝子検査の進歩は，親がのぞむ外見・知力・体力をもつ子ども（「デザイナー・ベビー」）をつくるために応用できるが，その是非が問われている

⑤　（❽　　　　）（性と生殖に関する権利）…子どもを持つ，持たない等を女性が自ら決定する権利

(3)　**生命の終わりへの介入**

①　延命技術の進歩…自分の意思とは別に生かされるという事態も生じている

②　**安楽死**…回復が難しい末期ガンなどで苦しむ患者を，投薬などによって人為的に死なせること

③　**尊厳死**…（❾　　　　）（QOL）の観点から，本人の意思にもとづいて，延命措置を打ち切り，人間の尊厳を保ったまま自然な死をむかえさせること。QOLに対し，生命そのものに絶対的価値を認める考えを「生命の神聖さ（SOL，生命の尊厳）」という

④　死の自己決定…意思を生前遺言として（❿　　　　）などで示す

⑤　（⓫　　　　）…治療よりも，患者が安らかにすごせる介護や配慮などを重視した，終末医療の施設

⑥　医療の目的が治療（キュア）から看護（ケア）へと拡大されつつある

(4)　**脳死**と**臓器移植**

①　（⓬　　　　）…脳幹を含めた脳全体の機能が不可逆的に失われた状態

②　（⓭　　　　）…1997年に成立。日本でも，本人の生前の意思表示と家族の承諾で臓器移植が可能となった2009年の改正によって臓器提供者（**ドナー**）の意思が不明な場合も家族の同意による移植が可能になった。また，旧法で15歳以上となっていた年齢制限もなくなり，親族への優先提供も認められた

(5)　**バイオテクノロジー**の進歩

①　（⓮　　　　）…人間（ヒト）のすべての遺伝情報。「人間の設計図」遺伝子とは，細胞の中の**DNA**（デオキシリボ核酸）という物質のこと

②　（⓯　　　　）…病気の原因となる遺伝子を特定し，早期の予防や治療が可能となり，その人にあった**テーラーメイド医療**も研究されている。反面，遺伝情報は究極の個人情報であり，プライバシーの保護など適切な取り扱いが問題となっている

③　（⓰　　　　）技術・遺伝子組み換え技術…生物を細胞や遺伝子のレベルで操作するバイオテクノロジー（**生命工学**）が驚異的に発達。近年は効率よく遺伝子を改変する**ゲノム編集**技術も開発されている。安全面や倫理性において様々な問題がある

④　日本では2001年に（⓱　　　　）を施行し，クローン技術の使用に制限を設けている

(6)　**再生医療**

①　（⓲　　　　），（⓳　　　　）から各種細胞，組織，臓器を作る再生医療の技術への期待

2 環境の倫理

(1) **地球環境問題**
- ① 人類の経済活動や開発は，自然環境や生態系を破壊し，生物や人間の生存基盤に脅威を与える
  - ※レイチェル＝カーソン…『（❷⓪　　　）』で，DDT などの化学物質による深刻な環境破壊を警告
- ② オゾン層の破壊，地球温暖化，酸性雨，砂漠化，熱帯林の減少，野生生物種の減少など

(2) **地球環境問題への取り組み**
- ① （❷①　　　　）…1972 年にストックホルムで開催。人類が一致して取り組む課題であることを示す
- ② **国連環境開発会議（地球サミット）**…1992 年にリオデジャネイロで開催。環境保全を唱える先進国と開発の権利を主張する途上国とが対立する中，リオ宣言や（❷②　　　　）を採択
  - ※「（❷③　　　）」…将来世代の欲求を満たしつつ，現在世代の欲求も満足させるような発展
- ③ **京都議定書**…1997 年に京都で採択された温室効果ガス排出削減のための議定書
- ④ （❷④　　　）…2015 年，パリで採択された 2020 年以降に実践される新しい温暖化対策の枠組み

(3) **環境破壊と自然観**
- ① （❷⑤　　　）思想…自然の価値を見直す新たな自然観。アメリカの**エマーソン**や**ソロー**は自然の全体性や人間と自然の一体性を中心とするロマン主義的な思想を説いた
- ② 環境倫理の３つの主張

自然の生存権	生存の権利は人間にだけでなく，人間以外の種や生態系，景観などにもあり，人間はそれらを尊重しなければならない
世代間倫理	現在の世代は，未来の世代の生存と幸福に対して責任や義務がある
地球全体主義	地球の生態系は有限であり，有限な全体の視点から個々のあり方を決めなければならない

(4) **動物の権利**
- ① **アニマルウェルフェア（動物の福祉）**…人間が動物に与える苦痛を最小限に抑える配慮が必要との考えで，特に家畜動物の飼育環境の向上が求められている
- ② （❷⑥　　　）…人間による特定の動物種に対する差別あるいは搾取
  - オーストラリアの倫理学者**ピーター＝シンガー**らによって展開された動物解放論
- ③ 自然の権利…動物・植物・土地の利益を保護するために人間が後見人となって訴訟を起こすことができるとするもの。アメリカで自然保護をめぐる裁判の過程で登場した概念

(5) **生態系としての自然・未来世代への責任**
- ① **生態学（エコロジー）**の立場…人間の生活の営みは（❷⑦　　　）（**エコシステム**）の中に位置づく
- ② 「**土地倫理（ランド・エシック）**」…アメリカの思想家**アルド＝レオポルド**が『野生のうたが聞こえる』で示した概念。人間も動物・植物・土壌・水などからなる生態系の構成員であるととらえ，人間だけで構成されてきた従来の共同体という概念を，自然の生態系全体まで広げるべきであるとした
- ③ 取り組みは，「地球規模で考え，足もとから行動する。（Think globally，Act locally）」
- ④ **ナショナル・トラスト運動**…自然環境や歴史的建造物を保存するために，土地ごと買い取るなどして保護・管理する市民運動。19 世紀のイギリスではじまった

(6) **未来世代への責任**
- ① **世代間倫理**…ドイツ生まれのユダヤ人哲学者（生命倫理学者）である**ハンス＝ヨナス**は，科学技術の発展により地球環境や人類の存続が脅かされている今日，現在世代は未来世代の存続に対する一方的な責任を負っていると説いた

自然や科学技術にかかわる諸課題と倫理

解答 ❶誕生や死　❷生命倫理　❸自己決定権　❹インフォームド・コンセント　❺パターナリズム
❻人工授精　❼出生前診断　❽リプロダクティブ・ライツ　❾生活の質　❿リヴィング・ウィル　⓫ホスピス
⓬脳死　⓭臓器移植法　⓮ヒトゲノム　⓯遺伝子検査　⓰クローン　⓱クローン技術規制法　⓲ES 細胞　⓳
iPS 細胞　⓴沈黙の春　㉑国連人間環境会議　㉒気候変動枠組条約　㉓持続可能な発展　㉔パリ協定
㉕自然保護　㉖種差別　㉗生態系

(7) 宇宙船地球号

   ① 「（㉘   ）」…アメリカの経済学者**ケネス＝ボールディング**は，地球は宇宙船のような有限な空間で
            あり循環型の経済をめざすべきであるとした

(8) 持続可能な世界の実現にむけて

   ① 「（㉙   ）（MDGs）」…2000 年に採択された国連ミレニアム宣言をもとに設定された，2015 年まで
            に達成すべき 8 つの目標

   ② 「（㉚   ）（**SDGs**）」…2015 年に採択された，持続可能な社会を実現するための 2030 年までに達成
            すべき 17 のゴール・169 のターゲット

❸ 科学技術の倫理

(1) 高度情報化社会の進展と課題

   ① コンピュータの普及とインターネットの登場は，私たちの生活や社会のあり方を大きくかえたが，これを
（㉛   ）とよんでいる

   ② （㉜   ）…「モノのインターネット」。あらゆるモノが通信機能をもちインターネットにつながるこ
            と。これにより収集された多種多様な情報は（㉝   ）としてインターネット上に
            蓄積され，AI で分析され利用されている

   ③ （㉞   ）…**情報通信技術**（**ICT**）の進展により，ブログや SNS，画像・動画の共有サイトなど情報
            の自由な発信と共有を可能にし，コミュニケーションの新しい形をうみだしている

   ④ インターネットの普及は，ネット詐欺や個人・企業の情報への不正アクセスやウィルス感染などの犯罪行
為，個人情報の漏洩，（㉟   ）とその一部である肖像権の侵害，プライバシーの権利侵害などの問題
も引き起こしている

(2) 高度情報社会における取り組みと倫理

   ① 個人情報の悪用やプライバシー侵害に対しては，個人情報の利用と権利の保護の両立を目的に，2003 年
に（㊱   ）**法**が制定され，企業による情報の利活用のルールが整備されている

   ② 大量の情報のなかには（㊲   ）とよばれる偏見や誤解に基づいた情報，虚偽を含む情報もあり，事
実言明の真実性・正確性を調査・検証し発表する（㊳   ）のような取り組みがなされている

   ③ 情報の真実性を吟味し取捨選択するためには，一人ひとりが（㊴   ）（必要な情報を収集し，分析
し，活用する能力）を高める必要がある

(3) AI・ロボット技術の進展と課題

   ① （㊵   ）やロボット技術は，（㊶   ）とよばれる狩猟社会，農耕社会，工業社会，情報社会に
続く，日本が目指すべき未来社会を実現するための基盤技術として期待されている

   ② AI は人間の知能にますます近づいており，将来的に人間よりも優れた知能をもつ可能性も指摘されてい
る

(4) 科学技術と人間，科学技術と責任

   ① 20 世紀後半になって，科学技術が生命を操作したり環境破壊をもたらすようになると，科学技術をどこ
まで受け入れるべきか，倫理的観点から議論する必要が生じてきた

   ② そういった議論のすえに，（㊷   ）の作製は禁止されている。（㊸   ）技術を人の生殖に適用
することに関しても議論がおこなわれている

   ③ 科学技術者には，専門知識と技術を活用して，公衆の福祉，健康，安全を守り，持続可能な社会の実現に
貢献する責任を自覚することが要求され，市民との対話・交流，政策決定への科学的助言，公正な研究活動
など，技術者の社会的役割を果たすことが求められている

   ④ 核開発など人類の存続を脅かす恐れのある技術に携わる技術者には，とくに将来世代や人類への責任を自
覚することが必要である

            ※（㊹   ）**宣言**…1955 年，米ソによる水爆実験を背景に，イギリスの哲学者ラッセルとドイツ生まれのユダヤ人
                物理学者アインシュタインを中心に，11 名の科学者が核兵器の廃絶を訴えた宣言

解答 ㉘宇宙船地球号 ㉙ミレニアム開発目標 ㉚持続可能な開発目標 ㉛IT 革命 ㉜IoT
㉝ビッグデータ ㉞ソーシャルメディア ㉟知的財産権 ㊱個人情報保護 ㊲フェイクニュース
㊳ファクトチェック ㊴情報リテラシー ㊵AI（人工知能） ㊶Society 5.0 ㊷クローン人間
㊸ゲノム編集 ㊹ラッセル・アインシュタイン

■ 問題演習

1 生命の倫理

1 医療に関連して，生命倫理をめぐる日本の現状についての記述として最も適当なものを，次の ①～④ のうちから一つ選べ。

① リヴィング・ウィルとは，死の迎え方についての希望や意思を生前に表明する文書である。リヴィング・ウィルに基づいて，致死薬の投与などにより患者を直接死に導く安楽死が合法的に行われるようになった。

② 出生前診断とは，障害や遺伝病の有無などを受精卵や胎児の段階において診断する技術である。この技術の利用は，命の選別につながりかねず，病気や障害をもつ人への差別を助長しかねないとの懸念が示されている。

③ パターナリズムとは，人は自分の生命や身体の扱いについて自分で決定することができるという原則である。この原則に基づいて，医療の現場では，患者の同意を得たうえで治療を行うことが重視されるようになった。

④ 脳死とは，全脳が不可逆的に機能を停止した状態である。脳死は，心臓死と同様に死とみなされ，患者本人が臓器提供を承諾しているかどうかにかかわらず，誰もがその判定の対象とされている。

〈2015 年追試〉

2 先端医療技術についての説明として**適当でないもの**を，次の ①～④ のうちから一つ選べ。

① 医療に応用可能な技術の一つとして，遺伝子の特定の箇所を探し当てた上で，その箇所を変更しようとするゲノム編集がある。

② 生殖補助医療の一つとして近年よく用いられる顕微授精は，女性の体内にある卵子に精子を直接注入する技術である。

③ 障がいや遺伝病の有無を出生前に診断することが可能になっているが，この技術が命の選別につながるという指摘もある。

④ iPS 細胞には，様々な再生医療の可能性が広がることへの期待があるが，同時に過剰な生命操作につながることへの懸念もある。 〈2021 年本試第 2 日程〉

3 生殖技術をめぐる状況の記述として最も適当なものを，次の ①～④ のうちから一つ選べ。

① 着床前診断を用いることにより，受精卵が胎児に成長した段階で，胎児の遺伝子や染色体に異常がないかどうかを検査することができるが，親が望まない子の出産を控えるなど，命の選別をもたらす，という批判がある。

② 親の望む遺伝子を組み込んだデザイナー・ベビーをもうけることが日本でも法的に認められ，実際にそうした子どもが誕生しているが，子どもを親の願望を実現するための道具にしてよいのか，という批判がある。

③ 代理出産（代理懐胎）には複数の方法があるが，どの方法を用いても，代理母が生まれてくる子どもの遺伝上の母親となるため，代理出産を依頼した夫婦との間で子どもの親権をめぐる争いが発生する場合がある。

④ 第三者の男性が提供した精子を用いて人工授精を行うことにより，女性が単独で子どもをもうけることも可能となっているが，将来子どもに，遺伝上の父親についての情報を知らせるかどうかが問題となる場合がある。

〈2019 年本試〉

4 再生医療についての説明として**適当でないもの**を，次の①～④のうちから一つ選べ。

① ES細胞やiPS細胞などの研究が進むにつれて，様々な細胞に分化する可能性をもつ細胞を人工的に作り出せるようになってきた。その結果，従来は作ることが難しかった臓器などの再生への可能性が開けてきた。

② ES細胞を作るには，受精卵や初期胚が必要である。それに伴う問題として，人間の生命の萌芽であるとされる受精卵や初期胚を実験に使ったり，医療資源として使ったりすることの是非が議論されている。

③ iPS細胞を作るには，脳死状態に陥ったドナーによって提供された臓器が必要である。それに伴って，そもそも人の死とは何なのか，身体や臓器は誰のものなのか，などを改めて考え直す必要性が高まってきた。

④ ES細胞やiPS細胞などの研究が進むにつれて，それらは生殖細胞にも分化し得ることが分かってきた。その結果，生殖細胞を人工的に作ったり，それらを受精させたりしてもよいのか，という問題が生じている。

〈2018年追試〉

5 世界保健機関（WHO）は，次のように緩和ケアを定義した。その**定義**における苦痛については，下の**図**のような説明が考えられる。**定義**と**図**を踏まえたうえで，緩和ケアの考え方として**適当でないもの**を，下の①～④のうちから一つ選べ。

定 義

　緩和ケアとは，生命を脅かす疾患による問題に直面している患者とその家族に対して，疾患の苦痛，身体的問題，精神的問題，社会的問題，スピリチュアルな（霊的な，魂の）問題に関して，早期からきちんとした評価を行い，それが障害とならないように予防したり，対処したりすることで，クオリティー・オブ・ライフ（生活の質，生命の質）を改善するためのアプローチである。

（世界保健機関Webページ）

図

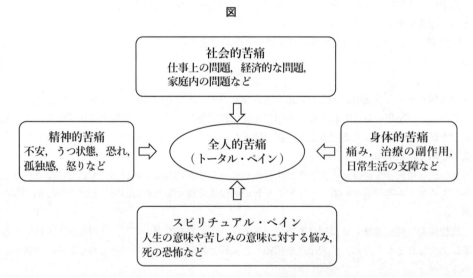

① 緩和ケアは，末期治療に限定されるものではなく，治療の過程に生じる様々な苦痛を和らげようとするアプローチである。

② 緩和ケアが改善しようとしているクオリティー・オブ・ライフには，患者本人だけでなく，患者をとりまく家族の生活の質も含まれる。

③ 緩和ケアという考え方は，患者が感じている苦痛を分類し，ケア・スタッフが，患者の身体的苦痛に集中して治療できるようにする。

④ 緩和ケアという考え方は，治療の間に変化する患者のニーズにこたえるために医療従事者と患者のコミュニケーションを重視している。

〈2009年本試〉

6 臓器移植法に関して，次の**ア〜ウ**の事例は日本の臓器移植法（1997年成立，2009年改正）でどう扱われるだろうか。**ア〜ウ**の事例を**A〜D**に分類した場合の組合せとして正しいものを，下の **①** 〜 **⑨** のうちから一つ選べ。

ア Eさんは，脳死状態になった場合には心臓を提供したいという意思表示を口頭でしていた。Eさんが14歳で脳死状態になったとき，両親はEさんの心臓の提供を病院に申し出た。

イ Fさんは，脳死状態になった場合には肝臓を提供することをドナーカード（臓器提供意思表示カード）に記していた。Fさんが15歳で脳死状態になったとき，両親はFさんの肝臓の提供を病院に申し出た。

ウ Gさんは，脳死状態になった場合には心臓と肝臓の提供を拒否することをドナーカードに記していた。Gさんは16歳で脳死状態になったとき，両親はGさんの心臓と肝臓の提供を病院に申し出た。

A 改正前の臓器移植法でも改正後の臓器移植法でも提供が認められる。

B 改正前の臓器移植法でも改正後の臓器移植法でも提供が認められない。

C 改正前の臓器移植法では提供が認められないが，改正後は認められる。

D 改正前の臓器移植法では提供が認められるが，改正後は認められない。

① ア−A　イ−B　ウ−C

② ア−A　イ−C　ウ−B

③ ア−A　イ−C　ウ−D

④ ア−B　イ−A　ウ−C

⑤ ア−B　イ−A　ウ−D

⑥ ア−B　イ−C　ウ−A

⑦ ア−C　イ−A　ウ−B

⑧ ア−C　イ−A　ウ−D

⑨ ア−C　イ−B　ウ−A

〈2012年本試〉

7 自然との共生を唱えたレイチェル・カーソンについての記述として最も適当なものを，次の ①〜④ のうちから一つ選べ。

① 地球を宇宙船のように閉ざされた環境に譬え，人間によるその汚染と破壊は地球全体の生命体にとって致命的であり，地球上のすべての人間が，同じ宇宙船の乗組員という意識で自然環境の保全に取り組むべきだと主張した。

② 有限な天然資源をめぐって各人が自由に個人的利益を追求し続けると，やがては全員の最大損失という悲劇的結果を招くことを共有地の例をもって示し，環境問題における共生の視点の重要性を訴えた。

③ 現代文明の危機の原因は，機械文明に生きる人間の自然に対する独善的で傲慢な生命軽視の態度にあるとして，人間が他の生命に対して罪責を負っているという自覚を絶えずもつべきだと主張した。

④ 農薬など有害な化学物質の大量使用が，生態系の破壊へとつながり，やがては人間を含む全生物の死滅へと至ることに警鐘を鳴らし，人間が自然の不思議と神秘に驚嘆する感性を取り戻すことの必要性を訴えた。 〈2011 年追試〉

8 世代に関連して，現在世代と将来世代とのあるべき関係をめぐる考え方についての説明として最も適当なものを，次の ①〜④ のうちから一つ選べ。

① 持続可能な開発（発展）という理念によれば，現在世代の人々は自分たちの欲求の充足をできるだけ抑制し，将来にわたって高い経済成長率が確実に維持されるよう努めなければならない。

② 持続可能な開発（発展）という理念によれば，将来世代の人々の享受すべき利益を損なうことなく，しかも現在世代の人々の欲求をも充足させるような開発が目指されなければならない。

③ 世代間倫理という考え方によれば，現在世代の活動とまだ生まれていない将来世代の活動とは互いに密接に絡み合っているので，両世代の人々は相互に責任や義務を負わなければならない。

④ 世代間倫理という考え方によれば，現在世代はまだ生まれていない将来世代に対して責任を負う必要はなく，自分の世代の問題については同世代の人々の間で責任を分担しなければならない。 〈2017 年本試〉

9 自然環境を積極的に守ることに関連して，環境問題を取り組むうえで重要な考え方として「循環型社会」がある。この社会の説明として最も適当なものを，次の ①〜④ のうちから一つ選べ。

① 環境に大きな影響を及ぼす事業について，事前に調査し評価することを積極的に推し進めていく社会

② 資源の有効利用を目指し，資源の消費を抑制し，環境への負荷をできる限り低減しようとする社会

③ 将来の世代のニーズを満たす能力を損なうことなく，今日の世代のニーズを満たすような開発を進めていく社会

④ 地球規模の視野をもつだけでなく，自分にできる身近な活動から環境保護を始めていこうとする社会

〈2012 年本試〉

❿ 情報技術の発達に伴う社会の変化についての記述として最も適当なものを，次の ① 〜 ④ のうちから一つ選べ。

① 企業や公的機関に大量の個人情報が集積されるようになったため，プライバシーが侵害される危険が大きくなっている。

② 公的な情報は市民の共有財産であるという考え方が定着し，国や自治体のもつあらゆる情報が市民に公開されるようになっている。

③ 情報技術の発達によって情報の違法な複製が困難となったため，知的所有権が侵害される危険は少なくなっている。

④ インターネットを使って個人が直接情報を得られるようになり，マスメディアが情報操作を行う危険は少なくなっている。 〈2013 年本試〉

⓫ 情報社会に関連した記述として**適当でないもの**を，次の ① 〜 ④ のうちから一つ選べ。

① マスメディアによる紋切り型の報道によって，特定の国や民族などに対するステレオタイプ的なイメージが与えられる危険がある。

② ソーシャルメディアなどの普及により，情報のインタラクティブ（双方向的）な発信が，旧来のメディアよりも活発に行われるようになった。

③ 情報の増加・多様化に従い，個々人が自ら主体的かつ批判的に判断し取捨選択するデジタル・デバイドの重要性が指摘されるようになった。

④ インターネットの普及に伴い，他人のコンピュータへの不正アクセスや，オンラインショッピングにおける詐欺などのサイバー犯罪が急増している。 〈2016 年追試〉

⓬ 物事に対する偏った見方の一つにステレオタイプがあるが，ステレオタイプに当てはまる発言として最も適当なものを，次の ① 〜 ④ のうちから一つ選べ。

① 男性は，物事を論理的に捉えるのが得意で，機械を組み立てたり修理したりするのが好きだよね。

② 塩気の多い食事ばかりしていると，高血圧になりやすいから，バランスのよい食事をした方がいいよ。

③ 昔，星座を考えた人がいたんだよね。電気がない昔は，夜空に輝く星々が今よりずっとよく見えただろうね。

④ あの人，初めて会った人にでも気楽に声をかけるよね。人と喋るのが好きだと自分で言っていたしね。 〈2019 年本試〉

13 インターネットに関して，次の**図**は，平成25年の1年間にインターネットを利用した成人について，世代別利用目的・用途をまとめたものである。**図**から読み取れることとして最も適当なものを，下の①〜④のうちから一つ選べ。

図　インターネットの世代別利用目的・用途

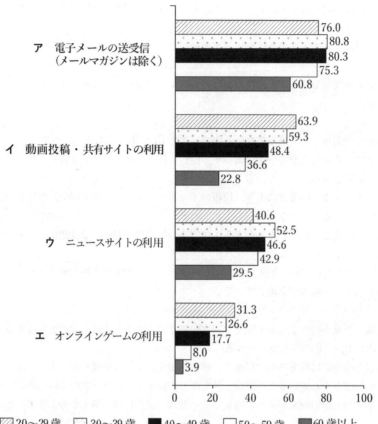

```
ア 電子メールの送受信        76.0
  （メールマガジンは除く）   80.8
                          80.3
                          75.3
                          60.8

イ 動画投稿・共有サイトの利用  63.9
                          59.3
                          48.4
                          36.6
                          22.8

ウ ニュースサイトの利用       40.6
                          52.5
                          46.6
                          42.9
                          29.5

エ オンラインゲームの利用     31.3
                          26.6
                          17.7
                          8.0
                          3.9

   0   20   40   60   80   100
```

▨20〜29歳　▦30〜39歳　■40〜49歳　□50〜59歳　▩60歳以上

（注）　数値は，当てはまると回答された割合（％）。複数回答可能。
（資料）　総務省「平成25年通信利用動向調査」より作成。

① 当てはまると回答された割合を表す数値は，すべての世代で，項目**エ**が最も低く，2番目に低いのが項目**ウ**，3番目が項目**イ**であり，項目**ア**が最も高い。このことから，いずれの世代でも，遊び・娯楽以外でインターネットを利用する傾向が強いと言える。

② 当てはまると回答された割合が最も高い項目**ア**と最も低い項目**エ**の間の数値の差は，20〜29歳，30〜39歳，40〜49歳，50〜59歳，60歳以上の順に大きくなっていく。このことから，世代が高くなるにつれて，インターネットの利用目的・用途が特定の項目に集中していくと言える。

③ 40〜49歳，50〜59歳，60歳以上のいずれの世代でも，項目**ア**を除き，他の3項目の数値が50％未満である。このことから，これら三つの目的・用途での利用者の割合が少ない40歳以上の各世代でも，インターネット利用者の半数以上が電子メールを利用していると言える。

④ 30〜39歳，40〜49歳，50〜59歳，60歳以上の世代では，項目**イ**の数値と項目**ウ**の数値が，いずれも項目**エ**の数値の2倍以上となっている。このことから，30歳以上の各世代では，インターネット利用者の間で，芸術や社会の動向に注目する傾向が強いと言える。

〈2017年本試〉

⓮ 情報社会や消費社会をめぐる問題についての説明として最も適当なものを，次の ①〜④ のうちから一つ選べ。

① ボードリヤールによれば，消費社会のなかで人々は，メディアから提供される情報を手がかりにしながら，もっぱら有用性の観点から商品を購入し，ただ大量に消費することそれ自体を目的としている。

② リップマンによれば，人々はメディアの情報から一定のイメージを思い浮かべ，それに従って現実を理解しているので，メディアによって情報が意図的に操作されると，世論が操作される危険がある。

③ ブーアスティンによれば，現代のメディアが提供しているのは，物語としての迫真性をそなえた「本当らしい」出来事にすぎず，視聴者の側はメディアから流される情報に関心をもたなくなっている。

④ マクルーハンによれば，近代社会では活字メディアが支配的だったが，20 世紀に入って映画やテレビのようなメディアがそれに取って代わった結果，人間の感覚や想像力は貧困なものになっている。

〈2017 年本試〉

⓯ ジョージ・オーウェルが 1949 年に発表した『1984 年』は，ビッグ・ブラザー（偉大な兄弟）が支配する監視社会を描いた小説であり，現代社会の様々な問題を予見したことで知られている。次の文章を読み，その説明として最も適当なものを，下の ①〜④ のうちから一つ選べ。

　　印刷技術の発明は世論操作をより容易なものにし，映画とラジオの出現はその流れを加速させた。テレビが登場し，また技術的進歩によって一つの装置で同時に受信と送信ができるようになると，ついに私的な個人生活は終わりを告げるに至った。全市民，あるいは少なくとも要注意の市民は警察当局による一日二十四時間体制の監視下に置くことができるし，他の通信手段をすべて塞（ふさ）いで政府の宣伝だけを聞かせることもできるのだ。国家の意志に対する完全な服従を強制できるばかりか，あらゆる問題に対して完全な意見の一致を強制できる可能性まで，今や初めて存在するに至った。

（ジョージ・オーウェル『1984 年』）

① マスメディアが，事実に即した正確さよりも疑似イベントの提供に奔走する危険性を予見している。

② 双方向性の通信技術を用いて，個人の行動や思想が統制される危険性を予見している。

③ 現実世界から切り離された仮想現実（バーチャル・リアリティ）のなかに個人が埋没する危険性を予見している。

④ ハッカーによる不正アクセスやコンピュータ・ウィルスにより，個人情報が漏洩する危険性を予見している。

〈2010 年本試〉

第17章　社会と文化にかかわる諸課題と倫理　　▶▶ 要 点 整 理

◼1 福祉の課題

(1)　少子高齢化の進行と地域社会の課題

① 日本では少子化が進んでおり，1975 年以来（❶　　　　）は低下傾向が続いている

② 少子化により，総人口に占める 65 歳以上の高齢者人口の割合が高くなる（❷　　　　）も進んでいる

③ （❸　　　　）…一組の夫婦と未婚の子どもからなる家族，夫婦のみの家族，父親または母親と未婚の子どもからなる家族

④ （❹　　　　）…制度・分野の枠や，「支える側」「支えられる側」という従来の関係をこえて，人と人，人と社会がつながり，一人ひとりが生きがいや役割をもち，助け合いながら暮らしていくことのできる，包摂的なコミュニティ，地域や社会をつくるという考え方

⑤ （❺　　　　）…重度な要介護状態となっても住み慣れた地域で自分らしい暮らしを人生の最後まで続けることができるよう，住まい・医療・介護・予防・生活支援が一体的に提供されること。ボランティアや NPO（非営利団体）などの取り組みが期待される

(2)　ケアの考え方

① **ケアの倫理**…社会のうちに正義の実現を求めるロールズのような主張に対し，アメリカの心理学者（❻　　　　）は，人間関係における思いやり（**ケア**）と責任の重要性を指摘した

② ケアの倫理の特徴

　a．人々の脆弱さや相互依存の関係への注目

　b．個々人の具体的な状況への関心

　c．女性の経験の尊重　など

(3)　誰もが生きやすい社会の形成に向けて

① （❼　　　　）**法**…1985 年，雇用や職場における男女差別を禁止するために制定

② （❽　　　　）**法**…障がい者の自立や社会参加を促進するために制定
　　　　　　2016 年からは障害者差別解消法が施行されている

③ （❾　　　　）**法**…高齢者の社会参加を促進するために制定

④ （❿　　　　）**法**…1999 年，男女が対等な関係のもと，性別に関わりなくその個性と能力を発揮できる社会を形成するために制定

⑤ **ダイバーシティ＆インクルージョン**…ダイバーシティは（⓫　　　　），インクルージョンは（⓬　　　　）を意味し，さまざまな違いをもつ人々が平等に受け入れられる環境をめざそうという理念

⑥ （⓭　　　　）…女性同性愛者（Lesbian），男性同性愛者（Gay），両性愛者（Bisexual），心と体の性が一致しないトランスジェンダー（Transgender）の頭文字を組み合わせた，性的少数者の総称

◼2 文化と宗教の課題

(1)　**グローバル化と多文化共生**

① ヒト・モノ・資本・情報が地球規模で行き交う**グローバル化**の進展

　→**文化の均質化**が進み，**文化的多様性の喪失**への危惧→**多文化共生**がこんにち的課題に

② **自民族中心主義**（（⓮　　　　））…自分の文化をすぐれたものと考え，他民族の文化を野蛮，劣ったものとみなす態度

③ 自民族の絶対的な優越意識の危険性→他民族の排斥，ナチスによるユダヤ人大虐殺　「民族浄化」

④ **ナショナリズム**…自民族の文化的優越→民族差別や偏見の温床

⑤ **文化相対主義**…異なる文化をそれぞれに固有の基準や尺度を用いて理解しようとする立場

⑥ **多文化主義**（（⓯　　　　））…言語や習慣などの違いにより生じる**文化摩擦**をのりこえてそれぞれの民族と文化を尊重し，共存していこうとする考え方

⑦ **オリエンタリズム**：パレスチナ出身の思想家（⓰　　　　）が著書『オリエンタリズム』で指摘

　a．西洋の東洋に対する自己中心的なまなざしや文化的な支配のあり方

　b．「東洋」を西洋とは異質で劣った存在とするイメージのもと，西洋の優越性と植民地支配の正当化に利用された

(2)　現代の世界と宗教，宗教をめぐる摩擦

① 1970 年代後半から世界各地で伝統的な宗教が復興する現象がおきている

② 宗教をめぐる摩擦（**宗教摩擦**）は，多文化主義にとって，解決を図っていくべき課題。意見を異にする人々の共生を実現するために，まず多様な宗教の考え方や習慣を知ることが必要

③ （❶　　　　　）は宗教と社会の関係を考察し，宗教による**愛の飛躍（エラン・ダムール）**によって人類愛が可能となり，人類全体が属する**開いた社会**を実現できると主張

④ （❶　　　　　）**主義**…一つの宗教だけが真実であるという排他的主張を離れ，それぞれの宗教のうちに真実の教えと信仰があることを認め合う立場

🔳3 平和の課題

(1) 連帯と共生

① 地域・民族紛争や内戦，クーデター，テロなどにより（❶　　　　　）が大量に発生
背景…差別や富の不平等，貧困などがある

② 平和の維持…差別・疎外・抑圧・飢餓・貧困などの顕著な社会構造の克服と人権保障が不可欠

③ **難民**…人種・宗教・政治的理由などにより迫害を受ける危険性があり，外国に避難した人々

④ 国連難民高等弁務官事務所…難民の国際的保護と救援活動をおこなう

(2) 世界平和と国連

① **国際連合（国連）**…国際平和および安全の維持を目的に活動。国際協力による人権の尊重が目的

② （❷　　　　　）…国連総会で 1948 年採択
国際人権規約…条約の性格（法的拘束力）をもつ。1966 年採択

③ 個別的な人権の国際的な保障→**人種差別撤廃条約，女性差別撤廃条約，子どもの権利条約**など

④ **開発協力**の取り組み→国際協力によって南北間の貧困の格差の縮小と発展途上国の住民福祉の向上を達成し，平和の基礎を強化

⑤ 平和の概念→国家の安全保障から人権の強化，「**人間の安全保障**」へと動いている

(3) **テロリズム**と現代社会

① 2001 年 9 月 11 日アメリカで（❷　　　　　）**テロ**がおきる

② 文化的な原因→西欧的な価値観がイスラーム文化を破壊したことに対する反発の結果とも

③ テロを武力だけでおさえこむことはむずかしい。国際社会の寛容と相互理解が課題

(4) 相互理解と**ユネスコ憲章**

① **NGO**（（❷　　　　　））など市民レベルの参加→途上国の経済開発のための支援には不可欠

② 「力による平和」の道でなく，人権保障と国際的な相互依存にもとづく「自立による平和」の道

③ 人間どうし，民族どうしの共生が重要

④ 平和は「人類の知的および精神的連帯」のうえに築かれなければならない

(5) 人類の福祉を求めて

① 日本人が「侵略戦争」をひきおこした過去の歴史への反省
→近隣アジアの諸国民との間に相互理解にもとづく信頼関係を確立する

② 教育・産業・医療にわたり，現地の人々の自立を支援する団体として，（❷　　　　　）（政府開発援助）の実施機関である（❷　　　　　）（国際協力機構）の青年海外協力隊などがある

③ 国際協力の新たな試みとして，（❷　　　　　）（公平貿易）運動がある

④ 国際社会で今後の日本が目指すべき姿
国内…差別なく平等に生きていける福祉社会の形成をめざす
国際社会…国際的な責任を自覚→諸民族の平等，人権の尊重，民主主義の確立などの課題に取り組む

(6) 核軍縮への歩み

① 核拡散防止条約（NPT）…核兵器保有国を増やさないよう 1968 年に国連総会で採択

② 核兵器禁止条約…核兵器の使用，開発，製造などを全面禁止。2021 年に発効。核保有国は未批准

解答 ❶合計特殊出生率　❷高齢化　❸核家族　❹地域共生社会　❺地域包括ケアシステム　❻ギリガン
❼男女雇用機会均等　❽障害者基本　❾高齢社会対策基本　❿男女共同参画社会基本　⓫多様性　⓬包摂
⓭LGBT　⓮エスノセントリズム　⓯マルチカルチュラリズム　⓰サイード　⓱ベルクソン　⓲宗教多元
⓳難民　⓴世界人権宣言　㉑同時多発　㉒非政府組織　㉓ODA　㉔JICA　㉕フェアトレード

問題演習

1 福祉の課題

1 現代日本における家族についての記述として最も適当なものを，次の①〜④のうちから一つ選べ。

① 高度経済成長期以来，都市部では，夫婦と未婚の子どもだけで形成される核家族が増加したが，今日ではさらに家族形態も多様化し，子どもをもたない共働き夫婦，いわゆるステップ・ファミリーが現れている。

② 従来，子どもの養育や老人の介護などの役割を担ってきたのは家族であったが，今日では少子高齢化などにより，その機能集団としての役割をコミュニティなどの外部集団へと拡げた，いわゆる拡大家族化が進んでいる。

③ 家族の規模が縮小するにつれて，育児ノイローゼやDVなど，閉じた家族のなかで起きる問題も深刻化している。これらの問題を解決するには，立法や行政による支援とともに，家族のあり方の見直しが必要とされる。

④ 女性の社会進出や非婚化・晩婚化が進むにつれて，合計特殊出生率の低下が問題とされている。この問題を解決するには，様々な子育て支援制度の充実とともに，性別役割分担を見直すノーマライゼーションが必要とされる。　　　　　　　　　　　　　　　　　　　　　　　　〈2017年追試〉

2 家族成員の役割・関係に関して，次の図は，日本の20歳以上の男女を対象に，「夫は外で働き，妻は家庭を守るべきである」という考え方についての賛否を尋ねた調査結果を示したものである。図から読み取れることとして**適当でないもの**を，下の①〜④のうちから一つ選べ。

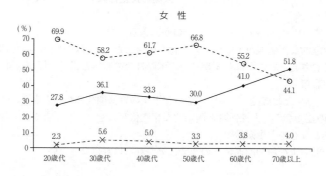

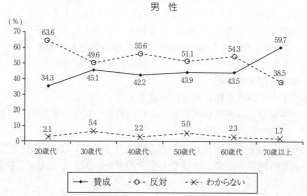

(注)　ここでの「賛成」とは，「賛成」と「どちらかといえば賛成」という回答を合わせたものである。「反対」は，「反対」と「どちらいえば反対」という回答を合わせたものである。四捨五入の関係で，割合の合計が100%とならないことがある。
　　　内閣府「男女共同参画社会に関する世論調査」(平成21年10月調査)により作成。

① 20歳代で「反対」と答えた人の割合は，男女共に他の各年齢層において「反対」と答えた人の割合より大きい。

② 「反対」と答えた人の割合は，どの年齢層においても女性の割合が男性の割合を上回る。

③ 70歳以上で「賛成」と答えた人の割合は，男女共に「反対」と答えた人の割合を上回る。

④ 「賛成」と答えた人の割合は，30歳代において，男女の間の差が最も大きい。　　〈2012年現代社会本試〉

3 近代以降の日本における家族や結婚のあり方についての記述として**適当でないもの**を，次の ① ～ ④ のうちから一つ選べ。

① 高度経済成長期以前の日本では，親子だけでなく，祖父母や親族が一緒に暮らす大家族（拡大家族）が現在よりも多く見られた。

② 高度経済成長期以降の日本では，核家族が主要な家族形態として定着し，全世帯に占める核家族の割合は増加の一途をたどってきた。

③ 現在の日本では，事実婚（非法律婚）による夫婦や子をもたない共働き夫婦など，夫婦の形態が多様化する一方，結婚しない人も増えている。

④ 現在の日本で，学業を終えて就職した後も結婚せず，親に依存して同居を続ける人々は，パラサイト・シングルと呼ばれている。 〈2019 年本試改〉

4 現代日本の介護問題や，それに対する取組みについての説明として最も適当なものを，次の ① ～ ④ のうちから一つ選べ。

① 現代では少子化や単身世帯の増加によって家族の絆や結び付きが弱まってきたため，家族内での介護を支援し，その結び付きを再び強化する制度として，介護保険制度が導入された。

② 近年，女性の社会進出が進んでいるが，夫は仕事に専念し妻は育児や介護に専念したいという家庭も多いため，そのような家庭を支援するために，育児・介護休業法が制定された。

③ 高齢化と核家族化が進み，高齢者の単身世帯のさらなる増加が予想される現代では，社会全体で介護を担う公的制度が必要であるが，地域社会の自発的活動による介護支援も注目されている。

④ 結婚のあり方が大きく変わり出生率が低下した現代では，少子化が大きな問題であるが，高齢者の介護を充実させるという点では，育児に対する家族と社会の負担を減らす少子化は望ましいとされている。 〈2018 年本試〉

5 ニーズ（必要）に関連して，次の文章は，自分のニーズと他者のニーズの関係について論じた著書の一部である。この文章の内容の記述として正しいものを，下の ① ～ ④ のうちから一つ選べ。

人は，他者に関心をもつことなく自分の好みに固執する存在ではない。他の人たちが何を必要とし，何を欠いているかは，個人のニーズの構成要素なのだ。しばしば私たちは，他の人のために様々なものを必要とする。例えば，私たちが，子どもたちのためによい学校を，近所の人たちのために安全な街路を，戸外に立つ名も知らぬ人たちのために満足できる老人ホームを必要とするのは，私たち自身のためにそれらを必要とするのと同じく，ごく当たり前のことなのだ。私たちが政治に関わろうとする動機の最も深い源泉は，他の人たちのためにニーズを感じることができる，この人間の能力のなかにこそあるとすべきだろう。

（イグナティエフ『ニーズ・オブ・ストレンジャーズ』）

① 人がもつニーズは，それぞれ異なっており，共通の要素をもたない。そのため多くの人が，多様なニーズの社会における優先順位を明確にし，対立を調停しようとして，政治に関わるようになる。

② 人がもつニーズは，自分だけでなく他者への配慮にも関係している。そのため多くの人が，たとえ直接自分には関係しないことでも，他者のために様々な事柄を必要と感じることから，政治に関わるようになる。

③ 人がもつニーズは，他者との関係や他者への気遣いによって変わることがある。そのため多くの人が，他者との関係に左右されない自分の真のニーズを見いだそうとして，政治に関わるようになる。

④ 人がもつニーズは，自分のためのものとは限らない。そのため多くの人が，自分のニーズを犠牲にしてでも他の人々のニーズを満たすために貢献しようとして，政治に関わるようになる。 〈2011 年本試〉

6 下の図は人がどのような寄付を選択するか，また，その選択にどの程度納得するかについて調べた実験の結果である。その手順を説明した次の文章を読み，図から読み取れることとして**適当でないもの**を，下の①〜④のうちから一つ選べ。

実験の手順

実験には 112 名の大学生が参加した。参加者は「貧困と重い病気に苦しみながらも子どもを育てる母親を支援するため，あなたは寄付をするとします」と言われる。寄付には支援する人数と金額に応じて**A〜C**のプランがある。

A：メゼレという名前の 20 歳の母親が治療を受けられるように，2 万円を寄付する。

B：3 人の 20 代の母親が治療を受けられるように，6 万円を寄付する。

C：2 人の 20 代の母親が治療を受けられるように，7 万円を寄付する。

（**A**のプランにのみ，母親の名前が示され，顔写真が添付されている。）

参加者のうち 52 名には，**A**と**B**の二つの選択肢が示される。残りの 60 名には，**A〜C**の三つの選択肢が示される。参加者は，実際に寄付するつもりになってプランを一つだけ選択する。その後で「今の自分の選択にどれくらい納得していますか？」という質問に，「まったく納得していない」を 0 点，「とても納得している」を 6 点とし，その間で自分の選択に納得した程度を 7 段階の点数で答えた。この点数を参加者の納得度とした。

図は各プランを選択した人数の割合と，納得度の平均点数を表す。

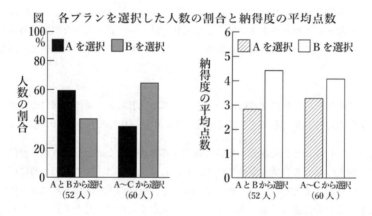

図　各プランを選択した人数の割合と納得度の平均点数

① 　**A**と**B**から選択した場合，寄付金額が低く，受け取る相手の顔と名前が分かるプランを選んだ人の方が人数の割合は高い。しかし，寄付金額が高く，受け取る人数が多いプランを選んだ人より選択への納得度は低い。

② 　**A〜C**から選択した場合，一人あたりに換算した寄付金額が最も高いプランを選んだ人はおらず，一人あたりの金額が同じなら，寄付を受け取る人数が多いプランの方が，選んだ人数の割合もそのときの納得度も高い。

③ 　選択肢が**A**と**B**だけのとき，寄付金額の低いプランを選んだ人の方が人数の割合は高いが，納得度は寄付金額の高いプランを選んだ人より低い。選択肢が一つ増えると，割合の高さも納得度の高さも**A**と**B**で逆転する。

④ 　選択肢が**A**と**B**だけのとき，寄付金額は高いが受け取る人数が 3 人のプランを選んだ人は，寄付金額が低く受け取る人数が 1 人のプランを選んだ人より納得度は高い。選択肢が一つ増えても，この傾向は変わらない。

〈2014 年本試〉

7 今日，バリアフリーを一歩進めた考え方として，ユニバーサルデザインが提唱されている。図のように，駅のホームに降りるために，階段脇に取り付けられた車いす専用の昇降機ではなく，エレベーターを設置することなどがその一例である。その背景にある考えとして**適当でないもの**を，下の①〜④のうちから一つ選べ。

図　車いす用昇降機　　　　図　エレベーター

① 従来，健常者を念頭に社会環境をデザインしてきたことは，高齢者や障害者の利用を想定していなかった点で，かれらに対する人権侵害の可能性もある。

② 社会環境に，高齢者や障害者専用の特別な改造を施すことは，かえって周囲の人々の視線を集めることとなり，差別を助長することにもなりかねない。

③ 高齢者や障害者が交通機関や公共施設を利用できないことは，慈善の観点から問題があるので，かれらも利用できる社会環境をデザインすべきである。

④ 初めから高齢者や障害者も利用できるように社会環境をデザインすることは，かれらに社会参加を促し，かれらの生活の可能性を広げることにつながる。　　　　　　　〈2010 年追試〉

2 文化と宗教の課題

8 異文化理解にかかわりの深い次の用語**A**〜**C**と，その説明**ア**〜**エ**との組合せとして最も適当なものを，下の①〜⑥のうちから一つ選べ。

A マルチカルチュラリズム
B ステレオタイプ
C エスノセントリズム

ア 単純な二分法や固定的なパターンにより，事実を認識したり理解したりする捉え方及び捉えられたイメージ。

イ 様々な文化にはそれぞれ違いは見られるが優劣はないとし，文化的な多様性を尊重する主張。

ウ 自民族の文化の優越性を主張し，自らの基準をもって異文化を過小に評価する考え方。

エ 合理的な理由や正しい認識を持たない，感情的で否定的かつ差別的な態度や見方。

① A-ア　　B-イ　　C-ウ
② A-ア　　B-ウ　　C-エ
③ A-イ　　B-エ　　C-ア
④ A-イ　　B-ア　　C-ウ
⑤ A-ウ　　B-エ　　C-イ
⑥ A-ウ　　B-ア　　C-エ

〈2009 年現代社会本試〉

9 異文化理解についての記述として**適当でないもの**を，次の ① ～ ④ のうちから一つ選べ。

① 古代ギリシア人たちが異民族を「バルバロイ」と呼んで蔑んだように，人は往々にして，自民族や自文化の価値観を絶対のものとみなした上で他の民族や文化について判断を下そうとする，エスノセントリズムに陥りがちである。

② どの文化もそれぞれに固有の価値を備えており，互いの間に優劣の差をつけることはできない，とする文化相対主義は，人が文化の多様性を認め，寛容の精神に基づく異文化の理解へと歩を進める上で，一定の役割を果たしうる。

③ パレスチナ生まれの思想家サイードは，近代において西洋の文化が自らを東洋と区別し，東洋を非合理的で後進的とみなすことで西洋自身のアイデンティティを形成した過程を指摘し，その思考様式をオリエンタリズムと呼んだ。

④ 一つの国家や社会の中で異なる複数の文化が互いに関わり合うことなく共存できるよう，その障害となる諸要素を社会政策によって除去する必要がある，と考える多文化主義の立場は，それ以前の同化主義への反省から生まれた。 〈2006 年本試〉

10 多文化主義についての記述として**適当でないもの**を，次の ① ～ ④ のうちから一つ選べ。

① 多文化主義においては，一つの社会にも複数の文化が存在することを認め，マイノリティの文化を尊重することが求められる。

② それぞれの文化の差異を対話によって統合する多文化主義の立場においては，異文化を否定する同化主義に陥る危険性が常に存在している。

③ 多文化主義においては，多様な宗教の違いを積極的に認め，互いに尊重し合うことによって共生を実現しようとする姿勢が求められる。

④ それぞれの文化の独自性を尊重する多文化主義の立場においては，社会統合を阻害しかねない多極化の危険性が常に存在している。 〈2017 年追試〉

11 「オリエンタリズム」に関して，次の文章を読んで，その趣旨として**適当でないもの**を，下の ① ～ ④ のうちから一つ選べ。

　東洋の諸民族は，後進的，退行的，非文明的，停滞的などと様々に呼ばれる他の人々とひとまとめにされて，生物学的に劣っているがゆえに道徳的・政治的に教化されるべきものと見なされてきた。それゆえ東洋人は，西洋社会の中で排除されているある種の劣等な人々，（中略）つまり，その共通の特徴を述べるとすれば，嘆かわしいほど異質なという表現がぴったりであるような人々と同列に扱われてきたのである。東洋人が東洋人として，ありのままに見られ，注目されることはまれであった。（中略）東洋人は従属人種の一員であったがゆえに，従属させられなければならなかった。 （サイード『オリエンタリズム』）

① オリエンタリズムは，東洋の特殊性や独自性を強調する見解であるとされるが，実際には西洋寄りの観点から構成された東洋観である。

② オリエンタリズムにおいては，東洋は学問，芸術，商業における進歩の本流からはずれており，保守的で奇妙な世界として扱われてきた。

③ オリエンタリズムにおいては，古来，東洋文化は西洋文化と対比して客観的に研究され，東洋人は西洋の中の異質な他者と見なされてきた。

④ オリエンタリズムは，東洋を特定の見方で研究し，真実の姿とはかけ離れた異国情緒豊かなものとして表現してきた思潮である。 〈2003 年本試〉

12 異文化理解に関する記述として最も適当なものを，次の ① ～ ④ のうちから一つ選べ。

① 自分が慣れ親しんだ文化とは異なった文化に出会ったときに心に生じる違和感や衝撃は，カウンター・カルチャーと呼ばれる。

② 少数派の文化を，多数派の文化のなかに同化・吸収させる，ノーマライゼーションの考え方が，文化統合においては尊重される。

③ 自民族と他の民族の文化や価値観の違いを積極的に認め，互いに尊重し合おうとする考え方は，パターナリズムと呼ばれる。

④ 文化の異なる人々に接するとき，決まり切った考え方やイメージの枠組みであるステレオタイプに当てはめて相手を判断しがちである。 〈2014 年本試〉

13 「万人」が幸せな理想の社会を作るというときの「万人」とは誰なのか，ここで示された疑念は，カミュが小説『ペスト』で探究したテーマの一つである。作中で，人類救済に情熱を燃やすパヌルー司祭は，ペストによる惨状を神の計画とみなし，人類を高みへもたらすものとして，その意義を説く。次の文章は，医師リウーが，そうしたパヌルーの考えを批判した発言である。リウーの考えの説明として最も適当なものを，次の ① ～ ④ のうちから一つ選べ。

パヌルーは書斎の人です。人の死ぬところを十分見たことがないんです。だから，真理の名において語ったりするんですよ。しかし，どんなにつまらない田舎の司祭でも，ちゃんと教区の人々に接触して，臨終の人間の息の音を聞いたことのあるものなら，私と同じように考えますよ。その悲惨の優れたゆえんを証明しようとしたりする前に，まずその手当てをするでしょう。……人類の救済なんて，大袈裟(おおげさ)すぎる言葉ですよ，僕には。僕はそんな大それたことは考えていません。人間の健康ということが，僕の関心の対象なんです。まず第一に健康です。 （『ペスト』より）

① 人々にとって病とは，身体の物理的な機能不全にすぎないが，人はともすれば，病を宗教的に意味づけし，勝手な治療を行うのではないか。

② 人々にとって何より大事なのは日々の健康であるが，他者の救済を熱望する人は，ともすれば，自己の健康を二の次にしてしまうのではないか。

③ 宗教者が唱える愛は，人類全般という抽象的観念に向けられたものであり，具体的な個々人への愛とは異なるのではないか。

④ 顔の見える隣人に寄り添うことなく，人類救済を語る人は，現在の苦しみを救済へのプロセスと捉え，具体的対処を怠るのではないか。 〈2015 年本試〉

3 平和の課題

14 戦争や，それに対する責任についての思想の例として次の**ア**～**エ**がある。各々を説いた思想家や宣言の組合せとして最も適当なものを，下の ① ～ ④ のうちから一つ選べ。

ア 戦争は人の心の中で生まれるものであるから，人の心の中に平和のとりでを築かなければならない。

イ 過去に目を閉ざす者は，けっきょく現在にも目を開かなくなる。

ウ 孤立して無力感に囚(とら)われた大衆が，帰属感を求めて人種主義に吸収され，全体主義が発生する。

エ 汝殺(なんじ)すなかれと呼びかける他者の苦痛に責任をもつとき，人間は倫理的主体となる。

① **ア** レヴィナス **イ** ユネスコ憲章
　 ウ ヴァイツゼッカー **エ** ハンナ＝アーレント

② **ア** ハンナ＝アーレント **イ** レヴィナス
　 ウ ユネスコ憲章 **エ** ヴァイツゼッカー

③ **ア** ヴァイツゼッカー **イ** ハンナ＝アーレント
　 ウ レヴィナス **エ** ユネスコ憲章

④ **ア** ユネスコ憲章 **イ** ヴァイツゼッカー
　 ウ ハンナ＝アーレント **エ** レヴィナス 〈2007 年追試〉

⓯ 社会における様々な支え合いの試みについての記述として最も適当なものを，次の **①** 〜 **④** のうちから一つ選べ。

① 男女が対等な立場で協力し合う社会を築くために，女子（女性）差別撤廃条約を批准した日本でも，性別に関する偏見の打破が求められている。

② 世界中の子どもの教育や福祉を充実させるために，国連でも，子ども（児童）の権利条約を早急に採択すべきであるという声が高まっている。

③ 災害復興支援などでは，政府が主導する NPO やボランティアが重要な役割を果たしており，それらの活動への国民の一層の協力が求められている。

④ 人命が失われるのを防ぐために，貧困や飢餓の解決よりも紛争の抑止と平和の維持を優先する，「人間の安全保障」を求める声が高まっている。 〈2019 年本試〉

⓰ 1994 年に公表された国連開発計画の『人間開発報告書』で一般に知られるようになった「人間の安全保障」という言葉は，「人間の生存，生活，尊厳を脅かすあらゆる種類の脅威を包括的に捉え，これらに対する取組を強化するという考え方」と定義される。センが挙げるその取組の具体的な例として最も適当なものを，次の **①** 〜 **④** のうちから一つ選べ。

① 世界経済のグローバル化に伴い，世界の労働者を流動化させることにより，景気後退に左右されない安定した雇用を多国籍企業の間に確保すること

② 基礎教育の普及により市民の識字率を高め，各人が主体的に選択できる生き方の幅を広げることで，より自由に社会生活に参加できるようにすること

③ 一国の軍備の増強や他国との軍事同盟によるのではなく，国際社会の多数の国々が共同して相互に国家の安全を保障すること

④ 発展途上国において，食糧不足により多くの人命が失われている現状に鑑み，遺伝子組み換え食物の生産・流通を促進し，経済成長率を高めること 〈2010 年追試〉

⓱ 次の**ア**〜**ウ**は，貧困をめぐる問題についての記述である。その正誤の組合せとして正しいものを，下の **①** 〜 **⑧** のうちから一つ選べ。

ア 途上国で生産される穀物を先進国が買い集め，途上国の貧困層の食料が不足するという例にみられるように，日本や欧米などの先進国が享受する豊かさが，途上国の飢えを生み出す過程に，構造的に加担している。

イ 途上国のなかには，多くの子どもたちが餓死したり，チャイルド・ソルジャー（少年兵）になったり，過酷な児童労働を強制されたりするなど，子どもたちに貧困のしわ寄せがきている地域もある。

ウ 途上国からの要請に基づいて行われているグリーン・コンシューマー運動は，社会資本の整備や資金提供，技術提携などによって，その地域の持続的な経済成長を促して貧困の解消を図ろうとしている。

① ア 正 イ 正 ウ 正
② ア 正 イ 正 ウ 誤
③ ア 正 イ 誤 ウ 正
④ ア 正 イ 誤 ウ 誤
⑤ ア 誤 イ 正 ウ 正
⑥ ア 誤 イ 正 ウ 誤
⑦ ア 誤 イ 誤 ウ 正
⑧ ア 誤 イ 誤 ウ 誤

〈2017 年入試〉

第1章　日本国憲法の基本的性格　▶▶ 要 点 整 理

1 日本国憲法の成立

1 明治憲法下の政治

(1) 大日本帝国憲法の性格と内容

① 〔❶　　　　　〕…君主が制定して国民に与えた憲法

② 〔❷　　　　　〕の性格…近代的な憲法の外見を備えるが，実質は絶対主義的色彩が強い

③ **天皇主権**…神聖不可侵，国家元首，〔❸　　　　　〕の総攬者，天皇大権（宣戦講和・条約締結権など）

　　　　　　　　→〔❹　　　　　〕の独立（陸海軍の指揮権には議会も政府も関与できない）

④ **臣民ノ権利**…臣民の権利・自由は法律の範囲内で保障される（法律の留保）

(2) 政治と国民

① **大正デモクラシー**の時期…〔❺　　　　　〕の制定と同時に〔❻　　　　　〕を制定（1925）

② 軍部ファシズム体制…軍部が主導権を掌握→日中戦争（1937～）・太平洋戦争（1941～）に突入

2 日本国憲法の成立

(1) 日本国憲法の制定

① 〔❼　　　　　〕宣言の受諾（1945.8.14）→無条件降伏

② GHQ（連合国軍総司令部）の最高司令官マッカーサーによる憲法改正の必要性の示唆

③ 幣原内閣による憲法改正作業…〔❽　　　　　〕の作成（明治憲法と変わらぬ保守的な内容）

④ GHQ は〔❽　　　　　〕を拒否→マッカーサー三原則に基づく GHQ 案提示

⑤ GHQ 案に基づき改正案を作成→日本初の男女普通選挙（衆議院議員選挙）

　　　　　　　　→帝国議会に上程し，審議・修正・可決→公布（1946.11.3）→施行（1947.5.3）

(2) 日本国憲法の基本原理

① **国民主権**

　ａ．憲法前文…「主権が国民に存することを宣言」,「国政は国民の厳粛な信託によるもの」

　ｂ．**象徴天皇制**…「天皇は，日本国及び日本国民統合の〔❾　　　　　〕」，その地位は主権の存する日本国民の総意に基づく。国政に関する権能を有しない

② **基本的人権の尊重**…「侵すことのできない永久の権利」として体系的に保障

③ **平和主義**…平和的生存権の確認（憲法前文），戦争の放棄，戦力の不保持，交戦権の否認（第9条）

(3) 憲法の最高法規性と憲法改正

① 憲法の最高法規性…国のあらゆる法の中で最も上位にある法

「この憲法は，国の最高法規であつて，その条規に反する法律，命令，詔勅及び国務に関するその他の行為の全部又は一部は，その効力を有しない」（第98条1項）

② 改正手続（第96条）

| 国会での発案 | → | 各議院の総議員の〔❿　　　　〕以上の賛成 | → | 国会の発議 | → | 国民投票による〔⓫　　　　〕で承認 |

③ 〔⓬　　　　　〕の制定（2007，2014，2021年改正）

…投票年齢の18歳への引き下げ，憲法改正案に対する賛成・反対の投票運動や棄権勧誘などの国民投票運動は，裁判官，警察官など一部の公務員を除き容認。2021年の改正案の付則で，政党の資金力の違いによって生じる CM 量の規制などを，施行後3年をめどに検討することを明記

④ 改正の限界…三大基本原理については改正できないとする説が有力（憲法改正限界説）

⑤ 憲法改正問題…第9条を中心とする「明文改憲」，「解釈改憲」の動き

2 平和主義

1 日本国憲法の規定

(1) 前文と第9条

① 前文…「政府の行為によつて再び戦争の惨禍が起ることのないやうにすることを決意」

② 第9条の内容

　ａ．第1項（戦争の放棄）…〔❶　　　　　〕の発動たる戦争，武力による威嚇，武力の行使の放棄

　ｂ．第2項…〔❷　　　　　〕の不保持，〔❸　　　　　〕の否認

解答 **1** ❶欽定憲法　❷外見的立憲主義　❸統治権　❹統帥権　❺普通選挙法　❻治安維持法　❼ポツダム　❽松本案　❾象徴　❿3分の2　⓫過半数の賛成　⓬国民投票法

2 ❶国権　❷戦力　❸交戦権

公共（政治・経済）

(2) 日米安全保障条約と自衛隊

①　**日米安全保障条約**…サンフランシスコ平和条約と同時に締結（1951）

②　**自衛隊**発足の経緯…〔**❹**　　　　　〕の勃発（1950）→**警察予備隊**の設置（1950）→独立回復後に保安隊に
　　　　　　　改組（1952）→ **MSA**（日米相互防衛援助）**協定**に基づき自衛隊の発足（1954）

③　安保体制と自衛隊の増強

　　a．**日米相互協力及び安全保障条約（新安保条約）**の成立（1960）…「安保反対闘争」を押し切り，旧条約
　　　　　　　　　　　　　　　　　　　　　　　　　を全面改定

　　b．内容…防衛力増強の義務，他国からの日本の領域内への武力攻撃に対する日米共同防衛行動，日本国内
　　　　　　での米軍の配置・装備の重要な変更の際の事前協議制

　　c．**日米防衛協力のための指針**（**ガイドライン**，1978）→日米共同作戦の研究，共同演習
　　　　→ 1978年度より日本政府が在日米軍駐留経費を負担（〔**❺**　　　　　〕と呼ばれる）

④　第9条に関連した裁判

〔**❻**　　　　　〕	恵庭事件	〔**❽**　　　　　〕訴訟	百里基地訴訟
・日米安保条約の合憲性が争点 ・第一審で違憲判決 ・最高裁は〔**❼**　　　　　〕により判断回避	・自衛隊の合憲性が争点 ・第一審で自衛隊（法）について憲法判断せず	・自衛隊の合憲性が争点 ・第一審で違憲判決 ・第二審は〔**❼**　　　　　〕 ・最高裁は二審を支持	・自衛隊の合憲性が争点 ・第一審は〔**❼**　　　　　〕で判断回避，国側勝訴 ・二審，最高裁は棄却

⑤　政府見解の変遷

1946年	憲法制定当時の吉田首相	自衛権の発動としての戦争，〔**❸**　　　　　〕も放棄
1952年	吉田内閣の統一見解	「〔**❷**　　　　　〕」とは近代戦遂行能力のことをいう
1954年	自衛隊への政府見解	自衛隊は〔**❷**　　　　　〕にあたらない
1972年	田中内閣の統一見解	自衛のための必要最小限度の実力を備えることは許される
2014年	安倍内閣の閣議決定	集団的自衛権行使を限定的に容認

⑥　平和主義に関する原則

　　a．自衛隊の民主的統制…〔**❾**　　　　　〕（**シビリアン・コントロール**）

　　b．その他…〔**❿**　　　　　〕（核兵器を「もたず，つくらず，もちこませず」）

　　c．**防衛装備移転三原則**の閣議決定（2014）…一定の条件の下で武器輸出を容認

2　冷戦後の安全保障と平和主義

(1) 安保体制の変容

①　日米安保共同宣言（1996）…防衛協力の範囲を「極東」から「アジア・太平洋地域」に拡大

②　日米防衛協力のための指針（新ガイドライン，1997）…〔**⓫**　　　　　〕が問題となる
　　→歴代内閣は，行使について禁止とする見解→安倍内閣は，憲法解釈を変更して一部容認（2014）

(2) 自衛隊の変容

①　国際協力…〔**⓬**　　　　　〕の制定（1992）→改正（2001，PKF本体への参加が可能）

②　対米協力…新ガイドライン（1997）→ガイドライン関連法（周辺事態法など，1999）

③　有事関連3法（2003）…〔**⓭**　　　　　〕の想定
　　→有事関連7法（2004）…改正自衛隊法，国民保護法，米軍行動関連措置法など

④　自衛隊の海外出動…〔**⓬**　　　　　〕によりカンボジアへ（1992）→同時多発テロ（2001）→
　　　　　　　　　　　〔**⓮**　　　　　〕制定（2001）→イラク戦争（2003，イラク復興支援特別措置法制定）
　　　　　　　→〔**⓮**　　　　　〕は補給支援特別措置法に移行（2008）→海賊対処法（2009）→安保
　　　　　　　関連法制定（2015）

⑤　平和安全法制（2015）…自衛隊による他国軍の後方支援を容認，**集団的自衛権**を行使できる要件の明記

3　基本的人権の保障

1　基本的人権の尊重

①　国家権力によっても侵し得ない〔**❶**　　　　　〕の権利…「侵すことのできない永久の権利」（第11条）

②　個人の尊重…「すべて国民は，〔**❷**　　　　　〕として尊重される」（第13条）

2 自由権の保障

自由権	〔❸　　　〕の自由	思想・良心の自由（19条）…三菱樹脂訴訟 信教の自由（20条）…津地鎮祭訴訟（合憲）・愛媛玉ぐし料訴訟（違憲）・空知太神社訴訟（違憲） 集会・結社・表現の自由（21条）…立川反戦ビラ事件 学問の自由（23条）…家永訴訟
	〔❹　　　〕の自由	奴隷的拘束および苦役からの自由（18条）　　法定手続きの保障・罪刑法定主義（31条） 不法に逮捕されない権利（33条）…令状主義　　住居の不可侵（35条） 拷問・残虐刑の禁止（36条） 刑事被告人の権利（37〜39条）…黙秘権・弁護人依頼権など
	〔❺　　　〕の自由	居住・移転および職業選択の自由（22条） 財産権の保障（29条）

3 平等権の保障

①　法の下の平等（14条1項）・家族生活における〔❻　　　〕の平等（24条）
　　　　　　　　　　　　　　　　・選挙における平等（15条3項，44条）・教育の機会均等（26条）
　　　※婚外子相続格差規定訴訟…民法の規定に対し，法の下の平等（14条）に反するとして違憲判決

②　社会の中のさまざまな差別
　　a．女性差別…男女〔❼　　　〕均等法（1985）・育児・介護休業法（1995）・男女共同参画社会基本法（1999）
　　　　※男女昇格差別訴訟…男性優遇の人事実態を認め，男性と同じ昇格と差別賃金の支払いが命じられた
　　b．部落差別…全国水平社の結成（1922）・同和対策審議会答申（1965）
　　c．民族差別・外国人差別…アイヌ文化振興法（1997）→〔❽　　　〕法（2019）
　　d．障がい者差別…障害者基本法（1993）・ハンセン病国家賠償訴訟（2001　国への賠償命令）
　　e．性的少数派（LGBT）の権利保障…同性パートナーシップ条例（2015〜）・性同一性障害者特例法（2003）

4 社会権

①　生存権（25条）…「健康で文化的な最低限度の生活を営む権利」
　　a．朝日訴訟…生活保護基準が生存権に違反するとした訴訟。最高裁は〔❾　　　〕説の立場から合憲
　　※プログラム規定説…生存権規定は国の政策上の指針（プログラム）を示したものであり，個々の国民に具体的権利を与えたも
　　　　　　　　　　　　のではないとする説。堀木訴訟でも最高裁はプログラム規定説の立場から原告敗訴とした。一方，個々の
　　　　　　　　　　　　国民に法的な権利を定めたものとする説を法的権利説という

②　教育を受ける権利（26条）…教育の機会均等・義務教育の無償

③　労働基本権（27・28条）…勤労権（27条）・労働三権（団結権・団体交渉権・〔❿　　　〕権（争議権））（28条）
　　a．労働三法…労働組合法（1945）・労働関係調整法（1946）・労働基準法（1947）
　　b．公務員労働者のストライキ禁止

5 参政権・請求権

①　参政権…公務員の選定・罷免権（15条）・普通選挙，平等選挙，投票の秘密の保障（15条）
　　a．直接民主制的な権利…最高裁判所裁判官の国民審査（79条）・地方特別法の住民投票（95条）
　　　　　　　　　　　　　　　　　　　　　　　　　　・憲法改正の国民投票（96条）

②　請求権…請願権（16条）・〔⓫　　　〕請求権（17条）・裁判を受ける権利（32条）・刑事補償請求権（40条）

4 人権の広がり

1 〔❶　　　〕権…根拠：25条生存権，13条幸福追求権　　日照権・静穏権・景観権など
2 〔❷　　　〕権利…根拠：21条表現の自由　　情報公開法（1999）・特定秘密保護法（2013）
3 〔❸　　　〕権利…根拠：13条幸福追求権　　自己情報をコントロールする権利・個人情報保護法（2003）
　　※『宴のあと』事件・『石に泳ぐ魚』事件…プライバシーの権利が認められた訴訟
4 〔❹　　　〕権…根拠：13条個人の尊重・幸福追求権　　インフォームド・コンセントの確立
5 社会生活と人権…私人間における人権保障
6 人権の国際化…世界人権宣言（1948）・国際人権規約（1966）・難民の地位に関する条約（1951）
　　　　　　　　　・人種差別撤廃条約（1965）・女性差別撤廃条約（1979）・子どもの権利条約（1989）など
7 公共の福祉…人権の調整原理・「濫用の禁止」（12条）など

解答　❹朝鮮戦争　❺思いやり予算　❻砂川事件　❼統治行為論　❽長沼ナイキ基地　❾文民統制
⓿非核三原則　⓫集団的自衛権　⓬PKO（国連平和維持活動）協力法　⓭武力攻撃事態
⓮テロ対策特別措置法
3 ❶永久　❷個人　❸精神　❹人身　❺経済活動　❻男女　❼雇用機会　❽アイヌ民族支援
❾プログラム規定　❿団体行動　⓫国家賠償　4 ❶環境　❷知る　❸プライバシーの　❹自己決定

1 日本国憲法の成立過程をめぐる記述として**誤っているもの**を，次の①～④のうちから一つ選べ。

① 憲法問題調査委員会は，ポツダム宣言の受諾に伴って，憲法改正に関する調査を行うために設置された。

② 日本国憲法の政府案は，GHQ（連合国軍総司令部）が提示したマッカーサー草案を基に作成された。

③ 女性の参政権は，日本国憲法の制定に先立って行われた衆議院議員総選挙で初めて認められた。

④ 日本国憲法の政府案は，帝国議会で審議されたが，修正されることなく可決された。　　〈2008 年本試〉

2 憲法改正について，次のA～Dは，日本国憲法の改正のために必要な手続を述べたものである。これらを手続の順序に従って並べたとき，**3番目**にくるものとして正しいものを，下の①～④のうちから一つ選べ。

A 各議院の総議員の3分の2以上の賛成で，国会が改正を発議する。

B 天皇が国民の名で憲法改正を公布する。

C 国会議員が改正原案を国会に提出する。

D 国民投票での過半数の賛成で，国民が憲法改正を承認する。

① A　　② B　　③ C　　④ D　　　　　　　　　　　　　　　　〈2015 年追試〉

3 日本の安全保障についての記述として正しいものを，次の①～④のうちから一つ選べ。

① 連合国軍総司令部の最高司令官マッカーサーは，日本政府に対して自衛隊の創設を指示した。

② 自衛隊をモザンビークでの国連平和維持活動に派遣するため，テロ対策特別措置法が制定された。

③ 日米防衛協力のための指針（ガイドライン）の策定とその改定により，日米間の防衛協力体制が強化されてきた。

④ サンフランシスコ平和条約の締結と同時に，日米相互協力及び安全保障条約（新安保条約）が結ばれた。　　〈2017 年追試〉

4 日本の安全保障に関する記述として正しいものを，次の①～④のうちから一つ選べ。

① 人道復興支援活動を行うなどを目的としてイラクへの自衛隊の派遣が検討されたが，派遣は見送られた。

② 北朝鮮による核実験をうけて，日本は非核三原則の放棄を宣言した。

③ 最高裁判所は，日米安全保障条約が憲法に反すると判断したことはない。

④ 国務大臣は原則として文民でなければならないが，防衛大臣に関しては必ずしも文民である必要はない。　　〈2011 年追試〉

5 日本の安全保障をめぐる法制度や政策についての記述として正しいものを，次の①～④のうちから一つ選べ。

① 2014 年に政府が決定した防衛装備移転三原則によれば，武器や関連技術の輸出は全面的に禁止されている。

② 自衛隊の最高指揮監督権は，防衛大臣が有している。

③ 2015 年に成立した安全保障関連法によれば，日本と密接な関係にある他国に対する攻撃によって日本の存立が脅かされ，国民の権利が根底から覆される明白な危険がある場合でも，武力行使は禁止されている。

④ 安全保障に関する重要事項を審議する機関として，国家安全保障会議を内閣に設置している。

〈2018 年本試〉

6 日米安全保障条約についての記述として**誤っているもの**を，次の①～④のうちから一つ選べ。

① 砂川事件において，最高裁判所はこの条約が憲法に違反すると判断した。

② 当初の条約を，現行条約である「新安保条約」（日米相互協力及び安全保障条約）へ改定する際には，安保闘争と呼ばれる反対運動が起こった。

③ 現行条約では，日本の領域内において日本，アメリカの一方に対する武力攻撃が発生した場合，日米両国が共同で対処すると規定されている。

④ 日本による在日米軍駐留経費の負担は，「思いやり予算」と呼ばれている。　　〈2014 年本試〉

7 PKO（国連平和維持活動）への自衛隊の参加についての説明として最も適当なものを，次の ①〜④ のうちから一つ選べ。

① PKO協力法の制定により，PKOへの自衛隊の参加が可能になった。

② テロ対策特別措置法の制定により，PKOへの自衛隊の参加が可能になった。

③ イラク復興支援特別措置法に基づき，PKOとして自衛隊がイラクに派遣された。

④ 海賊対処法に基づき，PKOとして自衛隊がソマリア沖に派遣された。 〈2015 年追試〉

8 国際法の規定している集団的自衛権についての記述として正しいものを，次の ①〜④ のうちから一つ選べ。

① 国際連合が行う武力制裁（軍事的強制措置）は，集団的自衛権に基づくものである。

② 国際連合が行うPKO（平和維持活動）は，集団的自衛権に基づくものである。

③ 地域的集団防衛体制であるNATO（北大西洋条約機構）は，集団的自衛権に基づくものとされている。

④ 日本が湾岸戦争後に行った掃海艇のペルシャ湾への派遣は，日本政府の説明では集団的自衛権に基づくものとされている。 〈2000 年追試〉

9 日本国憲法が保障する権利の内容や性質に関する記述として正しいものを，次の ①〜④ のうちから一つ選べ。

① 経済の自由については，公共の福祉に基づく制約に服することが憲法の条文に定められている。

② 財産権は侵すことができない権利であるため，正当な補償があっても私有財産を公共のために用いることはできない。

③ プログラム規定説によれば，生存権は国民が国家に対して積極的な施策を請求することができる具体的権利である。

④ 自分の職業を選択する自由が保障されているが，営業の自由はこの保障に含まれない。 〈2016 年追試〉

10 憲法で定められる基本的人権を，国民が国家に対して何を求めるかに応じて，次の**A〜C**の三つの類型に分けたとする。これらの類型と日本国憲法が定める基本的人権**ア〜ウ**との組合せとして最も適当なものを，下の ①〜⑥ のうちから一つ選べ。

A 国家に対して，不当に干渉しないことを求める権利

B 国家に対して，一定の積極的な行為を求める権利

C 国家に対して，その意思形成への参画を求める権利

ア 選挙権　　**イ** 国家賠償請求権　　**ウ** 信教の自由

① A－ア B－イ C－ウ　　② A－ア B－ウ C－イ

③ A－イ B－ア C－ウ　　④ A－イ B－ウ C－ア

⑤ A－ウ B－ア C－イ　　⑥ A－ウ B－イ C－ア 〈2016 年本試〉

11 日本における精神的自由の保障に関する記述として正しいものを，次の ①〜④ のうちから一つ選べ。

① 最高裁判所は，三菱樹脂事件で，学生運動の経歴を隠したことを理由とする本採用拒否は違法であると判断した。

② 最高裁判所は，愛媛玉串料事件で，県が玉串料などの名目で靖国神社に公金を支出したことは政教分離原則に反すると判断した。

③ 表現の自由の保障は，国民のプライバシーを尊重するという観点から，マスメディアの報道の自由の保障を含んでいない。

④ 学問の自由の保障は，学問研究の自由の保障のみを意味し，大学の自治の保障を含んでいない。

〈2012 年本試〉

⓬ 刑事手続についての記述として正しいものを，次の①〜④のうちから一つ選べ。

① 被疑者の取調べは，憲法上，録音・録画が義務づけられている。

② 検察官の強制による被疑者の自白も，裁判上の証拠として認められる。

③ 最高刑が死刑である殺人罪については，時効が廃止されている。

④ 現行犯逮捕の場合にも，憲法上，令状が必要とされる。 〈2014 年追試〉

⓭ 平等について，原則として，すべての人々を一律，画一的に取り扱うことを意味するとの考え方がある。また，そのような意味にとどまることなく，現実の状況に着眼した上で，積極的な機会の提供を通じて，社会的な格差を是正しようとする意味もあるとの考え方がある。後者の考え方に沿った事例として最も適当なものを，次の①〜④のうちから一つ選べ。

① 法律において，男女同一賃金の原則を定めること。

② 大学入試の合否判定において，受験者の性別を考慮しないこと。

③ 民間企業の定年において，女性の定年を男性よりも低い年齢とする就業規則を定めた企業に対して，法律で罰を科すこと。

④ 女性教員が少ない大学の教員採用において，応募者の能力が同等の場合，女性を優先的に採用するという規定を定めること。 〈2015 年本試〉

⓮ 社会保障制度を支える理念として，日本国憲法 25 条が定める生存権がある。生存権をめぐる学説・判例についての記述として最も適当なものを，次の①〜④のうちから一つ選べ。

① 法的権利説の立場では，国の施策が最低限度の生活を保障していなくても国民が裁判で憲法 25 条に基づき争うことはできないと理解されている。

② 朝日訴訟最高裁判決は，当時の生活保護の基準が憲法 25 条に違反していると判断した。

③ 堀木訴訟最高裁判決は，障害福祉年金と児童扶養手当の併給禁止が憲法 25 条に違反していないと判断した。

④ プログラム規定説の立場では，憲法 25 条は国に生存権を実現する法的な義務を課していると理解されている。 〈2011 年追試〉

⓯ 基本的人権などさまざまな権利の保障をめぐる日本の現状についての記述として最も適当なものを，次の①〜④のうちから一つ選べ。

① 経済および産業の発展を図るために特許権などの知的財産権の付与を行う行政機関は，設置されていない。

② 最高裁判所が環境権を認めていないため，公害被害を受けた市民の損害賠償請求は認められていない。

③ 情報公開法は，プライバシーの権利を積極的に実現することを目的として制定されている。

④ 公務員の違法な権限行使により損害を受けた者は，国または地方公共団体に対して損害賠償を請求することができる。 〈2011 年本試〉

⓰ マイノリティの人びとが受けることのある差別や不利益を解消するための法律・条約に関する記述として**誤っているもの**を，次の①〜④のうちから一つ選べ。

① アイヌ民族を差別的に取り扱ってきた法律を廃止してアイヌ文化振興法が制定されたが，アイヌ民族の先住民族としての権利は明記されなかった。

② 障害者雇用促進法は国・地方公共団体が障害者を雇用する義務を定めているが，企業の雇用義務については明記されなかった。

③ 部落差別問題に関して，同和地区住民への市民的権利と自由の完全な保障を求めた審議会答申に基づき，同和対策事業特別措置法が制定された。

④ 人種差別問題に関して，国際的な人権保障の一環として，国際連合で人種差別撤廃条約が採択された。 〈2012 年本試〉

第2章　日本の政治機構と政治参加　▶▶ 要 点 整 理

❶ 政治機構と国民生活

(1) 国会の地位と役割

① 議会主義…「国会は，国権の〔❶　　　〕であつて，国の唯一の〔❷　　　〕である」（第41条）

　　a．国会中心立法の原則…例外→議院および最高裁の規則制定権，内閣の政令制定権，地方公共団体の
　　　　　　　　　〔❸　　　〕制定権

　　b．国会単独立法の原則…例外→地方特別法の〔❹　　　〕，憲法改正の国民投票

② 国民の代表機関…国会議員は「全国民を代表する」（第43条）

(2) 国会の構成

① 二院制

	定　数	任　期	解　散	内閣不信任	被選挙権	選挙区（定数）
衆議院	465	4年	あり	あり	25歳以上	〔❺　　　〕（289），比例代表（176）の並立
参議院	248	6年	なし	（問責決議）※	30歳以上	選挙区（148），比例代表（100）の併用

※　参議院には法的拘束力のない問責決議のみが認められている

② 衆議院の優越（第59条2項，60条2項，61条，67条2項）

　　a．衆議院だけの権限…〔❻　　　〕の先議権，内閣〔❼　　　〕権

　　b．衆参で議決が異なった場合，衆議院の議決が国会の議決となる
　　　…〔❻　　　〕の議決，〔❽　　　〕の承認，〔❾　　　〕の指名

　　c．参議院で否決された〔❿　　　〕…衆議院で出席議員の3分の2以上の特別多数決で再可決

③ 国会の種類

〔⓫　　　〕（通常国会）	毎年1回，1月召集，会期150日	法律案・予算などの審議
臨時会（臨時国会）	内閣または衆参いずれかの議院の総議員4分の1以上の要求	補正予算・臨時案件の審議
〔⓬　　　〕（特別国会）	解散総選挙日から30日以内	〔❾　　　〕の指名
参議院の緊急集会	衆議院閉会中，緊急に必要な場合	緊急事項の審議

(3) 国会の権限

① 国会の権限…原則として両議院の意思が一致した議決が必要。両院の議決が異なった場合は〔⓭　　　〕を開き協議することが認められている。ただし，衆議院の優越がある

② 権限の種類

立法上の権限	〔❿　　　〕の議決，〔❽　　　〕の承認，憲法改正の発議
財政上の権限	〔❻　　　〕の議決，決算の承認
行政監督上の権限	〔❾　　　〕の指名，内閣〔❼　　　〕権，**国政調査権**
司法上の権限	議員の懲罰権，議員の資格争訟の裁判，〔⓮　　　〕の設置権

(4) 国会の審議

① 国会運営…本会議…定足数＝総議員の3分の1以上の出席，議決＝出席議員の過半数
　　　　　　〔⓯　　　〕…常任委員会と特別委員会

②〔⓰　　　〕…政党に所属する議員は政党の決定に従う

③ 国会改革…国会審議活性化法（1999）

　　a．政府委員制度の廃止…官僚が大臣に代わって答弁することを原則廃止

　　b．副大臣・大臣政務官の設置…政務次官を廃止し，副大臣と大臣政務官を各省庁に配置

　　c．〔⓱　　　〕…イギリスのクエスチョンタイムにならって導入

(5) 議院内閣制

①「〔⓲　　　〕は，内閣に属する」（第65条）…内閣が行政機関を統括する
　　　　　　　　　　　　　　同時に内閣は国会の信任に基づいて成立⇒議院内閣制

解答　❶ ●❶最高機関　❷立法機関　❸条例　❹住民投票　❺小選挙区　❻予算　❼不信任決議　❽条約
❾内閣総理大臣　❿法律案　⓫常会　⓬特別会　⓭両院協議会　⓮弾劾裁判所　⓯委員会　⓰党議拘束
⓱党首討論　⓲行政権

② **内閣総理大臣**…〔⑲　　　　　〕の中から国会の議決で指名（第67条1項）

③ 国務大臣…内閣総理大臣が任命，その〔⑳　　　　　〕は〔⑲　　　　　〕である必要（第68条1項）

④ 国会に対して〔㉑　　　　　〕して責任を負う（第66条3項）

⑤ 衆議院で〔㉒　　　　　〕の決議をした場合
　→内閣は，10日以内に〔㉓　　　　　〕をするか，衆議院を〔㉔　　　　　〕するかのいずれかを選択

⑥ 〔㉔　　　　　〕の種類

69条解散	衆議院で〔㉒　　　　　〕決議案が可決され，内閣が総辞職しない場合
7条解散	天皇の〔㉕　　　　　〕として行われる…内閣の政治的判断による解散
	→内閣総理大臣の専権事項であり，「伝家の宝刀」といわれる

(6) 内閣の権限

① 一般行政事務のほか，外交関係の処理，〔㉖　　　　　〕の締結（承認は国会），官吏に関する事務の掌理，〔㉗　　　　　〕の作成と国会への提出（議決は国会），〔㉘　　　　　〕の制定，恩赦の決定（第73条）

② 天皇の〔㉕　　　　　〕に対する〔㉙　　　　　〕（第3条）

③ 〔㉚　　　　　〕の指名（第6条2項・任命は天皇）→その他の最高裁の裁判官は任命（第79条），下級裁判所の裁判官は最高裁提出の名簿に従い任命（第80条）

④ 臨時会（臨時国会）の召集の決定など

⑤ 内閣総理大臣は内閣の**首長**

⑥ **閣議**…内閣の意思決定を行う（内閣総理大臣が主宰し，意思決定は全会一致で行われる）

(7) 行政権優位と官僚支配・官主導社会の転換

① 〔㉛　　　　　〕の増大…法律では大綱のみを定め，細目は政令・省令などに委ねる

② 官僚制肥大化の弊害…権威主義，形式主義，秘密主義，法律万能主義，セクショナリズムなど

③ 高級官僚の〔㉜　　　　　〕…退職後，関連する団体や民間企業に優遇された条件で再就職すること

④ 政・官・財の癒着…構造汚職の温床との指摘がなされる

⑤ 国民による民主的統制…情報公開制度，〔㉝　　　　　〕（**行政監察官**）制度の導入

⑥ 行政手続法（1993）…**許認可**権に関する手続きの公正・透明化，根拠のない**行政指導**の廃止

⑦ 国家公務員倫理法，国家公務員制度改革基本法の制定

⑧ 〔㉞　　　　　〕の新設…各省庁の幹部人事の一元管理

２ 人権保障と裁判所

(1) 国民の権利と裁判

① **最高裁判所**…最終の判断を下す終審裁判所，長官と14名の裁判官で構成

② **下級裁判所**…高等裁判所，地方裁判所，家庭裁判所，簡易裁判所

③ 裁判の種類と審級制度

民事裁判	私人間の私的な法律関係の争いの処理。当事者主義の採用
〔❶　　　　　〕	検察官が被疑者を起訴し，被告人の有罪・無罪や量刑を決定する
行政裁判	国・地方公共団体などの行政機関と個人，もしくは行政機関相互の争い

④ 〔❷　　　　　〕…審理の慎重を期すために3回まで裁判が受けられる制度

⑤ **司法権の独立**…司法権は最高裁判所及び下級裁判所に属し，特別裁判所は禁止（第76条2項）

⑥ 「すべて裁判官は，その〔❸　　　　　〕に従ひ独立してその職権を行ひ，この〔❹　　　　　〕及び法律にのみ拘束される。」（第76条3項）

⑦ 裁判官の身分保障（第78条）→心身の故障または〔❺　　　　　〕によらなければ罷免されない

(2) 憲法の番人

① 一切の法律・命令などについて合憲・違憲を判断する権限（第81条）…最高裁は終審裁判所なので「〔❻　　　　　〕」と呼ばれる。具体的な事件に即して判断（付随的違憲審査制）

② 最高裁のおもな違憲判決・決定

1973	尊属殺重罰規定違憲判決	2005	在外投票制限規定違憲判決
1975	薬事法距離制限規定違憲判決	2008	国籍法婚姻条件違憲判決
1976・85	衆議院議員定数不均衡違憲判決	2010	北海道砂川市政教分離訴訟違憲判決
1987	共有林分割制限規定違憲判決	2013	婚外子相続格差規定違憲決定
1997	愛媛玉串料訴訟違憲判決	2015	再婚禁止期間規定違憲判決
2002	郵便法規定損害賠償事件	2021	孔子廟土地代免除違憲判決

(3) 国民と司法

① **裁判を受ける権利**の保障（第32条），**裁判の公開**（第82条）

② 最高裁判所の裁判官に対しては〔❼　　　　　〕がある（第79条2項・3項）

③ 国会に設置される**弾劾裁判所**での裁判官の罷免（第64条）

④ 〔**❽**　　　　〕の導入（2009）→司法への国民参加（18歳以上），刑事事件の第一審を対象に量刑まで行う

⑤ 〔**❾**　　　　〕…検察官の不起訴処分の当否を審査する。起訴議決制度（2009）

3 地方自治

(1) 地方自治と住民の暮らし

① 議決機関…一院制の議会による。〔**❶**　　　　〕の制定・改廃，予算の議決など

② 執行機関

　a．知事・市町村長（首長）…規則制定権，〔**❶**　　　　〕執行権，法定受託事務執行権など

　b．補助機関…副知事（都道府県），副市町村長（市町村）など

③ 〔**❷**　　　　〕…教育委員会，選挙管理委員会，人事委員会，監査委員など

　※**二元代表制**…地方自治では，国政と違い，住民は首長と議会をそれぞれ直接選ぶことができる

(2) **地方自治の本旨**

① 意義…「地方自治は民主主義の最良の学校である」（ブライス『近代民主政治』）→居住地域の政治を実践することで民主主義を理解，トックビルも『アメリカの民主政治』で同様の評価

② 地方自治の本旨

〔**❸**　　　　〕	住民の意思に基づき，住民自身の手によって行われる →首長・議員の選挙，**直接請求権**
〔**❹**　　　　〕	国からの指揮・監督を受けず，独立して行う→地方分権の推進

③ **リコール**（解職請求），〔**❺**　　　〕（住民発案），〔**❻**　　　〕（住民投票）

④ 直接請求権

〔**❶**　　　〕の 制定・改廃	有権者の〔**❽**　　　〕 以上の署名	首長に請求	議会で審議・議決→結果を公表
監査の請求		監査委員に請求	結果を公表
〔**❼**　　　〕の解散	有権者の〔**❾**　　　〕 以上の署名	〔**❿**　　　〕 に請求	住民投票の過半数の同意で解散
役員・議員・首長 の解職			住民投票の過半数の同意で失職
副知事などの解職		首長に請求	議会に付議 3分の2の出席で4分の3の同意で 失職

(3) 戦後地方自治の課題・地方分権改革

① 地方分権の推進→〔**⓫**　　　〕の改正を中心に関係法律の整備→〔**⓬**　　　〕の制定（1999）

② 事務区分の変化…**機関委任事務**の廃止

自治事務	固有の事務として独自に処理できる事務 →都市計画，学級編成基準，飲食店営業許可など
〔**⓭**　　　〕	国の事務のうち地方で処理した方が効率のよい事務 →戸籍事務，旅券（パスポート）の発行，生活保護の決定・実施など

③ 地方財政…「三割自治（四割自治）」といわれる

自主財源	地方税→全体の3～4割程度	
依存財源	地方債…地方公共団体が特定事業の資金のために発行する公債	
	国からの 拠出金	〔**⓮**　　　〕…事業ごとに使途を指定して支出する。補助金ともいう **地方交付税交付金**…地方公共団体間の財政力の格差是正のために配分

④ 平成の大合併→大規模な市町村合併が進んだ（市町村数は約2分の1に）

⑤ 地方財政健全化法…地方自治体の財政再建を促す法律

解答　⑲国会議員　⑳過半数　㉑連帯　㉒内閣不信任　㉓総辞職　㉔解散　㉕国事行為　㉖条約　㉗予算
㉘政令　㉙助言と承認　㉚最高裁判所長官　㉛委任立法　㉜天下り　㉝オンブズ・パーソン　㉞内閣人事局
2 ❶刑事裁判　❷三審制　❸良心　❹憲法　❺弾劾裁判　❻憲法の番人　❼国民審査　❽裁判員制度
❾検察審査会
3 ❶条例　❷行政委員会　❸住民自治　❹団体自治　❺イニシアティブ　❻レファレンダム　❼議会
❽50分の1　❾3分の1　❿選挙管理委員会　⓫地方自治法　⓬地方分権一括法　⓭法定受託事務
⓮国庫支出金

(4) 新しい地方自治

① 〔**❶**　　　　　〕…独自の地域づくりの理念や原則，自治体運営の基本ルールをそれぞれの自治体で制定

② **住民投票**…1990年代から住民が直接意思を表明する住民投票の制度が広がっている

■4 選挙と政党

(1) 選挙のしくみ

① 選挙の四原則

〔**❶**　　　　〕	身分や財産などの条件なしに，すべての成年男女に選挙権・被選挙権を与える
直接選挙	選挙によって，自分たちの代表を有権者が直接選ぶ
〔**❷**　　　　〕	選挙における有権者の投票の価値を平等に扱う
秘密選挙	投票の秘密を守り，有権者の投票の自由を保障する

② 選挙区制…選挙区と代表（議員）との関係

	選 出 方 法	特　　色	導 入 例
大選挙区制	1つの選挙区から複数選出	少数政党も議席を確保政策本意になりにくい	参議院選挙区の一部地方議会議員選挙
小選挙区制	1つの選挙区から1名選出	多数党に有利〔**❸**　　　　〕が増える	衆議院の選挙区参議院選挙区の一部
比例代表制	政党の得票率で議席を配分	民意がより正確に反映政局が不安定化しやすい	衆議院及び参議院の比例代表

(2) 日本の選挙制度

① 選挙の種類

　a．総選挙…衆議院議員の定数全部を改選する選挙で，最低4年に1回行われる

　b．通常選挙…参議院議員の定数の半数を，3年ごとに改選する選挙

② 選挙制度

	衆議院（衆議院議員総選挙）		参議院（参議院議員通常選挙）	
定　　数	465名		248名	
選挙制度	〔**❹**　　　〕制		選挙区制・比例代表制（3年ごとに半数改選）	
	小選挙区	289名（1選挙区1名）	選挙区	148名（1選挙区から1～6名）
	比例代表	176名（全国11ブロック）	比例代表	100名（全国1区）
投票方法	小選挙区選挙→立候補者名比例代表選挙→政党名		選挙区選挙→立候補者名比例代表選挙→政党名または立候補者名	
比例名簿	〔**❺**　　　〕制，ドント式		**非拘束名簿式比例代表制**，一部拘束名簿式（特定枠）を採用，ドント式	
立 候 補	〔**❻**　　　〕が認められる		〔**❻**　　　〕は認められない	

③ 選挙制度の課題

　a．議員定数の不均衡（**1票の格差**）…法の下の平等に反するとして，最高裁は2度，衆院選挙に〔**❼**　　　　〕を下す（1976・1985）→2009年の衆議院議員総選挙については，違憲状態と判断

　b．選挙運動の制限…〔**❽**　　　〕の禁止，事前運動の禁止，文書配布の制限，立会演説の廃止，寄付の禁止など→「インターネットを使った選挙運動」の解禁（2013）

　c．金権選挙の問題…絶えない買収などの違法行為，軽い刑罰規定→〔**❾**　　　〕の強化

　d．低下する投票率…有権者の政治不信，政治離れ，無党派層の拡大など→公職選挙法の改正で，在外日本人の在外投票（衆参のすべての選挙），期日前投票，共通投票所の設置などを導入

　e．選挙権の拡大…有権者年齢を「18歳以上」に引き下げ（2015），定住外国人への選挙権付与問題など

　f．候補者男女均等法（2018）…男女の候補者数の均等を政党に求める

(3) 政党

① **政党**…政策綱領を掲げて〔**❿**　　　〕の獲得をめざす政治集団

　a．イギリスで発達

　b．〔**⓫**　　　〕…具体的な数値目標や実施工程を伴った公約

② 政党の機能…国民の利益や要求を集約・統合し，政策の実現に向けて努力する

(4) 政党政治

二大政党制	政局が安定するが，政権交代が起こりやすい（イギリス，アメリカなど）
多党制	民意を反映するが，連立政権になりやすく，政権が不安定（フランス，イタリアなど）
一党制	強力な政治力を発揮するが，独裁政治に陥りやすい（社会主義国に多い）

(5) 戦後の日本政治

　① 〔⓬　　　　　　〕…1955 年にはじまる，保守系の自民党と革新系の日本社会党，日本共産党が対抗する体制

　　　　　　　　　　　　→自民党の政権が続き政治は安定，経済成長を実現したが，利益誘導型政治に不満も

　② 非自民 8 党派による〔⓭　　　　〕の誕生（細川内閣，1993）…自民党一党支配の終わり

　　ａ．小選挙区比例代表並立制の導入

　　ｂ．**政治資金規正法**の改正…政治献金の制限や収支報告書の公開義務付けなど

　　ｃ．**政党助成法**の制定…一定の条件を満たした政党に国庫から資金（**政党交付金**）が交付される

　③ 自民・社会・さきがけ連立政権（1994）→自公保連立政権（2001）→自公連立政権（2003）

　④ 政権交代…〔⓮　　　　〕を中心とする連立政権（2009 〜 2012）

　⑤ 自公連立政権の復活（2012）→野党は集散を繰り返す

5 政治参加と世論

(1) 利益集団と大衆運動

　① 〔❶　　　　　　〕（**利益集団**）…政党に働きかけて自己の目的の実現を図る。政権獲得はめざさない

　　　　　　　　　　　　　　　→これらの集団や市民団体が議会外で政策決定に影響を与える活動をロビイングという

　② 大衆運動…労働運動，消費者運動，女性運動，平和運動，住民運動，環境運動など，特定の社会問題について世論に働きかける運動→近年は特定の問題に限って活動する単一争点集団が増加

(2) 情報化時代のメディアと世論

　① 〔❷　　　　　　〕…新聞やテレビなど世論形成に大きな影響力をもつマス・コミュニケーションの媒体

　　　　　　　　　　　　→政治への影響，世論操作

　② 〔❸　　　　　　〕（**SNS**）…情報を受け取るだけでなく，自ら発信できる情報の社会的ネットワーク

　　　　　　　　　　　　→近年急速に発達し，世論形成や投票行動に影響

(3) 政治参加の停滞と新たな可能性

　① 〔❹　　　　　　〕の広がり　→投票率の低下，**無党派層**の増加

　② 多様なチャンネルを通した政治参加…市民活動やボランティア，住民投票やインターネットを通した情報の受発信など

(4) 市民社会とガバナンス

　① 〔❺　　　　　　〕（**特定非営利活動促進法**）…1998 年制定。営利を目的とせず，公益の実現を目指して活動する団体（NPO）に法人格を与え，活動を支援するための法律

　　　　　　　　　　　　→認定 NPO への寄付は税制上の優遇措置を得られるよう改正（2011）

　② **ガバナンス**…政府と市民団体の協力による公共政策の作成と実施

解答　⓯自治基本条例

4 ❶普通選挙　❷平等選挙　❸死票　❹小選挙区比例代表並立　❺拘束名簿式比例代表　❻重複立候補
❼違憲判決　❽戸別訪問　❾連座制　⓾政権　⓫マニフェスト　⓬55 年体制　⓭連立政権　⓮民主党

5 ❶圧力団体　❷マス・メディア　❸ソーシャル・ネットワーキング・サービス　❹政治的無関心
❺NPO 法

1 国会についての記述として正しいものを，次の ①～④ のうちから一つ選べ。

① 国会において憲法の規定に基づき内閣不信任決議案が可決された場合，内閣は総辞職か衆議院の解散かを選択することになる。

② 国会に設置されている委員会は，法律案の審議のために公聴会の開催が義務づけられている。

③ 国会は弾劾裁判所を設置する権限を有しており，弾劾裁判によって国務大臣を罷免することができる。

④ 国会の憲法審査会は，法律や命令が憲法に違反するかしないかを決定するために設置されている。

〈2017 年本試〉

2 日本の立法過程に関する記述として**誤っているもの**を，次の ①～④ のうちから一つ選べ。

① 国会議員が予算を伴わない法律案を発議するには，衆議院では議員 20 人以上，参議院では議員 10 人以上の賛成を要する。

② 法律案が提出されると，原則として，関係する委員会に付託され委員会の審議を経てから本会議で審議されることになる。

③ 参議院が衆議院の可決した法律案を受け取った後，60 日以内に議決をしないときは，衆議院の議決が国会の議決となる。

④ 国会で可決された法律には，すべて主任の国務大臣が署名し，内閣総理大臣が連署することを必要とする。

〈2022 年本試〉

3 日本の国会や議院がもつ権限とその行使をめぐる記述として**誤っているもの**を，次の ①～④ のうちから一つ選べ。

① 両議院の審議において大臣に代わって官僚が答弁する政府委員の制度が，設けられている。

② 内閣総理大臣は，答弁または説明のために出席を求められれば，議席をもっていない議院にも出席する義務がある。

③ 両議院は，それぞれ国政に関する調査を行うため証人を出頭させて証言を求めることができる。

④ 衆議院は，出席議員の過半数の賛成によって，内閣不信任決議案を可決することができる。

〈2018 年本試〉

4 衆議院の解散についての記述として**誤っているもの**を，次の ①～④ のうちから一つ選べ。

① 内閣は，天皇の国事行為に対する助言と承認を通して衆議院を解散することができる，という憲法運用が定着している。

② 内閣は，衆議院が内閣不信任決議を行わなくても衆議院を解散することができる，という憲法運用が定着している。

③ 衆議院の解散総選挙後，一定期間内に，特別会が召集されなければならない。

④ 衆議院の解散後，国会の議決が必要になった場合，新しい衆議院議員が選挙されるのを待たなければならない。

〈2008 年本試〉

5 次の文章は，日本の内閣の運営のあり方の特徴をまとめたものである。次の文章中の空欄 ア ～ ウ に当てはまる語句の組合せとして最も適当なものを，下の ①～⑧ のうちから一つ選べ。

内閣の運営に関する特徴の一つは合議制の原則である。これは，内閣の意思決定は，内閣総理大臣（首相）と国務大臣の合議，すなわち閣議によらなければならないとするものである。閣議における決定は，ア によることが慣行となっている。

また，首相指導の原則がある。これは，国務大臣の任免権をもつ首相が，イ として政治的リーダーシップを発揮するというものである。

このほか，分担管理の原則がある。これは，各省の所掌事務はその主任の国務大臣が分担して管理するというものである。なお，日本国憲法の規定によると，法律と政令には，すべて主任の国務大臣が署名し，ウ が連署することになっている。

	ア		イ		ウ	
①	ア	多数決	イ	同輩中の首席	ウ	内閣総理大臣
②	ア	多数決	イ	同輩中の首席	ウ	内閣官房長官
③	ア	多数決	イ	内閣の首長	ウ	内閣総理大臣
④	ア	多数決	イ	内閣の首長	ウ	内閣官房長官
⑤	ア	全会一致	イ	同輩中の首席	ウ	内閣総理大臣
⑥	ア	全会一致	イ	同輩中の首席	ウ	内閣官房長官
⑦	ア	全会一致	イ	内閣の首長	ウ	内閣総理大臣
⑧	ア	全会一致	イ	内閣の首長	ウ	内閣官房長官

〈2021 年第 1 日程〉

6 官僚支配の弊害の防止が，現代民主政治の大きな課題となっている。官僚制への統制を強化する主張とは**言えないもの**を，次の①～④のうちから一つ選べ。

① 内閣総理大臣が閣僚や省庁に対して強力なリーダーシップを発揮できるようにするため，首相公選制を導入すべきである。

② 国会は，行政を監督する責任を果たすため，国政調査権などの権限を用いて行政各部の活動をチェックすべきである。

③ 各議院は，テクノクラートのもつ専門知識を有効に活用するため，法律案の作成や審議への政府委員の参加機会を拡大すべきである。

④ 国民が直接行政を監視し，政策過程に参加するため，情報公開制度を活用したり，オンブズマン制度を設けたりすべきである。 〈2006 年本試〉

7 日本の司法制度の原則A～Cと，それを必要とする主な理由ア～ウとの組合せとして正しいものを，下の①～⑥のうちから一つ選べ。

A 裁判の公開 　　**B** 裁判官の身分保障 　　**C** 三審制
ア 司法権の独立 　　**イ** 慎重な審理 　　　　**ウ** 公正な裁判

① A－ア B－イ C－ウ 　　② A－ア B－ウ C－イ
③ A－イ B－ア C－ウ 　　④ A－イ B－ウ C－ア
⑤ A－ウ B－ア C－イ 　　⑥ A－ウ B－イ C－ア 　　〈2007 年本試〉

8 日本の裁判所による違憲審査に関する記述として正しいものを，次の①～④のうちから一つ選べ。

① 最高裁判所は，長沼ナイキ基地訴訟において，自衛隊の存在を違憲と判断した。

② 最高裁判所は，全逓名古屋中央郵便局事件において，国家公務員の争議行為の一律禁止を違憲と判断した。

③ 内閣や国会が行う高度に政治性のある行為については裁判所の審査権が及ばず違憲審査の対象外であるとする考え方のことを，統治行為論という。

④ 裁判所が具体的事件とは無関係に法令の合憲性を審査する制度のことを，付随的違憲審査制という。

〈2017 年本試〉

9 日本の司法制度についての記述として正しいものを，次の①～④のうちから一つ選べ。

① 日本司法支援センター（法テラス）は，法による紛争解決に必要な情報やサービスの提供を行うために設置された。

② 裁判員制度は，裁判員だけで有罪か無罪かを決定した後に裁判官が量刑を決定するものである。

③ 法科大学院（ロースクール）は，法曹人口の削減という要請にこたえるために設置された。

④ 検察審査会制度は，検察官が起訴したことの当否を検察審査会が審査するものである。 〈2017 年追試〉

10 日本の地方自治についての記述として最も適当なものを，次の①～④のうちから一つ選べ。

① 日本国憲法では，地方自治体の組織に関して，住民自治と団体自治の原則に基づいて法律で定めることとなっている。

② 大日本帝国憲法では，地方自治制度が，憲法上の制度として位置づけられていた。

③ 団体自治とは，地域の住民が自らの意思で政治を行うことをいう。

④ 三割自治とは，地方自治体が国の事務の約 3 割を処理することをいう。 〈2009 年本試〉

公共（政治・経済）

11 日本における住民，首長および議会の関係についての記述として**適当でないもの**を，次の①〜④のうちから一つ選べ。

① 有権者の一定数以上の署名をもって，住民は選挙管理委員会に対して議会の解散を請求することができる。

② 首長に対する議会の不信任決議を待たずに，首長は議会を解散することができる。

③ 直接請求制度に基づいて提案された条例案を，議会は否決できる。

④ 議会が議決した条例に対して，首長は再議を要求できる。　　　　　　〈2016 年本試〉

12 地方自治の本旨は団体自治と住民自治の二つの側面をもつと考えられている。次の**A〜C**は，1990 年代以降に行われた地方自治制度の改革を述べたものである。これらのうち，団体自治の拡充をめざしたものはどれか。最も適当なものを，下の①〜⑦のうちから一つ選べ。

A 機関委任事務が廃止され，従来は国の事務とされてきたものの一部が自治事務となった。

B 地方税法に規定がなく，特定の目的に税収の使途が限定されている税を地方自治体が独自に設定できるようになった。

C 議会の解散や首長などの解職の直接請求に必要な署名数の要件が，有権者の総数が 40 万を超える地方自治体について緩和された。

① A　　　　② B　　　　③ C　　　　④ AとB

⑤ AとC　　⑥ BとC　　⑦ AとBとC　　　　　　　　　　〈2013 年追試〉

13 55 年体制に関連して，戦後の日本政治についての記述として最も適当なものを，次の①〜④のうちから一つ選べ。

① 社会党の再統一と保守合同による自民党の結成以降，55 年体制が形成され，自民党と社会党の二大政党が政権交代を繰り返した。

② 中選挙区制の下では，同一選挙区内で同一政党の候補者が複数立候補することはないので，政党・政策中心の選挙が行われた。

③ 政治改革を求める世論を背景として細川連立政権が誕生した翌年に，衆議院議員選挙に，小選挙区比例代表並立制が導入された。

④ 自民党は細川連立政権崩壊以後で政権の座にあった時期，他の政党と連立を組んだことはなく，単独政権を維持し続けた。　　　　　　　　　　　　　　　　　　　　　〈2012 年追試〉

14 選挙制度の一般的な特徴についての記述として最も適当なものを，次の①〜④のうちから一つ選べ。

① 非拘束名簿式比例代表制は，小選挙区制よりも死票を生みやすい。

② 拘束名簿式比例代表制では，小選挙区制よりも，政党に属さない者が議席を獲得しやすい。

③ 小選挙区制は，大選挙区制よりも死票を生みやすい。

④ 大選挙区制では，議員の総定数が一定であれば，小選挙区制よりも選挙区の数が多くなりやすい。

〈2010 年追試〉

15 国民の意見を国の政治に反映させる手段についての記述として**適当でないもの**を，次の①〜④のうちから一つ選べ。

① 圧力団体（利益集団）とは，特定の利害関心に基づく意見を国の政治に反映させることを目的とする団体である。

② 世論調査結果についてマスメディアが行う報道は，調査の対象となった問題に対する意見を国の政治に反映させる機能をもつ。

③ 族議員とは，特定の政策分野に限定することなく，その議員を支持する者の意見を国の政治に反映させることを目的とする議員である。

④ 大衆運動は，国政選挙における特定の勢力の支援を目的としない場合でも，運動に参加した者の意見を国の政治に反映させる機能をもつ。　　　　　　　　　　　　〈2010 年本試〉

1 経済社会の形成と変容

(1) 経済とは

① 経済…人間の生活や社会に必要なモノ・カネ・サービスなどを〔**❶**　　　　　〕・分配・消費する活動

→有限である資源の配分には**トレードオフ**の関係がある

② 経済主体（経済活動の担い手）…企業・〔**❷**　　　　〕・政府

③ **生産の三要素**…土地・労働力・資本

(2) 資本主義経済の成立

① 資本主義経済の特徴…**生産手段の私有，労働力の商品化，利潤追求の自由**

② 〔**❸**　　　　　　〕を経て 19 世紀のイギリスで確立→**自由競争的資本主義（産業資本主義）**

③ 〔**❹**　　　　　　〕…18 世紀のイギリスの経済学者。分業の利益と市場の仕組みを解明

(3) 独占と寡占／混合経済

① **独占資本主義**の成立…**資本の集積・集中**→少数の大企業が市場を支配→寡占・独占

② 1929 年に発生した世界恐慌への対応

a．イギリスの経済学者〔**❺**　　　　　　〕による**有効需要政策**→完全雇用

b．アメリカのニューディール政策⇒政府の市場への積極的介入・〔**❻**　　　　〕主義

③ 第二次世界大戦後，先進資本主義国は民間部門と公共部門の両方からなる混合経済に

④ 政府の役割の増大→「**大きな政府**」

(4) 現代の資本主義

① 「**小さな政府**」の主張→アメリカの経済学者**フリードマン**らの**マネタリズム**など

② 1980 年代のイギリス，アメリカで市場原理を重視した自由化政策→**規制緩和・民営化**など（**新自由主義**）

③ 冷戦終結後，経済の〔**❼**　　　　　〕化進展→格差の拡大，国際金融危機，各国での財政赤字拡大など

(5) 社会主義の形成と変容

① ドイツの経済学者**マルクス**による資本主義批判，社会主義の主張→ソビエト政権

② 社会主義経済の特徴

a．生産手段の国有化（社会的所有）…生産手段の私的所有を認めず，利潤の追求も否定

b．〔**❽**　　　　〕…財・サービスの生産・分配，労働力の配置・移転などを政府が決定

③ ソ連のゴルバチョフの改革（ペレストロイカ）→ 1991 年ソ連解体

④ 中国の改革・開放政策⇒社会主義市場経済

2 市場のしくみ

(1) 市場の自動調整作用／需要・供給の法則

① 〔**❶**　　　　　〕…自由競争市場では，価格変動に
よって商品の需給が調整され，資
源の適正配分が実現

→アダム＝スミスは，「〔**❷**　　　　〕」と表現

② 需要の法則…需要量は価格が下がれば増大し，
価格が上がれば減少する

③ 〔**❸**　　　　〕…供給量は価格が下がれば減少し，
価格が上がれば増大する

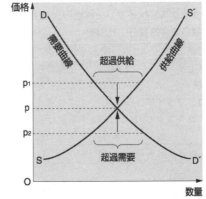

(2) **市場の寡占化**

① **寡占（独占）市場**…規模の経済を得た大企業による
協調的な行動によって成立

② **価格の下方硬直性**…寡占市場では管理価格などにより価格が下がりにくくなる

→**非価格競争**（広告・宣伝・アフターサービス・モデルチェンジなど）の展開

解答　**1** ❶生産　❷家計　❸産業革命　❹アダム＝スミス　❺ケインズ　❻修正資本　❼グローバル
❽計画経済　**2** ❶価格の自動調整作用　❷見えざる手　❸供給の法則

(3) 市場の失敗
　① 市場の失敗…市場機構に委ねているだけでは解決されない問題が生じること
　　a．寡占・独占価格の形成…大企業による価格支配力の強化→資源配分の効率性を失う
　　b．公共財・公共サービス…政府や地方自治体による提供にたよらざるをえない
　　c．〔❹　　　　　〕…市場を通さずに第三者に不利益を与える。公害・環境破壊など
　　d．〔❺　　　　　〕…市場における財・サービスの品質などに対する情報量の格差

③ 現代の企業

(1) 企業とは
　① 企業の種類…出資者，所有者による分類
　　┌**私企業**…利潤の追求が主目的。合名・合資・合同・株式会社が中心
　　├**公企業**…国や地方自治体が所有・経営
　　└〔❶　　　　　〕…国と民間からの出資→第三セクターなど
　② 〔❷　　　　　〕の施行（2006）…有限会社の新設不可→有限責任と定款自治による合同会社の新設
(2) 株式会社の経営と組織
　① 〔❸　　　　　〕の株主が出資，〔❹　　　　　〕が最高議決機関，1株1票の議決権
　② 株式会社の機関…〔❹　　　　　〕，取締役，〔❺　　　　　〕（会計処理の監査を担当）などで構成
　③ **株主**…〔❻　　　　　〕やキャピタルゲイン（株価の値上がりによる利益）を得る
　④ 〔❼　　　　　〕…会社の実質的経営権は株主ではなく取締役がもつ
　⑤ 株主代表訴訟…株主による，経営責任追及や損害賠償請求の制度
　⑥ 企業の資本調達
　　a．〔❽　　　　　〕…株式・内部留保・各種引当積立金
　　b．他人資本…社債，金融機関などからの借入金
　⑦ 近年の株式会社
　　a．**企業統治（コーポレート・ガバナンス）**の強化…経営者を監督する仕組み
　　b．**企業情報の開示（ディスクロージャー）**…情報開示。内部告発に対する保護も図られている
　　c．社外監査役の採用…取締役を監視と執行の二つの機能に分離
　　d．**外部委託（アウトソーシング）**…業務の一部を外部企業に委託しコストを削減
　　e．**M&A**…合併・買収のこと
　　f．**持株会社**を中心とした企業統合…1997年の独占禁止法の改正により可能に
(3) 多国籍企業
　① 〔❾　　　　　〕…多くの国に子会社・支店をもち，世界規模で活動
　② **コングロマリット（複合企業）**…異業種の企業を合併・買収（〔❿　　　　　〕）し巨大化
　③ **タックス・ヘイブン**…租税回避地のこと。多国籍企業の課税逃れに利用されている
(4) **企業の社会的責任（CSR）**

循環型社会への取り組み	リサイクル活動やゼロ・エミッションなど
メセナ	企業の社会的貢献活動のうち，特に芸術・文化活動に対するもの
〔⓫　　　　　〕	公益目的の寄付行為やボランティア活動などの支援
コンプライアンス	法令遵守（順守）。遵守の対象には社会規範も含まれる
アカウンタビリティ	本来は会計責任の意味であるが，広く説明責任の意味で用いられる
ソーシャル・ビジネス	環境や福祉，教育などの社会的課題の解決を目的とする社会的企業

④ 経済成長と景気変動

(1) GDP と GNI
　① 国内の総生産額…一国内で1年間に生産された生産額の総計
　② **国内総生産（GDP）**＝国内の総生産額−〔❶　　　　　〕の価額
　③ **国民総所得（〔❷　　　　　〕）**＝ GDP ＋〔❸　　　　　〕（海外からの所得−海外への支払）
　④ 国民純生産（NNP）＝ GNI −〔❹　　　　　〕
　⑤ **国民所得（NI）**＝ NNP −（間接税−〔❺　　　　　〕）
　⑥ 〔❻　　　　　〕の原則…国民所得は，生産・分配・支出の3つの側面からとらえることができ，
　　　　　　　　　　　　　　その額は理論上等しくなる

　　　　　　生産国民所得　　＝　　分配国民所得　　＝　　支出国民所得
　　　（産業別の所得合計）　（所得の分配のされ方）　（所得の支出先）

(2) **フローとストック**

① フロー…一定期間に生産された財・サービスの流れの量→一国単位では国内総生産など

② ストック…ある時点での資産の蓄えの量→一国単位では〔**❼**　　　　〕

(3) GDP の限界

① GDP の限界…市場で取り引きされるものだけが計上される

a．所得配分の状況やストックの規模を示していない

b．環境対策費も GDP に計上

c．余暇や家事労働，〔**❽**　　　　〕活動などは含まれない

② 新しい経済指標

a．〔**❾**　　　　〕（NNW）…余暇や家事労働などをプラス評価し，公害などをマイナス評価した新たな福祉指標

b．〔**❿**　　　　〕…環境に配慮した経済指標

c．その他の指標…国民総幸福（GNH），人間開発指数（HDI），持続可能性指標など

(4) 経済成長

① **インフレーション**（インフレ）…好況期には，一般的に物価が持続的に〔**⓫**　　　　〕する（通貨の価値は下落）

a．ディマンド・プル・インフレ…総需要＞総供給

b．コスト・プッシュ・インフレ…原料費・燃料費などの増加が価格に転嫁されて生じる

② **デフレーション**（デフレ）…不況期には，一般的に物価が持続的に〔**⓬**　　　　〕する（通貨の価値は上昇）

→デフレ・スパイラル（デフレと不景気の悪循環に陥ること）

③ 経済成長率は対前年度 GDP の増加率で表す

④〔**⓭**　　　　〕…GDP の数値だけでみた経済成長率

⑤〔**⓮**　　　　〕…〔**⓯**　　　　〕の変動を考慮した経済成長率

⑥ 経済成長の原動力は技術革新（イノベーション）

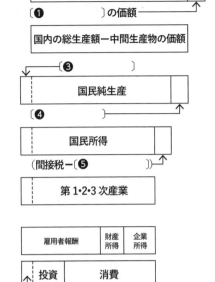

国内の総生産額　／　国内総生産　〔**❶**　　　　　〕の価額

国内総生産（GDP）　／　国内の総生産額－中間生産物の価額

〔**❸**　　　　〕

国民総所得（GNI）　／　国民純生産　〔**❹**　　　　〕

国民純生産（NNP）　／　国民所得　（間接税－〔**❺**　　　　〕）

生産国民所得（NIP）　／　第1・2・3次産業

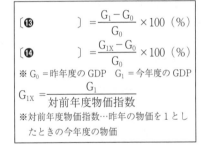

分配国民所得（NID）　／　雇用者報酬　財産所得　企業所得

支出国民所得（NIE）　／　投資　消費　経常海外余剰

$$\left[\textbf{⓭} \qquad \right] = \frac{G_1 - G_0}{G_0} \times 100 \, (\%)$$

$$\left[\textbf{⓮} \qquad \right] = \frac{G_{1X} - G_0}{G_0} \times 100 \, (\%)$$

※ G_0 ＝昨年度の GDP　G_1 ＝今年度の GDP

$$G_{1X} = \frac{G_1}{\text{対前年度物価指数}}$$

※対前年度物価指数…昨年の物価を1としたときの今年度の物価

公共（政治・経済）

(5) **景気循環（景気変動）**

① 景気循環の局面…〔**⑯**　　　　　〕→後退→〔**⑰**　　　　　〕→回復の４つの局面

② 〔**⑱**　　　　　〕…急激な景気の後退

③ 景気循環のパターン

	周　期	要　因
〔**⑲**　　　　〕の波（短期波動）	約４年	在庫投資
ジュグラーの波（中期波動）	約10年	〔**㉑**　　　　〕
クズネッツの波（建築循環）	約20年	建設投資
〔**⑳**　　　　〕の波（長期波動）	約50年	〔**㉒**　　　　〕

5 金融機関の働き

(1) 金融の役割

① 貨幣の４つの機能…価値尺度，交換手段，〔**❶**　　　　　〕，価値蓄蔵手段

② 金融…資金の貸し借り（資金の融通）→金利（利子率）が経済活動に影響を及ぼす

③ **マネーストック**の内訳…現金通貨＋預金通貨＋準通貨＋譲渡性預金（CD）

(2) 金融市場

① 〔**❷**　　　　　〕…株式・社債の発行による資金調達

② 〔**❸**　　　　　〕…金融機関を介しての資金調達

③ 金融市場…〔**❹**　　　　〕（返済期間が１年未満），〔**❺**　　　　〕（返済期間が１年以上）

(3) 市中銀行の機能

① 資金仲介業務…家計などから〔**❻**　　　　〕を集め，企業などへ〔**❼**　　　　〕を行う

② 〔**❽**　　　　〕機能…預金と貸出の繰り返しにより，最初の預金の何倍もの預金通貨を創り出す

〔**❽**　　　　〕額＝最初の預金額×１／支払準備率−最初の預金額

(4) 中央銀行の働き

① **日本銀行**の役割

〔**❾**　　　〕	中央銀行券（紙幣）を発行する
銀行の銀行	市中銀行に対して，当座預金の受け入れ・貸し付けを行う
政府の銀行	国庫金の出納を行う

② 〔**❿**　　　　〕…中央銀行が金の保有量に制約されずに通貨を発行する制度

金と交換できない〔**⓫**　　　　　〕紙幣を発行→中央銀行が通貨供給量を調整

(5) 金融政策

① **無担保コールレート**の誘導…公開市場操作を通じてコール市場の金利を政策金利として調整

② 非伝統的な金融政策

a. 〔**⓬**　　　〕政策…政策金利をほぼゼロに誘導（1999〜2000，2001〜2006，2010〜）

b. 量的緩和政策…金融政策の目標を金利ではなく日銀当座預金残高に設定（2001〜2006）

c. 量的・質的金融緩和政策…**インフレターゲット政策**を導入し，**マネタリーベース**を増加（2013〜）

d. **マイナス金利政策**…日銀当座預金残高の一部の金利をマイナスに（2016〜）

(6) 金融の自由化と国際化

① **バーゼル合意**（BIS規制）…銀行に対して自己資本比率８％以上を求める国際ルール

② 金融庁発足（2000〜）…1990年代後半の金融危機に対応するために設置

③ **金融コングロマリット**の結成…都市銀行のメガバンクへの統合，証券会社や信託銀行を系列化

④ 〔**⓭**　　　〕解禁…金融機関が破綻した場合，保護される預金は元本1000万円と利子までに

(1) 財政の役割…①資源配分機能　②所得再分配機能　③経済安定化機能
(2) 景気調整の二つの方法
　　①　**裁量的財政政策（フィスカルポリシー）**…不況→減税・公共事業を増加／好況→増税・財政出動減少
　　②　**自動安定化装置（ビルト・イン・スタビライザー）**…累進課税や社会保障制度が自動的に景気を調整
(3) 予算と財政投融資
　　①　政府の一般行政にかかわる〔❶　　　　　〕予算と，道路整備など特定事業にかかわる特別会計予算
　　②　**財政投融資**…特殊法人などへの融資。2001 年に改革され，大幅に減額
(4) 租税の種類
　　①　負担公平の原則
　　　　a．〔❷　　　　　〕**的公平**…税負担能力に応じて課税（所得税の累進税率）
　　　　b．〔❸　　　　　〕**的公平**…同じ所得ならば税負担も同じに（所得捕捉率の違いを是正）
　　②　租税の種類
　　　　a．〔❹　　　　　〕…納税者と担税者が同一
　　　　b．〔❺　　　　　〕…納税者と担税者が異なる
　　　　c．**消費税**…3 %（1989）→ 5 %（1997）→ 8 %（2014）
　　　　　　　　　　　　→ 10%（2019，軽減税率の導入）

	〔❹　　　　　〕	〔❺　　　　　〕
国税	所得税 法人税など	消費税 酒税・関税など
地方税	住民税 事業税 固定資産税など	地方消費税 地方たばこ税 など

(5) 税制改革
　　①　**消費税の逆進性**…所得の多い少ないにかかわらず一律に課税されるため低所得者ほど負担が重い
　　②　**法人税率の引き下げ**…企業の国際競争力を保つ目的
(6) 国債と財政再建
　　①　〔❻　　　　　〕…財政法で認められている。公共事業費などの財源に用いる（1966 年度〜）
　　②　〔❼　　　　　〕…財政法では禁止されているが，特例法により発行可能（1975 年度〜，ただし 1990 〜 93 年度を除く）
　　③　〔❽　　　　　〕の原則…インフレ防止のため，日銀による国債の直接引受けを禁止（財政法第 5 条）
　　④　**基礎的財政収支（プライマリー・バランス）**の黒字化目標

解答　⑯好況　⑰不況　⑱恐慌　⑲キチン　⑳コンドラチェフ　㉑設備投資　㉒技術革新
5　❶支払い手段　❷直接金融　❸間接金融　❹短期金融市場　❺長期金融市場　❻預金　❼貸し出し
❽信用創造　❾発券銀行　❿管理通貨制度　⓫不換　⓬ゼロ金利　⓭ペイオフ
6　❶一般会計　❷垂直　❸水平　❹直接税　❺間接税　❻建設国債　❼赤字国債　❽市中消化

❶ 次のメモは，企業の土地利用を事例にして，機会費用の考え方とその適用例をまとめたものである。メモ中の空欄 　ア　・　イ　 に当てはまる語句として最も適当なものを，後の①〜④のうちから一つ選べ。

◇機会費用の考え方：ある選択肢を選んだとき，もし他の選択肢を選んでいたら得られたであろう利益のうち，最大のもの。

◇事例の内容と条件：ある限られた土地を公園，駐車場，宅地のいずれかとして利用する。利用によって企業が得る利益は，駐車場が最も大きく，次いで公園，宅地の順である。なお，各利用形態の整備費用は考慮しない。

◇機会費用の考え方の適用例：ある土地をすべて駐車場として利用した場合，　ア　の関係から他の用途に利用できないため，そのときの機会費用は，　イ　を選択したときの利益に等しい。

① ア トレード・オフ　　イ 公園　　② ア トレード・オフ　　イ 宅地
③ ア ポリシー・ミックス イ 公園　　④ ア ポリシー・ミックス イ 宅地　〈2022年本試〉

❷ 次の図にはある財の完全競争市場における需要曲線と供給曲線とが描かれている。このとき，市場がもつ価格の自動調節機能についての記述として正しいものを，次の①〜④のうちから一つ選べ。

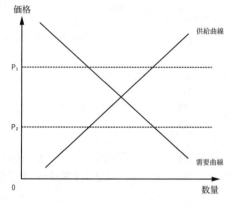

① 価格が P_1 であれば，需要が供給を上回るため，超過需要を減少させるように価格が下落する。
② 価格が P_1 であれば，需要が供給を下回るため，超過供給を減少させるように価格が上昇する。
③ 価格が P_2 であれば，需要が供給を上回るため，超過需要を減少させるように価格が上昇する。
④ 価格が P_2 であれば，需要が供給を下回るため，超過供給を減少させるように価格が下落する。

〈2016年追試〉

❸ 寡占市場がもつ特徴についての記述として**適当でないもの**を，次の①〜④のうちから一つ選べ。
① 管理価格とは，市場メカニズムによらずに，価格支配力をもつプライス・リーダーが人為的に決定する価格のことである。
② 価格の下方硬直性とは，生産技術の向上などで生産コストが低下しても，価格が下方に変化しにくくなることである。
③ 非価格競争とは，デザイン，広告・宣伝といった手段を用いて，価格以外の競争が行われることである。
④ カルテルとは，資本の集中・集積が進み，同一産業内での企業合併が起こることである。

〈2015年本試〉

❹ 日本における株式会社についての記述として正しいものを，次の①〜④のうちから一つ選べ。
① 独占禁止法の下では，事業活動を支配することを目的として，他の株式会社の株式を保有することが禁止されている。
② 会社法の下では，株式会社の設立にあたって，最低資本金の額が定められている。
③ 株式会社のコーポレート・ガバナンスに関しては，バブル経済の崩壊以降，株主の権限の制約が主張されている。
④ 株式会社の活動によって生じた利潤は，株主への配当以外に，投資のための資金としても利用されている。

〈2014年本試〉

5 国民経済全体の活動水準を測るフローの諸指標がある。次の表は，ある年のそれらの諸指標の項目と金額との組合せの数値例を表したものである。表の数値例をもとにした場合に，諸指標**A～C**と，金額**ア～ウ**との組合せとして正しいものを，下の①～⑥のうちから一つ選べ。

項　　目	金　額
国民総生産（GDP）	500
海外からの純所得	20
間接税マイナス補助金	40
固定資本減耗	100

A 国民純生産（NNP）　　　**B** 国民総生産（GNP）　　　**C** 国民所得（NI）

ア 380　**イ** 420　**ウ** 520

① A－ア B－イ C－ウ　　② A－ア B－ウ C－イ
③ A－イ B－ア C－ウ　　④ A－イ B－ウ C－ア
⑤ A－ウ B－ア C－イ　　⑥ A－ウ B－イ C－ア

〈2013 年本試〉

6 景気について，景気循環の各局面において一般的にみられる現象として最も適当なものを，次の①～④のうちから一つ選べ。
① 好況期には，生産が拡大し，雇用者数が増加する。
② 景気後退期には，商品の超過供給が発生し，在庫が減少する。
③ 不況期には，労働需要が労働供給に対し過大になり，失業率が上昇する。
④ 景気回復期には，在庫が減少し，投資が縮小する。 〈2018 年追試〉

7 金融についての記述として正しいものを，次の①～④のうちから一つ選べ。
① 日本では，家計の金融資産のうち現金・預金の占める割合が最も大きい。
② 日本では，グローバル化を受けて直接金融から間接金融への移行が進んでいる。
③ ノンバンクとは，預金業務と貸出業務を行う金融機関である。
④ 信用創造とは，企業が金融機関に債務を滞りなく返済することで追加的な資金調達が可能になることをいう。 〈2017 年本試〉

8 金融政策についての記述として最も適当なものを，次の①～④のうちから一つ選べ。
① 預金準備率の引上げは，市中金融機関による企業への貸出しを増加させる効果をもつ。
② 買いオペレーションは，通貨量（マネーストックあるいはマネーサプライ）を減少させる効果をもつ。
③ 日本銀行は，2000 年代の前半に，景気対策を目的として，ゼロ金利政策や量的緩和政策を行った。
④ 日本銀行は，1990 年代の後半から，政府が発行する赤字国債を継続的に引き受けて，政府に資金の提供を行ってきた。 〈2012 年追試〉

9 政府の介入に関連して，財政の役割**A～C**とその内容の説明文**ア～ウ**との組合せとして最も適当なものを，下の①～⑥のうちから一つ選べ。

A 所得の再分配　　**B** 資源配分の調整　　**C** 景気の安定化
ア 公共投資の規模を調整し，経済の大幅な変動を抑える。
イ 司法や防衛，上下水道など，市場では最適な供給が難しい財・サービスを提供する。
ウ 生活保護や福祉サービスの給付を行い，一定の生活水準を保障する。

① A－ア B－イ C－ウ　　② A－ア B－ウ C－イ
③ A－イ B－ア C－ウ　　④ A－イ B－ウ C－ア
⑤ A－ウ B－ア C－イ　　⑥ A－ウ B－イ C－ア

〈2012 年追試〉

10 租税や国債をめぐる記述として最も適当なものを，次の①～④のうちから一つ選べ。
① 水平的公平とは，所得の多い人がより多くの税を負担するという考え方のことである。
② 国債収入の方が国債費よりも多ければ，基礎的財政収支（プライマリーバランス）は黒字になる。
③ 日本では，直接税を中心とする税制を提唱した 1949 年のシャウプ勧告に沿った税制改革が行われた。
④ 日本では，1990 年代を通じて特例法に基づく赤字国債の発行が毎年度継続して行われた。〈2013 年本試〉

第4章　経済活動のあり方と国民福祉　▶▶要点整理

1 日本経済の歩みと近年の課題

(1) 経済の民主化

① 〔❶　　　　〕…15財閥の資産凍結，独占禁止法制定（1947）──┐
② **農地改革**…寄生地主制の解体，〔❷　　　　〕の創設 ──────┼── GHQの指令による
③ **労働組合の育成**…労働三法の制定──────────────┘

(2) 戦後復興

① 〔❸　　　　〕…石炭・鉄鋼などの基幹産業に，原材料・資金・労働力を重点的に注ぎ込む
　　　　　復興金融金庫の設立→重点産業に資金供給→復金インフレ・財政赤字の拡大
② 〔❹　　　　〕…インフレ抑制策（1949，経済安定9原則にもとづく政策）
　a．補給金削減・復興金融金庫債の発行中止，課税強化→超均衡予算によるインフレ収束
　b．1ドル＝360円の単一為替レートの設定→輸出振興をめざす
　c．〔❺　　　　〕勧告…直接税（所得税）中心主義の採用
　d．インフレ収束により，日本経済はデフレに→深刻な不況に陥る（安定恐慌）
③ 特需景気…朝鮮戦争（1950〜）による米軍からの特別需要で日本経済は不況から脱却

(3) **高度経済成長**（1956ごろ〜1973）年平均約10%の実質経済成長率

① 「もはや戦後ではない」…1956年度の経済白書に記された高度経済成長の始まりを象徴する言葉
② **国民所得倍増計画**…1960年に池田内閣が発表した，国民所得を10年で2倍にするという目標
③ 1968年に日本のGNP（国民総生産）がアメリカに次いで世界第2位に

(4) 石油危機と低成長経済

① 高度経済成長の終焉
　a．〔❻　　　　〕（1971）…金・ドル交換停止→変動為替相場制へ移行（1973）
　b．**第一次石油危機**（1973，原因は第四次中東戦争）…原油価格高騰
　c．〔❼　　　　〕…不況とインフレの同時発生→戦後初めて経済成長率がマイナスに転落（1974）
② 安定成長への転換…省エネルギー型経済への転換
　a．「重厚長大」型産業から「軽薄短小」型産業への転換→**経済のソフト化・サービス化**
　b．**日米貿易摩擦**の深刻化

(5) バブル経済とその崩壊

① **プラザ合意**（1985）…アメリカの貿易収支改善のため，G5によるドル高是正の協調介入
　⇒急速な円高により輸出産業中心に〔❽　　　　〕⇒低金利政策⇒余剰資金による投機拡大
② **バブル経済**の発生…実体経済以上に株価や地価が上昇
③ バブル崩壊（1991）…株価・地価の急落
　→回収不能な〔❾　　　　〕により金融機関の経営状態が悪化→〔❿　　　　〕により中小企業倒産

(6) 長期不況（1991〜・「失われた10年」）

① 〔⓫　　　　〕による大幅な人員削減→失業率の上昇（2002年には5.4%）
② 〔⓬　　　　〕…物価下落（デフレ）と不況の悪循環
③ 銀行の倒産による金融危機→政府による大手都市銀行への公的資金投入

(7) 規制緩和と**構造改革**（〔⓭　　　　〕内閣　2001〜06）

① 戦後最長の景気拡大（2002〜08）→雇用・賃金は厳しく，「実感なき景気回復」と呼ばれる
② **郵政民営化**…郵政3事業（郵便・郵便貯金・簡易生命保険）を事業ごとに分社化して民営化
③ 構造改革による格差社会の進行（ワーキングプアなどの問題）

(8) 日本経済の課題

① **少子高齢化**の進展→労働力不足に対して高齢者，女性の労働市場への参加，外国人労働者の活用検討
② 技術革新・生産システムの改善→AIやビッグデータ，IoT，ロボット技術など
③ 新型コロナウイルス感染症によるパンデミック→大規模な歳出拡大により，財政の持続可能性への懸念

2 中小企業と農業

(1) **中小企業**の位置づけ

① 中小企業の地位…全企業数の約99%，全従業員数の約70%
② 大企業との格差（経済の〔❶　　　　〕と呼ばれる）

③ 中小企業の定義（中小企業基本法）…資本金・従業員数のどちらか一方に該当するもの

製　造　業	資本金3億円以下または従業員数300人以下
卸　売　業	資本金1億円以下または従業員数100人以下
小　売　業	資本金5000万円以下または従業員数50人以下
サービス業	資本金5000万円以下または従業員数100人以下

(2) **下請け・系列化**
　① 〔**❷**　　　　〕…大企業からの注文を受注する中小企業
　② 系列企業…大企業との間に資本関係がある中小企業

(3) 中小企業の現状
　① 〔**❸**　　　　〕…新技術・独自の研究開発を生かして冒険的な経営を行う中小企業
　② **社会的企業**（ソーシャルビジネス）の参入
　③ 多くの中小企業で後継者不足

(4) 日本の農業の変貌
　① 〔**❹**　　　　〕（1961）…自立経営農家の育成を目標→農業生産の選択的拡大・農業構造の改善
　② **食糧管理制度**…政府が主要な食糧（米・麦など）の生産・流通を管理する制度
　③ 食糧管理特別会計の赤字・過剰米の発生→〔**❺**　　　　〕（米の生産調整）実施（1970〜2017）
　④ 農業労働力の高齢化，耕作放棄地の増加

(5) 国際化と日本農業
　① 牛肉・オレンジの自由化（1991）
　② 〔**❻**　　　　〕での合意に基づき，〔**❼**　　　　〕（最低輸入量）を設定⇒米の〔**❽**　　　〕（1999）
　③ **新食糧法**（1995）…食糧管理制度の廃止→流通・価格の自由化
　④ 農産物の輸入増加による〔**❾**　　　　〕の低下→先進国の中で最低水準
　⑤ 〔**❿**　　　　〕（1999）…農業の持続的発展を目的，**農業の多面的機能**に着目

(6) 食の安全と農業の再生
　① 食品の安全性の問題
　　a．遺伝子組み換え作物…使用した食品に表示の義務づけ
　　b．BSE（牛海綿状脳症）問題・食肉偽装問題→トレーサビリティ・システムの導入
　② 〔**⓫**　　　　〕化…1次（生産）×2次（加工）×3次（流通）→地域の活性化を図る

❸ 公害防止と環境保全

(1) 経済成長と公害
　① 〔**❶**　　　　〕（明治時代）…渡良瀬川流域での鉱毒被害。田中正造による追及
　② **4大公害訴訟**（高度経済成長期）…すべて原告側の勝訴

	水俣病	〔**❸**　　　〕	〔**❹**　　　〕	新潟水俣病
発生地域	熊本県水俣湾	三重県四日市市	富山県神通川流域	新潟県阿賀野川流域
被告企業	チッソ	昭和四日市石油など	三井金属鉱業	昭和電工
原因物質	〔**❷**　　　〕	亜硫酸ガス	カドミウム	〔**❷**　　　〕

(2) 公害対策の進展
　① 〔**❺**　　　　〕（1967）→「公害国会」（1970）…調和条項の削除，濃度規制から総量規制へ
　② 〔**❻**　　　　〕発足（1971）→中央省庁再編により環境省に（2001）
　③ 〔**❼**　　　　〕…過失の有無に関わらず加害原因者が損害賠償責任を負う制度

解答 **❶**❶財閥解体　❷自作農　❸傾斜生産方式　❹ドッジ・ライン　❺シャウプ　❻ニクソン・ショック
❼スタグフレーション　❽円高不況　❾不良債権　❿貸し渋り　⓫リストラクチャリング（リストラ）
⓬デフレ・スパイラル　⓭小泉
❷❶二重構造　❷下請け　❸ベンチャー企業（ベンチャービジネス）　❹農業基本法　❺減反政策
❻GATT ウルグアイラウンド　❼ミニマム・アクセス　❽関税化　❾食料自給率
❿食料・農業・農村基本法（新農業基本法）　⓫6次産業
❸❶足尾銅山鉱毒事件　❷有機水銀　❸四日市ぜんそく　❹イタイイタイ病　❺公害対策基本法
❻環境庁　❼無過失責任制

④ 〔❽　　　　　〕（PPP）…OECD（経済協力開発機構）が提唱

⑤ 〔❾　　　　　〕（1993）…〔❺　　　　　〕に代わって環境行政の総合的推進をめざす

⑥ 〔❿　　　　　〕（**環境影響評価**）制度…〔❿　　　　　〕法（1997）に基づき，開発行為が自然環境に与える
　　　　　　　　　影響を事前に調査・予測・評価する制度。全国の自治体による条例が先駆となる

(3) 大量廃棄社会

① 生活型公害…1980年代以降，産業公害にかわり，ごみ問題や生活排水による生活型公害が社会問題に

② 産業廃棄物の不法投棄の深刻化

③ 〔⓫　　　　　〕（内分泌攪乱物質）…ダイオキシンは塩化ビニル製品のゴミ焼却によって発生

④ 建材に使用されたアスベストによる健康被害→アスベスト健康被害救済法（2006）

(4) 循環型社会の形成

① **循環型社会形成推進法**（2000）…限りある資源を有効活用して，自然界への廃棄量の最小化を目指す

② **3Rの原則**…〔⓬　　　　　〕（廃棄物の発生抑制）・**リユース**（再利用）・**リサイクル**（再資源化）

③ 各種リサイクル関連法…〔⓭　　　　　〕（容器の分別収集と再商品化），家電リサイクル法（テレビ・冷蔵
　　　　　　　　　庫・洗濯機・エアコンに，液晶・プラズマテレビ，衣類乾燥機も追加）
　　　　　　　　　〔⓮　　　　　〕（再生紙などグリーン商品の購入・調達を国や地方公共団体などで
　　　　　　　　　推進）など

④ **マイクロプラスチック**による海洋汚染問題→プラスチック製品の使用規制

(5) 地球規模の環境問題

① **地球温暖化，オゾン層の破壊，酸性雨，森林破壊，生物多様性の減少，砂漠化**の進行など

② **国連環境開発会議**（1992，地球サミット）における基本理念＝「〔⓯　　　　　〕」

③ 〔⓰　　　　　〕（2015）…産業革命前からの気温上昇を2℃未満に抑えるため，
　　　　　　　　　今世紀後半までに温室効果ガスの排出量を実質ゼロにする

④ CO_2を減らす取り組み…**環境税（炭素税）**の導入，**ESG投資，RE100**など

◢4 消費者問題

(1) 広がる消費者問題

① **消費者主権**…市場経済の主人公は消費者であるという考え方

②〔❶　　　　　〕…企業による宣伝や広告に乗せられて商品を購入

③ **デモンストレーション効果**…周囲が持っていると自分もほしくなる

④ **情報の非対称性**…生産者にくらべ，消費者は商品の情報を十分にもっていない状況

(2) 消費者運動と消費者行政／消費者の自覚と責任

① 消費者の**4つの権利**…〔❷　　　　　〕大統領が特別教書で発表（1962）
　　→安全である権利・意見を反映される権利・〔❸　　　　　〕権利・選択できる権利

② 商品の安全性を求める消費者運動…生活協同組合運動や不買運動など

③ **消費者保護基本法**（1968）→〔❹　　　　　〕（2004）…消費者の保護から自立支援へ

④ 国民生活センター（国）・〔❺　　　　　〕（地方自治体）…消費者への情報提供など

⑤ **製造物責任法（PL法）**（1994）…製品の欠陥から生じた被害に対して，企業は過失の有無に関わらず
　　　　　　　　　賠償責任を負う（〔❻　　　　　〕制）

⑥ 特定商取引法（2000）…契約後一定期間内なら無条件に契約解除が可能に（〔❼　　　　　〕制度）

⑦〔❽　　　　　〕（2000）…不実通知など不適切な行為による契約を解除できる

⑧ **消費者庁**の設置（2009）…消費者行政の一元化

◢5 労働問題と雇用

(1) 労働基本権…日本国憲法により**団結権・団体交渉権・団体行動権（争議権）**を保障

① **労働基準法**（1947）…労働条件の最低基準を規定。法定労働時間（1日8時間，週40時間）など

② **労働組合法**（1945）…争議行為の保障，〔❶　　　　　〕の禁止など

③ **労働関係調整法**（1946）…労働委員会が斡旋，調停，仲裁により労使紛争の解決をはかる

(2) 日本型雇用慣行の変容

①〔❷　　　　　〕→〔❸　　　　　〕による中高年の転職，〔❹　　　　　〕（派遣労働など）の増加

②〔❺　　　　　〕→グローバル化の進行とともに，外資系企業を中心に職能給などの能力給を導入

③ **企業別労働組合**→〔❹　　　　　〕の増加などにより労働組合組織率は2割を下回る

(3) 労働環境の課題

① 労働時間

　a．日本の総労働時間…オランダ，ドイツ，フランスなどに比べて数百時間も長い

b．〔❻　　　　　〕（時間外手当を受け取らない残業）の存在，年次有給休暇の取得率の低さ

c．長時間労働・過重労働…〔❼　　　　　〕・過労自殺の発生→過労死等防止対策推進法（2014）

d．**ワーク・ライフ・バランス**…仕事と生活の適切な調和が求められている

② 賃金／男女間の格差／育児・介護休業

a．賃金格差…非正規雇用・女性の賃金は，正規雇用・男性の賃金の７割程度

b．正規，非正規や性別にかかわらず**同一労働**・〔❽　　　　　〕の実現が求められている

c．〔❾　　　　　〕…1986 年施行。労働市場における男女間の機会，待遇格差の是正

d．**育児休業法**（1992）→**育児・介護休業法**（1995）…男女の育児休業，介護休業（３か月）を認める法律

(4) 外国人労働者

① 外国人の単純労働就労は原則禁止だが，専門職や技能実習制度による外国人労働者を受け入れている

② 新たな在留資格「**特定技能**」…特定の分野において定住も視野に入れた外国人労働者の受け入れ

6 社会保障

(1) 社会保障の考え方／社会保障制度の発展

① 社会保障制度の歩み

〔❶　　　　　〕	英	1601	国王が恩恵として生活扶助を生活困窮者に与える
〔❷　　　　　〕	独	1883	宰相〔❹　　　　　〕による世界最初の社会保険 一方で社会主義者を弾圧→「アメとムチ」の政策
ワイマール憲法	独	1919	世界で初めて〔❺　　　　　〕を規定
社会保障法	米	1935	〔❻　　　　　〕政策，世界初の「社会保障」の用例
〔❸　　　　　〕	英	1942	「ゆりかごから墓場まで」

② 社会保障制度の類型

a．**イギリス・北欧型**…全国民に無差別平等の均一給付保障（財源は租税中心）

b．**ヨーロッパ大陸型**…被雇用者に所得に比例した給付（財源は保険料中心）

(2) 日本の社会保障制度

① 社会保障の４つの柱

社会保険	〔❽　　　　　〕	社会福祉	公衆衛生
〔❼　　　　　〕・年金・雇用・労災・介護の５つの保険	生活保護法による生活困窮者への生活扶助	社会的弱者に対して手当・サービスを支給	予防接種や環境整備で国民全体の健康増進をめざす

② 1961 年に国民皆保険，国民皆年金が実現

(3) 少子高齢化への対応

① 少子化への対応→育児休業制度の充実，**ワーク・ライフ・バランス**の実現など

② 高齢者介護→ホームヘルパー，デイサービス，ショートステイなどの利用，地域社会の支援

(4) 社会保障制度の課題

① 日本の年金制度

a．〔❾　　　　　〕制度の導入（1986）…公的年金制度の一元化を図る

b．**賦課方式**…毎年の年金給付を現役世代が負担する保険料で賄う

c．マクロ経済スライド…社会情勢に応じて年金の給付水準を自動的に調整する仕組み

② 老人医療費無料化（1973）→老人保健制度（1982）→後期高齢者医療制度（2008）

③ 社会福祉→**ノーマライゼーション**に基づく**バリアフリー**，**ユニバーサル・デザイン**の取り組み，障害者雇用安定法など

④ 格差社会への対応→子育て，就労支援など全世代型の社会保障が必要

⑤ 福祉社会実現のためのセーフティネットの再構築

解答　❽汚染者負担の原則　❾環境基本法　❿環境アセスメント　⓫環境ホルモン
⓬リデュース　⓭容器包装リサイクル法　⓮グリーン購入法　⓯持続可能な開発　⓰パリ協定
4 ❶依存効果　❷ケネディ　❸知らされる　❹消費者基本法　❺消費生活センター　❻無過失責任
❼クーリング・オフ　❽消費者契約法
5 ❶不当労働行為　❷終身雇用制　❸リストラクチャリング（リストラ）　❹非正規雇用　❺年功序列型賃金
❻サービス残業　❼過労死　❽同一賃金　❾男女雇用機会均等法
6 ❶エリザベス救貧法　❷疾病保険法　❸ベバリッジ報告　❹ビスマルク　❺生存権　❻ニューディール
❼医療　❽公的扶助　❾基礎年金

❶ 次の**ア～ウ**は，高度経済成長後の日本の出来事についてまとめたものである。これらを古いものから順に並べたとき，正しいものを，下の**①～⑥**のうちから一つ選べ。

ア 企業などによる株式や土地への投資により資産バブルが発生し，日経平均株価が過去最高を記録した。

イ アメリカのサブプライムローン問題などをきっかけとする世界金融危機の中で，日本経済は急速に悪化した。

ウ 金融機関が大量の不良債権を抱え，「貸し渋り」や大手金融機関の倒産が起こり，日本経済が低迷したこの時期は，「失われた10年」と呼ばれた。

① ア→イ→ウ ② ア→ウ→イ ③ イ→ア→ウ
④ イ→ウ→ア ⑤ ウ→ア→イ ⑥ ウ→イ→ア   〈2018年試行調査〉

❷ 日本の中小企業についての記述として**誤っているもの**を，次の**①～④**のうちから一つ選べ。

① 下請けの中小企業が親企業から受注する仕事が減少している理由として，国内需要の減少や大企業の生産拠点の海外移転が挙げられる。

② 地場産業の中小企業が厳しい競争に直面している理由として，アジア諸国の技術力の向上や円安による輸出競争力の低下が挙げられる。

③ 新たな技術を開発して未開拓の分野を切り開こうとするベンチャー・ビジネスを手がける中小企業がある。

④ 既存の大企業が見落としていた隙間を埋めるニッチ産業で活動する中小企業がある。　　〈2015年追試〉

❸ 次の**ア～ウ**は，日本の農業政策をめぐる出来事についての記述である。これらの出来事を古いものから順に並べたとき，その順序として正しいものを，下の**①～⑥**のうちから一つ選べ。

ア 国外からの輸入自由化の要求が高まったことをうけて，コメの全面関税化が実施された。

イ 食料自給率の向上と国内農家の保護のために，農家に対する戸別所得補償制度が導入された。

ウ コメの価格や流通に関する規制を緩和した新食糧法（主要食糧の需給及び価格の安定に関する法律）が施行された。

① ア→イ→ウ ② ア→ウ→イ ③ イ→ア→ウ
④ イ→ウ→ア ⑤ ウ→ア→イ ⑥ ウ→イ→ア   〈2018年追試〉

❹ 次の**A～C**は地域に存在するさまざまな資源を活用して地域経済の発展や農村の再生をめざす多様な活動の名称であり，下の**ア～ウ**はその具体例である。次の**A～C**と下の**ア～ウ**との組合せとして最も適当なものを，下の**①～⑥**のうちから一つ選べ。

A グリーン・ツーリズム　　**B** スローフード　　**C** 六次産業化

ア 都市住民が一定期間，農村に滞在し，農作業などに従事して，農村生活を体験する。

イ 農業者が，農産物の生産にとどまらず，その加工さらには販売を行って，農業と製造業とサービス業とを融合した地域ビジネスを展開する。

ウ 地域の伝統的な食文化を見直し，良質な素材を提供する生産者を支えて，食生活を改善し，持続可能な食文化を育てる。

① A－ア　B－イ　C－ウ　　② A－ア　B－ウ　C－イ
③ A－イ　B－ア　C－ウ　　④ A－イ　B－ウ　C－ア
⑤ A－ウ　B－ア　C－イ　　⑥ A－ウ　B－イ　C－ア   〈2016・本試〉

5 公害防止に関連する記述として**誤っているもの**を，次の①〜④のうちから一つ選べ。

① 汚染者負担の原則（PPP）は，汚染者が汚染防止に必要な費用を負担すべきという考え方を含む。

② 環境アセスメントは，汚染源の濃度規制や総量規制によって事後的に公害対策を図るという手法である。

③ 日本では，いわゆる公害国会において，一連の公害対策関係法が成立し，この国会の翌年，環境庁（現在の環境省）が設置された。

④ 日本では，高度経済成長期以降，都市化の進展によって，家庭排水による水質汚濁や自動車の排ガスによる大気汚染など，都市公害が発生した。　　　　　　　　　　　　　　　　〈2012 年追試〉

6 環境問題における国家間の対立と協調に関連した出来事に関する記述として**誤っているもの**を，次の①〜④のうちから一つ選べ。

① 国連人間環境会議（1972 年）で，人間環境宣言が採択された。

② 気候変動枠組み条約の京都議定書では，温室効果ガス削減の数値目標が定められた。

③ 国連持続可能な開発会議（2012 年）で，「グリーン経済」の推進が提唱された。

④ 気候変動枠組み条約のパリ協定では，締約国が温室効果ガス削減目標を設定し，その目標を達成することが義務づけられた。　　　　　　　　　　　　　　　　　　　　　　　　〈2021 年第 1 日程〉

7 消費者問題に関連する記述として正しいものを，次の①〜④のうちから一つ選べ。

① 消費者基本法により，食品の安全性を評価する国の機関として食品安全委員会が設置された。

② 貸金業法が改正され，消費者金融などの貸金業者からの借入れ総額を制限する総量規制が撤廃された。

③ 特定商取引法では，消費者が一定期間内であれば契約を解除できるクーリングオフ制度が定められている。

④ グリーン購入法により，消費者は環境への負荷の少ない製品を優先的に購入することが義務づけられている。　　　　　　　　　　　　　　　　　　　　　　　　　　　　　　　〈2017 年本試〉

8 日本では雇用形態の多様化が進んでいる。さまざまな働き方に対応した規制を行う日本の法律**A〜C**と，それらの内容に関する記述**ア〜ウ**の組合せとして正しいものを，下の①〜⑥のうちから一つ選べ。

A 労働者派遣法
B パートタイム労働法
C 高年齢者雇用安定法

ア 正社員よりも週の所定労働時間が短い労働者の労働条件の改善などを目的とする。

イ 制定当時は対象業務が限定されていたが，その後の改正により対象業務の範囲が拡大されてきている。

ウ 定年の引上げ，定年制の廃止，定年後の継続雇用制度の導入の中からいずれかの措置をとることを事業主に義務づけている。

① A－ア B－イ C－ウ　　② A－ア B－ウ C－イ
③ A－イ B－ア C－ウ　　④ A－イ B－ウ C－ア
⑤ A－ウ B－ア C－イ　　⑥ A－ウ B－イ C－ア　　　　　　　　　〈2018 年本試〉

9 外国人に関する日本の法制度とその実態についての最近の新聞記事に関する，次のカードの記述①〜④のうち**誤っているもの**を一つ選べ。

① 外国人の入国拒否	② 外国人労働者の待遇	③ 外国人の誘客	④ 外国人労働者の資格
日本は，感染症に罹患したおそれのある外国人の入国を国民保護法に基づいて拒否した。	日本では，外国人技能実習生への賃金不払いなどの待遇が問題となった。	日本，カジノ，ホテル，国際会議施設などから構成される統合型リゾート（IR）に関連する法律を整備した。	日本は，特定の技能を持つ労働者を海外から受け入れるための在留資格を設けた。

〈2021 年第 2 日程〉

10 日本の現行の社会保障制度についての記述として**誤っているもの**を，次の ①〜④ のうちから一つ選べ。

① 公的扶助は，自然災害の被災者に対して，最低限度の生活を保障する制度である。

② 社会保険には，労働災害に直面した場合に，医療などのサービスを提供したり所得を保障したりする制度がある。

③ 社会福祉には，援助や保護を必要とする人々に対して，施設を設けたりサービスを提供したりする仕組みがある。

④ 公衆衛生は，病気の予防など，国民の生活環境の改善や健康増進を図るための仕組みである。

〈2015 年追試〉

11 次の記述ア〜ウのうち，2000 年以降に年金制度について行われた改革として正しいものはどれか。当てはまるものをすべて選び，その組合せとして最も適当なものを，後の ①〜⑦ のうちから一つ選べ。

ア 年金財政を長期的に安定させるため，基礎年金の国庫負担割合を 2 分の 1 に引き上げる改革が行われた。

イ 現役世代の保険料負担が過重にならないように，公的年金の保険料を段階的に引き下げる仕組みが導入された。

ウ 人口減少や平均余命の伸びを考慮して給付水準を自動的に調整するマクロ経済スライドが導入された。

① ア ② イ ③ ウ ④ アとイ ⑤ アとウ ⑥ イとウ ⑦ アとイとウ

〈2022・追再試〉

12 セーフティネットの日本における事例についての説明として**誤っているもの**を，次の ①〜④ のうちから一つ選べ。

① 雇用保険に加入した被用者は，失業すると，一定の条件の下で失業給付を求めることができる。

② 破綻（はたん）した銀行の普通預金の預金者は，その預金元本については，いかなる場合でも全額払戻しを受けることができる。

③ 介護保険に加入した者は，介護が必要だと認定されると，訪問介護やショートステイなどのサービスを受けることができる。

④ 経済的に困窮した国民は，一定の条件の下で，生活保護給付を求めることができる。 〈2015 年本試〉

13 文中の空欄 **ア** ・ **イ** に当てはまる語句の組合せとして最も適当なものを，次の ①〜④ のうちから一つ選べ。

個人間格差をめぐっては，19 世紀以降，各国政府は社会保障制度の整備を通じて所得再分配を行い，より公平性の高い社会を実現しようとしてきた。しかし，公平性の追求が，経済効率性を損なうとの意見もある。このような，公平性と効率性の **ア** をいかに解決するかが問われている。関連して，近年では，教育機会の均等化をめぐる議論や，一律一定額を全国民に給付する **イ** が注目されている。

① ア トレード・オフ イ ベーシック・インカム
② ア プライマリー・バランス イ ユニバーサル・デザイン
③ ア トレード・オフ イ ユニバーサル・デザイン
④ ア プライマリー・バランス イ ベーシック・インカム

〈2018・本試〉

第5章 国際政治の動向と課題 ▶▶ 要 点 整 理

1 国際社会における政治と法

(1) 主権国家体制

① 〔**❶** 〕を基本単位とする国際社会…1648年のウェストファリア条約から18世紀にかけて定着

(2) 国際政治の特質と国際法

① パワー・ポリティクス…国際政治は各国の国益の調整の場であり，権力政治となる

② 〔**❷** 〕（オランダ）…理性による自然法に基づく**国際法**の制定を提唱
主著『海洋自由論』（1609），『戦争と平和の法』（1625）→「〔**❸** 〕」
と呼ばれる

③ 国際法には国家間の**条約**（国際成文法）と国家間の慣行に基づく**国際慣習法**がある

(3) 国際法の発達

① 慣習法の成文化，国際法の範囲拡大，戦争の違法化（1928年の不戦条約，1945年の国際連合憲章）など

② 国際裁判制度の整備

a.〔**❹** 〕（ICJ）…国家間の紛争を裁く。裁判の開始には当事国双方の合意が必要

b.〔**❺** 〕（2002, ICC）…ハーグに設置，〔**❻** 〕の非人道的な戦争犯罪，集団殺害などを裁
く常設の裁判所→アメリカは未加盟（日本は2007年に加盟）

(4) **領土問題**

① 日本はロシアとの間に〔**❼** 〕，韓国との間に竹島，中国との間に尖閣諸島（日本が実効支配）

② パレスチナ問題，カシミール問題などの領土問題，南シナ海などの海洋を巡る領有権問題

(5) 非国家主体の登場

① 国際機構や地域統合の進展…国際連合，EU，ASEAN など

② 〔**❽** 〕（**非政府組織**）の活躍

2 国家安全保障と国際連合

(1) 勢力均衡政策の破たん

① **勢力均衡**（バランス・オブ・パワー）…対立する諸国家間で軍備増強，同盟形成を通じて安全を確保しよ
うとする政策→軍拡競争や戦争の拡大など

(2) 国際連盟と集団安全保障

① **国際連盟**の発足（1920）…アメリカ大統領ウィルソンの**14か条の平和原則**（1918）がきっかけ

a.勢力均衡方式ではなく〔**❶** 〕方式を採用

b.1930年代の日独伊による侵略に対し，事前の抑止も事後の制裁もできず崩壊

(3) 国連の集団安全保障体制

① **国際連合**…第二次世界大戦の連合国を中心に1945年，国際連合憲章を採択し発足

② 〔**❷** 〕…平和に対する脅威を認定する権限と強制措置の決定権限をもつ

a.米・英・仏・ロ・中の5**常任理事国**と任期2年の**非常任理事国**10か国で構成

b.決議は全常任理事国を含む9か国以上の同意→常任理事国は**拒否権**をもつ（**大国一致の原則**）

③ 国連の**PKO**（**平和維持活動**）…国連憲章に規定なし。紛争当事国の要請と同意を前提に派遣

(4) 国連の活動と国際協力

① 国連の6つの主要機関…**総会・安全保障理事会**・〔**❸** 〕・信託統治理事会・事務局
・国際司法裁判所

② 全加盟国が一国一票の投票権をもつ総会を中心に，南北問題，環境問題，難民問題などに対処

③ 総会によって設立された機関…国連貿易開発会議（UNCTAD），国連開発計画（UNDP），
〔**❹** 〕（UNEP），国連難民高等弁務官事務所（UNHCR）など

3 冷戦終結後の国際政治

(1) 東西冷戦の構図

① アメリカを中心とした〔**❶** 〕（**NATO**）VS ソ連を中心とした**ワルシャワ条約機構**（**WTO**）

② 政治的自由と市場経済を掲げる自由主義陣営 VS 共産党の一党体制と計画経済を掲げる社会主義陣営

③ 分断国家…ドイツ，中国，朝鮮半島，ベトナム→**朝鮮戦争，ベトナム戦争**

解答 **1** ❶主権国家 ❷グロティウス ❸国際法の父 ❹国際司法裁判所 ❺国際刑事裁判所 ❻個人
❼北方領土 ❽NGO **2** ❶集団安全保障 ❷安全保障理事会 ❸経済社会理事会 ❹国連環境計画
3 ❶北大西洋条約機構

(2) 第三世界の登場

① 〔❷　　　　　〕**会議**…1955 年，アジア・アフリカ諸国が開催し，非同盟主義を掲げる

② 植民地独立付与宣言…1960 年，国連総会で採択。植民地の民族自決権を確認→独立加速

(3) 平和共存と多極化

① 1950 年代，平和共存の模索→**キューバ危機**→**緊張緩和**（**デタント**），中ソ対立など多極化進展

(4) 冷戦の終結と社会主義連邦の解体

① 1979 年ソ連のアフガン侵攻→新冷戦→ソ連〔❸　　　　　〕書記長の改革（**ペレストロイカ**）

　　→ 1989 年マルタ会談で米ソが冷戦終結宣言→ 1990 年ドイツ統一→ 1991 年ソ連解体

② 冷戦終結後の民族紛争…ユーゴスラビア，ソマリア，ルワンダ，スーダンなど

(5) 冷戦後の脅威への対応

① テロ，国際人道法違反，大量破壊兵器の拡散など

② 2001 年，**アメリカ同時多発テロ**→アフガニスタンへの武力攻撃

③ 2003 年，〔❹　　　　　〕…イラクの大量破壊兵器計画への疑惑

(6) 主導力なき世界

① 〔❺　　　　　〕…2011 年，チュニジア，エジプト，リビアなどアラブ地域で起きた反政府運動

　　　　　　　　　→シリアなどで内戦→大量の難民流出

② 中国の南シナ海埋め立て，北朝鮮の核問題，ロシアによるウクライナへの軍事侵攻（2022 ～）など

4 軍拡競争と軍備縮小

(1) 核軍拡競争と核抑止

① 核五大国…アメリカ・ロシア・イギリス・フランス・中国

② 〔❶　　　　　〕…核による反撃の威嚇によって相手国の自制を促す→相互核抑止⇒恐怖の均衡

③ 核の傘…核保有国による核兵器を持たない同盟国の保護→日本はアメリカの核の傘のもとにいる

(2) 軍備管理と核軍縮への歩み / NPT 体制の課題

① 1960 年代，**部分的核実験禁止条約**（**PTBT**），〔❷　　　　　〕（**NPT**）

② 米ソ間の核軍縮…**INF 全廃条約**（1987），戦略兵器削減条約（1991），戦略攻撃兵器削減条約（2002）

③ 〔❸　　　　　〕（**CTBT**）…1996 年に国連総会で採択。未発効。

(3) 軍備なき平和を求めて

① 生物兵器禁止条約（1975 発効），化学兵器禁止条約（1997 発効），**対人地雷全面禁止条約**（1999 発効），

クラスター爆弾禁止条約（2010 発効），**核兵器禁止条約**（2021 発効　日本未署名）

② 〔❹　　　　　〕…**ラッセル・アインシュタイン宣言**に賛同した核兵器に反対する科学者が結集

5 異なる人種・民族との共存

(1) 植民地支配と人種主義

① 人種差別撤廃条約…1965 年，国連総会で採択

② アメリカの黒人差別→公民権運動→ 1964 年，公民権法制定

③ 南アフリカの〔❶　　　　　〕（人種隔離政策）→ 1991 年廃止→ 1994 年，全人種が参加した初の選挙

(2) **ナショナリズム**…国民国家の構成員は一つの民族単位と一致すべきという政治信条

① 共生の取り組み…欧州人権条約（1950），国際人権規約（1966）など　⇒**多文化共生主義**

(3) 国際刑事裁判所の常設化 / 人道的干渉と保護する責任

① **国際刑事裁判所**（**ICC**）…集団殺害罪，人道に対する罪などを犯した個人を裁く常設の国際裁判所

② 「保護する責任」論…残虐行為から住民を保護する責任を果たさない国家に対しては，国際社会がその責

任を補完すべきとする論

6 国際平和と日本

(1) 外交の基調

① 〔❶　　　　　〕（1951）で国際社会への復帰，同時に〔❷　　　　　〕締結…西側陣営の一員に

② **日ソ共同宣言**（1956）…ソ連との国交回復（領土関係は未解決）→国連への加盟が実現

③ **日韓基本条約**（1965）…「韓国が朝鮮にある唯一の合法的な政府」（日韓基本条約第 3 条）

④ 〔❸　　　　　〕（1972）…中国との国交回復（台湾と断交）→日中平和友好条約（1978）

⑤ 日本外交の三原則…西側諸国との協調，国連中心主義，〔❹　　　　　〕としての立場を堅持

解答 ❷バンドン　❸ゴルバチョフ　❹イラク戦争　❺アラブの春　**4**❶核抑止論　❷核拡散防止条約
❸包括的核実験禁止条約　❹パグウォッシュ会議　**5**❶アパルトヘイト　**6**❶サンフランシスコ平和条約
❷日米安全保障条約　❸日中共同声明　❹アジアの一員

問題演習

1 主権国家体制に関連する記述として**誤っているもの**を，次の①〜④のうちから一つ選べ。
① ウェストファリア条約は，ヨーロッパにおいて，主権国家を構成単位とする国際社会の成立を促した。
② 主権国家の領空には，排他的経済水域の上空が含まれる。
③ 国際組織を創設することによる集団安全保障制度は，国際連盟と国際連合で採用された。
④ 国際法には，条約などの成文国際法と，慣習国際法（国際慣習法）とがある。　　　〈2012 年本試〉

2 国際慣習法（慣習国際法）についての記述として**適当でないもの**を，次の①〜④のうちから一つ選べ。
① 国際慣習法とは，諸国の慣行の積み重ねにより形成された法である。
② 国際慣習法において，輸入品に関税を課すことが禁じられている。
③ 国際慣習法は，条約の形に成文化されることがある。
④ 国際慣習法により，公海自由の原則が認められている。　　　〈2015 年本試〉

3 戦争の違法化を推し進めた条約**A〜C**と，その内容についての説明**ア〜ウ**との組合せとして正しいものを，下の①〜⑥うちから一つ選べ。
A 国際連盟規約　　　**B** 不戦条約　　　**C** 国際連合憲章
ア 集団安全保障の考え方を基礎とする初めての国際機構の設立を定めた。
イ 加盟国との間の特別協定に基づいて創設される軍により，軍事的強制措置をとることを認めた。
ウ アメリカのケロッグとフランスのブリアンが提唱したものであり，国家の政策の手段としての戦争を放棄することを定めた。

① A−ア　B−イ　C−ウ　　② A−ア　B−ウ　C−イ
③ A−イ　B−ア　C−ウ　　④ A−イ　B−ウ　C−ア
⑤ A−ウ　B−ア　C−イ　　⑥ A−ウ　B−イ　C−ア　　　〈2008 年本試〉

4 紛争を平和的に解決するための国際裁判所に関する記述として正しいものを，次の①〜④のうちから一つ選べ。
① 日本は，国際司法裁判所（ICJ）で裁判の当事国となったことがない。
② 日本は，国際刑事裁判所（ICC）に加盟していない。
③ 国際司法裁判所は，紛争当事国双方の同意がない限り，国家間の紛争を裁判することはできない。
④ 国際刑事裁判所は，人道に対する犯罪などの処罰をめぐる国家間の紛争を裁判する機関であって，個人を裁くための裁判所ではない。　　　〈2017 年本試〉

5 勢力均衡は安全保障の一つの方法である。これについての記述として最も適当なものを，次の①〜④のうちから一つ選べ。
① 対立する国を含め，相互に侵略しないことを約束し，違反国に対しては共同で制裁を加えて戦争を防ごうとする方法である。
② 国家群の間の力関係を同盟によってほぼ対等にすることで，強力な国や国家群からの攻撃を防ごうとする方法である。
③ 国家の権限をさまざまな国際機関に分散させることで，武力の行使を相互に抑制させる方法である。
④ 国際政治において他を圧倒する唯一の超大国が，核兵器を利用した抑止力によって，戦争を防ぐ方法である。　　　〈2010 年本試〉

6 国際社会の平和と安全を維持するための国連（国際連合）の仕組みに関する記述として正しいものを，次の①〜④のうちから一つ選べ。
① 国連安全保障理事会が侵略国に対する制裁を決定するためには，すべての理事国の賛成が必要である。
② 国連憲章は，国連加盟国が安全保障理事会決議に基づかずに武力を行使することを認めていない。
③ 国連が平和維持活動を実施できるようにするため，国連加盟国は平和維持軍を編成するのに必要な要員を提供する義務を負っている。
④ 国連憲章に規定されている本来の国連軍は，これまでに組織されたことがない。　　　〈2017 年本試〉

7 冷戦期における国際社会の動きについての記述として**誤っているもの**を，次の ①～④ のうちから一つ選べ。

① アジア，アフリカ，中南米の一部の国は，非同盟・中立を掲げて，外交を展開した。

② ソ連を中心とする社会主義諸国は，ワルシャワ条約機構を設立して，NATO（北大西洋条約機構）に対抗した。

③ 国連は，マーシャル・プランに基づき，米ソ間の緊張緩和をめざす努力を続けた。

④ アメリカとソ連は，戦略兵器開発競争に歯止めをかけるために，戦略兵器制限交渉（SALT）を進めた。

〈2009 年本試〉

8 冷戦終結後の出来事**ではないもの**を，次の ①～④ のうちから一つ選べ。

① イラクによる大量破壊兵器の保有を理由に，アメリカとイギリスが軍事介入を行った。

② ソマリアでは，部族間の争いから内戦が続き，多国籍軍が軍事介入を行った。

③ キューバにおけるミサイル基地の建設を理由に，アメリカが海上封鎖を行った。

④ ユーゴスラビアでは，連邦維持派と分離派との間で紛争が激化し，北大西洋条約機構が空爆を行った。

〈2018 年試行調査〉

9 大量虐殺や難民問題が発生した国名**A～C**と，それぞれの国で発生した戦争ないし紛争についての記述**ア～ウ**の組合せとして正しいものを，下の ①～⑥ のうちから一つ選べ。

A　アフガニスタン　　　B　東ティモール　　　C　ルワンダ

ア　1976 年に隣国に軍事併合され，抵抗活動への弾圧が長年続き，多くの犠牲者を出してきたが，住民投票の結果，2002 年に独立を達成した。

イ　1979 年の大国による侵攻から内戦に発展し，難民が流出したが，2001 年の国際的介入によって，人権を抑圧してきた政権が崩壊した。

ウ　1990 年に多数派と少数派との対立が内戦に発展し，1994 年に大量虐殺が起こり，その混乱の中で難民が流出した。

① A－ア B－イ C－ウ　　② A－ア B－ウ C－イ
③ A－イ B－ア C－ウ　　④ A－イ B－ウ C－ア
⑤ A－ウ B－ア C－イ　　⑥ A－ウ B－イ C－ア

〈2005 年追試〉

10 民族，国家，ナショナリズムについての記述として最も適当なものを，次の ①～④ のうちから一つ選べ。

① 最近の民族紛争の中には，国家よりも小さな集団に分かれて抗争し他民族の住民を強制的に排除するなど，排他主義を主張する集団がみられる。

② 今日の主要な国民国家は，国民が単一の民族によって構成されており，内部に少数民族を含まない。

③ ナショナリズムはその復古的主張のゆえに，近代化の進んだ 19 世紀以降は衰退したが，最近になって復活する傾向がみられる。

④ アメリカのような多民族国家では，国民全体に共有される文化的特徴が乏しいため，ナショナリズムは成立しない。

〈2004 年追試〉

11 日本は 1957 年に外交の三原則を掲げた。これについての記述として**適当でないもの**を，次の ①～④ のうちから一つ選べ。

① アジアの一員として，アジアの地位向上に努める。

② 唯一の被爆国として，核抑止体制を主導する。

③ 国際連合を平和維持の中心とし，その使命達成のために努力する。

④ 自由主義諸国と協調し，共産主義諸国に対する団結の一翼を担う。

〈2018 年本試〉

1 国際経済のしくみ

(1) 自由貿易と保護貿易

① **自由貿易**…各国が得意な産業の生産に特化することで，国際分業の利益が得られる

→イギリスの**リカード**による〔**❶**　　　　　〕説

② **保護貿易**…国内産業の保護・育成のために関税などで輸入を制限

→ドイツの〔**❷**　　　　　〕による発展段階説

③ **垂直貿易**と**水平貿易**…近年は先進国と途上国間での製造品の貿易である水平貿易が増加（企業内貿易）

(2) **国際収支**…一国の国際的な経済取引を貨幣額で表示したもの（主に1年）

① 〔**❸**　　　　　〕…財・サービスなどの取引：自国が貨幣を受け取る＝プラス　外国へ支払う＝マイナス

② **金融収支**…金融資産・負債の取引：自国の対外純資産の増加＝プラス　減少＝マイナス

③ 日本の経常収支の推移…リーマン・ショックや東日本大震災の影響で貿易収支の黒字は縮小し，赤字になることも。現在は第一次所得収支が経常収支黒字の中心となっている

(3) **外国為替**と**外国為替市場**

① 自国通貨と外国通貨との交換比率を〔**❹**　　　　　〕，通貨の交換をおこなう場が外国為替市場

② 主要通貨の為替相場は外国為替市場での需要と供給によって決まる⇒〔**❺**　　　　　〕制

③ 円高と円安

a．円高…円の価値が外貨に対して上昇すること（1ドル＝200円→1ドル＝100円）

円安…円の価値が外貨に対して低下すること（1ドル＝100円→1ドル＝200円）

b．円高の要因→輸出増加，日本の金利上昇など／円安の要因→輸入増加，日本の金利低下など

2 国際経済体制の変化

(1) 大不況と第二次世界大戦

① 1930年代の大不況→金本位制廃止・植民地を囲い込む〔**❶**　　　　　〕など→第二次世界大戦の原因に

(2) IMF・GATT体制

① 第二次世界大戦後の自由貿易を基本とした国際経済秩序の構築

a．**IMF（国際通貨基金）**…国際通貨の安定・短期資金の融資

b．**GATT（関税と貿易に関する一般協定）**…自由貿易の枠組みを定め，世界貿易の拡大を図る

② 〔**❷**　　　　　〕（IBRD）…別名：**世界銀行**。戦後復興と開発のための長期資金の融資

(3) IMF体制の動揺

① 戦後の国際通貨体制→金1オンス＝35ドルと定められた，ドルを基軸通貨とした固定為替相場制

② **ニクソン・ショック**…1971年8月，アメリカのニクソン大統領が金とドルの交換停止を発表

③ 〔**❸**　　　　　〕協定…1971年12月，ドルを切り下げ（ドル安）て固定相場制に復帰

④ 1973年，主要各国は**変動為替相場制**へ移行⇒1976年，IMFが承認（キングストン合意）

(4) **南北問題**…南の発展途上国と北の先進国との間の経済格差

① 〔**❹**　　　　　〕…植民地時代に形成された，生産や輸出が特定品目に依存している経済

② UNCTADの**プレビッシュ報告**…「援助よりも貿易を」を掲げ，**一般特恵関税**などの実施を提唱

(5) 資源ナショナリズムと南南問題

① **資源ナショナリズム**…産油国による自国資源の恒久的主権の要求

② 〔**❺**　　　　　〕…1973年，OPEC（石油輸出国機構）が原油価格を大幅に値上げ

→1974年に国連資源特別総会でNIEO（新国際経済秩序）樹立宣言

③ **NIEs（新興工業経済地域）**…1970年代に工業製品の輸出で成長した発展途上国・地域

→東アジアNIEs（韓国，台湾，香港，シンガポール）

④ 累積債務危機→**デフォルト**（債務不履行）→**リスケジューリング**（債務繰り延べ）

⑤ **南南問題**…途上国間の経済格差の問題→経済発展から取り残されている後発発展途上国（LDC）

(6) レーガノミクスと国際政策協調

① レーガノミクス…1980年代，米レーガン大統領の経済政策→財政赤字と貿易赤字の「**双子の赤字**」

② 〔**❻**　　　　　〕…1985年，アメリカの貿易赤字削減のため，G5（先進5か国財務相中央銀行総裁会議）で

ドル高是正の協調介入合意

解答 ❶比較生産費　❷リスト　❸経常収支　❹外国為替相場　❺変動為替相場　**2** ❶ブロック経済
❷国際復興開発銀行　❸スミソニアン　❹モノカルチャー経済　❺第一次石油危機　❻プラザ合意

(7) GATT 体制と WTO 体制
　① GATT のウルグアイラウンド（1986〜94）…農業問題や知的財産権など新たな議題
　② **世界貿易機関（WTO）**…1995 年に GATT は WTO に。貿易紛争処理手続きの強化
　　　　　　　　　2001 年から〔❼　　　　　〕が開始されたが，2008 年以降交渉行き詰まり

3 経済のグローバル化と金融危機

(1) グローバル化する経済…ヒト・モノ・カネ・情報が地球規模で急速に移動する時代に
　① 国際金融市場の成長…従来の通貨，証券などだけでなく**デリバティブ**（金融派生商品）の取引急増
(2) 国際金融市場と通貨危機
　① **ヘッジファンド**…富裕層などから大口の資金を集め，株式などに投資し利益を分配する投資信託
　② 〔❶　　　　　〕…1997 年，タイ通貨バーツの暴落をきっかけに東南アジア諸国，韓国で通貨危機
　　　　　　　　　　ヘッジファンドによる資金の流入と引き上げが引き起こした
(3) サブプライム危機とリーマン・ショック
　① 中低所得者向けの住宅ローン（〔❷　　　　〕）を組み込んだ債券価格の暴落から大手投資銀行リーマン・
　ブラザーズが倒産（2008）→世界的金融危機に→アメリカで金融規制改革法制定
(4) 世界経済の安定をめざして
　① **G20**…リーマン・ショック後に開かれた金融サミット（金融危機への対策を協議する首脳会議）
　② **タックス・ヘイブン**の規制，法定通貨に裏付けられたデジタル通貨の開発，デジタル課税導入のための国
　際的なルール作りなど

4 地域経済統合と新興国

(1) 地域経済統合
　① 背景…WTO による多角的交渉（**ラウンド**）が不調に→個別に FTA・EPA を締結する動き
　　a. **FTA（自由貿易協定）**…関税や非関税障壁の撤廃により貿易の自由化を図る取り決め
　　b. **EPA**（〔❶　　　　〕）…労働力の移動や投資の自由化などを含む幅広い経済協力
　② 主な地域経済統合
　　a. EFTA（欧州自由貿易連合，1960）…EEC に対抗しイギリス主導で結成→イギリスの EC 加盟（1973）
　　b. NAFTA（北米自由貿易協定，1994）…アメリカ・カナダ・メキシコの FTA → 2017 年より再交渉
　　　→〔❷　　　　〕（アメリカ・メキシコ・カナダ協定，2020 年発効）
　　c. AFTA（ASEAN 自由貿易地域，1993）→ ASEAN 経済共同体（AEC，2015）
　　d. MERCOSUR（南米南部共同市場，1995）…域内共通関税に加えて域外共通関税も設定
　③ 日本の地域経済統合への参加
　　a. FTA・EPA…〔❸　　　　〕（2002）を先駆に，EU（2019）など 20 をこえる国・国家連合と締結
　　b. APEC（アジア太平洋経済協力，1989）…アメリカ・中国なども参加
　　c. **TPP**（環太平洋パートナーシップ協定）…2006 年発足，日本も交渉参加（2013）
　　　→大筋合意（2015）→アメリカが離脱を表明（2017）→〔❹　　　　〕として発効（2018）
　　d. RCEP（地域的な包括的経済連携，2020）…ASEAN 加盟 10 か国と中国やオーストラリアなどが参加
(2) EU の歩み

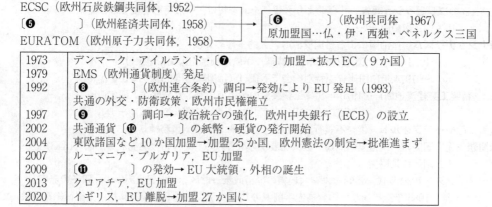

ECSC（欧州石炭鉄鋼共同体，1952）─┐
〔❺　　　　〕（欧州経済共同体，1958）─┼→〔❻　　　　〕（欧州共同体　1967）
EURATOM（欧州原子力共同体，1958）─┘　　原加盟国…仏・伊・西独・ベネルクス三国

1973	デンマーク・アイルランド・〔❼　　　〕加盟→拡大 EC（9 か国）
1979	EMS（欧州通貨制度）発足
1992	〔❽　　　〕（欧州連合条約）調印→発効により EU 発足（1993） 共通の外交・防衛政策・欧州市民権確立
1997	〔❾　　　〕調印→政治統合の強化，欧州中央銀行（ECB）の設立
2002	共通通貨〔❿　　　〕の紙幣・硬貨の発行開始
2004	東欧諸国など 10 か国加盟→加盟 25 か国，欧州憲法の制定→批准進まず
2007	ルーマニア・ブルガリア，EU 加盟
2009	〔⓫　　　〕の発効→ EU 大統領・外相の誕生
2013	クロアチア，EU 加盟
2020	イギリス，EU 離脱→加盟 27 か国に

(3) EU の課題
  ① **ユーロ危機**（2009）…ギリシアの財政赤字が表面化→他の加盟国に波及しユーロの信任が揺らぐ
  ② 移民問題…〔**⓬**　　　　　〕の激化により EU 諸国やトルコに難民が殺到
  ③ イギリスの EU 離脱…国民投票で離脱支持が多数（2016）→正式に離脱（2020）
(4) 中国経済の動向と課題
  ① 〔**⓭**　　　　〕**政策**（1978）…沿海部を中心に経済特区を設置し，外国資本や技術を導入
  　　　　　　　　　　　　　　　　→その後 30 年以上にわたり年約 10% の経済成長率を達成（「世界の工場」
  　　　　　　　　　　　　　　　　「世界の市場」）
  ② **アジアインフラ投資銀行（AIIB）**…2013 年に打ち出された一帯一路構想（海のシルクロード構想）を金
  　　　　　　　　　　　　　　　　融面から支える国際銀行。2015 年に 57 か国で発足。アメリカ，日本
  　　　　　　　　　　　　　　　　は不参加
  ③ 国民の所得格差，都市部の環境汚染，急速な少子化（一人っ子政策の廃止），労働力不足など問題も
  ④ 〔**⓮**　　　　〕…1997 年に香港，1999 年にマカオが中国に返還されたが，香港とマカオは特別行政区とし
  　　　　　　　　　て経済的，法的制度の現状維持が認められた
  　　　　　　　　　　→2020 年，香港国家安全維持法の施行…**一国二制度**は有名無実化しつつある
(5) 新興国の台頭／国際経済の新たな対立
  ① **BRICS（ブリックス）**…2000 年代に急速に経済発展をとげた新興国 5 か国の頭文字をとった呼び名
  　　→ブラジル・ロシア・インド・中国・南アフリカ
  　　※ 2024 年にアラブ首長国連邦，サウジアラビア，イラン，エジプト，エチオピアが加盟
  ② 成長する新興国とアメリカなどの先進国による経常収支の不均衡や新技術の覇権をめぐる争い
  　　→米中貿易戦争…米トランプ大統領の時代に貿易摩擦問題などが激化（その後 2020 年に米中経済・貿易
  　　協定締結，2021 年には米中貿易額が過去最高に）

5 ODA と経済協力

(1) 貧困の克服と国際協力
  ① **OECD**（経済協力開発機構）の下部組織 DAC（開発援助委員会）による支援，先進国の **ODA（政府開発援助）**
  ② **MDGs（ミレニアム開発目標）**…2000 年，国連総会で採択。貧困克服などを目標とする
  　　→ **SDGs（持続可能な開発目標）**…MDGs の後継として採択。2030 年までに達成すべき 17 の目標
  ③ 人間開発指数（HDI）…国連開発計画（UNDP）が 1990 年に発表。平均寿命・成年識字率などから算出
(2) ODA 改革と日本
  ① 日本の **ODA** の問題…贈与比率が低く，円借款が多い，地域的偏り，援助が有効利用されないケースなど
  ② **ODA 大綱**（1992）から〔**❶**　　　　　〕（2015）に
(3) 貧困削減への新たな動き
  ① 〔**❷**　　　　　〕…発展途上国の原料や製品を適正価格で継続購入することで支援
  ② **マイクロクレジット**…バングラデシュのグラミン銀行が始めた無担保の少額融資
  ③ **BOP ビジネス**…途上国の低所得者層に有益な製品・サービスの提供をし，生活向上に貢献

解答 ❼ドーハラウンド（ドーハ開発アジェンダ）**3 ❶**アジア通貨危機 ❷サブプライム・ローン
4 ❶経済連携協定 ❷USMCA ❸シンガポール ❹CPTPP（TPP11）❺EEC ❻EC ❼イギリス
❽マーストリヒト条約 ❾アムステルダム条約 ❿ユーロ ⓫リスボン条約 ⓬シリア内戦 ⓭改革・開放
⓮一国二制度 **5 ❶**開発協力大綱 ❷フェアトレード

1 リストの保護貿易の主張として最も適当なものを，次の ① 〜 ④ のうちから一つ選べ。

① 寡占企業の利益を保護するために，高関税を課し，輸出補助金制度を設立することを主張した。

② 先進国に比べ生産性の劣る幼稚産業を保護するために，保護主義的政策をとることを主張した。

③ 植民地に対し特恵的な関税で輸出入が可能となるように，経済ブロック化政策をとることを主張した。

④ 保護貿易を他国が続ける場合には，報復的な関税政策を推進することを主張した。 〈2004 年追試〉

2 国際収支と外国為替相場についての記述として最も適当なものを，次の ① 〜 ④ のうちから一つ選べ。

① 自国の通貨高を是正するために通貨当局が為替介入を行うことは，外貨準備の増加要因になる。

② 自国の通貨高は，自国の輸出を促進する要因になる。

③ 貿易収支の黒字は，自国の通貨安要因になる。

④ 自国への資本流入が他国への資本流出を上回るほど増加することは，自国の通貨安要因になる。

〈2017 年追試〉

3 円高の進行によって，日本企業の海外への事業展開が拡大した理由として最も適当なものを，次の ① 〜 ④ のうちから一つ選べ。

① 海外へ投資する際にかかるコストが低下した。

② 海外からの輸入が減少した。

③ 海外へ輸出する際にかかるコストが低下した。

④ 海外からの投資が増加した。 〈2007 年本試〉

4 1930 年代以降の国際通貨制度の変遷に関連する記述として**誤っているもの**を，次の ① 〜 ④ のうちから一つ選べ。

① 1930 年代には，世界的な不況の中で金本位制が崩壊すると，各国は輸出の増大によって不況を克服しようとして為替の切下げ競争に走った。

② IMF 協定（1944 年）では，為替相場の安定による自由貿易の拡大を促すために，すべての加盟国に自国通貨と金との交換を義務づけた。

③ 1960 年代には，アメリカの貿易収支の悪化やベトナム戦争による対外軍事支出の増大などによりドルが世界に流出する中，ドルの信認が低下することによってドル危機が発生した。

④ 変動相場制への移行開始（1973 年）の後，主要国は首脳会議や財務相・中央銀行総裁会議において通貨・経済問題を協議することで，為替相場の安定を図ろうとしている。 〈2021 年第 1 日程〉

5 国際通貨体制についての記述として最も適当なものを，次の ① 〜 ④ のうちから一つ選べ。

① ブレトンウッズ体制は，金とドルの交換を前提にし，ドルと各国の通貨を固定相場で結びつけるものである。

② スミソニアン協定により，各国通貨の平価調整が行われ，長期的・安定的な固定相場制が実現された。

③ キングストン合意により，金の公定価格が廃止され，固定相場制だけが各国の為替制度とされた。

④ 変動相場制は，為替市場の時々の通貨需要・供給によって，金と各国通貨価値との平価が決まるものである。 〈2011 年追試〉

6 第二次世界大戦後の発展途上国についての記述として正しいものを，次の ① 〜 ④ のうちから一つ選べ。

① 一次産品に特化したモノカルチャー経済をとっていた多くの発展途上国では，戦後の貿易自由化により，交易条件が改善された。

② 1980 年代には，発展途上国の累積債務問題が表面化し，中南米諸国にはデフォルト（債務不履行）を宣言する国も現れた。

③ 発展途上国は，先進国の支援の下に，相互の経済協力について政策協議を行うために，OECD（経済協力開発機構）を設立した。

④ 発展途上国間で，天然資源をもつ国ともたない国との経済格差が問題となったため，国連資源特別総会は，資源ナショナリズム反対を決議した。 〈2013 年追試〉

7 自由貿易をめぐる交渉や政策についての説明として最も適当なものを，次の①〜④のうちから一つ選べ。

① GATT（関税及び貿易に関する一般協定）の基本原則とは，自由貿易主義・無差別最恵国待遇主義・二国間主義の三原則をいう。

② ケネディ・ラウンドでは，農業やサービス貿易，知的財産権にも交渉対象が拡大された。

③ 東京ラウンドでは，工業製品の関税を一括して引き下げる方式が初めて提案された。

④ WTO（世界貿易機関）は，ウルグアイ・ラウンドでの合意をうけ，GATT を発展させて設立された国際機関である。　　　　　　　　　　　　　　　　　　　　　　　　　　　　　〈2007 年本試〉

8 近年の経済危機に関連して，1990 年代以降に発生した経済危機に関する記述として**誤っているもの**を，次の①〜④のうちから一つ選べ。

① アメリカではリーマン・ショックをうけて，銀行の高リスク投資などを制限する法律が成立した。

② アジア通貨危機が契機となって，国際連合は UNDP（国連開発計画）を設立した。

③ 日本ではバブル経済の崩壊が契機となって，金融機関の監督・検査を行う金融監督庁（後に金融庁に改組）が発足した。

④ 国際金融市場で行われる短期的に利益を追求する投資活動が，経済危機を引き起こす一因となった。　　　　　　　　　　　　　　　　　　　　　　　　　　　　　　　　　〈2012 年追試〉

9 EU（欧州連合）に関わる出来事**ア〜エ**を古いものから順に並べたとき，正しいものを，下の①〜⑧のうちから一つ選べ。

ア イギリスは，国民投票によって，EU からの離脱を決めた。

イ ギリシャは，巨額の財政赤字を隠していたことが発覚したために国債発行が困難となり，経済危機に陥った。

ウ 単一通貨ユーロの紙幣・硬貨の使用が開始された。

エ ユーロ圏の金融政策を担う中央銀行として，欧州中央銀行が設立された。

① ア→イ→ウ→エ　　② ア→エ→イ→ウ　　③ イ→ア→エ→ウ
④ イ→ウ→ア→エ　　⑤ ウ→イ→エ→ア　　⑥ ウ→ア→エ→イ
⑦ エ→ア→イ→ウ　　⑧ エ→ウ→イ→ア　　　　　　　　　　　〈2018 年試行調査〉

10 人間開発指数の説明として**誤っているもの**を，次の①〜④のうちから一つ選べ。

① この指数は，国連開発計画によって発表されている。

② この指数は，人間の基本的ニーズの充足をめざす中で導入された。

③ この指数は，寿命，知識，生活水準をもとに算出されている。

④ この指数は，ミレニアム開発目標の一つとして策定された。　　　　　〈2021 年第 1 日程〉

11 日本の ODA についての記述として最も適当なものを，次の①〜④のうちから一つ選べ。

① 発展途上国に対する資金援助を目的としているため，専門家派遣などの技術協力は含まれない。

② 発展途上国における経済発展の支援を目的としているため，資金の返済を必要とする円借款は含まれない。

③ 援助額の対象地域別割合をみると，中南米地域に対するものが最大となっている。

④ ODA 総額の GNI または GNP（国民総生産）に対する比率は，国連が掲げる目標水準を下回っている。　　　　　　　　　　　　　　　　　　　　　　　　　　　　　　　　〈2009 年本試〉

12 発展途上国について，その経済に関する記述として**誤っているもの**を，次①〜④のうちから一つ選べ。

① プレビッシュ報告では，南北問題を解決するために特恵関税制度の撤廃が主張された。

② フェアトレードとは，発展途上国の人々の生活を改善するために，発展途上国産の原料や製品について公正な価格で継続的に取引することである。

③ ミレニアム開発目標では，極度の貧困や飢餓の撲滅などをめざすことが定められた。

④ マイクロクレジットとは，貧困層の自助努力を支援するために，低所得者に少額の融資を行うことである。　　　　　　　　　　　　　　　　　　　　　　　　　　　　　　　〈2016 年追試〉

1 資料の読解問題

Point 🖋 　先哲の原典資料が提示され，その資料を読み取ったうえで設問に答える形式の問題である。読解力
や思考力を要求される問題であるが，資料によっては基本的な知識が必要となる場合もある。

a．読解力のみで解ける問題

1 　次の**資料**は，ヴェイユの思想についての解説であり，下の会話は，それを読んで高校生FとGが交わした
ものである。**資料**の趣旨を踏まえて， **a** に入る記述として最も適当なものを，下の **①**〜**④** のうちか
ら一つ選べ。

> **資料** 　ヴェイユは，『根を持つこと』の中で，肉体の欲求だけでなく，魂の欲求を満たすことも人間にとっ
> て不可欠であるとして，「魂の糧」となるものを列挙している。その中に，自由と服従がある。自由が魂の糧
> となるのは分かるが，なぜ服従も魂の欲求を満たすのか？
> 　確かに人は，自由のない環境では息苦しさを感じるだろう。しかし，もし自分一人だけが勝手気ままに振
> る舞い，他人に命令を下せる地位にいたらどうだろうか。このような人は，他人から指導されたり，他人と
> 協働したりする機会を奪われ，魂を病んでしまうとヴェイユは考える。
> 　他方，目標を共有する人々の中では，命令を下す人も従う人も，共に同じ目標に向かっている。その目標に，
> 己の良心に基づいて賛同できるのであれば，そのとき初めて服従は魂の糧となる。ここでの服従は，自らの
> 居場所や役割を他者との協働の中で持つということだと言える。

> 　F：「魂の糧」として服従が挙げられているけど，命令に従うことがなんで魂の糧になるのか，まだよく分
> 　　　からないんだ…。
> 　G：それは， **a** だよ。
> 　F：なるほど，この**資料**はそういうことを言っているのか。

① 　目上の人の命令に忠実に従うことで，自分の地位が向上するから
② 　嫌な命令でも，それに従うことで成功すれば，満足を得られるから
③ 　良心にかなう命令に従うことで，同じ目標に向けて共に行動できるから
④ 　権力者の命令に素直に従えば，迫害を逃れることができるから 〈2021 年第 2 日程〉

2 　次の**資料**は，近代における「理想」の捉え方に関して先生が示したものである。**資料**を踏まえて交わされた
CとDの会話を読み，会話中の **a** に入る記述として最も適当なものを，後の **①**〜**④** のうちから一つ選べ。

> **資料** 　理想の理想たる所以ゆえんは，それが常に現実の上にかかる力として，現実を高め浄きよむる力として，現実
> を指導して行くところにある。ゆえに理想が理想たるかぎりはそれは現実と矛盾する。理想は現実を歩一歩
> * に浄化してこれをおのれに近接せしめながら，しかも常に現実と一歩の間隔を保って行く。……理想は何
> 物かを否定する，何物をも否定せざる理想は理想ではない。もとよりここにいう否定とは存在を絶滅するこ
> とにあらずして，存在の意義を，存在の原理を更新することである。 　（阿部次郎『三太郎の日記』より）
> * 歩一歩：一歩ずつ

> 　C：理想って，実現できない彼方かなたのものだと思ってたけど，**資料**に「現実の上にかかる力」とあるように，
> 　　　現実に働きかけてくるものなんだね。
> 　D：でもさ，理想が現実を浄化するって，どういうことだろう？
> 　C：それは，理想が **a** ということだと思うよ。
> 　D：なるほど…。「理想」という言葉の捉え方が豊かになった気がするよ。理想について考えることで，私
> 　　　も現実の自分を見つめ直すことができそう。

① 　今ある現実を無条件に肯定することで，日常の苦しみを解消してくれる
② 　いつでも現実と齟齬そごなく合致して，今ある現実の意義を保証してくれる
③ 　現実のありようを一方的に否定して，現実そのものを消し去ろうとする
④ 　現実と理想の隔たりを浮かび上がらせ，現実を向上させる原動力となる 〈2022 年本試〉

❸ 次の**資料1・2**は，古代ギリシアとローマの思想家が，恥と評判や名誉との関係について述べたものである。その内容として最も適当なものを，下の**①**～**④**のうちから一つ選べ。

> **資料1**　〈ソクラテスがアテナイ人に向けて言った言葉〉
>
> 　金銭ができるだけ多く自分のものになるよう気を遣って恥ずかしくないのか。評判や名誉は気にしても，知恵と真実には気を遣わず，魂ができるだけ優れたものになるよう配慮しないで恥ずかしいと思わないのか。
>
> （『ソクラテスの弁明』より）
>
> **資料2**　〈キケロが友情について語った言葉〉
>
> 　友の命や評判が危機にある状況で，友の必ずしも正しくはない望みに手を貸す必要があれば，道を外れてでも手を貸して然るべきだ。ただし，あまりに恥ずべきことが結果しない限りで。友情のために許される言動にも限度があるのだ。
>
> （『友情について』より）

① ソクラテスは，知恵や真実や魂ではなく，評判や名誉ばかりを気遣うのは恥だとし，キケロは，友の命や評判のためなら，極度に恥ずべきことにならない限り，必ずしも正しくはない望みでも手助けすべきだとしている。

② ソクラテスは，知恵や真実や魂ではなく，評判や名誉ばかりを気遣うのは恥だとし，キケロは，友の命や評判のための手助けは，それが恥につながる限り，どのような場合でも行ってはならないとしている。

③ ソクラテスは，魂が優れたものになるよう配慮することより評判や名誉の追求を重視し，キケロは，友の命や評判のためなら，極度に恥ずべきことにならない限り，必ずしも正しくはない望みでも手助けすべきだとしている。

④ ソクラテスは，魂が優れたものになるよう配慮することより評判や名誉の追求を重視し，キケロは，友の命や評判のための手助けは，それが恥につながる限り，どのような場合でも行ってはならないとしている。

〈2021年第1日程〉

b．知識を基に読解する問題

❶ 先生はAに次の**資料**を示し，後の会話を交わした。アウグスティヌスの思想を踏まえて，会話中の　**a**　・　**b**　に入る記述の組合せとして最も適当なものを，後の**①**～**④**のうちから一つ選べ。

> **資料**
>
> 　友人の意志は，目に見えず，耳で聞こえず，あなたの心の中で内的に感知されるものでもないが，信じられるべきだ。あなたの人生がいかなる友愛もなく荒廃し，あなたに支払われた愛が，あなたから返されないという事態にならないように。……愛そのものは見えないのだから，もし見えないものを信じるべきでないとすれば，誰がお互いの好意によって他者から大切にされるのであろうか。そのとき，友愛は完全に消滅してしまう。なぜならそれは，相互の愛がなければ存続しないからである。
>
> （アウグスティヌス「見えないものへの信仰」より）

　A：この**資料**のアウグスティヌスって，　**a**　思想家でしたね。

先生：そうです。彼はこの作品で神への信仰の正当性を論じたのですが，ここで　**b**　と主張されているように，友人や友愛についての考察を基に議論を展開しているのが，興味深いですね。

①　a　新プラトン主義の影響を強く受けた
　　b　友人の意志は目に見えないため，それは信じるに値しない

②　a　マニ教の教義を，キリスト教に積極的に取り込んだ
　　b　友人から受け取った愛は，返すべきものである

③　a　自らの心の内を見つめることを通して，神と出会う道を見いだした
　　b　友人の意志を信じないとき，友愛は成立し得ない

④　a　教会は神の代理にはなり得ないとして，その権威を斥けた
　　b　友愛は相互的な関係において成立するものである

〈2022年追試〉

2 次の**資料**は，山崎闇斎について調べたＣが見付けたものである。山崎闇斎の思想を踏まえて，この**資料**から読み取れる内容として最も適当なものを，後の ① ～ ④ のうちから一つ選べ。

> **資料**
> 　嘉右衛門殿 * は，「敬」とは内で，身心に関わる徳目であるとし，「義」とは外で，我が身より外のことに関わる徳目であるとおっしゃった。つまり『大学』** の「修身」までを内，「斉家」からを外とおっしゃったのだ。……内は心とだけ言ってしまうと，仏見 *** になってしまうのだと（嘉右衛門殿は）おっしゃったのだった。
> （佐藤直方『韞蔵録』より）
>
> * 嘉右衛門殿：山崎闇斎のこと
> **『大学』：『大学』では修養の方法として，順に，格物・致知・誠意・正心・修身・斉家・治国・平天下が説かれている
> *** 仏見：仏教的な見方のこと

① 儒学と神道とを結合させて，神人合一を説く神道説を唱えた山崎闇斎は，**資料**では，「敬」を心から身にまで及ぶものだと述べている。

② 独自の神道理論からなる復古神道を唱えた山崎闇斎は，**資料**では，『大学』で言う「修身」までが「内」に当たると述べている。

③ 誠を修養の根本に据え，仁愛の実現を説いた山崎闇斎は，**資料**では，「敬」を「心」の問題とのみ捉えるのは仏教の考え方だと述べている。

④ 行いの一つひとつを厳しくつつしむことが「敬」であると説いた山崎闇斎は，**資料**では，「義」を心から身にまで及ぶものだと述べている。
〈2022 年追試〉

3 共同体主義（コミュニタリアニズム）の思想を踏まえた上で，現代の思想家チャールズ・テイラーの次の文章を読み，その内容の説明として最も適当なものを，下の ① ～ ④ のうちから一つ選べ。

> 　言語は，それを共に話す人々の間にのみ存在し，そこでのみ維持される。そしてこのことは，自我というものについての，ある重要な特徴を指し示している。…… 自分が何者なのかは，言葉を発する自分の立ち位置から明らかとなる。例えば，家族関係。社会的な空間，社会的地位や役割の位置関係，愛する人たちとの親密な関係における，自分の立ち位置である。中でも特に重要なのは，自分の道徳や精神のあり方が方向付けられるような空間であり，そこにおいてこそ，自分が何者であるのかを規定する最も重要な諸関係が立ち現れてくるのである。……この意味において，人は自分一人では自我であることはできない。人は，特定の対話者たちとの関係においてのみ，自我たり得るのである。
> （『自我の源泉』より）

① 自分が何者かは，同じ言語を話す人々との対話を通じて明らかになる，とテイラーは考えている。これは，公正としての正義という普遍的原理に基づいて社会のルールを決めるべきだと考える共同体主義に反する。

② 人の精神のあり方は，共同体における個人の立ち位置とは無関係に決定される，とテイラーは考えている。これは，自分が属する共同体の伝統や文化が個人のアイデンティティを作っていくと考える共同体主義に反する。

③ 言語は，それを共に話す人々の間に存在し，そうした人々との関係の中で自我が成り立つ，とテイラーは考えている。これは，個人は社会から独立した自由な存在であるという考えを批判する共同体主義に通じる。

④ 自我は，同じ言語を話す共同体の人々との自由な対話により作られる，とテイラーは考えている。これは，個人の自由を最大限に尊重し，国家の強制的な課税による福祉政策を批判する共同体主義に通じる。
〈2021 年第 2 日程〉

Point ▶ 　会話文とその内容に関連する写真や絵が提示される形式の問題である。会話文を参考に写真や絵が何を意味するものなのかを問う問題であるが，写真や絵から読み取るというよりも，知識を基に解答に導く思考力が要求される。

会話文 I

孫　：ネットで，面白い絵（**資料X・Y**）を見つけたんだけど，知っている？

祖父：ああ，仕事でヨーロッパに行ったとき，同じような印刷物を博物館で見たことがあるよ。19世紀頃に描かれた人生の段階図で，男性版と女性版があるんだよね。

祖母：各段に，10歳，20歳，30歳などと10年ごとの姿が描かれていて，いずれも頂点は50歳のようね。

資料X

「男性の人生の段階図」

資料Y

「女性の人生の段階図」

1　**会話文 I** および**資料X・Y**から読み取れることとして最も適当なものを，次の①〜④のうちから一つ選べ。

① 階段状に人生の昇降が描かれ，男性版も女性版も，各段階で現代においても誰もが経験する普遍的な出来事が描かれていることがわかる。

② 階段状に人生の昇降が描かれ，男性版と比較して女性版には子孫を育てる役割が多く描かれていることがわかる。

③ 50歳以降においては，男性版も女性版も，家族の人数が増えていく様子が描かれ，キリスト教の世界観が描かれていることがわかる。

④ 50歳以降においては，女性版と比較して男性版は，死に至るまで下降するものとして描かれ，介護される様子が多く描かれていることがわかる。　　　　　　　　　　〈2018年試行調査〉

2 下の**ノート**は，次の絵に関する先生の指摘と，高校生Bがこの絵を見て**感じた疑問**，さらにその疑問について B自身が**調べた結果**を書き留めたものである。**ノート**中の　**a**　・　**b**　に入る記述の組合せとして正しいものを，後の①〜④のうちから一つ選べ。

ノート

先生の指摘

・右下の屋敷内に手を合わせた人物がいる。

・右下の人物のもとへ雲に乗った仏や菩薩たちがやって来ており，その中心にひときわ大きな仏が描かれている。

感じた疑問

(i) ひときわ大きな仏は，何者なのか。

(ii) この仏や菩薩たちは，何をしにやって来たのか。

(iii) どうしてこのような絵が描かれたのか。

調べた結果

(i) ひときわ大きな仏は，阿弥陀仏である。

(ii) この仏や菩薩たちは，　**a**　ためにやって来た。

(iii) 平安時代後期から鎌倉時代にかけて，「今は　**b**　時代なのだ」と強く意識された。そのような時代には，阿弥陀仏の力に頼るしかないと考えられたため，このような絵が描かれた。

① a 右下の屋敷内の人物を極楽往生に導く
　 b 仏の教えだけが残っており，正しい修行も悟りもない
② a 右下の屋敷内の人物を極楽往生に導く
　 b 仏の教えとそれに基づく修行のみが存在し，悟りのない
③ a 右下の屋敷内の人物に現世利益をもたらす
　 b 仏の教えだけが残っており，正しい修行も悟りもない
④ a 右下の屋敷内の人物に現世利益をもたらす
　 b 仏の教えとそれに基づく修行のみが存在し，悟りのない

〈2021 年第 1 日程〉

3 次の図1〜3は，仏教者の修行の方法について考えるために，授業で先生が示したものである。C，D，先生の三人が，図1〜3について交わした次の会話中の　a　・　b　に入る記述の組合せとして最も適当なものを，後の①〜⑥のうちから一つ選べ。

図1　明恵が修行をしている絵

図2　ブッダが修行をしている彫刻

図3　現代の禅僧が修行をしている写真

先生：図1は，　a　の明恵の姿を描いたものです。図2や図3と比べて気が付いたことはありますか？
　D：図1〜3は，みな同じ姿勢をとっているように見えます。
先生：はい。いずれも同じ修行の方法をとっています。
　C：ということは，図1〜3を並べて考えてみると，それぞれの時代や地域が違っても，　b　と言って良いですね。
先生：そうですね。日本仏教を理解するに当たっては，より広く仏教としての共通性にも目を向けなければいけないと言えるでしょう。

① a　華厳宗
　 b　心身のあり方を重視する修行がなされ，悟りを目指す実践の原点に，ブッダ以来の修行が据えられた
② a　華厳宗
　 b　修行においてはひたすらに念仏を唱えることが重視され，浄土に往生しようとする実践の原点に，ブッダ以来の修行が据えられた
③ a　臨済宗
　 b　心身のあり方を重視する修行がなされ，悟りを目指す実践の原点に，ブッダ以来の修行が据えられた
④ a　臨済宗
　 b　修行においてはひたすらに念仏を唱えることが重視され，浄土に往生しようとする実践の原点に，ブッダ以来の修行が据えられた
⑤ a　浄土宗
　 b　心身のあり方を重視する修行がなされ，悟りを目指す実践の原点に，ブッダ以来の修行が据えられた
⑥ a　浄土宗
　 b　修行においてはひたすらに念仏を唱えることが重視され，浄土に往生しようとする実践の原点に，ブッダ以来の修行が据えられた

〈2022年本試〉

4 日本人にみられる人間観，世界観，宗教観などの特質に関する次の問いに答えよ。

次の留学生と先生の会話文を読み，問い（**問1～4**）に答えよ。（資料は，一部省略したり，書き改めたりしたところもある。）

留学生：この週末，「日本の宗教美術」という展覧会を見に行ってきました。とても面白かったです。

先　生：それはよかったですね。何か印象に残った作品はありましたか。

留学生：はい。展覧会のチラシのこの図（**図1**）なのですが，これは那智の滝を描いているのですね。滝は自然物でしょう。どうして宗教美術の展覧会に滝の絵が展示されているのでしょうか。とても不思議に思いました。

先　生：それは，　　a　　だと思いますよ。

留学生：ああ，そういうことですか。それからこちらの図（**図2**）ですけれど，ずいぶんいろいろな仏や菩薩の姿が描かれていますね。私の出身地である　　b　　では　　c　　が信仰されていて，仏像というと釈迦牟尼仏がほとんどですから，とても驚きました。

先　生：この図にはいろいろな仏や菩薩が描かれていますが，このような図を　　d　　といって，仏の悟りの完全な世界を表していると言われています。一番外側には，人喰い鬼まで描かれていることもあるのですよ。

留学生：えっ。仏の完全な世界に何で鬼が必要なのですか。

先　生：それは，あらゆるものを排除せずに，仏の真理の一つの現れとして意味づけようとする考え方を表しているのだと言われています。

留学生：同じ仏教と言っても，いろいろですね。現代の日本人の宗教意識ももっと知りたいです。

先　生：それなら，面白い統計資料（**資料X・Y**）がありますよ。

留学生：とても興味深い資料ですね。　　b　　では，9割以上が　　c　　の信者ですからずいぶんと違うなあと思いますが，こちらの資料によると　　e　　ということですよね。

先　生：その通りです。若い人でもお正月に初詣に行ったり，お盆にお墓参りに行ったりするのは，そのいい例でしょうね。

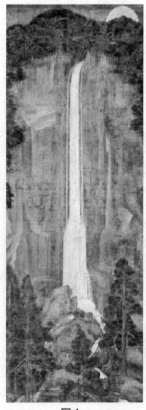

図1

図2

資料Ｘ

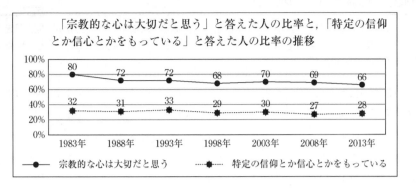

資料Ｙ

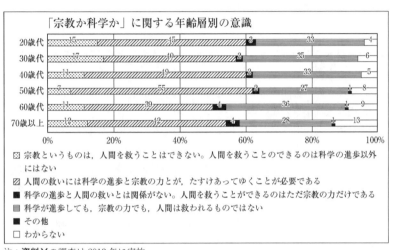

注：**資料Ｙ**の調査は 2013 年に実施。

出典：**資料Ｘ・Ｙ**ともに統計数理研究所「日本人の国民性調査」（2013 年）より作成。

問１ ┃ **a** ┃ に入る説明として適当なものを，次の ①～④ のうちから二つ選べ。

ただし，解答の順序は問わない。

① この滝そのものが御神体だから

② この滝が「祀る神」であると同時に「祀られる神」であるから

③ 清らかな滝の水が，古来，被造物としての神聖さの象徴だったから

④ 日本では古来，自然物が神格化されてきたから

問２ ┃ **b** ┃・┃ **c** ┃ に入る語句の組合せとして最も適当なものを，次の ①～⑥ のうちから一つ選べ。

	b	**c**		**b**	**c**
①	モンゴル	大乗仏教	②	チベット	大乗仏教
③	タイ	大乗仏教	④	モンゴル	上座部仏教
⑤	チベット	上座部仏教	⑥	タイ	上座部仏教

問３ ┃ **d** ┃ に入る語句について，その説明として最も適当なものを，次の ①～④ のうちから一つ選べ。

① この図は，臨終来迎の儀式を執り行うために用いられた。

② この図に描かれた像は皆，中央にいる大日如来の分身である。

③ この図の作成方法は，『山家学生式』の中で詳しく述べられている。

④ この図は，末法思想が広がるにつれ盛んに描かれるようになった。

問４ 会話文の趣旨を踏まえ，┃ **a** ┃ に入る説明として最も適当なものを，次の ①～④ のうちから一つ選べ。

① 人間の救いには宗教の力が必要であると答えた人の割合は，20 歳代が最も多い

② 人間の救いには科学の力が必要であると答えた人の割合は，20 歳代よりも 70 歳以上の方が少ない

③ 特定の信仰とか信心とかをもっている人は３割程度だが，宗教的な心を大切にする人はそれより多い

④ 特定の信仰をもっている人の中には，宗教的な心を大切にしない人もいる　　　　〈2018 年試行調査〉

Point 様々な先哲の考えを身近な事柄と関連付けることで，暗記に終始せず，きちんと理解できているかを問う問題形式となっている。先哲の原典資料が提示されているものもあるが，その考え方や概念を身の回りの具体例に結びつける思考力が求められる。

1 次の文章は，世間の中に置かれた良心のあり方について，ルソーが述べたものである。その内容を身近な事例に置き換えた記述として最も適当なものを，下の ①～④ のうちから一つ選べ。

良心は内気である。……世間の喧騒は良心をおびえさせる。良心は社会的通念の産物であると一般に考えられているが，社会的通念こそ，むしろ，良心の最も残酷な敵なのである。この敵に出会うと，良心は逃げ出すか，押し黙る。良心は，誰にも相手にされなくなって意欲をなくし，何も語らなくなり，応答しなくなる。そうやって良心のことを無視し続けていると，容易に追い払えなかったはずの良心をもう一度呼び戻すことはとても難しくなる。 （『エミール』より）

① 嘘をついた後に良心が感じるやましさは，嘘が必要な場合もあるという社会の通念への反発から，逆にいっそう強くなっていくものである。

② たとえ，年長者には従うのが世間の常識だったとしても，年長者の命令が自分の良心に照らして不正なら，そうした命令に従う人は誰もいない。

③ 困っている友達を見捨てた後で良心が苛まれるのは，良心を生み出した世の中のモラルによれば，友人は大切にするべきものであるためだ。

④ 苦境にあえぐ人たちの存在を知って良心が痛んだとしても，彼らのことを軽視する風潮に流されているうちに，その痛みを感じなくなってしまう。 〈2021 年第 1 日程〉

2 生徒CとDは，本居宣長が説いた真心の働きを，自分たちの身近な事例を通じて説明できないかを話し合った。本居宣長の真心についての考え方に即してなされた発言として最も適当なものを，次の ①～④ のうちから一つ選べ。

① 図書室で借りた本を返さない人がいるんだよ。借りた物を期限までに返すのは，人として当たり前のことなのに。誰もが物事の善悪を考えて，道理に従って正しく行動すれば，世の中のことは万事うまくいくと思うんだ。

② 知り合いに，いつも腹を立てている人がいるんだ。何かにつけて怒りをあらわにするなんて，大人げないよね。心の状態にかかわらず，自分の立場や役割をよく考えて，全ての人に親切に接することが大切だと思うんだ。

③ あえて感情を抑えて，理知的に振る舞うことを心掛けている人もいるみたい。でも，悲しいときには泣けばいいし，嬉しいときには喜べばいいんだよ。そうすることが，人の本来の生き方であると思うんだ。

④ 学級委員の二人，文化祭のことで感情的になっちゃって，かなり険悪な雰囲気だったよね。感情に任せて他人と争うなんて，愚かなことだよ。一時の感情に身を任せずに，丁寧に説明すれば分かり合えるはずなのに。 〈2022 年本試〉

Ⅱ 次の**レポート**は，江戸時代において，どのような場面で「問い」が発せられていたかについて，Cがまとめたものである。

レポート

　江戸時代には特定の文献を基に，仲間同士で問いと応答を交わす「会読」が流行し，伊藤仁斎も行った。問答形式で書かれた『童子問』で，⒜仁斎は「仁」について，「我よく人を愛すれば，人またよく我を愛す」と説いている。

　また，吉田松陰が牢獄で囚人たちと行った，『孟子』の会読も印象深かった。松陰は獄中でも，『孟子』の内容を切実に問うた。どんな境遇でも，誰に対しても，問いは生まれるものなのだと，私は松陰から教えられた。

3 下線部ⓐに関して，Cは同級生に対して，伊藤仁斎が下線部ⓐで説いていることを，身近な人間関係に即して説明した。伊藤仁斎が説く「仁」の説明として最も適当なものを，次の①～④のうちから一つ選べ。

① 人の心を，安易に信じては危ないよね。そんなものより，礼儀により外面を整えることが大事だと思う。私が先輩に挨拶すれば，先輩も私に挨拶を返す。この礼儀が「仁」だよ。

② 本当に大切なことは，日常の間柄にあるはずだよ。あらゆる偽りを排することを心掛け，私が弟に思いやりを持って接すれば，弟も私に思いやりを返す，この思いやりが「仁」だよ。

③ 人間の私利私欲は，厳しくつつしまねばならないよね。欲望から完全に脱することによって可能となるような，私が友人を思いやって友人も私を思いやる，愛に満ちた間柄が「仁」だよ。

④ 人間関係には，厳格さが必要だよね。人間の上下関係の秩序を重んじ，その道理と心を一体にすることによって可能となる。先生に対する正しい振る舞いが「仁」だよ。　　　　　〈2023 年本試〉

4 自分の姿を見せることを，政治思想家アーレントは，人々の間で行われる「活動」の特徴の一つと考えた。彼女によれば，活動は，物と人との間で成立する「労働」「仕事」とは異なり，人と人とが直接関わり合う行為であり，ゆえに政治を始めとする公的な営みもまた活動であるべきなのである。アーレントが活動の特徴を述べた次の文章を読み，活動の具体例として最も適当なものを，下の①～④のうちから一つ選べ。

話したり何かをしたりすることを通じて，私たちは人間世界に自ら参入するのである。……この参入は，労働のように必要に強いられたものではなく，仕事のように有用性に促されたものでもない。それは，私たちがその仲間に加わりたいと願う他者の存在に刺激されたものである。……語り合うことによって，人は自分が誰であるかを示し，自分がユニークな人格をもつ存在であることを積極的に明らかにし，そのようにして人間世界に自分の姿を現すのである。　　　　　（『人間の条件』より）

① 文化祭で劇を上演することになり，Qさんは衣装係を割り当てられたので，演者の個性が引き立つような，ユニークな衣装を作った。

② Rさんは，飢餓に苦しむ人々を支援する運動に同級生が参加していることを知り，自分もアルバイトをして貯めたお金を寄付した。

③ 高校で生徒会選挙があり，仲のよい同級生が生徒会長の候補者となったので，Sさんはその同級生に投票することにした。

④ Tさんは，休み時間に教室で，同級生がその場にいない人を中傷しているのを目にして，憤りを感じたので，彼らに抗議した。　　　　　〈2013 年本試〉

---

4 最初の会話文と後の会話文とを照らし合わせて読解させる問題（趣旨選択問題）

Point 意見の異なる二人の生徒の会話文が最初に提示され，その二人が対話や学習を通して理解を深めていき，最後に意見や考えがどう変わったのか，または変わらなかったのか，を読み取らせる形式の問題である。

1 高校生PとQが交わした次の会話を読み，下の問いに答えよ。なお，会話と問いのPとQは各々全て同じ人物である。

P：昨日の世界史の小テスト，難しかったよね。歴史を覚えるのは苦手だなぁ。

Q：そう？　楽勝だったけどな。それにしても，「歴史を覚える」だなんて言っちゃって，歴史の本質が分かってないね。だからテストもできないんだよ。

P：意地悪な性格だなぁ。過去の事実を正しく記録したのが歴史でしょ？

Q：いや，この前，倫理の先生と歴史について議論したんだけど，歴史って，過去をありのままに書いたものではなく，見方次第で様々に書けるんだって。

P：嘘の歴史を作るの？　マスメディアで話題のフェイクニュースみたいに？

Q：違う違う，過去の「どの」出来事を「どう」書くべきかに正解がないってこと。

P：過去の理解が人によって違うって話？　世界史のテストが楽勝だった誰かさんには，昨日は良い日だっただろうけど，自分には最悪の日だったように。

Q：過去の理解が人によって違うだけじゃないよ。一つの過去でも多様に理解できるんだ。例えば，世界史では落ち込んだけど，昨日はＰが得意な英語のテストもあったよね。英語にも目を向けたら，同じ昨日を違う仕方で語れるよ。

Ｐ：そんなのは個人の次元の話じゃないか。国や社会の歴史も自由に書くの？　それだと正しい歴史がなくなってしまうよ。

Ｑ：正しい歴史なんて一つに決められる？　国の偉い人が決めたら正しいの？

Ｐ：いやいや，立場や境遇が異なる様々な人が議論していくのが大切だよ。

Ｑ：ほら，立場の違いに応じて歴史の書き方が複数あると認めているじゃないか。

Ｐ：でも，史料を厳密に研究するとか，正しさを高めることはできるはずだよ。

Ｑ：史料の意義は否定しないよ。でも，史料の取捨選択や解釈は避けられないよ。

Ｐ：だとしても，何でも恣意的に取捨選択していいの？　例えば，戦争などの⒜犠牲者を歴史から消してはダメだよ。記憶すべき事実はあると思うな。

Ｑ：うーん，それは確かに…。ただ，過去を多様に書くというのは，忘れられつつある人々に新たに光を当てて歴史を書くことにもつながるんじゃないかな。

Ｐ：そうか，過去を多様に書けるからこそ，よりよく書くこともできるわけか。

Ｑ：いやぁ，歴史をどう書くべきかは難しいね。自分ももっと考えないと。

問　下線部⒜に関連して，次の**図**と文章は，ある大学病院に置かれた石碑の写真と，それをめぐるＰとＱの会話である。上の会話も踏まえて，文章中の　**a**　・　**b**　に入る記述の組合せとして正しいものを，下の**①**～**④**のうちから一つ選べ。

Q：この石碑，いろんな動物のイラストがかわいいね！

Ｐ：ちゃんと石碑の文字を読んだ？　これは，薬の開発などで，大学病院で実験の犠牲となった動物のために造られた慰霊碑みたいだよ。

Ｑ：そうか…。動物実験のことなんて意識していなかったよ。この石碑を見て，犠牲者の歴史については　**a**　というＰの立場を思い出したよ。

Ｐ：それだけじゃなく，動物も慰霊の対象にしようという発想を知って，「自然の生存権」の基礎にある，　**b**　という考え方も思い出したよ。

①　a　正しい書き方は決められず，その書き方は全て自由にするべきだ
　　b　現代の人間にとって有用な自然を優先的に保護する

②　a　正しい書き方は決められず，その書き方は全て自由にするべきだ
　　b　人間だけでなく自然そのものにも価値があることを認める

③　a　恣意的な取捨選択に委ねず，忘れることなく書かれるべきだ
　　b　現代の人間にとって有用な自然を優先的に保護する

④　a　恣意的な取捨選択に委ねず，忘れることなく書かれるべきだ
　　b　人間だけでなく自然そのものにも価値があることを認める

〈2021 年第 1 日程〉

2 高校生RとWが交わした次の会話を読み，下の問いに答えよ。なお，会話と問いのRとWは各々全て同じ人物である。

R：次の授業は英語。ネイティブの先生だなんてグローバル化の時代だね。

W：先生は日本語が苦手だけど，もっと日本語を学んでほしいな。

R：日本にいるなら日本語を話せっていうのは，外国から来た人には酷だよ。

W：使い慣れた母語を使えずに外国で暮らすのに葛藤はあるだろうけど，日本で生活するなら日本語を身に付けないと。それが先生のためにもなるよ。

R：それだったら，私たちが英語を習得すればいいでしょ？

W：なぜ私たちの方が英語を学ばなきゃならないのかな。英語が嫌いとか苦手というわけじゃないけど，私は日本で生きていくつもりだし，英語はいらないよ。

R：私は留学して先端医療を研究するのが夢なんだ。世界で活躍するためには共通の言語として英語が必要だし，みんなが英語を習得すれば便利じゃない？ 言語はまずコミュニケーションのための道具として必要でしょ？

W：だけど，言語をただの道具のように扱うのは不満だなぁ。

R：どうして？「人間は言語や記号を使う動物」だって習ったよね。

W：人間は共同体の中で生まれて，その共同体の言語に囲まれて育っていくよね？ 言語は共同体の習慣や価値観と切り離せないものだと思うな。例えば，「いただきます」も，単なる挨拶ではなく，「いのちをいただく」ということで生命への感謝を表す文化的な背景を持つ言葉だって聞いたことがあるよ。

R：なるほど。確かに，「いただきます」を英語に翻訳するのは難しいなぁ。

W：ね，言語は道具以上のものだよ。だから，単に便利だからといって，みんなが英語を学べばいいというのはおかしいんじゃないかな。母語として馴染んできた言語を尊重するべきだよ。

R：そっかぁ。だけどさ，英語の先生が日本に来たみたいに，国境を越えて人が移動する時代なんだから，母語だけを尊重してたら，⒜異なる言語を話す人たちと一緒に暮らすことが難しくなるよ。

W：それもそうだね。私も自分の共同体の言語や価値観だけにこだわり過ぎていたかも。それだと，習慣や価値観が異なる人と一緒に暮らすのが難しくなるね。

問 下線部⒜に関して，次の図と文章は，倫理の先生がある町で見掛けた看板のイラストと，それをめぐって先生とRとWとが交わした会話である。上の会話も踏まえて，文章中の　a　～　d　に入る記述を次ページのア～エから選び，その組合せとして最も適当なものを，①～④のうちから一つ選べ。

図　ある町で見掛けた看板

先生：この看板を見てください。3種類の表記があります。日本語，ブラジル人の母語であるポルトガル語，そして，そのポルトガル語の発音をカタカナにしたものです。

R：ポルトガル語の発音がカタカナで書いてあるのって，不思議ですね。

先生：この町で暮らすブラジル人家庭の子供にも配慮したものですよ。家では親とポルトガル語で話しているけど，その読み書きを十分に学ぶ機会がない子供もいます。その中にはポルトガル語の文章を十分に読めない子供もいますが，その子たちも日本の学校に通ってカタカナを学んでいるので，カタカナの部分を読むと，何が書いてあるのか分かるのです。

W：うーん，なるほど…。私は， | a | と思いました。

R：確かに。私は， | b | と思いました。

W：私は， | c | ということが分かりました。

R：私も勉強になりました。私は， | d | ということが分かりました。

W：この看板のような工夫が，様々な人々の共存につながるんですね。

ア　現代は人が国境を越えて移動する時代だと言ったけれど，母語が異なる人々が一緒に暮らしていくためには工夫が必要だ

イ　外国から来た人も，生活していくためには自分がいま暮らしているその国の言語を学ぶべきだと言ったけれど，そう単純な話ではない

ウ　みんなが英語を学べばよいと思っていたけれど，言語は共同体固有の価値観を反映しているものだから，それぞれの母語を尊重することも大事だ

エ　自分の母語である日本語を大切にすべきだと思っていたけれど，それだけでは異なる言語を話す人々の価値観を理解して共生することは難しい

① 　a－ア　　　b－イ　　　c－ウ　　　d－エ

② 　a－ア　　　b－イ　　　c－エ　　　d－ウ

③ 　a－イ　　　b－ア　　　c－ウ　　　d－エ

④ 　a－イ　　　b－ア　　　c－エ　　　d－ウ

〈2021 年第 2 日程〉

❸　高校生 J と K が倫理の授業の予習をしているときに交わした次の会話を読み，後の問いに答えよ。なお，会話と問いの J と K は各々全て同じ人物である。

J：うーん，次回の授業で扱う未来世代に対する責任ってよく分からないなあ。

K：後の世代のためによいことをしなければいけない，というのは当然じゃない？

J：その人たちに何がよいのかなんて，今の私たちに分かる？　私にはネットがない生活なんて耐えられないけど，この気持ちは昔の人には分からなかったでしょ。未来の人はまた違うことを望むはずで，それは予想できないよね。

K：変わらないこともあるよ。誰だって衣食住や自由が必要だし，子どもは大人に守ってもらわないと。それに安全な環境や社会がなければ不安だよ。

J：でも，私個人の行動が，未来の人の生活に影響することなんてあるのかな。

K：一人ひとりの廃棄で川や海にプラスチックが溜まり，電気やガスの使い過ぎで温暖化も進んだ，と授業で習ったね。個人の行動も未来に影響はするよ。

J：なるほど。だけど，そもそも私たちに未来世代に対する責任があるのかなあ。この責任を負う相手には，遠い将来の人だって含まれるかもしれないわけでしょ。そんな赤の他人になぜ何かをしてあげなければいけないのかな？

K：そういう人を思いやるのは難しいけど，それって何もしないことの言い訳になる？　遠い未来に生まれるとしても私たちと同じ人間なんだから，道徳的に考えると，その人たちの利害も私たちのものと同様に重要なんじゃないの。

J：うーん，まだ存在もしていない人の利害よりも，いま現に生きている人の利害の方が大事な気もする。それに，同世代の人に何かよいことをするならお返しをしてもらえる可能性があるけど，未来世代の人からは何も返してもらえないよ。一方的な自己犠牲をしなきゃいけないの？

K：それは本当に一方的な自己犠牲なのかな。違うと思うよ。私たちが有限な人生を生きることの意味や幸福って，誰かが私たちの遺産を引き継いで幸せに生きていってくれるっていう期待にかかっているんじゃないの。

J：ⓐ後を継ぐ人がいないとしても，自分らしく生きられるのなら，それで十分だと思うけど。まだ納得できないから，明日，授業を受けてからまた話そう。

問 下線部ⓐに関して，次の**資料**は，ある小説に描かれた社会の概要である。後の会話は，JとKが，授業で使われたこの**資料**を読んで，授業後に交わしたものである。前の予習をしているときに交わした会話も踏まえて，後の会話中の a ・ b に入る記述の組合せとして最も適当なものを，後の ① 〜 ④ のうちから一つ選べ。

資料

　人類に子どもが全く生まれなくなり，20年以上が過ぎた。人類の後継者が見込めないこの社会では，悲観主義が蔓延（まんえん）した。多くの人は，自分たちが去った後には全てが失われるのだと理解すると，いかなる喜びも儚（はかな）いものに感じた。思いやりのある公正な社会への関心が薄れて民主制が崩壊し，自然界への関心も消えて科学的進歩はほぼ停止した。人々は，いなくなった快活な子どもたちの面影を空（むな）しく希求した。

（P. D. ジェイムズ『人類の子どもたち』より作成）

K：私たちのサークルが卒業後に廃部になることが決まったけど，Jはすごくショックを受けていたよね。サークルですらそうなんだから，人類が絶えることが分かったら，Jが無関心でいられるとは思わないなあ。

J：ああ，自分が資料で語られた社会の一員だと想像したら，Kが前に言っていたことが分かってきたよ。人類の文明が滅びるってことは，自分たちの伝統も人間関係も，大事にしている知識や考え方や価値観も，全て消え去るってことなんだ。

K：この結果をはっきり自覚したら，確かに生きがいや楽しみは損なわれそうだよね。だとすれば，授業前に私が言ったように， a 。

J： b 。資料の物語はフィクションだけれど，戦争や環境破壊や気候変動がいつか実際に文明を滅ぼしてしまうかもしれないわけだし，未来世代のためにはもちろん，自分たちのためにこそ，今後どうするべきか考えないといけないのかなと思うようになったよ。

①
a 　未来世代の人の利害は現代世代の人の利害よりも重要なので，私たちは嫌でも未来世代のために責任を果たすべきなんだよ

b 　私もKも，赤の他人のことを思いやるのは難しいと考えていたけれど，資料を読むとそんな他人の状況も思い描くことができたよ

②
a 　未来世代の人の利害は現代世代の人の利害よりも重要なので，私たちは嫌でも未来世代のために責任を果たすべきなんだよ

b 　私は，自分たちの後を引き継ぐ人がいなくても，自分らしく生きられるのなら幸せだと考えていたけれど，そうではないかもね

③
a 　私たちの遺産を引き継いで幸せに生きる「子どもたち」やその子孫がいることは，私たちの人生にとってもやっぱり重要なんだよ

b 　私は，未来世代に責任を果たすことは，全くの自己犠牲だと思っていたんだけれど，そうではないってことか

④
a 　私たちの遺産を引き継いで幸せに生きる「子どもたち」やその子孫がいることは，私たちの人生にとってもやっぱり重要なんだよ

b 　私もKも，未来の人々にとって何がよいのかなんて分からないと言っていたけど，将来のためにできることを真剣に探っていかないとね

〈2022年本試〉

Point 🔖 実験結果や意識調査などのアンケート結果の図表から，情報を正確に読み取ることを要求される問題である。実験やアンケートの目的を理解し，結果を客観的に分析できるかが問われている。

1 次の文章は，記憶の定着の度合いに関する**実験の手順と結果**を説明したものであり，下の**表**と**図**は，**結果**を図表化したものである。文章中の　**a**　〜　**d**　に入る記号や語句の組合せとして正しいものを，下の①〜⑥のうちから一つ選べ。

実験の手順と結果

手　順

Ⅰ．大学生に，ある課題文を5分間読ませた。

Ⅱ．その後，大学生を2つの群に分けた。A群の大学生には，同じ課題文を更に3回繰り返し読ませた。B群の大学生には，課題文を読み直させず，思い出して書き出す作業を3回行わせた。

Ⅲ．「思い出す自信（1週間後のテストで課題文をどれだけ思い出せそうか）」について尋ね，7点満点で評価させた。

Ⅳ．手順Ⅲの5分後に，2つの群に対して課題文の記憶テストを実施し，どれくらい覚えていたかを確かめた。

Ⅴ．1週間後に，手順Ⅳと同様のテストを実施した。

結　果

「思い出す自信」の平均値は**表**のようになり，5分後と1週間後の正答率は**図**のようになった。**表**によれば，1週間後のテストで「思い出す自信」について，A群の大学生の方がB群の大学生より　**a**　評価をしていた。また，課題文の記憶テストについては，**図**の　**b**　によれば，5分後では，A群の大学生の方がB群の大学生よりテストの成績は良かったが，**図**の　**c**　によれば，1週間後では，B群の大学生の方がA群の大学生よりテストの成績は良かった。

以上から，1週間後のテストで「思い出す自信」の高い群と，1週間後のテストの結果が良かった群は　**d**　ことが分かった。

表　「思い出す自信」の平均値
（7点満点。数値が高いほど自信があると評価している。）

	A 群	B 群
1週間後のテストで課題文をどれだけ思い出せそうか	4.8	4.0

図　5分後および1週間後の記憶テストの正答率（%）

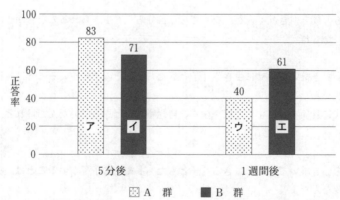

（資料）H. L. Roediger, Ⅲ & J. D. Karpicke, *Psychological Science*, 2006 より作成。

①	a	低　い	b	アとイ	c	アとウ	d	一致する
②	a	低　い	b	アとイ	c	ウとエ	d	一致する
③	a	低　い	b	ウとエ	c	アとイ	d	一致する
④	a	高　い	b	アとイ	c	ウとエ	d	一致しない
⑤	a	高　い	b	ウとエ	c	アとイ	d	一致しない
⑥	a	高　い	b	ウとエ	c	アとウ	d	一致しない

〈2021 年第 1 日程〉

2 日本において，「まだまだ自分たちの生活水準を上げることを考えるべきだ」という意見と，「自分たちの生活水準が多少落ちても，外国を助けるべきだ」という意見の，どちらに自分の気持ちが近いかを，様々な年齢の人に尋ねた調査がある。次の図は，20 歳代から 50 歳代の人たちについての，1993 年と 2013 年の結果である。この図を見て交わされた下の会話を読み，　a　・　b　に入る記述の組合せとして最も適当なものを，①～④のうちから一つ選べ。

図　国際貢献に対する意識

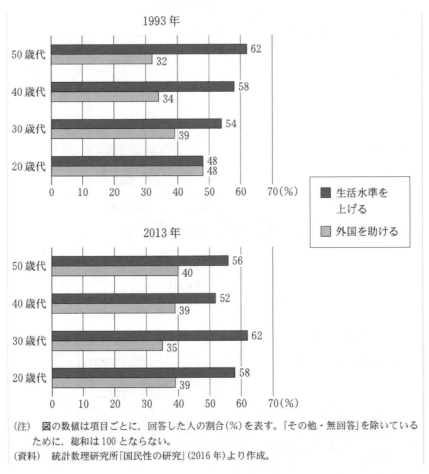

(注)　図の数値は項目ごとに，回答した人の割合(%)を表す。「その他・無回答」を除いているために，総和は 100 とならない。
(資料)　統計数理研究所「国民性の研究」(2016 年)より作成。

R：全体的に，自分たちの生活水準を上げることを優先させる人が多いようだね。

W：1993 年と 2013 年の間には大きな災害が何度もあって，被災地を助けるボランティアに注目が集まったりもしたけど，まだまだみんな自分中心なのかな。

R：でも，その間も，日本は　a　である ODA を通じて途上国への援助をしてきたことなんかも忘れちゃいけないんじゃないかな。

W：もう少しグラフを細かく見てみると，　b　ということも言えるね。

R：どうしてかな。経済状況や労働環境とか，いろんな社会的な要因があるからなのかな。

① a 政府による開発援助

b 20年間で，生活水準を上げるべきだと考える人の割合は，20歳代と30歳代では増えている一で，40歳代と50歳代では減っている

② a 政府による開発援助

b 20年間で，生活水準を上げるべきだと考える人と，外国を助けるべきだと考える人との割合の差は，全ての年代で大きくなっている

③ a 民間による開発援助

b 20年間で，外国を助けるべきべきだと考える人の割合は20歳代と30歳代では減っている一方で，40歳代と50歳代では増えている。

④ a 民間による開発援助

b 20年間で，生活水準を上げるべきだと考える人と，外国を助けるべきだと考える人との割合の差は，全ての年代で大きくなっている 〈2021年第2日程〉

3 次の**図1・図2**は，様々な国で10〜20歳代の男女約1,000名を対象に，自国の将来や社会についての意識調査を行った結果の一部である。**図1**は「自国の将来は明るいと思うか」という項目，**図2**は「社会をより良くするため，私は社会における問題の解決に関与したい」という項目に対する回答の内訳である。次の会話は，**図1・図2**について倫理の授業で交わされたものである。会話中の ┃ a ┃・┃ b ┃ に入る記述の組合せとして最も適当なものを，後の ① 〜 ④ のうちから一つ選べ。

図1　自国の将来は明るいと思うかどうかの回答内訳

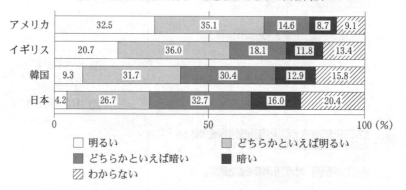

図2　社会における問題の解決に関与したいかどうかの回答内訳

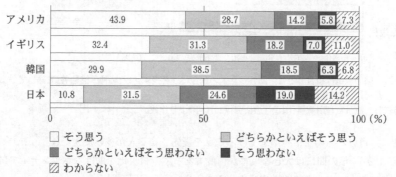

（注）**図1・図2**の数値は四捨五入しているため，合計は100にならない場合がある。
（資料）内閣府『我が国と諸外国の若者の意議に関する調査』（2019）より作成。

200

先生：**図1**・**図2**は各国の若者の将来や社会に対する考え方を示しています。どんなことが分かりましたか？

K：アメリカとイギリスの若者の場合は，**図1**によれば「明るい」「どちらかといえば明るい」と答える楽観的な回答が多数派で，**図2**によれば「そう思う」「どちらかといえばそう思う」と答える肯定的な回答が多数派ですね。そうではない悲観的な回答や否定的な回答は少数派だなあ。

J：日本では，自国の将来が明るいと思うかについても社会問題の解決に関与したいかについても，　**a**　。

K：韓国では，　**b**　。国ごとにいろいろ特徴があるね。国や文化など，自分の周りの社会環境に考え方が左右され，将来の社会に自分がどう向き合うかに違いが生まれることもあるのかな。

①
a　他の国と比べて「わからない」という回答の割合が高いですね
b　自国の将来が「明るい」という回答は10%に満たないし，社会を良くするために自分が問題を解決しようという回答の割合も「そう思う」と「どちらかといえばそう思う」の合算では，イギリスより低いですね

②
a　他の国と比べると悲観的な回答や否定的な回答の割合が高いですね
b　自国の将来が明るいと思う人が少数派という点では日本と似ているけど，社会を良くするために自分が問題を解決しようと思うかについては肯定的な回答が日本と違って多数派ですね

③
a　他の国と比べて「わからない」という回答の割合が高いですね
b　自国の将来が明るいと思うかについては過半数の回答が楽観的という点でアメリカと似ているけど，社会問題の解決に関与したいかについては否定的な回答が少数派でアメリカと対照的ですね

④
a　他の国と比べると楽観的な回答や肯定的な回答の割合が高いですね
b　自国の将来が明るいと思うかについては悲観的な回答の方が多いという点でアメリカと対照的だけど，社会問題の解決に関与したいかについては肯定的な回答が多数派でアメリカと似た傾向ですね

〈2022年本試〉

4　次の**資料**は，ステレオタイプがもたらす影響を調べた研究の一部であり，次ページの会話は，この研究について交わされたものである。**資料**と会話の内容を踏まえて，会話中の　**a**　に入る記述として最も適当なものを，後の ① 〜 ④ のうちから一つ選べ。

資料

アメリカの大学生を対象として，顔や音声は出さずに文字情報のみでオンラインの模擬裁判実験が行われた。模擬裁判は殺人事件を題材とし，6名の陪審員が一組になり判決を下すが，このうち1名のみが本物の実験参加者であり，それ以外の5名は，実際は実験者側がダミーの参加者として用意したコンピュータプログラムであった。実験参加者にはその5名がダミーの参加者であることは知らされていなかった。

証拠資料が渡された後，6名が各自の評決判断を行った。その後，評決が全員一致に向かうように討論するよう指示され，オンライン討論を行った。

【実験のポイント】
1．討論の際，ダミーの参加者5名のうち4名は大学生の評決に同意し，1名は必ず反対する。
2．反対者は男性の場合と女性の場合がある。ただし，討論での発言内容に違いはなく，性別は反対者の名前の表記のみで区別される。
3．討論で反対者が示す発言（文字情報）は，怒りの表現を含む場合と，含まない場合がある。

討論の前と後に，実験参加者は自分が最初に出した評決にどれくらい自信があるかを回答した。最初の評決に対する自信の程度を**図**に示す。

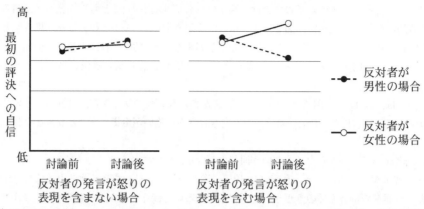

図 実験参加者自身の最初の評決に対する自信の程度（163名分のデータ）

（資料）Salerno, J. M. & Peter-Hagane, L. C., *Law and Human Behavior*, 39（6），2015 より作成。

F：**図**で討論の前と後を比べると，反対者の発言が怒りの表現を含むかどうかで結果が違うね。

G：実験参加者にとって ▢ **a** ▢ ってことだよね。どうしてかな。

F：同じ発言内容でも，異なる影響が出ることがあるということだね。こういうところにもステレオタイプ の影響があるのかもしれないね。

① 怒りを表現して反対しているのが男性である場合には，それが女性の場合と比べて，自分の意見への自 信が高まる傾向がある

② 怒りを表現して反対しているのが男性である場合には，それが女性の場合と比べて，自分の意見への自 信が低下する傾向がある

③ 反対者が怒りを表現しない場合は，反対者の性別にかかわらず，怒りを表現する場合と比べて，自分の 意見への自信を低下させる傾向がある

④ 反対者が怒りを表現する場合は，反対者の性別にかかわらず，怒りを表現しない場合と比べて，自分の 意見への自信を高める傾向がある 〈2022 年追試〉

Point 帰納法と演繹法の理解や基本的な論理的思考から正誤判断ができるかを問う問題である。

1 帰納法の実例として最も適当なものを，次の ① ～ ④ のうちから一つ選べ。
① 太郎がいれば花子は笑う。花子は笑っていない。ゆえに，太郎はいない。
② これまで発見されたどのカラスも黒い。ゆえに，カラスは黒い。
③ 太郎がいれば花子は笑う。花子は笑っている。ゆえに，太郎はいる。
④ すべてのカラスは黒い。この鳥はカラスである。ゆえに，この鳥は黒い。 〈1999 年本試〉

2 知的な思考法を代表するものの一つに演繹法がある。演繹法の例として最も適当なものを，次の ① ～ ④ のうちから一つ選べ。
① 昨日いとこにもらったおみやげの饅頭はすごくまずかった。「名物にうまいものなし」って言うけど，本当だ。
② 嘘つきはスネオでしょ。スネオとノビタのうち一人が嘘つきで，ノビタは嘘をついていないんだから。
③ 猫って「お座り」しない動物だと思うよ。今まで何匹も猫を飼ったけど，どれも「お座り」しなかったもの。
④ 今日の昼に電話をかけたけど，彼はいなかったわ。確か明日は試験だから，きっと図書館に行ったのね。 〈2003 年追試〉

3 あることについて考え，結論を得るにあたり，例えば「Xである。それゆえにYである。」というように，Xという前提からYという結論を導き出す思考の形式を推論という。次の ① ～ ④ のうちから推論として妥当なものを一つ選べ。
① 犯罪発生数の減少している都市がいくつかある。これらの都市に共通するのは防犯カメラの増設という施策だ。それゆえに，防犯カメラが増設されないと犯罪発生数が減らないという結論が得られる。
② 世界の文化，宗教にはそれぞれ独自の食文化がある。例えば，イスラム教では豚肉を食べることが禁じられている。外国から来た友達の一人は豚肉を食べない。それゆえに，その友達はイスラム教徒だという結論が得られる。
③ 地球温暖化が急速に進んでいる。主要な原因として大気中の温室効果ガス濃度の上昇が指摘されており，これは人間の経済活動による。それゆえに，地球温暖化の主要な原因は人間の経済活動だという結論が得られる。
④ 現代社会の様々な課題の一つに少子化がある。少子化が進むと生産年齢人口が減少する。生産年齢人口が減少すると経済成長率が低下する。それゆえに，少子化を止めれば経済成長率は上昇するという結論が得られる。 〈2017 年現代社会試行調査〉

4 論理を展開する方法の一つに演繹法がある。正しい演繹的な推論として最も適当なものを，次の ① ～ ④ のうちから一つ選べ。
① 雨が降れば，自宅の中庭は必ず濡れる。今日起きたら，自宅の中庭が濡れていた。よって，朝方，雨が降っていたのだろう。
② 今日は雨が降っており，自宅の中庭が濡れている。先週も先月も雨が降ったときはそうだった。よって，雨が降れば，自宅の中庭は濡れるのだ。
③ 雨が降れば，自宅の中庭は必ず濡れる。今日は雨が降っている。よって，今日，自宅の中庭は濡れているはずだ。
④ 雨が降れば，自宅の中庭は必ず濡れる。今日は雨が降っていない。よって，今日，自宅の中庭は乾いているはずだ。 〈2020 年追試〉

第1問　次の生徒Xと生徒Yの多様性と共通性に関する会話文を読み，後の問い（**問1〜4**）に答えよ。なお，設問の都合上，XとYの各発言には番号を振っている。

X1：2021年に開催されたオリンピック・パラリンピックは@「多様性」がテーマの一つだったね。「違いを認め合おう」とメッセージを発信していた。人種や民族，文化，性別，宗教，地域，障害の有無等の違いを認め合おうということだね。

Y1：様々な「違い」が強調されるんだけど，それぞれが「同じ」尊厳ある人間だという共通性については，あまり強調しない。

X2：でも，⑥人間はそれぞれの地域に固有の文化や伝統の中に生まれ落ち，その文化や伝統を糧にして育つ。だから人も社会も文化も違っていて多様なんだよね。

Y2：一方で，人間が生まれながらにもつとされる自然権や基本的人権といった権利が，多様な人間の共通性の基盤ともなっている。自然法を起点にして©各種の法を捉えるという思想もある。

X3：その思想に近いものは，ほかにもあるのかな。

Y3：例えば，行為の善さは行為の結果にあるのではなく，多様な人々に共通している人格を尊重しようとする意志の自由にあるという思想が挙げられる。この思想を唱える哲学者は，すべての人には地表を共同で所有する権利があるのだから，どんな人にも外国を「訪問する権利」があると言っている。

問1　多様性と共通性に関する生徒Xと生徒Yの会話文について，次の**ア〜エ**の考えのうち，Y3の発言にある「この思想を唱える哲学者」の考えとして最も適当なものを，後の**①〜④**のうちから一つ選べ。　 **1**

ア　人間は自分で自分のあり方を選択していく自由な存在であると同時に，自分の選択の結果に対して責任を負う存在でもある。個人の選択は社会全体のあり方にも影響を与えるので，社会への参加，すなわち「アンガジュマン」を通して個人は社会に対して責任を負う，という考え

イ　人間はこの世界では不完全で有限だが，この世界に生まれる以前，魂は，完全で永遠な「イデア」の世界にあったので，この世界においても，魂は，イデアへの憧れをもっている。その憧れが哲学の精神であり，統治者がこの精神をもつことによって，理想的ですぐれた国家が実現できる，という考え

ウ　人間は各々個別の共同体で育ち，共同体内で認められることで自己を形成する。それゆえ，個人にとっての善と共同体にとっての善とは切り離すことができず，各共同体内で共有される「共通善（公共善）」とのつながりによって，個人の幸福で充実した生は実現する，という考え

エ　人間は自己を目的として生きており，どんな相手をも手段としてのみ利用してはならない。この道徳法則に従うことを義務として自らを律する人々が形成する社会を普遍的な理念とするべきであり，「永遠平和」を実現するためには，この理念を国際社会にも拡大すべき，という考え

① ア　　**②** イ　　**③** ウ　　**④** エ

問2　下線部@に関して，ある鉄道会社で就業体験活動をした生徒Xは，その資料室で見ることができた1970年代の写真と現在の様子を比べ，多様性の尊重として，**ア〜エ**に示す改善・工夫が行われてきたことに気付いた。それらは，法令の施行や改定とも関連があると思われた。後の法令A〜Cのうち，BとCの目的・趣旨に基づく改善・工夫を**ア〜エ**のうちからそれぞれ選び，その組合せとして最も適当なものを，後の**①〜⑥**のうちから一つ選べ。　**2**

気付いた改善・工夫

> **ア**　昔の写真ではお守りや御札がオフィスや運転席に置かれているが，現在では置かれていない。
>
> **イ**　昔の写真では車掌や運転士は男性で，女性はオフィスで働いているが，現在では多くの業務に女性も男性も従事している。
>
> **ウ**　昔の写真では改札口の間が狭く，ホームをつなぐ高架には階段しかないが，現在では幅が広い改札口もあり，エレベーターなども設置されている。
>
> **エ**　昔の写真では駅や車内の案内は漢字やひらがな，ローマ字つづりでの表示であるが，現在では多言語表示がなされている。

A　消費者基本法　　　B　障害者差別解消法　　　C　男女雇用機会均等法

① B－ア　C－ウ　　② B－ア　C－エ　　③ B－イ　C－エ

④ B－ウ　C－ア　　⑤ B－ウ　C－イ　　⑥ B－エ　C－イ

問3　下線部ⓑに関して，生徒Xと生徒Yの学校では課外活動で地元の自治体に協力し，桃の節句，菖蒲の節句に合わせて SDGs に関するイベントを企画することになった。次の**イベント企画案**は，市役所のエントランスホールなどの施設を利用して，一回につき二つの目標を取り上げるものである。

　　イベント企画案中の　ア　・　イ　に当てはまる目標の組合せとして最も適当なものを，後の①〜④のうちから一つ選べ。　3

目標	月	イベント概要
ア と 5 ジェンダー平等を実現しよう	2 〜 3	性にかかわらず，すべての人が様々な分野を通じて，社会全体の創造性などに寄与できるようにする取組みや，国際労働機関（ILO）と国連女性機関（UN WOMEN）の取組みを紹介する。科学における女性と女児の国際デー（2月11日），国際女性デー（3月8日）の月にあたり，雛人形の工作の準備をし，あらかじめ用意した飾り段の上に，各自で製作した様々な人形を自由に置いてもらう。
イ と 6 安全な水とトイレを世界中に	4 〜 5	妊娠中の人に特に重要な職場や家庭での分煙，また，多機能トイレの設置数の増加を呼びかける。若年層を喫煙の害から守る世界保健機関（WHO）の取組みを紹介する展示を行う。世界保健デー（4月7日），世界禁煙デー（5月31日）の月にあたり，菖蒲の束をその場で作ってもらう。希望者には持ち帰り，湯船に入れてもらうなどする。

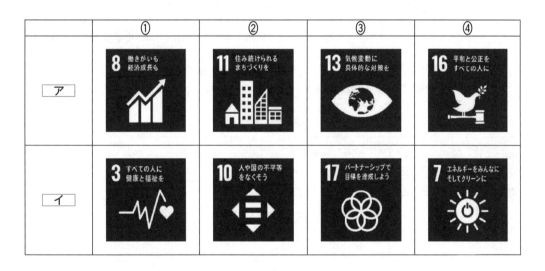

	①	②	③	④
ア	8 働きがいも経済成長も	11 住み続けられるまちづくりを	13 気候変動に具体的な対策を	16 平和と公正をすべての人に
イ	3 すべての人に健康と福祉を	10 人や国の不平等をなくそう	17 パートナーシップで目標を達成しよう	7 エネルギーをみんなにそしてクリーンに

問4　下線部ⓒに関して，生徒Xと生徒Yは日本における民法の変遷について調べてまとめた。このうち，現行の民法の内容に関する記述として正しいものを次の**ア～ウ**からすべて選んだとき，その組合せとして最も適当なものを，後の①～⑧のうちから一つ選べ。　**4**

ア　現行の民法では，成年年齢に達するということには，親権に服さなくなるという意味がある。

イ　現行の民法では，当事者の一方が未成年である場合に，未成年が単独で相手方とした契約は，原則として後になって取り消すことができることが定められている。

ウ　現行の民法では，当事者の一方が公序良俗に反する内容の契約を申し出た場合に，相手方がそれに合意する限りにおいて，その契約は有効となり，後になって取り消すことができないことが定められている。

① アとイとウ　　　② アとイ　　　③ アとウ　　　④ イとウ
⑤ ア　　　　　　　⑥ イ　　　　　　⑦ ウ　　　　　　⑧ 正しいものはない

第2問　「公共」の授業で1年間のまとめとして，生徒Xは同じ関心をもつ生徒たちとグループをつくり，「人口減少が続く中でどのような社会をつくればよいか」という課題を設定し，探究活動を行った。これに関して，後の問い（**問1～4**）に答えよ。

問1　生徒Xたちは，人口減少の要因やその対策を考察するための資料を収集・分析する中で，人口減少の主要因は少子化だと考え，出産・子育て支援策について検討した。次の**生徒Xたちのメモ**中の　**A**　・　**B**　に当てはまるものの組合せとして最も適当なものを，後の①～⑥のうちから一つ選べ。　**5**

生徒Xたちのメモ

> 　出産や子育ては，社会状況の変化などにより，保護者となる世代に個人的な負担が重くのしかかってきた。
> 　日本においては，1972年に児童手当法が施行され，保護者に対し，児童手当が支給されている。児童手当法はその後の改定の過程で，出生順位の規定が撤廃され，支給対象年齢が拡大され，現在は子どもの年齢や出生順位によって金額に重みがつけられている。ただし，児童手当の支給には保護者の所得制限がある。一般的に給与などは，各人の能力や功績に比例して決められる，すなわちアリストテレスが言う　**A**　的正義に基づいていることが少なくない。一方，児童手当の所得制限では，収入が高ければ逆に支給が抑えられている。
> 　児童手当などの日本の出産・子育て支援策としての社会給付は，社会が子育てに責任をもち，子育てを支えるという考え方を反映していると考えられる。アリストテレスは，法を守り，共同体の善を実現する　**B**　的正義を提唱している。
> 　これからの日本では，どのような出産・子育て支援策が考えられるだろうか。

① A－配分　B－調整　　　② A－配分　B－全体
③ A－全体　B－配分　　　④ A－全体　B－調整
⑤ A－調整　B－全体　　　⑥ A－調整　B－配分

問2　生徒Xたちは，日本とヨーロッパのOECD加盟国について，次の**図1・図2**を示しながら「日本は出産・子育て支援策として，保育サービスなどの『現物給付』の充実を図る必要がある。」という提案を行うことにし，事前に他のグループに説明したところ，後の**ア～エ**のような意見が他の生徒からあった。**ア～エ**のうち**図1・図2**を正しく読み取った上での意見の組合せとして最も適当なものを，後の①～⑥のうちから一つ選べ。　**6**

図1「現金給付」対GDP比と合計特殊出生率

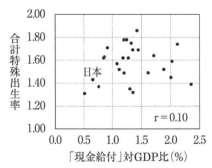

図2「現物給付」対GDP比と合計特殊出生率

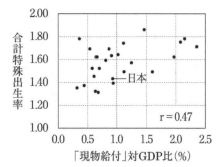

（注）「現金給付」対GDP比及び「現物給付」対GDP比とは，家族関係政府支出「現金給付」及び「現物給付」の支出額のGDPに対する比率を表す。rは相関係数を示す。
（出所）**図1・図2**ともOECD.Stat（"OECD" Webページ）の2017年の統計により作成。

ア　日本よりも合計特殊出生率が低いすべての国は，「現金給付」対GDP比が日本より低いため，「現金給付」より「現物給付」の充実に重点を置く提案に賛同する。

イ　「現金給付」対GDP比と合計特殊出生率には強い相関があるため，「現物給付」より「現金給付」の充実に重点を置くべきである。

ウ　「現物給付」対GDP比が日本より低くても合計特殊出生率が1.60を超える国々があるため，「現物給付」の充実を提案する前に諸外国の状況を調査してはどうか。

エ　「現物給付」対GDP比と合計特殊出生率との因果関係は示されていないため，「現物給付」の充実を提案するためには別の資料も準備した方がよい。

①　アとイ　　　②　アとウ　　　③　アとエ
④　イとウ　　　⑤　イとエ　　　⑥　ウとエ

問3　生徒Xたちは，高齢化の進行と，少子化による人口減少が進むと，社会保障の面で問題が生じるのではないかと考えた。このことを中間発表で説明したところ，「今後の日本には，どのような社会保障のあり方が望ましいと考えますか。諸外国の給付規模などとの比較を踏まえて，教えてください。」という質問が他の生徒からあった。

　　これに対し，生徒Xたちは準備していた次の**図3**を踏まえ，回答した。**図3**は，1980年から2015年における5年ごとの日本，ドイツ，イギリス，アメリカの高齢化率と社会支出の対GDP比が表されており，**生徒Xたちの回答中** **A** ～ **D** は，日本，ドイツ，イギリス，アメリカのいずれかである。

　　生徒Xたちの回答中の **A** ・ **D** に当てはまる国名及び **E** に当てはまる文の組合せとして最も適当なものを，後の①～⑧のうちから一つ選べ。　**7**

図3 高齢化率と社会保障の給付規模の国際比較

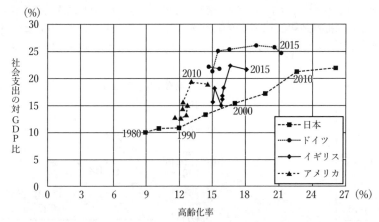

(%)

社会支出の対GDP比

高齢化率

凡例：
- 日本
- ドイツ
- イギリス
- アメリカ

(注) 横軸の高齢化率は，その国の全人口に占める65歳以上人口の割合を示している。縦軸の「社会支出」とは，人々の厚生水準が極端に低下した場合にそれを補うために個人や世帯に対して財政支援や給付をする公的供給のことを表している。

(出所) 厚生労働省「令和2年版厚生労働白書」により作成。

生徒Xたちの回答

　　 A は，1980年から2015年にかけて，図3中の他のいずれの国よりも急速に高齢化が進行したと言える。そのため，社会保障の給付規模は，高齢化率が高くなるに従って，社会支出の対GDP比も大きくなっている。

　　 B は，高齢化率も社会支出の対GDP比も相対的に低い水準にある。こうした傾向は，市場経済を重視する立場から，労働移動や自助努力を促す政策を展開してきたことと関連していると考えられる。

　　 C では，1995年から2010年にかけて社会支出の対GDP比はほぼ横ばいであった。また， C は市場経済を重視していると考えられるが，1980年においてすでに他国と比べて高水準の社会支出対GDP比を実現していた。

　　 C に次いで1980年に高齢化率が高かった D では，1990年から2010年にかけて社会支出の対GDP比が大きく引き上げられた。この現象は，1990年代にそれまでの政策からの転換を遂げたことと関連していると考えられる。

　　このようにして，**図3**に基づいて考えると， E が，今後の日本における社会保障のあり方を構想するための重要な要因になるだろう。

	A	D	E
①	日本	アメリカ	一定期間における高齢化率の伸びに対する社会支出の対GDP比の割合を大きくするか否か
②	日本	アメリカ	市場経済と社会保障の双方を重視する政策を推進し，高齢化率を大幅に抑制し続けるか否か
③	日本	イギリス	一定期間における高齢化率の伸びに対する社会支出の対GDP比の割合を大きくするか否か
④	日本	イギリス	市場経済と社会保障の双方を重視する政策を推進し，高齢化率を大幅に抑制し続けるか否か
⑤	ドイツ	アメリカ	一定期間における高齢化率の伸びに対する社会支出の対GDP比の割合を大きくするか否か
⑥	ドイツ	アメリカ	市場経済と社会保障の双方を重視する政策を推進し，高齢化率を大幅に抑制し続けるか否か
⑦	ドイツ	イギリス	一定期間における高齢化率の伸びに対する社会支出の対GDP比の割合を大きくするか否か
⑧	ドイツ	イギリス	市場経済と社会保障の双方を重視する政策を推進し，高齢化率を大幅に抑制し続けるか否か

問4 生徒Xたちは，最終発表に向け，人口減少及び高齢化が進行する自らの地域において，高齢者がよりよい生活を送るためにはどのような施策が考えられるかということについて話し合った。次の会話文中の　A　～　C　に当てはまる文の組合せとして最も適当なものを，後の①～⑧のうちから一つ選べ。　**8**

X：人口減少，高齢化が進行している私たちの住む地域の中で，どのような施策が考えられるだろうか。

Y：私たちの住む地域は高齢者世帯が多いことから，行政主体での，希望するすべての高齢者世帯への家事援助や配食サービスの実施を提案してはどうだろう。

X：公正を重視した提案だね。新たな社会保障の施策を考える時に大切な考え方だ。では，効率の面からはどうかな。

Z：効率の面からみると，　A　。

Y：そうだね。Zさんの発言に加えると，　B　ということも考えられるから効率的だし，地元にもメリットがあるね。

W：でも，効率が安易に追求されすぎて，利用者の生活の質（QOL）が損なわれることになってはいけない。提供されるサービスの質を確保し，すべての利用者が適切にサービスを受けられるという公正さの確保も大切なことだ。だから　C　とよいのではないかな。

X：施策を考えるには，様々な視点や立場から検討することが大切だね。

　A　に入る文

ア このようなサービスは，新たに行政が始めるよりも，入札を実施して，ノウハウをもつ民間企業に委ね，サービスの提供に関わる費用を行政が負担して提供する方がよいのではないかな

イ このようなサービスは，各自治体が住民の求めるすべてのサービスに対応できるようにするために，ニーズの有無に関わらず大きな組織を複数作って提供する方がよいのではないかな

　B　に入る文

ウ 行政に幾つもの新しい組織が作られることで，その運営に関わる費用が多少増えても，多くの組織が作られることによる新たな雇用の創出が期待できる

エ 企業は業務を請け負い，また利潤を得るために無駄な経費を抑えるだろうし，また，その地域で新たな雇用の創出が期待できる

　C　に入る文

オ 行政には，すべての企業がその規模や過去の実績に関わらず入札に参加できる機会の公正を確保する役割を担ってもらう

カ 行政には，企業から高齢者世帯へのサービスの提供後に，その内容を点検することによって公正さを確保する役割を担ってもらう

① A－ア　B－ウ　C－オ　　② A－ア　B－ウ　C－カ
③ A－ア　B－エ　C－オ　　④ A－ア　B－エ　C－カ
⑤ A－イ　B－ウ　C－オ　　⑥ A－イ　B－ウ　C－カ
⑦ A－イ　B－エ　C－オ　　⑧ A－イ　B－エ　C－カ

第3問 次の**場面1**および後の**場面2・3**の文章を読み，後の問い（**問1～9**）に答えよ。

場面1 生徒A，生徒Bおよび途中で一緒になった生徒Cが，学校からの帰り道で歩きながら次の会話をしている。

A：今日は月がきれいだね。そういえばこの前の皆既月食，見た？

B：いや，曇りで見えなかったよ。でも，月食は不吉だと考えられていた時代もあったようだし，別に見たいとも思わなかったな。

A：月食なんてただの自然現象だから，不吉なんて考えは迷信だよ。天体の動きを予測したり説明したりできるのは科学のおかげだし，やっぱり@近代科学を支えた自然観は真実なんじゃないかな。

C：それって授業で習った，「自然の数学化」のことだね。そういう自然観に基づいて天体にまで望遠鏡を向けるような科学が，発見を重ね，多くの自然現象を予測可能にしたけれど，自然科学では説明できないこともあるよね。たとえば，ⓑ人間はどんな権利をもっているのかといったことについては，社会思想では説明できるけど，自然科学では説明できないんじゃないかな。

A：個人や社会についてのさまざまなデータがそろえば，物質の状態や使用法を科学的に説明するのと同じように，幸福を科学的に定義したり，個人がもっている能力にあったその人の権利を科学的に根拠づけたり，その権利を守るための科学的立法と運用が始まるかもしれないね。

C：そこまで科学が発達すると，ⓒ人と人との対立や争いといった試行錯誤を経て教養や歴史がつくられるという世界観も変わるのかな。

問1 下線部@で述べられている自然観を説明した記述として最も適当なものを，次の①～④のうちから一つ選べ。 | 9 |

① 自然を，神の身体と考え，人間はその仕組みを実験・観察・推理によって解明しようとすること自体を慎むべきであるという自然観。

② 自然を，どんな素材が何の目的のために，どんな形をめざして，どんな作用で変化するのかを解明することで理解できる生命的運動とみなす自然観。

③ 自然の現象は，時計の仕組みと同じように，人間が計測・計量化できる要素相互の因果関係を解明することによって説明できると考える自然観。

④ 自然の現象は，そのメカニズムの目的や意味を伝統的かつ宗教的な知見と照らし合わせることを通じて理解されるべきと考える自然観。

問2 下線部ⓑに関連して，市民革命期の思想に大きな影響を与えた同一思想家の考えを次の**ア～カ**の考えのうちから二つ選ぶ場合，その組合せとして最も適当なものを，後の①～④のうちから一つ選べ。 | 10 |

ア 人の自然状態は，自己保存の欲求を満たそうとするために戦争状態になる。

イ 人の自己保存の欲求は，自然状態でも思いやりによって補正されている。

ウ 人は，自然状態でも，みずからの人格に対する所有権をもっており，人格を用いて労働した成果への所有権をもっている。

エ 国王が国家を支配する権利は，神から授けられたものであり，人は無条件にこれに服従すべきである。

オ 人は，自然権の一部を政府に信託することに自発的に同意するときにのみ，支配される。

カ 人は，自発的な契約や同意によってではなく，必要上習慣的に政府に服従しているにすぎない。

① アとオ　　② イとカ　　③ ウとオ　　④ エとカ

問3 下線部ⓒに関して、生徒Cは、クラスのオンライン掲示板に次の記事を投稿し、クラスのみんなに問いかけた。**記事**中の空欄 ア ～ ウ に当てはまる語句の組合せとして最も適当なものを、後の①～④のうちから一つ選べ。 11

記事

＊＊月＊＊日　投稿者C
　科学はなんでも説明できるようになるのでしょうか。友人は、個々の人間がどんな権利をもつかについても、科学的説明が可能となるというのです。個人がもっている能力を科学的に計測し、その人の能力にあった権利を与えることができるようになれば、対立や争いを減らし、個人と社会全体の幸福量を合理的に増やすことができるようになると彼はいいます。でも、この考え方は、精神が ア を実現する過程や運動として人間の歴史をとらえるヘーゲルのような考え方と異なると思いました。
　「倫理」の授業で学習したのですが、ヘーゲルは、個人の道徳性と社会の法が総合されて ア が実現される共同体を「人倫」と呼びました。それは家族、市民社会、 イ の三つの段階からなるといいます。そして、各自が自分の利益を追求することで対立や争いのたえない市民社会においても、人は自分の内面にいだくものを外に向けて表現する ウ を通じて自己への自覚を深め、自らを形成していくとヘーゲルは考えました。また、 イ は、家族の結びつきと市民社会における個人の独立性を総合するところに成立するとのことでした。対立や争いといった試行錯誤を経て教養や歴史がつくられるという考え方は、科学が発達すると迷信になるのでしょうか？ 科学の発達は、私たちの世界観をどのように変えるのでしょうか？ みんなはどう思いますか？

① ア 平等　イ 企業　ウ 止揚　　② ア 自由　イ 国家　ウ 労働
③ ア 平等　イ 国家　ウ 労働　　④ ア 自由　イ 企業　ウ 止揚

場面2　先の会話の翌日、生徒Bは、気になっていた西洋近代とは異なる自然観や世界観について図書館で調べ、次の**メモ**を作成した。

メモ

＊＊月＊＊日
・近代の自然観が「当たり前」でなかった時代には、どんな自然観や世界観があったのだろう。
・古代ギリシャでは最初、神話的世界観があった。さまざまな自然現象や技能や能力までが神格化されて、個性豊かな神々の世界が創造されていた。
・その一方で、この世界は神々によって動かされ、支配されているという考えに満足できない人たちもいて、そのような人たちは、ⓓこの世界の成り立ちを論理（ロゴス）で捉えようとした。こうした考えの中には、現代の物理学が原子・分子や素粒子などから世界を説明しようとしたり、自然界の秩序を数式化して説明しようとしたりしていることに通じる面がある。
・そう考えてみると、古代ギリシャにはすでに、宗教的世界観と近代科学に通じる学問的世界観の両方が存在していたことがわかる。
・もっと視野を広げてみると、ⓔ他の地域でも、さまざまな種類の世界観があったようだ。
・いろいろな地域の古代思想を調べてみると、人間が死んだらどうなるのかなど、ⓕ死に関するさまざまな考えがあることがわかる。肉体のことはわかっても意識や霊魂といったものは目に見えないから、そういうものも、科学的説明では扱えない問題だったのだろう。だから、古代ギリシャで学問が発達しても、キリスト教は西欧世界に広まったのだろう。

問4　下線部ⓓに関して、古代ギリシャの哲学的世界観を示す記述として、**適当でないもの**を、次の①～④のうちから一つ選べ。 12
① 世界は何でできているのかを考え、万物の元のものを水と説いた。
② 世界は変化し続けていると考えて、火を生成流転の象徴と考えた。
③ 心が善悪などの作為のない状態になれば、万物はみな同じである。
④ 世界の原理は見えない調和であり、「数と数における比例」である。

問5 下線部ⓔに関して，古代インドで発生したと考えられる世界観を示す記述を，次のア〜オのうちから二つ選び，その組合せとして最も適当なものを，後の①〜④のうちから一つ選べ。 13

ア 宇宙の根本の原理と個々の人間の根本にある実体は本質的に同一である。

イ 神から選ばれた民は，神から与えられた律法を厳格に守ることで救われる。

ウ 世界のすべての現象は，陰・陽という二つの気の関係から生じると考えた。

エ 輪廻の世界から解放されるには，苦行と不殺生を守る必要があると考えた。

オ 信者には，並ぶものなき絶対神への信仰を含む六つの信仰対象が存在する。

① アとイ   ② アとエ   ③ イとオ   ④ ウとオ

問6 下線部ⓕに関して，次の**資料**は，生徒Bが，図書館で見つけた本の抜粋を，原意を損なわないように書き直したものである。**資料**の説明として最も適当なものを，後の①〜④のうちから一つ選べ。 14

資料

> ・この身体は泡(あわ)のようなものだと知り，蜃気楼(しんきろう)のようなはかない本性のものであると，さとったならば，悪魔の花の矢を断ち切って死王が見ることのできないところに行くだろう。
>
> ・世の中は泡のようであると見よ。世の中は蜃気楼のようであると見よ。世の中をこのように見る人を，死王は見ることがない。
>
> ・こどもや家畜のことに気を奪われて心がそれに執着している人を，死はさらって行く。まるで眠っている村を押し流す大洪水のように。

① これは，肉体は魂の牢獄であるとして，魂への配慮の大切さを説き，死は魂が肉体から解放されることだとしたプラトンの考えである。

② これは，現実社会における人間関係を重視し，生についてよくわからないのにどうして死のことがわかろうかと言った孔子の考えである。

③ これは，真理をさとり，欲望を離れた人は，苦しみの世界から解放され，死の支配を受けなくなるとしたゴータマ・シッダッタの考えである。

④ これは，信仰に目覚め，キリストがその内に生きている人は，体は罪のゆえに死んでも霊は義のゆえに生きるとしたパウロの考えである。

場面3 数日後，登校中に再び出会った生徒A，生徒B，生徒Cは，歩きながら次の会話をしている。

B：そう言えば，この間，帰り道で会って少し話したよね。ちょっと気になって次の日，図書館でいろいろ調べてみたんだ。

A：そうなんだ。何か面白いことが分かったのかな。

B：うん，いろいろわかったよ。たとえば，西洋だと古代ギリシャではいろいろな学問がある程度発達していたよね。でも，キリスト教が広まったということは，やっぱり何か学問的知識とは別のものが必要とされていたんじゃないかと思うんだ。

A：でも，それは古い時代の話だよね。現代では科学がみんな解決してくれるんじゃないのかな。今はまだそうでなくても，いずれはそうなるんじゃないかなと思うけど。

C：それは科学万能主義というものだね。でも，逆に科学時代になってから出てきた難しい問題もあるんじゃないのかな。ニーチェが言ったように，現代人はⓖニヒリズムに陥ってしまうという問題とか。確か先生が授業で資料を配っていたよね。

A：そうだね，「倫理」の授業で学習したあれだね。でも，ニーチェは，「超人」という解決法を用意していたよ。

B：でも，「超人」って，英語でいえば「スーパーマン」だから，ⓗ人間の限界を超えるってことだよね。そんなことは，誰にでもできるわけじゃないんじゃないかなあ。

A：そう言われればそうだなあ。でもそうすると，昔からのⓘ問題は，科学時代の今でも問題であり続けているということになるのかな。

問7 下線部⑧に関して，次の**資料**は，「倫理」の授業中に，先生が配付したものである。後の**ア〜エ**のうち，**資料**で示されているニヒリズムの発生過程の具体例として当てはまるものはどれか。当てはまるものをすべて選び，その組合せとして最も適当なものを，後の**①〜⑥**のうちから一つ選べ。 15

資料

> ○ニーチェの遺稿から
> 　心理学的状態としてのニヒリズムは，まず第一に，いっさいの出来事のなかに実際には存在しないひとつの「意味」をさがし求め，その結果その探求者がついに気力を失うにいたった場合に生じざるをえないだろう。
> 　（中略）
> 　これらすべてに共通しているのは，なにかあるものは過程そのものによって達成されるはずだという考え方である。——そしていまや生成で目差されているものはなにもなく，達成されるものもなにもないという事態がはっきりする……かくしてニヒリズムの原因としてのいわゆる生成の目的に関し幻滅することになる。この幻滅はひとつのまったく特定の目的に関しても，また一般的に，全「発展」に関わるこれまでのあらゆる目的仮説が挫折したという洞察に関しても同じように起こる。（——人間はもはや生成の協力者ではなく，いわんや生成の中心点などではない）

ア 歴史的出来事は意味をもつが，それは解釈の仕方によって変化するので確定できず，そこに客観的意味を見いだそうと努力するとき，その試みは失敗してニヒリズムが到来する。

イ この世界は神によって創造され，世界の歴史は神の摂理に導かれて目的に向かって進むという信仰が失われたとき，世界の出来事や人生の意味が見失われてニヒリズムが到来する。

ウ 科学的研究によって開発される製品には，その最初の使用目的が平和的なものであっても軍事的目的に転用可能なものがあるため，科学への信頼が失われてニヒリズムが到来する。

エ 実存としての人間には予め定められた本質がないため，自ら生きる目的を主体的に設定するが，目的達成までの道のりは険しいため，努力する気力が失われてニヒリズムが到来する。

① イ
② ウ
③ アとウ
④ イとエ
⑤ アとイとエ
⑥ アとウとエ

問8 下線部⑪に関して，次の**ア〜エ**の中で，20世紀の思想家が唱え始めた主張として正しいものはどれか。当てはまるものをすべて選び，その組合せとして最も適当なものを，後の**①〜④**のうちから一つ選べ。 16

ア 人間は原罪を負っているため，人間の救済は自らの自由意志によってではなく，神の無償の愛である恩寵による。

イ 人間は世界の中に投げ込まれ，死へと向かう存在であるが，その死と向き合うことで，本来の自己に立ち返る。

ウ 人間の悲劇は，偏見や独断によって生じるから，「私は何を知るか」という反省を謙虚に繰り返さねばならない。

エ 人間は死，苦悩，争い，罪責といった限界状況にぶつかって挫折するが，それを通して永遠の超越者に出会う。

① イ　　　**②** アとウ　　　**③** イとエ　　　**④** アとウとエ

問9 下線部①に関して，生徒Aは，この「問題」についてクラスのオンライン掲示板に次の**記事**を投稿し，クラスの生徒に伝えることにした。**記事**中の空欄 **ア** ～ **ウ** に当てはまる語句の組合せとして最も適当なものを，後の①～⑥のうちから一つ選べ。 **17**

記事

＊＊月＊＊日　投稿者 A

　今日は，ここ数日，Bさん，Cさんと議論していることを投稿します。帰り道にたまたま三人が一緒になったのですが，月食が不吉だという話から，自然科学的な見方以外は迷信だと言えるのかという話になりました。人間の権利も自然科学で説明できるかという疑問からCさんはいろいろ考えてこの掲示板に投稿していました。後でBさんが図書館で調べると，似たような問題は西洋でも東洋でも昔からあったことがわかりました。たとえば古代ギリシャではさまざまな学問が発達していましたが，それでも地中海地方にキリスト教が広まったので，人間の **ア** のみによって得られる真理とは別の何かが求められていたとも考えられます。近代以降になると，この問題は **イ** と宗教の関係をめぐる問題になります。

　 イ で解決される事柄がますます増える一方で，ニヒリズムなどの新しい問題も生じました。 **ウ** ものに関する思索は今も続けられていて，私たちもこのことをさらに調べたり考えたりしたいと思いました。

① ア　感性　　イ　政治　　ウ　人間の営為とそれを超える
② ア　知性　　イ　政治　　ウ　学問的知識で説明できない
③ ア　感性　　イ　政治　　ウ　東洋と西洋双方に普遍的な
④ ア　知性　　イ　科学　　ウ　人間の営為とそれを超える
⑤ ア　感性　　イ　科学　　ウ　学問的知識で説明できない
⑥ ア　知性　　イ　科学　　ウ　東洋と西洋双方に普遍的な

第4問 生徒D，生徒E，生徒Fは，先生と「倫理」の授業の総復習を行っている。次の**会話文1**および後の**会話文2・3**を読み，後の問い（**問1〜5**）に答えよ。

会話文1

D：先生，古い時代には，⒜聖人の教えを理想として崇めるような思想が多いし，結局，今の私たちとはほとんど関係ないんじゃないでしょうか？

先生：聖人の教えを崇めるというのはやみくもに信じ込むのではなく，それを人生の理想として主体的に選び取ることなんじゃないかな？ たとえば，⒝法然は「選択」ということを強調しているけれども，これは，衆生を救う方法として阿弥陀仏が「念仏」を選んだというだけじゃなく，衆生である自分自身が阿弥陀を信じて念仏を称える生き方を選ぶということも意味しているんですよ。

問1 下線部⒜に関連して，伊藤仁斎は，『童子問』で『論語』を「最上至極宇宙第一の書」と呼び，孔子を「人類史上空前の聖人で，堯舜よりはるかにまさっている」と述べている。仁斎の孔子観として最も適当なものを，次の①〜④のうちから一つ選べ。　**18**

① 孔子は，一般の人には知り難い究極の真理を発見した。

② 孔子は，一般の人が聖人になるための修行法を発明した。

③ 孔子は，聖人と一般の人を区別する社会秩序を作った。

④ 孔子は，聖人の行いから一般の人が行い易い道を構築した。

問2 下線部⒝に関して，生徒Fは，『法然上人絵伝』の中にある次の絵を資料として用いた「倫理」の授業の要点をノートに書き留めた。後の**ノート**中の空欄 **ア** 〜 **ウ** に当てはまる語句の組合せとして正しいものを，後の①〜⑧のうちから一つ選べ。　**19**

ノート

　　絵の右側の人物が法然で，左側の人物が唐の僧侶 **ア** である。雲は極楽浄土を象徴する紫雲で，極楽浄土に住むとされるクジャクやオウムの姿も見える。 **ア** の教えを尊崇していた法然が夢で **ア** と対面したという言い伝えを描いたものである。

　　法然は，称名念仏こそすべての衆生を救おうという阿弥陀仏の **イ** に適った行であると説いたが，こうした教えは **ア** の思想に基づくものである。 **ウ** の『往生要集』が，法然が **ア** の教えと出会う一つの機縁となっている。

① **ア** 竜樹　**イ** 正機　**ウ** 源信　　② **ア** 善導　**イ** 正機　**ウ** 源信
③ **ア** 竜樹　**イ** 正機　**ウ** 空也　　④ **ア** 善導　**イ** 正機　**ウ** 空也
⑤ **ア** 竜樹　**イ** 本願　**ウ** 源信　　⑥ **ア** 善導　**イ** 本願　**ウ** 源信
⑦ **ア** 竜樹　**イ** 本願　**ウ** 空也　　⑧ **ア** 善導　**イ** 本願　**ウ** 空也

会話文2

　　E：でも，封建的な社会では，生きるも死ぬも主君の命令が絶対で，自分で自分の人生を選ぶことはできなかったんじゃないでしょうか？

　　F：僕のノートには「武士道というは死ぬことと見つけたり」って書いてあります。

先生：その言葉で有名な ⓒ 『葉隠』の山本常朝の主君鍋島光茂は当時としては開明的な殿様で，幕府に先んじて自分の藩で家臣の殉死を禁止したんだ。だから，常朝が主君の命令として死ぬことを強制されて，そう言っていたわけじゃないんですよ。

　　E：なるほど，古い時代には現代のような自由は認められていなかったけれど，むしろ困難な状況だからこそ自分の生き方を自分に向けて問い，考えたんですね。逆に現代も，すべてが自由なわけじゃないですよね。

　　D：確かに現代も一見自由に見えるけど，女性差別も根強くて，女子が自分の人生を主体的に生きるのは大変なのかも。私ももっとよく考えたい！ このあいだの ⓓ 国学についての資料に女性の話が出てたっけ。

問3　下線部ⓒに関して，常朝が主君に対して行うべきと考えたこととして**適当でないもの**を，次の ① 〜 ④ のうちから一つ選べ。 　20

① 　主君をひたすら恋して支えるが，死ぬまでその気持は打ち明けない。

② 　主君が受け入れそうもない提言・苦言を，主君のために命懸けで行う。

③ 　泰平の世では，主君念願の事業を達成するための奉公に死力を尽くす。

④ 　職分を知り，無駄死にしない覚悟を決め，主君の敵と戦場で斬り合う。

問4　下線部ⓓに関連して，ある国学者が儒学を批判しながら，思想の担い手を拡張しようとした次の**資料**を読み，その著者名を後の**ア〜ウ**のうちから，文章中の空欄に共通して当てはまる用語を後のa〜dのうちから，それぞれ正しいものを一つずつ選び，その組合せとして最も適当なものを，後の ① 〜 ⑧ のうちから一つ選べ。 　21

資料

> 　すべて人の心というものは，真の情は，いかなる人でも愚かに未練がましいものだ。それを隠せばこそ賢こげには見えるけれども，真の心の内を探って見れば，誰も彼も子ども・女のようにはかないものだ。外国の書は，それを隠して，表向き・うわべの賢こげなるところを書き表し，この国の物語は，その心の内の真をありのままに言うがゆえに，はかなくつたなく見えるのだ。…… 物語がよいとするのは，　　　　を知る人だ。悪いとするのは，　　　　を知らぬ人だ。

著者名

ア　荷田春満　　　**イ**　賀茂真淵　　　**ウ**　本居宣長

空欄　　　　に当てはまる用語

a　ますらをぶり　　　b　物の心　　　c　真心　　　d　もののあはれ

① **ア**−a　　② **ア**−d　　③ **イ**−a　　④ **イ**−b

⑤ **イ**−c　　⑥ **ウ**−b　　⑦ **ウ**−c　　⑧ **ウ**−d

会話文3

E：能や茶道などの伝統的な芸能では，個人の自由よりも決められた「型」に従うことを強調していたように思いますが，どうなんでしょうか？

F：僕のノートに，倫理とは「一定の行為的連関の仕方」であり，人間存在における「きまり」，「かた」を意味するという⑥和辻哲郎の考えが書いてあります。

先生：日本の芸道では，まず先に型を正しく身につけることで，むしろ自由になれるという考え方が多くみられます。和辻の倫理学も，人間が制約を受ける存在でありながら，同時に行為の主体であることを強調していますね。みなさんも，まずは過去の思想の型をよく学ぶことで，人生に対する自分なりの考え方を培っていけるんじゃないでしょうか。

D：ためになりました。私，主体的になります！

F：それもノートに書いておこう、全部。

E：「型に自由あり」か。

問5 下線部ⓔに関連して，和辻哲郎は，倫理のあり方が時代によって変遷することについて，次の**資料**にあるように論じている。和辻の論じる倫理の変遷についての説明として最も適当なものを，後の ① ～ ④ の中から一つ選べ。 22

資料

> およそ人間の存在するところ，従って人間関係の成り立っているところには，その理法としての倫理が働いており，また何らかの程度に客観的な形にまでその倫理が実現せられている。ところでその倫理は，実践的行為的連関としての動的な人間関係の理法なのであるから，絶えず新しく歴史的に実現されなくてはならない。とともに，それは……一定の風土に根をおろした特定の社会として実現されなくてはならない。
>
> 最初には倫理の実現として積極的創造的な意義を担っていた一定の人間関係が，全然反対のものに転化し，倫理に背反するような働きを示してくる。……倫理は当為の法則であるがゆえに，拘束力を持ちながらしかも遵守されないこともあり得るのである。そこで固定したものを打破し，背反するものを克服して，人間存在の動的展開をその健全な姿に返そうとする運動が，倫理の根源から押し出されてくる。
>
> そうしてちょうど目前の境位において最も痛切に感ぜられる当為の要求に従って，新しい人間関係，新しい社会組織が作り出される。これが変革を通じて倫理の実現されて行く仕方である。

① 倫理の実現として人間関係の全体性を構築していた個人性が停滞した場合，新たに人間関係が組み替えられる。これは，倫理に反する個人性の恣意を全体性の権威により打破する人間存在の動的運動である。

② 倫理の実現として人間関係の全体性を構築していた個人性が停滞した場合，新たに人間関係が組み替えられる。これは，風土的制約からの解放を実現する人間存在の普遍的運動である。

③ 倫理の実現として個人性を規定していた人間関係の全体性が硬直化した場合，新たに人間関係が組み替えられる。これは，社会組織の変革を実現する歴史法則の普遍的運動である。

④ 倫理の実現として個人性を規定していた人間関係の全体性が硬直化した場合，新たに人間関係が組み替えられる。これは，既存の全体性に埋没しない個人性の意義を活かした人間存在の動的運動である。

第5問　次の**場面1**および後の**場面2**の文章を読み，後の問い（**問1～5**）に答えよ。

場面1　「倫理」の授業の課題で，「動物の幸せ」について調べて発表することになった，生徒G，生徒H，生徒Iは，先生がヒントとして示した「アニマルウェルフェア」というキーワードをたよりに，それぞれ調べたことを持ち寄り，次の会話を，後の**資料1**を見ながらしている。

G：インターネットで「アニマルウェルフェア」って言葉で検索をかけたら，農林水産省のWebページがみつかるよね。

H：国際獣疫事務局（OIC）の定義では「動物の生活とその死に関わる環境と関連する動物の身体的・心的状態」がアニマルウェルフェアなんだって。

G：正直，言葉が難しくてよくわからない。

I：農林水産省の平成29年の通知に，アニマルウェルフェアの内容が⒜「5つの自由」として整理してあって，それだとわかりやすいかな。

G：確かに。資料1を見ると，「動物」といっても主に畜産動物を飼育するときにどういうことに配慮しないといけないかについてのことだね。

H：これまで日本ではほとんど規制がなかったんだけど，欧州連合などを中心に，家畜にもちゃんと配慮した上で畜産業をやるべきだという流れが強まってきて，日本でも通知が出されるようになったみたいだね。

I：授業で，畜産業も⒝地球温暖化に影響しているって話もあったよね。

H：畜産業の人たちもいろいろ気をつけることが増えて大変だね。

G：そうだね，アニマルウェルフェアとか「5つの自由」とかに配慮したら，畜産動物も幸せなのかということを考えて発表すればいいのかな。

I：畜産動物だけじゃなくて，実験動物についても倫理的配慮が必要らしいから，きちんと配慮しさえすれば動物は幸せなのかってことだよね。

H：実験動物といえば，先生が心理学実験の話をしたときに，⒞人に対して実験するときの倫理についても説明していたけど，動物の心についても人間の心と同じように調べられるのかな？

G：動物の心とか幸せを調べた実験があるか，もう少し調べてから集まろうか。

資料1　家畜の飼養管理において配慮すべき「5つの自由」

---

(1)　飢え，渇き及び栄養不良からの自由
　　家畜の発育段階等にあわせ，各畜種ごとの栄養要求を考慮し，家畜が量と質のバランスが適切な栄養と生理的要求を満たす十分な飲用水を得ることができるよう努める。（中略）
(2)　恐怖及び苦悩からの自由
　　家畜を過度又は突然の騒音が発生する環境下に置いたり，突発的に又は手荒に扱うといった不適切な取扱いは，家畜に恐怖や苦悩を引き起こすことがある。このため，畜舎などの家畜の飼養管理施設については，騒音が最小限となるよう維持・管理する。（中略）
(3)　物理的，熱の不快さからの自由
　　家畜にとって快適な温度域は，品種や発育段階等により異なる。このため，飼養又は輸送する家畜にあわせた暑熱対策や寒冷対策を行い，適温の維持に努める。（中略）
(4)　苦痛，傷害及び疾病からの自由
　　痛みを伴うおそれのある処置（去勢，蹄の手入れ，除角等）を行う場合，若齢時に実施する，獣医師の指導の下で麻酔や鎮痛剤を使用する等の方法により，家畜の苦痛を緩和するよう努める。また，家畜への苦痛の少ない代替方法等の実施も検討する。（中略）
(5)　通常の行動様式を発現する自由
　　（中略）群内の家畜同士が敵対して緊張感が増すことがないよう，群の構成に留意する。また，高い密度で飼養することは，けがの発生を増やし，摂食・摂水，運動，休息等の行動に悪影響を与える可能性があることに留意する。（以下略）

（出所）令和2年3月16日付け農林水産省生産局畜産部畜産振興課長通知「アニマルウェルフェアに配慮した家畜の飼養管理の基本的な考え方について」により作成。

問1 下線部ⓐについて，生徒Gたちが参照した農林水産省の通知では，**資料1**のように「5つの自由」が説明されている。**資料1**でいう「5つの自由」の説明として最も適当なものを，次の①～④のうちから一つ選べ。　23

① この通知にある「恐怖及び苦悩からの自由」のように「～からの自由」という形の自由は積極的自由と呼ばれる。

② この通知では熱の不快さからの自由は定められているが，寒さの不快さからの自由は定められていないので，農家は寒さには配慮する必要はない。

③ この通知で挙げられている「5つの自由」は，いずれも理性による自己立法を前提としていないので，カントのいう自由には該当しない。

④ この通知によれば，家畜同士が喧嘩するのは家畜の通常の行動様式であるので，喧嘩を自由にさせるのも「5つの自由」に含まれる。

問2 下線部ⓑについて述べた文として最も適当なものを，次の①～④のうちから一つ選べ。　24

① IPCCの報告書では，地球温暖化対策においては科学的に確実な根拠がある場合にのみ規制措置を講じるべきである，という予防原則の考えに基づいて勧告が行われている。

② 家畜として飼育されている牛が排出するメタンは温暖化を促進する効果があることが指摘されているが，これは小さな環境負荷が集積すると大きな影響を生むという意味で，「共有地の悲劇」と呼ばれる構造の例となっている。

③ 世代間倫理の考え方によれば，現在世代が地球を温暖化させたならば，その利益も不利益も引き受けて暮らしていくのが，子孫である将来世代の現在世代に対する責任である。

④ 温暖化対策の枠組みを定める京都議定書においては，先進国だけでなく発展途上国にも温室効果ガス排出量削減の努力を求めているが，これは温暖化対策の公平性をめざすという意味で環境正義の考え方の一例となっている。

問3 下線部ⓒに関連して，生徒Hは，実験など研究を行うときの倫理原則について書かれた次の**資料2**をみつけた。**資料2**を参考にしつつ，人を対象とした研究の倫理について述べた文として最も適当なものを，後の①～④のうちから一つ選べ。　25

資料2　人を対象とした研究における人格の尊重原則

> 本原則は，個人を自律的な人間として扱い，その人が持つ権利を認めるよう求めるものです。自律性とは，判断能力（情報を理解し，処理する能力）と，自発性（他人によるコントロールや影響下になく，自由であること）の両方を兼ね備えていることを意味します。人格の尊重原則は，インフォームドコンセントの手続きや研究対象者のプライバシーを尊重する必要性の根拠となっています。

（出所）一般財団法人公正研究推進協会「人を対象とした研究ダイジェスト」教材により作成。

① インフォームドコンセントは医療の現場で行われてきたもので，医師によるパターナリズムを研究の現場にも取り入れたものである。

② アンケート調査などで参加者が多数の場合はこの原則があてはまらないため，インフォームドコンセントを行う必要はない。

③ 研究に参加するかどうかはインフォームドコンセントを受けた本人の意思決定によるもので，途中で参加をやめることも認められる。

④ 研究に参加している者から実験の方法や手続きに関する改善要求があれば，参加者の自発性を認め，研究者はそれに従う必要がある。

場面2 生徒G，生徒H，生徒Iは，発表の相談のため再び集まり，次の会話をしている。

H：調べたら，動物も遊ぶのが大好きだったり，仲間がいないとふさぎこんだり，そういうところは人間とちっとも変わらないんだって。

G：でも，人間の場合は，@成長していくなかで，他の人との関係を築くことが大切だし，一人一人の多様な幸せだけでなく，社会全体の幸せもめざしているから，人間はやっぱり人間に特有の面もあるんだよね。そう考えると，人間の幸福と動物の幸福は違うんじゃないかな。

H：では，アニマルウェルフェアに配慮して育てられた家畜は幸せか，ということについて意見をまとめようか。Iさんはどう思う？

I：[A]

G：どうしてそう思ったの？

I：[B]

問4 下線部@に関連して，青年期は社会を構成する一員として，他者との関係を培っていく時期である。この時期に特徴的にみられる個々人の心の発達について，次の**ア～エ**のそれぞれの説を提唱した心理学者を，後のa～dのうちから一つずつ選び，その組合せとして最も適当なものを，後の①～⑧うちから一つ選べ。**26**

ア 社会的自我の形成には，他者が深く関わっており，さまざまな立場の他者との相互作用を通して，一般化された他者からの期待を身につけていく。

イ 自己中心的な立場から離れ，客観的で多面的なものの見方ができるようになり，具体的な事象を超えた抽象的思考が可能になる。

ウ 他者との間に信頼関係が築けるようになるには，乳幼児期に子どもと養育者との間で愛着（アタッチメント）が形成されることが重要である。

エ 道徳性の発達において，人権や正義といった現実の社会の規則を超えたより普遍的な道徳原理を基準に，道徳的な判断ができるようになる。

a ピアジェ　　　 b ボウルビィ　　 c コールバーグ　　　 d G.H.ミード

① **ア**−a **イ**−b **ウ**−c **エ**−d　　② **ア**−a **イ**−c **ウ**−b **エ**−d

③ **ア**−a **イ**−d **ウ**−b **エ**−c　　④ **ア**−c **イ**−a **ウ**−b **エ**−d

⑤ **ア**−c **イ**−a **ウ**−d **エ**−b　　⑥ **ア**−d **イ**−a **ウ**−c **エ**−b

⑦ **ア**−d **イ**−a **ウ**−b **エ**−c　　⑧ **ア**−d **イ**−b **ウ**−a **エ**−c

問5 **場面2**の会話文中の空欄[A]と空欄[B]に当てはまる発言を，生徒Iになったつもりで考え，次の(1)，(2)の問いに答えよ。

(1)まず，[A]に当てはめたい発言を，次の①～③のうちから一つ選び，そのいずれかを選べ。なお，(1)で①～③のいずれを選んでも，(2)の問いについては，それぞれに対応する適当な選択肢がある。**27**

① 配慮が行われたとしても，家畜は幸せではないと思うな。

② 配慮が行われているなら，家畜は幸せだと思うな。

③ 配慮が行われないとしても，家畜は幸せだと思うな。

(2)次に，[B]に当てはまる，(1)で選んだ主張の内容に対する論拠を述べた発言として最も適当なものを，次の①～⑥のうちから一つ選べ。**28**

① 家畜にも人間と同じく幸福を追求する権利があって，アニマルウェルフェアに配慮したとしても，家畜はその幸福を追求する権利が不当に奪われた状態にあるからだよ。

② 自分が幸福かどうかを決めるのは他の誰でもない自分自身で，家畜自身が幸福だと思っているのであれば他人が勝手に幸福かどうか判断するのはおかしいと思うからだよ。

③ 行動の自由や選択の自由というのは幸福というものの一番中心となることで，アニマルウェルフェアに配慮したとしても家畜は行動の自由や選択の自由を手に入れることはできないからだよ。

④ 人間の幸福と動物の幸福は別もので，動物の場合は栄養や健康に配慮してもらえさえすれば最低限の幸福の条件は満たすと思うからだよ。

⑤　畜産業ができなくなると肉が食べられなくて困るので，アニマルウェルフェアに配慮すれば畜産業は許容されるということは認めてほしいからだよ。

⑥　どんな状態であれ，生まれてきたこと，生きていることだけでも幸せだと思うし，アニマルウェルフェアに配慮していないとしてもそこは変わらないからだよ。

第6問　「倫理」の授業で，「社会と文化に関わる諸課題」から課題を選び，グループで探究する学習を行うことになった。生徒 J，生徒 K，生徒 L のグループは，ジェンダーの問題に関心を抱き，「男女が共同して参画するコミュニティ」をテーマにして資料を探しながら意見交換を行った。次の**会話文1**と後の**会話文2**を読み，後の問い（**問1〜5**）に答えよ。

会話文1

J：世界がコロナ禍の中，各国の女性首相の活躍が話題になったね。ニュージーランドの女性首相は40代でリーダーシップを発揮していて驚いたよ。

K：先駆けは，イギリスのサッチャー首相だね。イギリスは@女性参政権を獲得するための運動が最も早く盛んになった国の一つでもあるんだよ。

L：日本は，女性が活躍しづらい社会なのかな。世界経済フォーラムの調査では，2021 年の日本のジェンダーギャップは 156 か国中 120 位という厳しい結果だよ。ジェンダーギャップとは，社会における男女格差を測るものなんだ。

J：ある資料には，ジェンダーギャップが性別役割分担と関連していると書かれているよ。男女の役割についての固定観念が，ⓑ女性の社会参画を妨げる要因になっているのかな。

K：日本では，女性の役割を家事や育児と捉える傾向がまだ強いのかな。女性の経営者や政治家が，他の国と比べてとても少ないよね。

L：20 世紀のはじめに性別役割分担について問題を提起した思想家に，　**ア**　がいるね。「人は女に生まれるのではない，女になるのだ」という言葉を残したそうだよ。　**ア**　の考えに基づくと，　**イ**　といえるかもしれないね。

問1　下線部@に関して，生徒Kが資料を探したところ，女性参政権獲得のために尽力した 19 世紀の哲学者の自伝をみつけた。次の文章は，この自伝の一部である。この文章を読み，この自伝を著した哲学者の別の著書の一節として正しいものを，後の①〜④のうちから一つ選べ。　**29**

> 男性を他の人間の法的従属下にとどめるべき理由が見出せないのと同じくらい，女性についてもそうすべき理由が私には見出せなかった。女性の利益は男性の利益と同じくらい十分保護される必要があり，女性を拘束する法律を制定するときに女性が男性と対等に発言できなければ，そうした十分な保護はほとんどありえないと，私は確信していた。だが，女性にその能力が与えられていないことが広く実践的な結果をもたらすという，私が『女性の解放』という本に書いた認識は，おもに彼女［この哲学者の妻］からの教えを通じて得られたものだった。

①　「どの文明社会の成員に対しても，その意志に反して権力を正当に行使できる唯一の目的は，他人への危害を防ぐことである。」

②　「共感は，互いに助け合い守り合うすべての動物にとって非常に重要な感情であるので，自然選択を通じて強められてきただろう。」

③　「詐欺と略奪を生業とする者たちに，彼らが認めて同意する誠実と正義の生得原理があると，いったい誰が言うだろうか。」

④　「人間は自由なものとして生まれ，いたるところで鎖につながれている。他人の主人だと思っている者も，その他人以上に奴隷である。」

問2 下線部ⓑに関して，次の文章は，課題探究において規範を論理的に導く際に犯しがちな誤りを，先生が解説したものである。これを踏まえて，**選択肢に書かれた前提（下線部以外の文）が仮にすべて本当であったとしても，結論（下線部の文）が必ずしも論理的には導かれない意見**を，後の①〜④のうちから一つ選べ。なお，選択肢に書かれていない前提は考えないものとする。 30

> 　私たちは「○○である」という事実のみから，即座に「△△すべきだ」という規範を導きがちですが，これは論理的には誤りです。たとえば，「男子に比べて女子は文系に進む割合が高い」という事実から，ただちに「女子は文系に進むべきだ」という規範を導くことはできません。というのも，この規範を結論として論理的に導くには，ほかに「女子は，文系と理系のうち，男子に比べて女子の進む割合が高い方に進むべきだ」という規範が前提として必要ですし，これが本当かどうかもわからないからです。とにかく気を付けてほしいのは，「△△すべきだ」という規範を論理的な結論として導くときには，前提にも必ず「××すべきだ」という規範が必要だ，ということです。

① 自分は育児に不向きだと思う親もいる。だが，親が育児に消極的であるべきではない。ゆえに，自分は育児に不向きだと思う親も育児に消極的であるべきではない。

② A町では平均して男性のほうが女性よりも筋力が強い。しかし，A町では最近，筋力の不要な仕事が急激に増えている。だから，A町は女性の就労支援にただちに乗り出すべきだ。

③ 社会は就労希望者の就労を支援すべきである。また，子どもを産んだ人の中にも就労希望者は多い。それゆえ，子どもを産んだ就労希望者の就労も社会は支援すべきだ。

④ 人々は自分に合っていると思う仕事をすべきだ。ところでB町には，自分には力仕事が合っていると思う女性も多くいる。したがって，自分には力仕事が合っていると思うB町の女性は，力仕事をすべきだ。

問3 会話文1中の空欄 ア には後の人名aかb，空欄 イ には後の記述c〜eのいずれかが当てはまる。当てはまるものの組合せとして最も適当なものを，後の①〜⑥のうちから一つ選べ。 31

空欄 ア に当てはまる人名
a　ヴェイユ
b　ボーヴォワール

空欄 イ に当てはまる記述
c　政治は，暮らし全般に関わることだから，女性らしさを生かした視点を組み込むことは不可欠だ
d　社会的，歴史的につくられた女性のイメージが，女性の政治参画を阻害している
e　少子化という社会問題を受けて，子育ての中心的役割を担う女性の政治参画がますます重要になる

① ア-a　イ-c　　② ア-a　イ-d　　③ ア-a　イ-e
④ ア-b　イ-c　　⑤ ア-b　イ-d　　⑥ ア-b　イ-e

会話文2

J：私たちの地域でも，性別役割分担の意識はまだまだ残っていそうかな。

K：ある自治体では，ジェンダーの問題を，ⓒ都市部への人口流出の一つの要因と考えているみたいだね。農村部から転出した若者のうち，地元に戻った人の割合は，男性が50%，女性は25%だったみたい。ジェンダーギャップを解消して，女性が活躍しやすい地域を作ることで，人口還流をめざしているんだって。Uターンだけでなく，Iターンも増やそうという方針みたいだね。

L：Uターンは地元に戻ることだよね。Iターンって何？

J：地域外の人が移住することだよ。大都市圏に住む人の農村部への移住の関心は高まっているみたい。リモートワークの普及もプラスに影響しているらしいよ。

L：さらに「関係人口」というキーワードも生まれているよ。移住者や観光客とは異なるさまざまな形で，地域とつながりをもつ人たちのことを指すんだって。SNSのような情報ツールの拡大は，関係人口の増大をもたらすことが期待されているそうだよ。「関係人口」についての資料を探してみるよ。

K：誰もが暮らしやすいⓓ新しいコミュニティを実現することが地域の強みなのかもね。

問4 下線部ⓒに関して，日本ではこのところ地域間の人口の偏りが大きくなっている。都市部から農村部への人口還流の必要性について，生徒Jたちは，次の**ア～ウ**の考えを，それぞれ後のa～cの思想家の理論を応用して導いた。**ア～ウ**は，それぞれどの思想家の理論を応用したものか。その組合せとして最も適当なものを，後の①～⑥のうちから一つ選べ。 **32**

ア 人口還流の問題に対して何をすべきか，そのことについて多様な立場の人が対等に討議し議論を深める場を形成することが重要である。そのことによって，より一般的な視点からの合意が生み出され，問題解決の手がかりが見えてくる。

イ それぞれの人が自分の可能性を広げる社会を実現することが重要であり，人は価値があると考える生き方を自ら選択できるような環境を整えていくことが，人口の還流につながるのではないか。

ウ 私たちには居住の自由という権利がある。個人の自由は尊重されなければならない。人口還流を目的として公的資金を投入することは，国家のもつべき最小限の機能を超えることであり，個人の自由への不当な侵害につながる。

a ノージック
b ハーバーマス
c セン

① ア-a イ-b ウ-c 　② ア-b イ-c ウ-a
③ ア-c イ-a ウ-b 　④ ア-b イ-a ウ-c
⑤ ア-a イ-c ウ-b 　⑥ ア-c イ-b ウ-a

問5 下線部ⓓに関して，生徒Jたちは，生徒Lがみつけた次の**資料**をもとに，誰もが暮らしやすいコミュニティを実現するために大切なことについて話し合った。問4の**ア～ウ**のそれぞれを手がかりに導いた考えとして**適当でないもの**を，後の①～④のうちから一つ選べ。 **33**

資料

　　地域に住む人々だけでなく，地域に必ずしも居住していない地域外の人々に対しても，地域の担い手としての活躍を促すこと，すなわち地方創生の当事者の最大化を図ることは，地域の活力を維持・発展させるために必要不可欠である。このため，地域外から地域の祭りに毎年参加し運営にも携わる，副業・兼業で週末に地域の企業・NPOで働くなど，その地域や地域の人々に多様な形で関わる人々，すなわち「関係人口」を地域の力にしていくことをめざす。関係人口は，その地域の担い手として活躍することにとどまらず，地域住民との交流がイノベーションや新たな価値を生み，内発的発展につながるほか，将来的な移住者の増加にもつながることが期待される。

（出所）総務省『まち・ひと・しごと創生総合戦略』により作成。

① 関係人口の拡大は，多様な背景をもつ人々のコミュニケーションがさらに重要になることを意味する。異なる価値観をもつ人々が膝を突き合わせ，地域課題を本音で語り合うことが求められる。

② 地域内外の人々が，多彩な関わりの中で，それぞれの可能性を生かすことができるようになることが，関係人口を地域の力とするうえで重要であり，新たな価値創造や内発的発展につながる。

③ 地域に根づいた伝統的な祭礼は，関係人口を拡大するきっかけとなる。毎年地域住民が祭りの担い手として伝統を守り伝えていくことが，地域の活力の増大につながり，新たな価値創造のきっかけをも生み出す。

④ 関係人口の拡大が重要であるとしても，そのための支援を政府が中心になって進めることは，地域内外問わず人々の自由意思をないがしろにすることになる。関わる人々が地域の維持・発展をどう考えているかが重要である。

● 写真提供
㈱アフロ
京都国立博物館
高山寺
産業医科大学
知恩院

表紙デザイン
エッジ・デザインオフィス

本文基本デザイン
株式会社Vision

2025実戦攻略
公共，倫理
大学入学共通テスト問題集

QRコードは㈱デンソーウェーブの
登録商標です。

2024年　4月10日　初版第1刷発行

● 編　者——実教出版編修部

● 発行者——小田　良次

● 印刷所——共同印刷株式会社

● 発行所——実教出版株式会社

〒102-8377
東京都千代田区五番町5
電話〈営業〉(03) 3238-7777
　　〈編修〉(03) 3238-7753
　　〈総務〉(03) 3238-7700
https://www.jikkyo.co.jp/

002402024 ②

ISBN 978-4-407-36326-5